U0868288

纪念长沙走马楼吴简发现二十周年
（1996—2016）

书名：吴简辑字

嘉禾一井傳天下

走马楼吴简的发现保护整理研究与利用

长沙简牍博物馆 编

岳麓書社·长沙

《嘉禾一井传天下》

编辑委员会

主　编： 李鄂权

副主编： 毛志平　马代忠　杨亚峰

顾　问： 宋少华

委　员： 雷长巍　金　平　骆黄海　杨　芬

熊　曲　万　婧　管　震　孙东波

统　筹： 宋少华

校　对： 金　平　杨　芬　骆黄海

审　定： 李鄂权

前言

文字，是人类历史上最伟大的发明之一，或许可以说就是最伟大的发明，因为它使文明得以书写，得以记载，得以传承。当我们的双手拂去光阴的尘埃，穿透历史的迷雾，那些书写于简牍、浇铸于青铜、镌刻于甲骨上的文字依然保持着千年前的原貌，讲述着千年前的故事，清晰可辨，可触可感，这也许就是我们华夏文明数千年不绝如缕、源远流长的魅力之所在。也正因为如此，长沙三国吴简的出土被誉为继甲骨卜辞、敦煌文书之后在古代出土文献资料方面又一次重大发现，被评为 1996 年“中国十大考古新发现”之一、“二十世纪中国百项考古大发现”之一。作为亲身参与这一重大考古发现发掘、整理、保护、利用过程的践行者，我们深感与有荣焉。

1996 年，10 万余枚三国简牍在长沙市五一广场走马楼街的平和堂商厦建设工地出土，其数量超过当时全国已出土简牍数量的总和。党和国家对这一重大考古发现高度重视，国家文物局将湖南简牍保护列为国家重点文物科技保护项目，2004 年 3 月批准实施由湖南省文物局组织编报的《长沙走马楼三国简牍保护整理项目总体方案》。作为当时全国最大的可移动文物保护项目，国家、省、市各级政府先后投入吴简保护整理工作的专项经费达千万元之多。20年来，在上级领导的支持下，围绕着三国吴简我们做了大量的工作：

一、收藏保护

2002年，完成三国吴简清洗揭剥工作，共清洗简牍10万余枚。2009年，完成三国吴简脱色拍照工作，总计脱色拍照有字简76552枚。2011年，全部有字简的脱水、修复、包装等工作完成。2012年，三国吴简被放入恒温恒湿的简博地下文物库房收藏。2015年，通过了国家文物局对“长沙走马楼三国简牍保护整理项目”的结项验收。评审专家一致认为项目工作目标明确，重点突出，流程合理，管理创新，注重质量，成效显著，完成了项目任务书约定的任务，达到了预期目标。

二、整理研究

吴简的文字释读工作在中国文化遗产研究院、北京大学、故宫博物院、中国社会科学院历史研究所等单位专家的共同努力密切配合下基本完成，共整理出吴简资料11卷，目前已由文物出版社出版了7卷，尚有4卷未出，计划2018年以前全部完成出版发行。在此基础上，国内外学术界涌现了大量的吴简研究成果。到目前为止，关于吴简的研究文章有600余篇（其中中文500余篇、日文100余篇）；出版专著、论文集23部，以吴简为专题的博士论文7篇、硕士论文30余篇。吴简研究逐步成了简牍学中的热门专题特别是魏晋南北朝史学科前沿。

长沙还分别于2001年和2011年召开了两次长沙吴简国际学术研讨会，来自全世界的国际简帛学领军人物云集长沙，共襄盛会。随着吴简研究的深入开展，“三国吴简”将成为一门类似于“甲骨学”“敦煌学”一样的新兴国际显学。

三、展示利用

长沙市人民政府在国家财政的大力支持下，投资约6600万元，从2000年开始立项兴建国内首座集简牍收藏、保护、整理、研究和陈列展示于一体的专题博物馆——长沙简牍博物馆。长沙简牍博物馆利用5000余平方米的展陈面积倾力打造的《文明之路》简牍基本陈列展，通过简牍这一中国特色文字载体的发展历程折射出中华文明的灿烂辉煌，被评选为“湖南省十年博物馆精品陈列展览”。

长沙简牍博物馆于2007年11月8日正式对外开放，2008年10月28日起实行免费开放，年均接待观众70多万人次，年均接待学术团体200多个。建馆以来已接待党和国家领导人及各部委、各省市领导数百人，包括联合国副秘书长在内的国际友人数千人。长沙走马楼吴简作为长沙一张闪亮的文化名片，为这座千年古城增添了独特的魅力和闪耀的光彩。

长沙简牍博物馆还结合自身特色，举办了各种丰富多彩的临时展览，特别是近两年，举办了两场与文字载体相关的特别展览——“盛世殷商——甲骨、青铜、玉器精品文物特展”和“翰墨留香 丝路溢彩——吐鲁番出土文书精粹展”，令人耳目一新。同时，长沙简牍博物馆还根据自身特点，开拓创新，开展简牍特色文化活动：举办市民文化遗产讲堂；与中小学校签订“馆校共建”协议；针对未成年人打造寓教于乐的简牍互动体验中心；长期开展“小小讲解员”培训活动；培养了一支优秀的志愿者队伍。丰富多彩的社教活动和广大群众喜闻乐见的宣传案例使长沙简牍博物馆成为了长沙市文博社教领域的杰出代表，被授予“湖南省爱国主义教育基地”和“全国社会科学普及基地”等称号。

从1996年到2016年，是吴简“新生”的20年，也是我们生命历程中的20年。于是，我们也用文字记录下我们和吴简之间的故事，记录下吴简的重生、简博的成长；记录下我们的青春，我们的汗水；记录下这20年间的丝丝变化、点点成长，光阴荏苒，历历在目。也许这本记录并不能像吴简那样千年不朽，但它接续了长沙千年的乡愁，倾注了我们大量的心血。这是吴简和长沙的过往，是我们和吴简的邂逅，更是长沙和我们的未来！

值此长沙三国吴简发现20周年之际，谨以此书献给所有关心、关怀走马楼吴简的人们，借以表达我们虔诚的敬意与良好的祝愿。

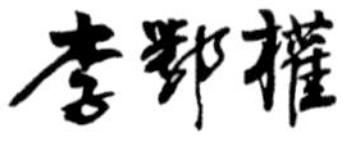

2016年7月

目录

第四章　利用篇

第五章　研究综述篇

第一章　发现篇

1996 年，长沙市文物工作队为配合城市基本建设，对五一广场东南侧走马楼街湖南平和堂商厦建设工地的古代文化遗存进行了抢救性考古发掘，共清理战国至明清时井窖 57 口，出土了一大批珍贵文物。特别令人震惊的是在编号为 J22 的井中，出土三国孙吴纪年简牍 10 万余枚，超过全国各地已出土简牍数量的总和，其内容涉及吴国的政治、经济、军事、文化、赋税、户籍、司法、职官诸方面。这一考古发现被誉为 20 世纪中我国继甲骨卜辞、敦煌文书之后在古代出土文献资料方面又一次重大发现，被评为 1996 年“中国十大考古新发现”之一与“二十世纪中国百项考古大发现”之一[1]，引起了海内外的广泛关注。

第一节　长沙走马楼吴简的发现与发掘

一、三国吴简的发现

1995 年 12 月，长沙市人民政府成立了五一广场商业特区开发建设领导小组，实施对东起文运街，西到藩城堤、三泰街，南邻东、西牌楼，北至紫荆街、新安巷等面积达 25 公顷的旧城区进行统一规划，分步开发成商业经济特区的工作。1996 年，湖南平和堂商贸大厦作为长沙市引进的最大一家中外合资的商贸集团在市中心五一广场东南侧走马楼一带的区域内奠基兴建。

早在 20 世纪 80 年代，长沙考古工作者就在市中心的五一广场周围做了大量的考古调查，如在广场西南区的中山商业大厦、锦绣大厦，东北区的万代广场，东南区的供销大厦、银苑茶楼等处，发现、发掘了数量众多的战国—唐宋时期的各式井窖和其他遗址，出土了许多在古墓葬发掘中所未见之物。这自然引起了考古工作者、史学工作者关注的目光和兴趣，并根据出土遗物，提出了对古城发展史研究的一些课题。长沙自秦汉以来逐渐成为湖湘地区的政治、军事、经济、文化中心，两千多年来，长沙城一直没有迁徙移动，其中心一直位于今天的五一广场。

[1] 宋少华、傅星生、黄朴华：《长沙发现一大批三国孙吴纪年简牍》，《中国文物报》1997 年 2 月 5 日；李文儒主编，国家文物局、中国考古学会、中国文物报社编著：《中国十年百大考古新发现》，文物出版社，2002 年；刘庆柱主编，考古杂志社编著：《二十世纪中国百项考古大发现》，科学出版社，2002 年。

1987 年五一广场地下商场考古工地

1988 年五一广场西南区中山商厦考古工地

新城在旧址的基础上不断改造和拓展，这在我国城市发展史上是十分少见的。这是通过多年的考古调查、发掘所得出的推论，因此当五一广场走马楼地域在进行大规模基建时，考古工作者的目光就锁定了它。

1996年上半年，长沙市文物部门与湖南平和堂实业有限公司就考古发掘、文物保护等事宜进行了协商，并配合工程进度开展考古发掘工作。在省会新闻媒体的大力配合下，平和堂商厦建设范围内的考古工作开始受到各方面的关注，并有了实质性的进展。

1996年五一广场走马楼街平和堂商厦考古工地

1996年10月17日上午，天气晴朗。长沙市文物工作队派出技工孟科保与曹彪到平和堂商厦施工场地进行考古调查和勘探。他们先在一台挖掘机旁的一堆黑色淤泥中，发现一块带有文字的木牍。继而又在施工场地的东南侧，发现了一个被施工机械挖开的巨大椭圆形水坑，坑内浸满了积水，水面下露出乌黑的淤泥，坑壁的断层面隐约可见层层相叠的简牍。小孟立即将这一重要发现向市文物工作队考古部何旭红主任作了汇报。何旭红赶到现场查看后速将这一情况向宋少华队长报告。宋赶到现场后未急于翻动，经仔细勘查，确认被机械挖开的水坑正好打破了一座古代井窖的北半部，原来堆放于井中的简牍一部分遭到了挖掘机械的破坏。又见水坑的四周散落着不少挖出来的淤泥，淤泥中夹杂着不少简牍。调查结束已近中午时分，在队长的指挥下，考古发掘人员顾不上吃饭，将整个工地各个角落又仔细勘查了一遍，在汽车拖运渣土的施工现场，果然发现了散落的若干片简牍。经向守夜值班的工人了解，凌晨4点左右，此水坑内的淤泥已

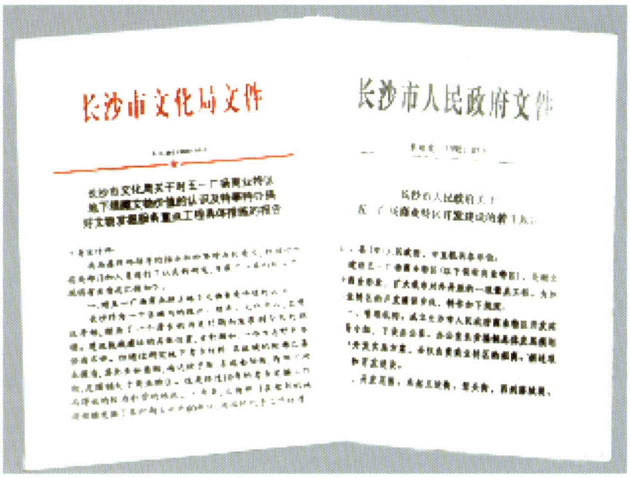

长沙市文化局文件

长沙市人民政府文件

五一广场商业特区开发及加强文物保护的相关文件

平和堂商厦工地建设初期时的场景

吴简发现地点与走马楼街50号房基位置(箭头所示)

第22号古井被挖掘机破坏时的情景

吴简散落在井外的现场情景

被运出数车至建筑垃圾卸渣场。根据古井被破坏的情况判断，此数车运走的淤泥中一定裹杂着相当数量的简牍。事发紧急，队长当即决定，兵分两路，分头行动。

宋少华队长自带一路守住现场，组织人力将附近的黑色淤泥全部清理装袋，运往室内仔细清理，又用木桩和绳索将现场团团围住，插上警示标志，以防再遭破坏。完成上述工作后，立即将平和堂工地的这一重大考古发现向市文化局、省文物局领导汇报。15分钟后，市文化局主管文物的副局长赵一东、文物科长杨晓刚、市文物工作队党支部书记李嘉明等同志赶到了现场，大家随即一起研究抢救保护方案，并于当晚向湖南省文物局呈送了有关重大考古发现的紧急报告。当天晚上安排人员值班，守护现场。

另一路则由何旭红主任带领直奔长沙城东郊5公里外的湘湖渔场建筑垃圾卸渣区，寻找

在湘湖渔场进行抢救清理时的情景

倾倒在此水塘中的简牍。下午 2 点钟左右，突然下起了大雨，未吃中饭的考古人员全然不顾身体的疲劳，不顾骤然降温的天气和废弃的渔塘中散发的阵阵恶臭，全力追找，决心不惜一切代价抢救遭破坏的简牍。经过多方打听，何旭红一行终于找到了平和堂工地倾倒建筑垃圾废土的区域。立即采用每隔一米打一条探沟的方法，冒雨寻找。当晚也安排人员值班，守护现场。第二天，队长又赶赴现场，与何旭红一起确定寻找的重点区域与加快探找的方式。至 10 月 28 日止，经过 10 多天的艰苦探找，又抢救回了数万枚珍贵的简牍文物。

也许是冥冥之中上苍的刻意安排，人们至今都无法解释当时出现的一些现象。这个后来被编为 J22 的古井位于走马楼街 50 号房屋下。50 号房址本来不属于平和堂商厦拆迁建设范围，但为平和堂公司努力争取到。而 50 号房址的迟迟不拆迁似乎是在有意等待时机。当该房屋拆迁开始之时，平和堂商厦其他地段的土层已下挖至 7~8 米深。该处房址犹如海中的一座孤岛，顽强地兀立在建筑工地的东壁一隅。本来位于 J22 旁的这台挖掘机是在工地的西边作业，但在 17 日凌晨 4 点左右，施工负责人突然想起其东壁渗水严重，会影响施工车辆运行，而沾满泥浆的车轮又会影响市容卫生。于是这位屡遭罚款心有余悸的负责人急忙调挖掘机去东边挖一个蓄水坑。谁知刚挖了几铲，挖掘机便出了故障，抢修了两个多小时仍未能修好。天一亮，施工车辆不准在市区通行，只得作罢。这正好为考古工作者发现古井中的简牍提供了难得的时机[1]。

走马楼古井中发现大批三国孙吴纪年简牍的情况上报之后，引起湖南省、长沙市各级领导的高度重视。湖南省文物局领导亲临现场检查。长沙市委、长沙市政府有关领导立即召开

[1] 宋少华、何旭红：《嘉禾一井传千古——长沙走马楼三国孙吴纪年简牍发掘散记》，《文物天地》1997 年第 4 期，第 31—34 页；宋少华、邱东联：《世纪性的考古大发现——长沙走马楼三国吴简的发现与发掘》，《最新中国考古大发现——中国最近 20 年 32 项考古新发现》，山东画报出版社，2002 年，第 132—138 页。

长沙市文化局、五一特区办、湖南平和堂商厦等有关方面参加的现场办公会议，在听取了发掘工作汇报后，果断宣布立即停工，全面清理，并协调解决好考古发掘经费和文物保护问题。建设方湖南平和堂商厦对古井群的发掘和清理给予了积极的配合。国家文物局委派考古专家组副组长张忠培先生及文物二处关强同志专程来长沙视察发掘现场，检查发掘质量，听取工作汇报，并对下一步的保护整理提出指导性意见。

二、三国吴简的考古发掘

（一）“走马楼”的来历

走马楼，其名始于明代，距今已有500余年的历史。原为明长沙藩王吉王府东圃花园中的一处建筑，因其高大其下可以跑马故以为名。该楼清初已颓败，楼名袭承，转称街名，相沿流传至今。长沙巷陌百姓至今流传一首民谚：“南正街，北正街，县正街，府正街，南北县府四正街，街上灯笼灯笼街；东牌楼，西牌楼，红牌楼，木牌楼，东西红木四牌楼，楼下走马走马楼。”

明太祖朱元璋立朝后，即分封诸子为王，在全国各地建立屏藩。明太祖洪武三年（1370）朱梓在长沙首建潭王府。英宗天顺元年（1457）吉王朱见浚在潭王府故址上改建吉王府[1]。据《湘城访古录》记载：“考明藩邸制，五殿三宫，设山川社稷庙于城内，城垣周以四门，堂库等室在焉。总宫殿室屋八百间有奇，故省会几为藩府占其十之七八。”[2]吉王城仿北京故宫紫禁城，坐北朝南。城内有承运殿，为吉王府正殿，其在今五一广场南侧至平和堂商厦和中山商厦一带。宫殿以东为王府的东圃（花园）。明代李腾芳撰《恭简王朱翊鏔墓志铭》曰：“已未之春，予以小草出山，谒王于其邸之东圃。有屋数楹，牙签数万，其后方池一区……其前则树以紫英绿茎，丹华碧叶，婵娟婀娜，极幽胜之致。”[3]明人有《登城头望园林》诗云“柳絮飞疑梁苑雪，花香啼尽楚台莺。林林净绿烟如织，片片胭红蝶故迎”[4]，即是当时花圃的情景。其有屋数楹，应即走马楼。1996年经考古发掘的平和堂商厦第八号明代砖井中出土大量精美“大明成

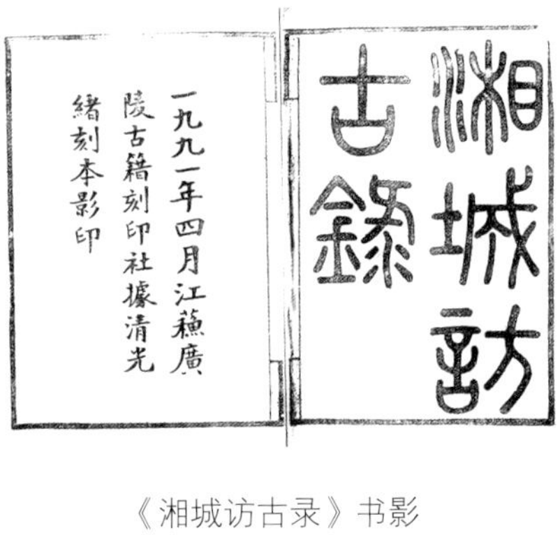

《湘城访古录》书影

[1]《明史·吉王传》，中华书局，1997年。《明史·林俊传》记吉王府扩建，其“工程浩繁，财费百万，民不堪命”。

[2]［清］陈运溶：《湘城访古录》，光绪二十年长沙萃文堂本，江苏广陵古籍刻印社，1991年影印本。

[3]［清］陈运溶：《湘城访古录》卷十五《园亭类·东圃》、卷十六《冢墓类·长沙恭简王朱翊鏔墓》，江苏广陵古籍刻印社，1991年影印本。

[4]黄纲正、周英：《湘城沧桑之变》，湖南文艺出版社，1997年，第100—105页。

化年制”“大明年制”以及“吉府上用”“丽香斋”“博古斋”“万福攸同”等款识的瓷器以及精美的龙纹琉璃建筑构件[1]，再现了吉王府昔日的宏大规模和非凡气势，也证实了此地确为明藩府宫邸所在。明朝末年，张献忠攻克长沙，长沙藩王仓皇逃命。顺治十一年（1654），洪承畴驻兵长沙，下令拆毁吉王府故墙[2]。至此，明王府荡然无存，走马楼也仅存其名了。

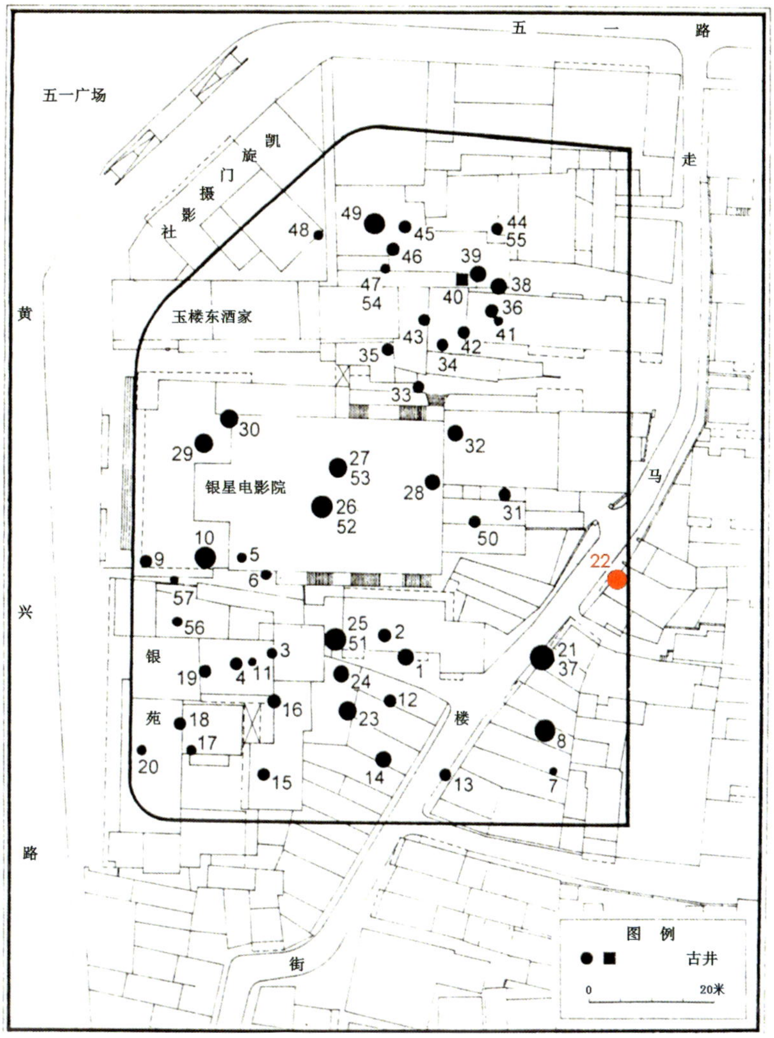

走马楼古井群分布图（图中标红的22号井为出土吴简的古井）

几百年的世事沧桑，早已不见昔日楼阁的踪影，今日走马楼，徒具街名。发掘之初，我们沿此街道调查，只见街面狭长弯曲，自北向南再折向西南，穿越整个建筑区域。北口南头各与当时繁闹的五一路、黄兴路相接，街两旁多是一些1938年长沙“文夕”大火之后相继建起来的低矮楼房棚户，斑驳陆离的墙壁，终日湿漉漉的麻石街道，挤挤挨挨的各式铺面，依旧是四五十年前的光景，只是百姓屋内的陈设用品透显出90年代的一些气息。走马楼街是隐于繁华市区内的一条小街，终日里人流穿梭不息，贩夫走卒叫卖声不绝于耳，是一处典型的南方城镇的旧街道。出土简牍的古井正好位于走马楼街50号房宅基之下，按考古发现应以原有地名命名的规定，考古人员将埋藏三国吴简的古井，定名为1996长沙走马楼第22号井，简称“96长走J22”。

[1] 李鄂权：《长沙走马楼古井出土的明代瓷器》，《文物》2002年第4期。

[2] 李抱一：《湖南名城古迹今释》，长沙彰文印刷局，1937年。

（二）走马楼第 22 号井的发掘[1]

经发掘证实，J22 口部被破坏十分严重，北半部原堆放的简牍几被铲掘殆尽，破坏深度自现存井口起深达 223~270 厘米，破坏面积约占整个 J22 的二分之一。残存井口距地表 790 厘米。地表以下 400~500 厘米为近现代建筑垃圾，土色呈黑灰色，夹杂大量的红砖块、小青瓦片、青花瓷片、炉渣等。清理工作自 10 月 17 日至 11 月 15 日止，共计 30 天。其中 10 月 17 日至 28 日清理 J22 井口被破坏的部分，将井内外被扰乱、散落的堆积物全部装袋运回，再用水筛洗，共计 80 多袋。10 月 23 日按 1：200 的大比例重新绘制走马楼建设区域内的古井平面分布图，原测量比例为 1：500。调整、确定全部井、窖的编号。10 月 27 日至 31 日进行第 22 号井中简牍分区清理，在井口设置十字基线（北偏西 14°），对清理后简牍的平面、剖面进行绘图、照相、录像。10 月 28 日南部井壁发生两次小的塌方，面积为 120 厘米 ×60 厘米和 80 厘米 ×50 厘米。发掘人员立即组织人员清理，并派出安全观察员。10 月 29 日拆除高悬在发掘现

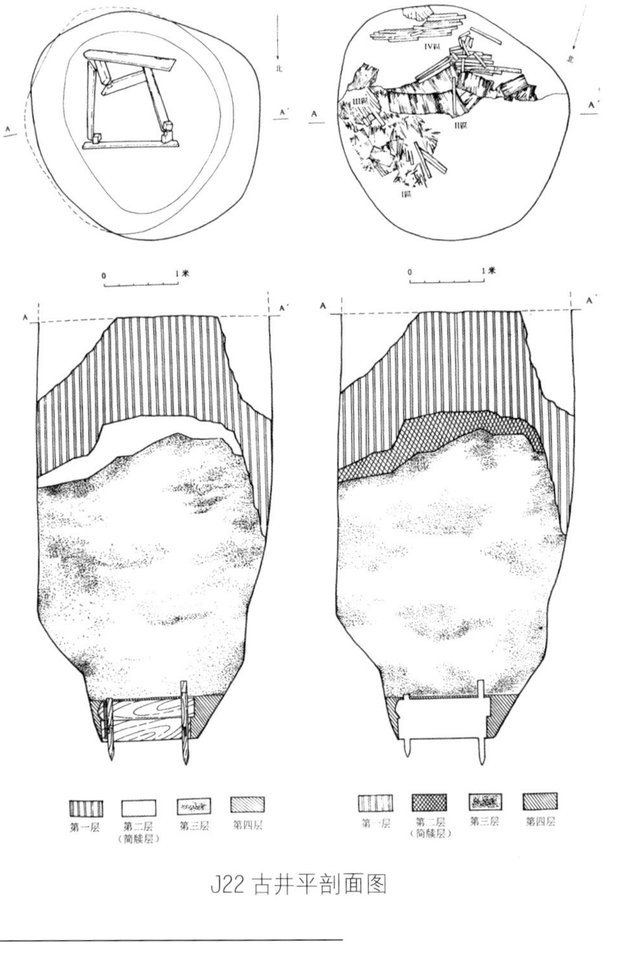

J22 古井平剖面图

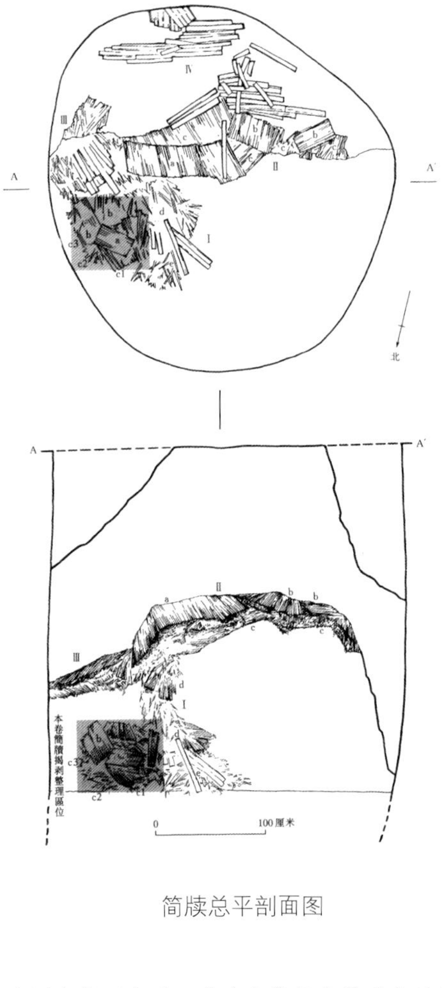

简牍总平剖面图

[1] 《长沙走马楼二十二号井发掘报告》，长沙市文物考古研究所、中国文物研究所、北京大学历史学系走马楼简牍整理组编著《长沙走马楼三国吴简·嘉禾吏民田家莂》，文物出版社，1999 年，第 3—60 页。

场上方，距底7~8米以上的旧房砖墙，以保证发掘安全。10月30日井南壁开裂，即将坍塌的井壁长320厘米，宽120厘米，厚110厘米。11月1日，省考古专家组会议听取长沙市文物工作队的发掘汇报。11月2日至15日，清理简牍层以下的井内堆积，并绘图、照相、录像。其中11月5日为保证安全，在井南壁开裂的部位扩方330厘米 ×120厘米，深110厘米，消除安全隐患。至11月15日第22号井的发掘工作全部结束。

J22为一不规则的圆形竖井，构筑在生土层中，开口层位已不明。上口略小，中部稍大，至底部收束，底部缓平。现存井口直径南北长320厘米，东西长310厘米，现存深度560厘米。井壁光滑呈灰褐色，经过人工修整。由于经泥水长期浸泡，井壁不甚结实，发掘过程中时有开裂、崩塌。清理后的井口除上部遭破坏外，井内原北半部的堆积亦被施工机械挖掘破坏，深度达223~270厘米，堆放于北半部的简牍层随之遭受同样厄运。

J22堆积分为四层：第一层为黄褐色覆土，第二层为简牍，第三层为灰褐色土，第四层为方形木壁竖井及四周黄褐色填土。现将各层堆积情况分述如下：

第一层：残存井口覆盖一层130~300厘米厚的黄褐色灰土，叠压在简牍层之上。覆盖的泥土质地纯净无杂物，经仔细观察推测恐系井壁年久自然塌垮覆盖所致。此外，亦不排除人为掩埋的因素。

第二层：简牍层。呈坡状堆积，厚薄不匀，最薄处为10厘米，最厚处为56厘米。坡状堆积顶端距现存井口130厘米，坡脚最低处距现存井口224厘米。从保存下来的南半部简牍层的平面分布情况看，有一种长50厘米左右的大木简主要放置在井的南部和东部，一小部分叠压在竹简之上，置于南部的木简呈东西向排列，唯有一束呈南北向放置；置于东部的木简基本上呈南北向排列，少部分散落在Ⅰ区简牍层中。共清理大木简228枚。北部木简放置的情况因遭受施工的破坏而不详，从四周扰土及湘湖渔场废塘中清理和追回的大木简计有2000余枚（含残断简在内），据此推测当时大木简可能主要是放置在北边。

现存竹简放置在井中部偏南的位置，竹简里夹杂着部分木牍。简牍的摆放有一定的顺序，层层相叠，似有意为之。简牍之上覆盖一层竹篾席，已残朽。从剖面上看，简牍摆放时对其摆放的部位似未加修整，而是依井内原有堆积的形成自然形状摆放，再加上井壁塌压的结果，故呈现出中间厚高、两边薄的形态。为了便于清理和发掘后的整理工作，我们将简牍分成四个区。这个区不是按照十字基线平均划分的，而是依据简牍遭破坏后分布的现状而定。

Ⅰ区位于井的东北部，这已不是原来堆积的层位，而是被破坏后，上层位的简牍跌落下来散落残存的部分。散落的面积为120厘米 ×90厘米，简牍上层叠压少量大木简，揭取时将Ⅰ区简牍析为a、b、c、d、e五小扎，其相互叠压的关系为：a→b→c、b→d、d→e。a扎较为整齐，叠压在 b、c 扎之上。b 扎亦较整齐，叠压在 d 扎之上。c 扎叠压在 a 扎之下，自身可细分为三小扎，其叠压关系为 c ①→ c ②→ c ③。d 扎叠压在 b 扎之下，较为散乱，数量最多，并与Ⅱ区 a 扎相连接，内容上有可能彼此关联。e 扎叠压在 d 扎之下，在诸扎中最为散乱。

Ⅱ区位于Ⅰ区南侧的位置，上部较凌乱，下部较整齐，出土数量最多。根据其叠压关系和分布情况将其分为 a、b、c 三扎揭取。a 扎保存较为完整，长 70 厘米，宽 25~30 厘米，厚 56 厘米，东端与Ⅰ区 d 扎和Ⅲ区相连，西端与 b 扎相连。b 扎保存亦完整，长约 65 厘米，宽 25~30 厘米，厚 20~50 厘米，其东端与 a 扎相连，西端与 c 扎相连。c 扎长约 210 厘米，宽 23~30 厘米，厚 10~30 厘米，因受井壁塌垮泥土的挤压，向下倾斜，交叉错乱比较严重，因其较长，揭取时又分为 c 扎（东）、c 扎（西）两部分。

Ⅲ区位于井的东部，表层为大木简，下层为竹简，简层长约 70 厘米，宽 60 厘米，厚 14~30 厘米，其三分之一受上部井壁坍塌泥土的挤压，呈倾斜状，原位发生移动，致使简册错乱。

Ⅳ区主要是位于南部表层的大木简。其一小部分叠压在Ⅱ区竹简之上。靠近井南壁的一部分木简因受泥土挤压，错位下沉 76 厘米。

第三层：灰褐色土，位于简牍之下，厚 205~350 厘米，上部呈坡状。夹杂竹木屑、草芥、树叶等物，出土大量残碎的建筑砖瓦、麻石块、陶瓷器及残片、铜碗、铁钩、铜钱、网坠及零星简牍等。

第四层：现存井口下深 502 厘米处发现一方形木板井。井口略近正方形。每面各一至三块木板横叠垒砌，结构成一个方壁。井壁外充填黄褐色泥土，土质纯净，系用原生土回填，厚 60 厘米，略高出木板井口。井内四角各竖一方形木桩，下端削尖插入泥土。各角的木桩长短不一，宽窄不同，用榫卯与木板固定。西北角与西南角两木桩呈扁平状，上端各留缺口，下端削尖插入泥土，木桩中部各有一长方形榫眼，用一根扁木板连接。西北角木桩旁又并列一根木桩，起加固作用。方形木井壁东壁内长 120 厘米，西壁内长 132 厘米，北壁内长 104 厘米，南壁内长 104 厘米，北壁深 58 厘米，其余三壁深 56 厘米。

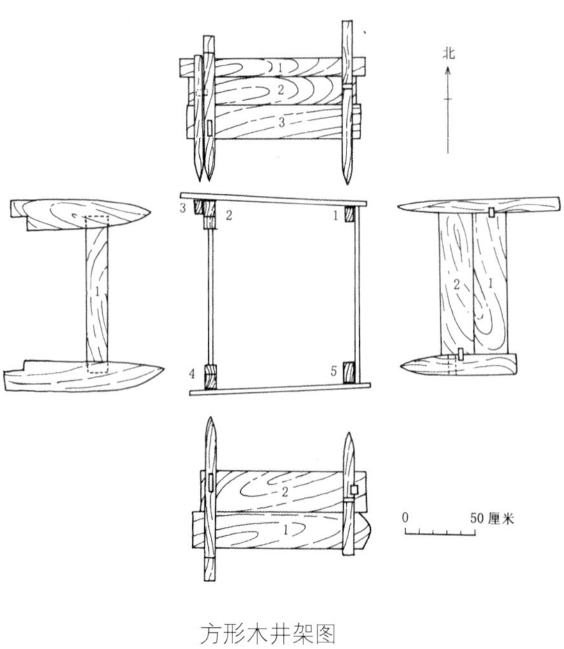

方形木井架图

在发掘过程中，由于发掘面狭窄，又面临高危的基坑悬壁，为安全起见，考古发掘采用水平层位下挖的方式。在井口之下 130 厘米处设置一个南北向的十字水平基线，按基线下深 0~180 厘米为三层①、180~220 厘米为三层②、220~240 厘米为三层③、240~260 厘米为三层④、260~280 厘米为三层⑤、280~300 厘米为三层⑥、300~350 厘米为三层⑦、350~370 厘米为三层⑧这样一个顺序进行发掘。在整理过程中，根据器形、分类和拼对修复，发现某件器物的若干残片，可以在同一层位和相邻的层位中找到。例如：某件麻布纹硬陶罐的残片在三层②、三层③均可找到拼对复原；某件泥质灰陶盆残片在三层④、三层⑤找到，可拼对复原。经过这样一番拼对、寻找的整合过程，我们将第三层的八个小层合并为三大层，即第三层① 0~240 厘米，第三层② 240~300 厘米，第三层③ 300~370 厘米。

另外，对施工机械将井内堆积扰动、破坏、搬运到井口附近的部分，发掘者也做了细致地清理，并把清理的遗物编入采集部分。走马楼 J22 不仅第二层出土了数量众多的简牍，第三层堆积内亦出土少量零星的简牍。简牍的年号目前发现最早为东汉献帝建安二十五年（220），最晚为吴孙权嘉禾六年（237）。其间汉献帝建安的年号顺延至二十七年，直至孙权称帝的黄武元年（222），未见东汉延康的年号与曹魏黄初的年号。

考古工作人员在现场清理简牍

考古工作人员对简牍堆积状况进行测量绘图

J22 简牍遭破坏未清理前的情景

J22 将扰乱部分清理后的情景

古井出土青瓷四系罐

古井出土陶网坠

古井出土瓷水盂

古井出土铜碗

参加长沙三国吴简考古发掘全体工作人员名单：

宋少华、何旭红、傅星生、邱东联、李鄂权、黄朴华、肖静华、彭奇策、余长庚、技工孟科保、曹彪、胡冬成、胡春成、杨章新等。

部分工作人员在考古发掘现场合影

第二节　长沙历史回顾（公元2世纪末至3世纪上半叶）

一、汉末吴初长沙郡的历史大事要略[1]

东汉晚期至三国孙吴初期，长沙郡的统治主要经历了四个时期：

1. 孙坚以长沙太守统治时期，即东汉中平四年（187）—初平元年（190）；2. 刘表以荆州刺史统治时期，即初平元年（190）—建安十三年（208）；3. 刘备以诸侯统治时期，即建安十三年（208）—建安二十年（215）；4. 孙权称帝前后统治时期，即建安二十年（215）—吴嘉禾六年（237）。

东汉晚期，中平元年（184）"黄巾"起事，稍后各地响应，民变此起彼伏。孙坚时任县吏，率部参与剿抚。中平四年（187），长沙人区星自称将军率众万余人，攻围城邑，荆南诸郡零、桂群起响应。朝廷诏以孙坚为长沙太守，前往镇抚，坚亲率将士施设方略，一月之中，平息区乱。次年，坚越境寻讨零、桂诸郡，三郡肃然。坚以前后功封乌程侯。其后扬州、豫章郡宜春为贼所寇，坚率兵越州驰援，贼闻而散走。中平六年（189），董卓拥兵入京，诛杀异己，废立皇帝。次年，各州郡牧守纷纷起兵讨董卓，长沙太守孙坚起兵响应，北上讨伐。各路军讨伐途中多驻足观望，踌躇不前，唯孙坚军义无反顾，敢为人先，推进迅速，直抵洛阳之大谷，欲与董卓决战。袁术因此表坚为破虏将军，领豫州刺史。时刘表为荆州刺史，领长沙、零陵、桂阳、武陵、南阳、江夏、南郡、章陵八郡。初平二年（191），孙坚奉袁术之命攻打荆州刘表，与刘表部将黄祖战于樊、邓之间，为祖部兵士射杀。长沙临湘人桓阶冒难诣表乞坚丧，归葬曲阿（今江苏丹阳）。兴平元年（194），孙坚长子孙策投奔袁术，袁术交还其父旧部千余人。此后孙策得其父故吏朱治、张昭等扶翼，脱离袁术，在江东一隅扫荡群雄，自立门户，开启吴国霸业。建安五年（200），孙策死，弟权嗣立，其承父兄之业，讨不从命，继续扩张。

建安三年（198），长沙太守张羡率零陵、桂阳等郡叛表，归附曹操。遂遭刘表攻围，次年首陷长沙，旋收零、桂，八郡复平。荆南诸郡，长沙实为"马首"，凡有起事、叛乱，必为它郡响应。

---

[1] 王素：《汉末吴初长沙郡纪年》，北京吴简研讨班编《吴简研究》（第一辑），崇文书局，2004年，第40—86页；梁小进：《长沙历史风云》，湖南文艺出版社，1997年，第29—38页；伍新福：《湖南通史·古代卷》，湖南人民出版社，1994年，第226页。

东汉末年，自“黄巾”起事后，天下板荡，群雄纷争。至建安五年（200）曹、袁官渡之战后，天下大势为：曹操统一中原，北方战事渐息；是年四月孙策死，弟权嗣立，占有江东之会稽、丹阳、吴、豫章、庐陵、庐江数郡，继续向西扩张；汉室宗亲刘表尽得荆州八郡之地，北据汉川，地方数千里，带甲十余万，罗致千数南渡学士归者，从容自保。

官渡之战后的曹操挥师南下，兵锋直指荆州刘表及已投靠刘表的刘备集团。建安十三年（208），曹军进至新野之时，刘表已病死，代立的少子刘琮投降曹军。屯守樊城的刘备弃城南下江陵，不期与曹军相遇，大战当阳长坂。刘军不敌，败走夏、樊。江东孙权经过短暂犹豫之后，决定联刘抗曹。孙刘联军在赤壁与曹军决战，巧借东风，大败曹军。曹操率残军从华容小道逃往江陵，孙刘联军水陆并进追至江陵城下。此役后，曹操无力南顾，留兵守襄阳而还，退守北方；江东尽入孙权之手，与刘备分荆州诸郡，并南下经略交、广；刘备则占荆州，南征荆南四郡，尽为所得，此后西取益州。三国鼎足之势于此渐成雏形。

赤壁之战后，孙刘联盟随之解体，刘备为控制荆州，又同孙权进行了长期的争战。荆州时辖八郡，即南阳郡（今河南南阳市）、章陵郡（今湖北棘阳县东）、南郡（今湖北江陵）、江夏郡（今湖北黄冈县西北）、长沙郡（今湖南长沙市）、武陵郡（今湖南常德市）、桂阳郡（今湖南郴州市）、零陵郡（今湖南永州市）。南阳、章陵为退守北方的曹军所据有。建安十三年（208）刘备遣将南征，欲收荆南四郡，表奏刘表之长子刘琦为荆州刺史。荆南四郡太守多为刘表旧部，刘备推刘琦为荆州刺史，就是利用他父亲的影响，招抚旧部，稳固对荆南的控制。鉴于南征的重要，刘备特派诸葛亮领兵出征。诸葛亮此次南征，其路线是先取长沙，沿湘江进至衡山、衡阳，再分抵零陵、桂阳、武陵诸郡。长沙太守韩玄、桂阳太守赵范、零陵太守刘度、武陵太守金旋皆降。刘备南征，其目的就是加强对荆南四郡的军事、政治控制，利用该地区丰富的人力、物力增强刘备集团的实力。

长沙郡北濒洞庭，连接长江，与东吴辖地豫章郡（江西）、江夏郡（湖北）紧密相联，历来被孙吴视为必争之地，是经略荆南四郡、西控荆州的前哨阵地。故在赤壁之战，周瑜北追曹兵大胜之际，孙权即出兵占领了长沙郡东部的浏阳、汉昌、下隽等三县。建安十四年（209），孙权为对付北方曹军，表请刘备为荆州牧，并将荆州借与刘备。次年（210），孙权分长沙郡之浏阳、汉昌、下隽三县，与南郡的州陵等四县特置汉昌郡，先后以鲁肃、吕蒙为太守，屯陆口，加强对刘备的防卫，至建安末年方罢省。

建安十六年（211），刘备入川。建安十九年（214），刘备攻下成都，领益州牧。面对刘备军事实力的扩张，孙权十分不安。第二年，孙权便向刘备索要荆州诸郡，刘备虚言要待取得凉州（今甘肃一带）后，始能归还。孙权认为刘备这番虚情假意，是故意拖延不还。于是径置长沙、零陵、桂阳三郡长吏，但是全被留守荆州的关羽驱逐。孙权闻此大怒，派大将吕蒙督兵鲜于丹、徐忠、孙规等率军两万取南三郡，使鲁肃率军万人屯驻巴丘（今岳阳市），以御关羽，自己则进驻陆口（今湖北境内），“为诸军节度”，指挥前线各军。

吕蒙、徐忠率军入湘，“奄袭三郡”。长沙太守廖立开门迎降，桂阳望风归服，唯零陵太守郝普守卫城池，不肯投降，安成、攸、永新、茶陵四县吏守阴山城不附。刘备闻此率军五万出巴峡，屯兵公安，派遣关羽将兵三万进驻益阳，与吴争夺三郡。孙权使鲁肃将兵万人由巴丘屯益阳，以拒关羽，疾书召吕蒙舍弃零陵，还军助肃。吕蒙获书，秘而不宣，巧用妙计诈降郝普，吕岱亦围逼四县降附，旋即率军赴益阳拒敌。孙、刘两军隔资江对垒，剑拔弩张，大战一触即发。当此之时，曹操率军西取汉中，威胁益州，刘备担心曹操趁机攻蜀，于是同孙权议和，中分荆州。湖南境内以湘江为界：长沙、桂阳以东属吴；零陵、武陵以西属蜀。孙、刘对湖南四郡之争暂告平息。

吴、蜀议和后，孙权以吕蒙为汉昌太守，率重兵以御关羽。长沙郡成为孙吴重要的军事基地。建安二十四年（219），刘备夺取汉中，关羽自南郡北伐，围曹军于樊城。八月，水淹七军，逼降于禁，威震华夏。曹操为拆散孙、刘联盟，遣使结好孙权。吕蒙建议孙权乘关羽北伐之机，江陵后防空虚，袭取江陵。于是孙权背弃和议，遣吕蒙袭取荆州。白衣渡江到南郡，南郡太守麋芳以城降。陆逊别取宜都、秭归、枝江、夷道，还屯夷陵，守峡口以备蜀。此时，关羽北伐受挫，江陵又失，只得兵退当阳，西保麦城。孙权遣将逆击羽，斩羽及子于临沮。至此南荆州之六郡遂为孙权所据。孙权夺荆州，是赤壁之战后终定三国的最后分野。

东汉建安二十五年（220），魏曹丕称帝，改元黄初。建安二十六年（221），刘备自立年号，在蜀称帝。以关羽被杀旧忿，为夺回荆州和替关羽报仇，于称帝的第二年（222）亲统四万大军伐吴。孙权求和不得，派大将陆逊领兵五万抵抗。双方战于夷陵（今湖北宜昌）。刘备连营数百里，陆逊采用火攻，火烧连营，大败蜀军。刘备突围，退至白帝城，在此一病不起，第二年病亡。从此，刘备势力彻底退出荆州。孙权最初占有长沙、桂阳，为最后驱逐刘备势力、凭据长江天堑与曹魏抗衡奠定了重要的基础。孙权取荆州后，审时度势，仍对曹魏称藩，所谓“外托事魏而诚心不款”。

公元222年，孙权改元黄武，自立年号。遣步骘驻镇长沙，原属刘备的零、桂诸郡则处处阻兵，犹相惊扰，遂被骘征讨平定。黄武二年（223）骘迁右将军、左护军，改封临湘（今长沙市）侯。黄武四年（225），尚书令顾雍迁太常，改封醴陵（今株洲市东南）侯，醴陵为长沙郡属县。黄武五年（226），步骘率众徙屯长沙沤口（今株洲茶陵）。公元229年，孙权正式称帝，改元黄龙，追尊父孙坚为武烈皇帝，母吴氏为武烈皇后，兄孙策为长沙桓王。大封功臣，潘濬进封刘阳（今浏阳市）侯，迁太常。刘阳为孙吴析临湘县北境置，属长沙郡。吴黄龙三年（231），孙权以交、广一带南土清定，召镇南将军吕岱出交州还屯长沙沤口。是年，武陵五溪蛮起事，孙权假太常潘濬节，使与镇南将军吕岱在长沙西北扎营，督军五万讨伐。至吴嘉禾三年（234）斩首获生，盖以万数，群蛮降服，自是一方宁静。是年，孙权任用吕壹为中书校事，掌管诸官府文书典校。

吕壹任事期间，操弄权柄，毁短大臣，排陷无辜，引起朝廷老臣不满。太子孙登，“长沙三侯”顾雍、步骘、潘濬等纷纷进言谴责，劝谏孙权，终使孙权觉悟，引咎自责，严惩了吕壹。

二、吴简所见三国历史人物[1]

汉末吴初，大致从东汉灵帝中平四年（187）至吴嘉禾六年（237），这五十余年间，出现了一些重要的历史人物与历史事件，对长沙郡与吴国的历史曾产生了重要的影响，兹结合出土的吴简予以介绍。

（一）长沙太守孙坚与其子孙策、孙权

《吴书·孙破虏讨逆传》云：

> 孙坚字文台，吴郡富春人。……少为县吏。年十七，与父共载船至钱唐，会海贼……掠取贾人财物……坚追，斩得一级以还，父大惊。由是显闻，府召署假尉。会稽妖贼许昌起于句章……坚以郡司马……与州郡合讨破之。……诏书除坚盐渎丞，数岁徙盱眙丞，又徙下邳丞。中平元年，黄巾贼帅张角起于魏郡……天下响应，燔烧郡县，杀害长吏。……坚与俊并力奋击，所向无前。……拜坚别部司马。

孙坚是吴郡富春（今浙江富阳）人，号称孙武之后，年少之时便被郡府召为假尉，后迁郡司马。汉熹平元年（172），以讨破会稽人许昌等反叛，受朝廷赏识，除徙盐渎、盱眙、下邳等县丞。中平元年（184）“黄巾”起事，及稍后凉州边章、韩遂作乱，孙坚参与剿抚，平乱显功，迁佐军司马、别部司马、议郎。

东汉中平四年（187），长沙郡人区星起事反叛，零、桂响应，朝廷诏议郎孙坚为长沙太守。坚到郡后，察举孝廉，任用良吏，亲率将士，施设方略，旬月之间，克平区乱。次年越郡寻讨，克平零、桂，三郡肃然。坚以前后功封乌程侯。后二年豫章之宜春为贼攻围，遣使求救长沙，坚整严救之，越州界攻讨。后三年，董卓乱政，群雄讨伐，坚率先起兵，亲领长沙子弟北上。北进途中，斩处犹疑举兵的荆州刺史，缺供军粮的南阳太守，军至鲁阳（今河南鲁山）与袁术合兵。术表坚为破虏将军，领豫州牧。孙坚与董卓会战阳人（今河南临汝），大破卓军，

---

[1] 王素、宋少华、罗新：《长沙走马楼简牍整理的新收获》，《文物》1999年第5期，第27—31页；王素：《关于长沙吴简几个专门词汇的考释——〈长沙走马楼三国吴简〉释文探讨之二》，北京吴简研讨班编《吴简研究》（第三辑），崇文书局，2006年，第258—269页；王素、汪力工：《走马楼孙吴“桓王庙”简与长沙“孙坚庙”》，北京吴简研讨班编《吴简研究》（第一辑），崇文书局，2004年，第131—142页；《三国志·吴书》：《孙破虏讨逆传》《吴主传》《顾雍传》《潘濬传》《步骘传》《吕岱传》《张昭传》《妃嫔传》。

枭其都督华雄。严辞拒绝董卓提出的和亲与分封孙坚子弟的诱惑，兵锋直抵洛阳附近的大谷，欲与董卓决战。董卓闻诸路讨军将至，遂放火烧毁京都洛阳，挟持汉献帝迁都长安。

东汉初平二年（191），孙坚奉袁术之命攻打荆州刘表。与刘表部将黄祖战于樊、邓之间，黄祖败入岘山，孙坚乘夜追击，被黄祖军士射杀，年三十七岁。坚死后归葬曲阿（今江苏丹阳）。其长子孙策在其父故吏扶佐下，自立门户，扫荡江东群雄，开启吴国霸业。建安五年（200），孙策死，其弟孙权承其父兄之业，继续扩张，讨不从命。

黄龙元年（229），孙权称帝，追尊其父为武烈皇帝，母吴氏为武烈皇后，兄策为长沙桓王。据《水经注》卷三八“湘水”条列《世语》云：

> 魏黄初末，吴人发芮冢，取木于县立孙坚庙。见芮尸，容貌、衣服并如故。吴平后，预发冢人于寿春见南蛮校尉吴纲，曰：“君形貌何类长沙王吴芮乎？但君微短耳。”纲瞿然曰：“是先祖也。”自芮卒至冢发，四百年；至见纲，又四十余年矣。

芮冢乃西汉初年封于长沙国的异姓诸侯王吴芮陵墓，《世语》所云，是记孙权立国后，吴人在长沙郡临湘县挖开吴芮的陵墓，取其椁木在当地修建孙坚庙事。然而出土吴简上的记录却与此大相径庭，其录文如下：

> ①万三千玉书言为桓王☐（1−5554）
>
> ②万三千□书言为桓王庙所出土负□□一万三千八百□□□□□曹掾典□□校书（1−6880）

“玉书”应指皇帝诏书，“桓王庙”当指被追尊为长沙桓王的孙策之庙。经专家深入考证，长沙本无“孙坚庙”。《世语》关于吴人发长沙王吴芮冢，以冢材于临湘立孙坚庙的记载，是作者郭颁据曹魏传闻，将长沙王吴芮冢被盗与吴纲为芮后裔且曾建“孙坚”庙等事杂糅在一起，编造出来的传奇故事，当不足信。

出土的长沙吴简清楚地记载，吴人在长沙修立的是“桓王”孙策庙，而不是“孙坚”庙，由此纠正了传世文献史料的错误。

（二）醴陵侯顾雍

《吴书·顾雍传》：

> 顾雍字元叹，吴郡吴人也。蔡伯喈从朔方还，尝避怨于吴，雍从学琴书。州郡表荐，弱冠为合肥长，后转在娄、曲阿、上虞，皆有治迹。孙权领会稽太守，不之郡，以雍为丞，行太守事，讨除寇贼，郡界宁静，吏民归服。……权为吴王，累迁大理奉常，领尚书令，封阳遂乡侯，拜侯还寺，而家人不知，后闻乃惊。黄武四年……改为太常，进封醴陵侯，代孙邵为丞相，平尚书事。

孙权黄武元年（222）称帝，后三年（225）拜顾雍为丞相，总领尚书之事，其辅佐孙权管理朝政，在丞相任上十九年。顾为人持重沉稳，恭温谦和，其所选用文武将吏各随能所任，心无适莫，时访逮民间，及政职所宜，辄密以闻。若是纳用，则归之于上，不用，终不宣泄。权以此重之。顾雍进封醴陵侯，醴陵为长沙郡属县。长沙吴简多见醴陵的记载：

人运集郡又醴陵、攸、建宁虽列山处所未列可□城数临▨（4–4198）

其廿六斛付醴陵漉浦仓吏周进（4–4612）

六斗四升醴陵仓吏刘仨米二千二百卌九斛□斗二升通合吴平斛米六千（4–4759）

□曹言告奉醴陵邓建子弟程皎诣府事

嘉禾六年二月十八日书佐吕承封（5–38975）

醴陵、罗、下隽、吴昌县□吏民古买乞严在所别自诡课县界中人（6–44985）

简 4–4198 与简 6–44985 虽无纪年，但醴陵分别与攸、建宁和罗、下隽、吴昌等并列，显系县名。吴昌为建安二十四年（218）孙权更汉昌而名，知此简年代当在 218 年之后。简文虽未明确提到与顾雍的关系，但“醴陵”二字明确，与罗、下隽、吴昌并列，当属长沙郡属辖县无疑。简 5–38975 的纪年为嘉禾六年（237），这几枚简的年代相隔不远，当此之时醴陵为顾雍的奉邑，顾雍卒于赤乌六年（243），终年七十六。

（三）大常与潘濬

长沙吴简屡见“大常”，亦即“太常”。太常为中国古代中央九卿之一，为朝廷掌管祭祀、礼仪的官员，汉晋史籍记其职掌甚详。《续汉书·百官二》太常条称“掌礼仪祭祀”。《晋书·职官志》称太常统“太庙”及“陵”等令，显指京畿的陵庙。《吴书·潘濬传》云：

潘濬字承明，武陵汉寿人也。……（孙）权称尊号，拜为少府，进封刘阳侯，迁太常。五溪蛮夷叛乱盘结，权假濬节，督诸军讨之。信赏必行，法不可干，斩首获生，盖以万数，自是群蛮衰弱，一方宁静。

刘阳亦为长沙属县。吴增仅、杨守敬《三国郡县表附考证》长沙郡刘阳县条云：“侯国。黄武（龙）初潘濬封此。赤乌二年卒，子翥嗣。”潘濬为太常，又封长沙属县侯，竹简也应有记载。如：

行书□言府答大常□追遣吏殷连□□

行书言府□问大常□罚黄调钱二□□（1080）

大常部曲大女刘汝七百租钱（6027）

▨口租钱月一千六百汝以今年二月三日下移居武昌大常军（23109）

粮都尉嘉禾元年十二月卅日辛酉书付大常刘阳侯兵曹王攀所□▨（22143）

上引四枚竹简均提到“大常”，即“太常”。竹简 23109 虽无纪年，但特别提到“武昌”，值得注意。因潘濬在讨伐武陵蛮前后，一直在武昌驻守，负责留都事务。吴还都建业（今南京）后，武昌即作为陪都，仍有许多事务要处理。《吴书·吴主传》：“（黄龙元年）秋九月，权迁都建业，因故府不改馆，征上大将军陆逊辅太子登，掌武昌留事。”《吴书·潘濬传》：“先是，濬与陆逊俱驻武昌，共掌留事，还复故。”据此，竹简 23109 所谓“移居武昌大常军”的大常，正是留守武昌的潘濬。竹简 22143 的时间为嘉禾元年（232），其中“大常”与“刘阳侯”并列，此太常指当时正在率军讨伐武陵蛮的“刘阳侯”潘濬。《吴书·吴主传》：“（黄龙）三年春二月，遣太常潘濬率众五万讨武陵蛮夷。”又“（嘉禾）三年冬十一月，太常潘濬平武陵蛮夷，事毕，还武昌”。

武陵蛮的叛乱，在吴前期主要有两次：第一次始于黄初二年（221）七月，终于黄初三年（222）闰六月之后；第二次始于黄龙三年（231）二月，终于嘉禾三年（234）十一月。第二次讨伐的主帅为潘濬。关于潘濬讨伐武陵蛮的军事行动，竹简也有反映，有颇多军粮督运和军队调动的记载。如：

> 军粮都尉移右节度府黄龙三年五月十七日丙寅书给典军曹史许尚典事（？）邵（2069）
>
> 被督军粮都尉嘉禾元年六月廿九日癸亥书给右郎中何宗所督别部司马（2171）
>
> 被督军粮都尉嘉禾元六月廿九日癸亥书给右郎中何宗所督（1900）
>
> 五斛一斗五升被督军粮都尉嘉禾元年六月廿九日癸亥书给右郎中何宗所督武猛司马陈阳所领吏□□（2095）
>
> 五斗被督军粮都尉嘉禾元年八月九日壬寅所书给武猛都尉□□□（2255）
>
> 粮都尉嘉禾元年十一月十日壬申书付监运掾曹□等运诸集所嘉禾元年（2112）

涉及督军粮都尉的竹简还有很多。此官名未见记载。《魏书·杜袭传》有督军粮执法和督军粮御史。洪饴孙《三国职官表》记前者第六品，后者第七品，地位不低；又谓“出军则置”，属于大规模行军才设置的军职。督军粮都尉的品级、性质应该相当。这些竹简的内容应与讨伐武陵蛮有关，也与潘濬有关。

（四）临湘侯步骘

《吴书·步骘传》：

> 步骘字子山，临淮淮阴人也。世乱，避难江东，单身穷困。与广陵卫旌同年相善，俱以种瓜自给，昼勤四体，夜诵经传。注引《吴书》曰：骘博研道艺，靡不贯览，性宽雅沉深，能降志辱身。

步骘为孙权时期名将，他与长沙的关系最为密切。据《吴书·步骘传》记载：

延康元年，权遣吕岱代骘，骘将交州义士万人出长沙。会刘备东下，武陵蛮夷蠢动，权遂命骘上益阳。备既败绩，而零、桂诸郡犹相惊扰，处处阻兵，骘周旋征讨，皆平之。

同书《吴主传》黄初二年（221）云：

是岁（七月），刘备率军来伐，至巫山、秭归，使使诱导武陵蛮夷，假与印传，许之封赏。于是诸县及五溪民皆反为蜀。

此次武陵蛮叛乱始于黄初二年（221），翌年闰六月，刘备败遁白帝城，武陵蛮的叛乱亦旋即平息。这次讨伐武陵蛮，主帅似是步骘。

又《吴书·步骘传》载：

黄武二年，迁右将军、左护军，改封临湘侯。五年，假节，徙屯沤口。权称尊号，拜骠骑将军，领冀州牧。是岁，都督西陵，代陆逊抚二境。

沤口，地名，因处于古洣与沤水的汇合处而得名（今湖南省茶陵县东南），亦属长沙。可见步骘从延康元年（220）到黄龙元年（229），在长沙逗留了十年。此后，步骘虽然离开长沙，但由于所封为长沙郡治临湘县侯，在长沙地区仍有广泛的影响。吴增仅、杨守敬《三国郡县表附考证》长沙郡临湘县条云："侯国。黄武二年步骘以广信侯改封此。赤乌十一年卒，子协嗣。"《步骘传》云："协卒，子玑嗣侯。"步氏家族受临湘侯封的时间，远远超过这批简牍的时间下限。因此，步骘的活动，竹简必有记载。如：

右西乡入步侯还民一斛四斗（1532）

入都乡嘉禾二年步侯还民限米一斛（1556）

此二简所称"步侯"，无疑均指步骘。"还民"，据研究是一种身份。其时，步骘不在长沙，主持临湘侯国事务的应是临湘侯国的相与丞等官。竹简关于临湘侯国的记载甚多。如：

嘉禾元年五月丙寅朔十一日丙子临湘侯相□叩头死罪敢言之（4371）

▨禾元年五月丙寅朔十二日□□临湘侯相□丞祁叩头死罪敢言之（4392）

▨元年九月乙丑朔廿日甲戌临湘侯相靖丞祁叩头死罪敢言之（4396）

十一月十一日甲戌临湘侯相靖丞祁［叩］头死罪敢言之（4410）

此四简为临湘侯相及丞的上行公文。据《后汉书·百官五》：列侯食县为侯国，每国置相、家丞各一人，相"主治民，如令、长，不臣也。但纳租于侯，以户数为限"，家丞"主伺候，主理家事"。吴承汉制，情况大体相同。侯国相、丞均为朝廷命官，不为列侯私臣，故称"不臣也"。此四封信简，署名之前均不称臣，仅称"叩头死罪敢言之"，应是写给驻防西陵的步骘的。

（五）吕岱与长沙

吕岱亦为孙吴时期名将，他与当时长沙的关系也很密切。《吴书·吕岱传》：

吕岱字定公，广陵海陵人也，为郡县吏，避乱南渡。孙权统事，岱诣幕府，出守吴丞。权亲断诸县仓库及囚系，长丞皆见，岱处法应问，甚称权意。……建安二十年，督孙茂等十将从取长沙三郡。又安成、攸、永新、茶陵四县吏共入阴山城，合众拒岱，岱攻围，即降，三郡克定。权留岱镇长沙。安成长吴砀及中郎将袁龙等首尾关羽，复为反乱。砀据攸县，龙在醴陵。权遣横江将军鲁肃攻攸，砀得突走。岱攻醴陵，遂禽斩龙，迁庐陵太守。延康元年，代步骘为交州刺史。……封番禺侯……进拜镇南将军。黄龙三年，以南土清定，召岱还屯长沙沤口。会武陵蛮夷蠢动，岱与太常潘濬共讨定之。嘉禾三年，权令岱领潘璋士众，屯陆口，后徙蒲圻。……潘濬卒，岱代濬领荆州文书，与陆逊并在武昌，故督蒲圻。

《传》中安成、攸、茶陵、醴陵、蒲圻，均为长沙属县；陆口又名蒲圻口，在今湖北嘉鱼西南，与沤口亦属当时的长沙郡。潘濬卒于赤乌二年（239）。吕岱于建安二十年（215）到长沙，赤乌二年（239）仍兼督蒲圻，其间除去赴任庐陵、交州十一二年，在长沙地区逗留了十三四年，较步骘本人更长，超过我们整理的竹简的时间上下限。因此，吕岱的活动，竹简也必有记载。如：

〼……月廿二日丁亥书给吕侯都尉陈□□〼（2301）

七斗九升九合九勺被督军粮都尉嘉禾元年六月十四日戊申书给镇南将（2354）

吕岱所领都尉〼（2378）

军吕岱所领□□□……〼（2326）

都尉嘉禾元年八月十一日甲辰书给将军吕岱所部□□所□士四人力□合五人（2257）

此五简，前二简分别称“吕侯”和“镇南将军”，结合后三简的记载，无疑也均指吕岱。嘉禾元年（232），正当吕岱协助潘濬讨伐武陵蛮时期。上引五简内容，涉及军粮督运和军队调动，应与讨伐武陵蛮有关。

（六）长沙西部都尉与东部都尉[1]

都尉，官名。西汉景帝时改郡尉为都尉，辅佐郡太守并掌全部军事。东汉沿袭，大郡有时可置都尉二人，分为东、西部或南、北部治理。

---

[1] 王素：《汉末吴初长沙郡纪年》附考（一）《关于程普任长沙郡西部都尉问题》，北京吴简研讨班编《吴简研究》（第一辑），崇文书局，2004年，第79—81页；罗新：《吴简所见之督邮制度》，北京吴简研讨班编《吴简研究》（第一辑），崇文书局，2004年，第119—130页；《三国志·吴书·张顾诸葛步传》。

1．长沙西部都尉张承

《吴书·张顾诸葛步传》：

（张）承字中嗣，少以才学出名，与诸葛瑾、步骘、严畯相友善。权为骠骑将军，辟西曹掾，出为长沙西部都尉。

张承乃张昭之子。张昭辅助孙策共创江东霸业，身为长史，总理文武之事，又为孙策托孤之臣。据同传载：

张昭字子布，彭城人也。……孙策创业，命昭为长史，抚军中郎将，升堂拜母，比肩之旧。文武之事，一以委昭。……策临亡，以弟权托昭，昭率群僚立而辅之。

《吴书·吴主传》：

五年，策薨。以事授权，权哭未及息。策长史张昭谓权曰："孝廉，此宁哭时邪？……况今奸宄竞逐，豺狼满道，乃欲哀亲戚，顾礼制，是犹开门而揖盗，未可以为仁也。"乃改易权服，扶令上马，使出巡军。

张昭年八十一，嘉禾五年卒。……长子承已自封侯，少子休袭爵。

《资治通鉴》载，东汉建安二十四年（219），孙权夺荆州后依附曹操，以为藩属，操表孙权为骠骑将军，假节兼领荆州牧，封为南昌侯。张承出为长沙西部都尉的时间在孙权为骠骑将军之时。此前至建安十六年（211）中，吴蜀则中分荆州，湖南境内以湘水为界，东属吴，西属蜀，故吴不可能在蜀地设西部都尉。孙权封张承为长沙西部都尉，说明此时其地统治归属已发生了改变。权取荆州后，荆南四郡之长沙、桂阳、零陵、武陵皆属吴，张承出任长沙西部都尉，当在219年之后。

2．长沙东部都尉谢承[1]

《吴书·妃嫔传》：

吴主权谢夫人，会稽山阴人也。……早卒。后十余年，弟承拜五官郎中，稍迁长沙东部都尉、武陵太守，撰《后汉书》百余卷。

同传注引《会稽典录》：

承字伟平，博学洽闻，尝所知见，终身不忘。

谢承是孙权谢夫人的弟弟。权娶谢氏，为权母吴氏所聘。吴氏卒于建安七年（202），故权娶谢氏为妃当在此前。孙权生于东汉熹平五年（182），娶谢氏时当不满二十。谢夫人早卒，死年不详，恐卒于权母之后。建安七年（202）孙权母亡至建安二十四年（219）权取荆州，

[1]《三国志·吴书·妃嫔传》，中华书局，1975年；《资治通鉴》，中华书局，1976年。

其间长达十七八年，推测谢承迁长沙东部都尉的时间应在权取荆州之后，其姐谢夫人的卒年应在建安七年（202）至建安二十四年（219）之间。

汉郡分部有两种情况，一以都尉领部，一以督邮领部。前者是半行政区和军事区，后者是监察区。郡下部都尉区的设立，主要是根据军事方面的需求。裁省非边郡都尉时，原部都尉可能被部督邮所替代。当政治、军事形势紧急时，督邮所部的监察区就可能会升格或增设都尉所部的行政、军事区。有学者认为，两汉史料中长沙尚无东、西部都尉记录，长沙东、西部都尉，是在东汉末年或孙吴初年由长沙东、西部督邮上升而来的。三国史料所见长沙东、西部都尉之设，也与吴取荆州之后的时间相符。根据出土吴简记载，吴在长沙不仅设有东、西部督邮，还增设中部督邮。一郡之中设三部督邮，可证长沙在荆南四郡中地位之重要。吴简所见“中部督邮”“东部”“西部”简文纪年为黄龙元年（229）与嘉禾三年（234），此时吴蜀军事对峙的紧张局面已不复存在，长沙已为吴国稳定的后方，故恢复原有的部督邮建制应属必然。

竹简中亦见东部、西部以及中部的记载：

其二斛一斗东部烝口仓吏孙陵备黄龙元年税□米（1-2188）

其五斛九斗东部烝口仓吏孙陵备黄龙元年折咸米（1-2339）

嘉禾元年五月丙寅朔日兼中部督邮书掾傅汜叩头死罪敢言之（1-4363）

府中部督邮移戊午书自言料校文入□连年运杂米合（4-1265）

匹直三千三百布给东部所作弩□以嘉禾三年三月六日（3-7163）

池翁之江夏、南郡□都督……长沙东西部□□（5-39278）

简文所书“中部督邮”，其治所所在，推考以长沙郡临湘县（今长沙市）地为宜。

吴简中虽未明见东、西部都尉的记载，但部都尉的设置仍见于文献。据《吴书·三嗣主传》：

（太平）二年春……（孙亮）以长沙东部为湘东郡，西部为衡阳郡。

《宋书·州郡志·湘州》载：

衡阳内史，吴孙亮太平二年，分长沙西部都尉立。……湘东太守，吴孙亮太平二年，分长沙东部都尉立。

比较文献可知，太平二年（257）孙亮以长沙东部为湘东郡，西部为衡阳郡。文献所云之东部、西部，应是指原置长沙东部都尉与长沙西部都尉。其所新置的湘东、衡阳二郡，当是以原置东、西部都尉的治地为基础，升格为郡治的。由此可证析置二郡前，东、西部都尉似未撤除，依然存在。长沙郡设东、西、中三部，且都尉、督邮并治，历史的真实如何仍值得进一步研究。

（七）中书校事与吕壹

竹简1296："中[书][典][校][事][吕][壹]☐。"此简提到的"中书"和"校事"，应为吕壹等人。《吴书·顾雍传》云：

吕壹、秦博为中书，典校诸官府及州郡文书。壹等因此渐作威福，遂造作榷酤障管之利，举罪纠奸，纤介必闻，重以深案丑诬，毁短大臣，排陷无辜，雍等皆见举白，用被谴让。

同书《潘濬传》云：

先是，濬与陆逊俱驻武昌，共掌留事，还复故。时校事吕壹操弄威柄，奏按丞相顾雍、左将军朱据等，皆见禁止。……濬求朝，诣建业，欲尽辞极谏。

同书《步骘传》云：

后中书吕壹典校文书，多所纠举，骘上疏曰："伏闻诸典校擿抉细微，吹毛求瑕，重案深诬，辄欲陷人以成威福。无罪无辜，横受大刑，是以使民跼天蹐地，谁不战栗？……但小人因缘衔命，不务奉公而作威福，无益视听，更为民害，愚以为可一切罢省。"权亦觉悟，遂诛吕壹。

吕壹等人在中书任校事，监察中央官府及地方州郡，封邑在长沙的丞相顾雍首当其冲，长沙自然也会受到影响。吕壹于赤乌元年（238）坐罪伏诛，内外百官才脱离困境。简1296虽无纪年，但推测应在嘉禾中，与吕壹任职时间亦合。

三、汉魏晋初长沙郡国建置沿革[1]

西汉长沙国，袭秦长沙郡辖境，都治临湘县（今长沙市）。行政体制设国、县二级，无支郡。其立国二百余年，疆域内建置前后有很大的变化。据《汉书·地理志》载，西汉末，长沙国领县十三，即临湘（今长沙市及望城、浏阳、醴陵、宁乡等地）、罗（今湘阴、汨罗、平江等地）、连道（今涟源等地）、益阳（今益阳市及桃江、沅江、安化、新化等地）、攸（今攸县地）、下隽（今岳阳市及南县、沅江、临湘及湖北通城等地）、承阳（今衡阳市及衡阳县

[1]《汉书·地理志》，中华书局，1983年；《后汉书·郡国志》，中华书局，1973年；《晋书·地理志》，中华书局，1974年；吴增仅、杨守敬：《三国郡县表附考证》，《二十五史补编》第三册，中华书局，1985年；伍新福：《湖南通史·古代卷》，湖南人民出版社，1994年，第146—222页；王素：《汉末吴初长沙郡纪年》，北京吴简研讨班编《吴简研究》（第一辑），中华书局，2004年，第78—79页；李鄂权、管震：《走马楼吴简所见的吴县名考》，《湖南省博物馆馆刊》第六辑，岳麓书社，2010年，第321—328页；陈健梅：《孙吴政区地理研究》，岳麓书社，2008年，第189—194页。

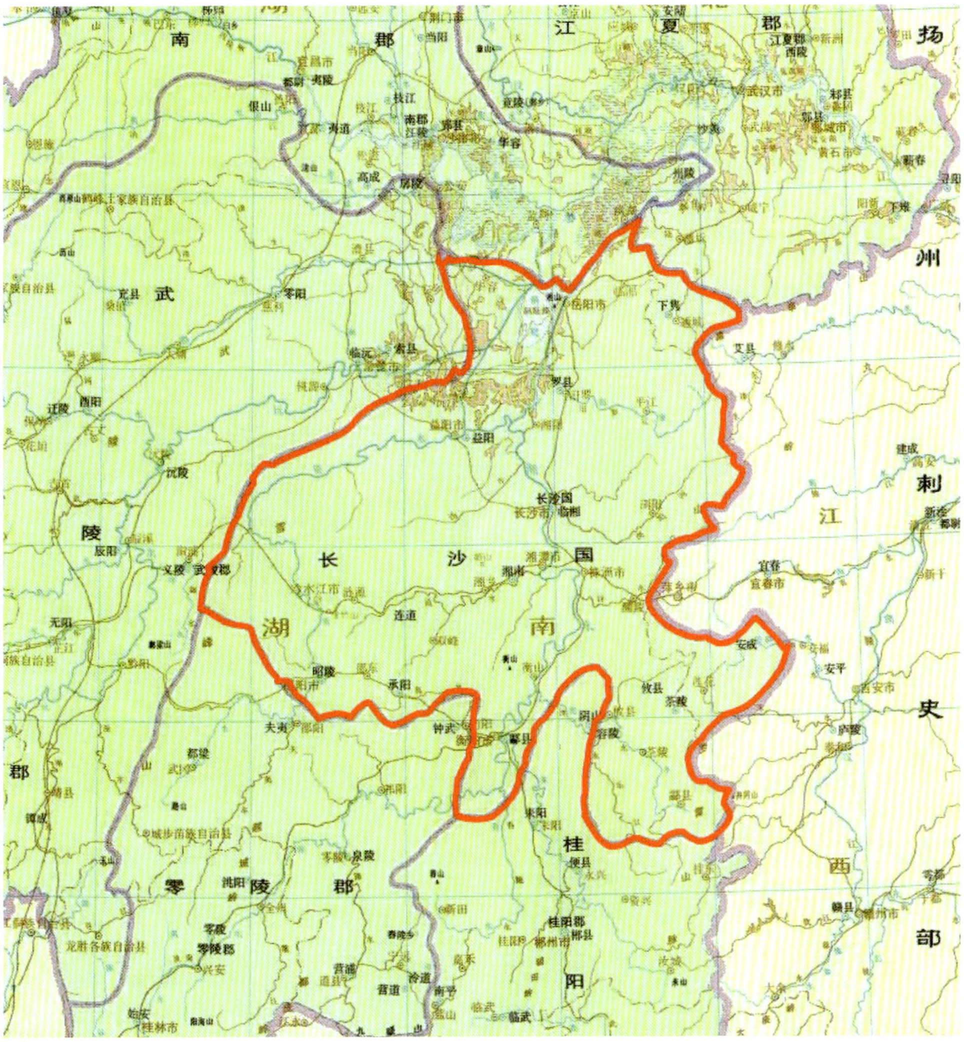

西汉长沙国疆域图（引自谭其骧主编《中国历史地图集》）

等地）、酃（今衡阳市及衡南、安江等地）、昭陵（今邵阳市及邵东、新邵、隆回、武冈等地）、容陵（今攸县等地）、茶陵（今茶陵、酃县等地）、湘南（今湘潭市及湘乡、双峰、涟源、衡山等地）、安城（今江西安福、莲花等地）。

东汉建置沿袭西汉，略有更易。行政体制设州、郡、县三级。《后汉书·郡国四》载，长沙郡属荆州，下辖十二县、一侯国。即临湘、罗、下隽、益阳、醴陵、攸、茶陵、容陵、酃、连道、昭陵、安成，改湘南县为侯国。东汉末，新置浏阳（析临湘县东置，今浏阳官渡地）、汉昌（析罗县东置，今平江县地）二县，计十四县、一侯国。

三国孙吴统治时期，湖南政区发生较大变化，由原来的东汉四郡析分为长沙、桂阳、零陵、武陵、衡阳、湘东、昭陵、天门八郡。孙权时析武陵郡北地置天门郡，治溇中（今大庸、慈利地）。撤并防御刘备的汉昌郡，辖县划属长沙等郡。吴太平二年（257），孙亮析长沙郡南部之地置衡阳、

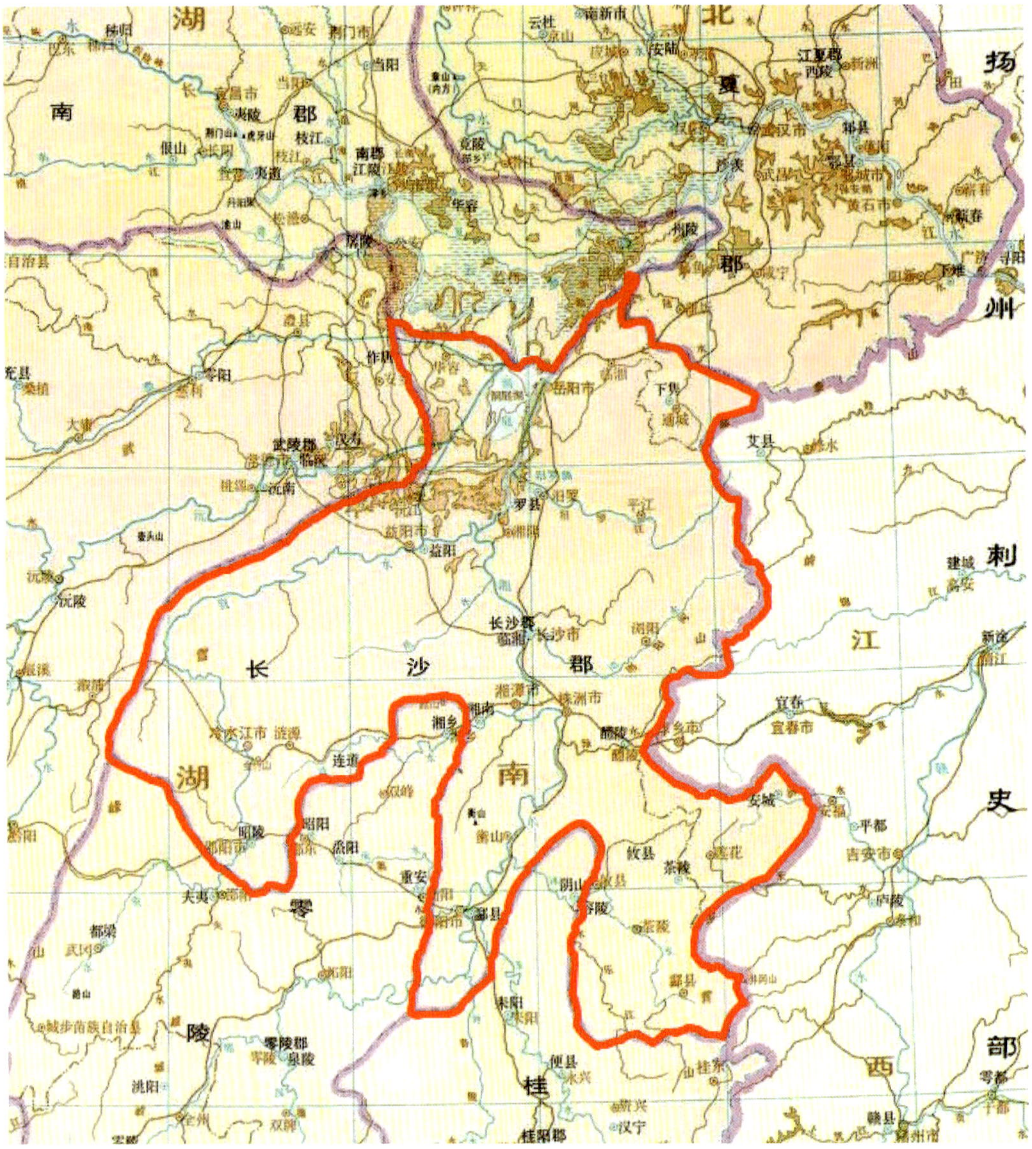

东汉长沙郡疆域图（引自谭其骧主编《中国历史地图集》）

湘东二郡。衡阳郡治湘乡（今湘乡市西），湘东郡治酃县（今衡阳市）。吴甘露二年（265）之后，孙晧析长沙郡安成县及他郡数县置安成郡（今江西安福地），析零陵郡地置昭陵郡（今邵阳市地）。

孙吴前期，长沙郡辖境甚广。据清吴增仅、杨守敬《三国郡县表附考证》记载，东汉初平元年（190）至魏黄初二年（221），长沙郡辖县十五，依次为临湘、攸、下隽、醴陵、浏阳、汉昌、罗、湘南、连道、益阳、临烝、酃、茶陵、昭陵、容陵。经专家考证，补辑其脱漏的安成、永新（刘备时置，今攸县西北地）、阴山（刘备时置，今江西永新县地）、广兴（孙权时置，今江西莲花县地）四县，合为十九县。

又，同表记载黄武元年（222）至太元二年（252），长沙郡辖县十九。依次为：临湘、攸、

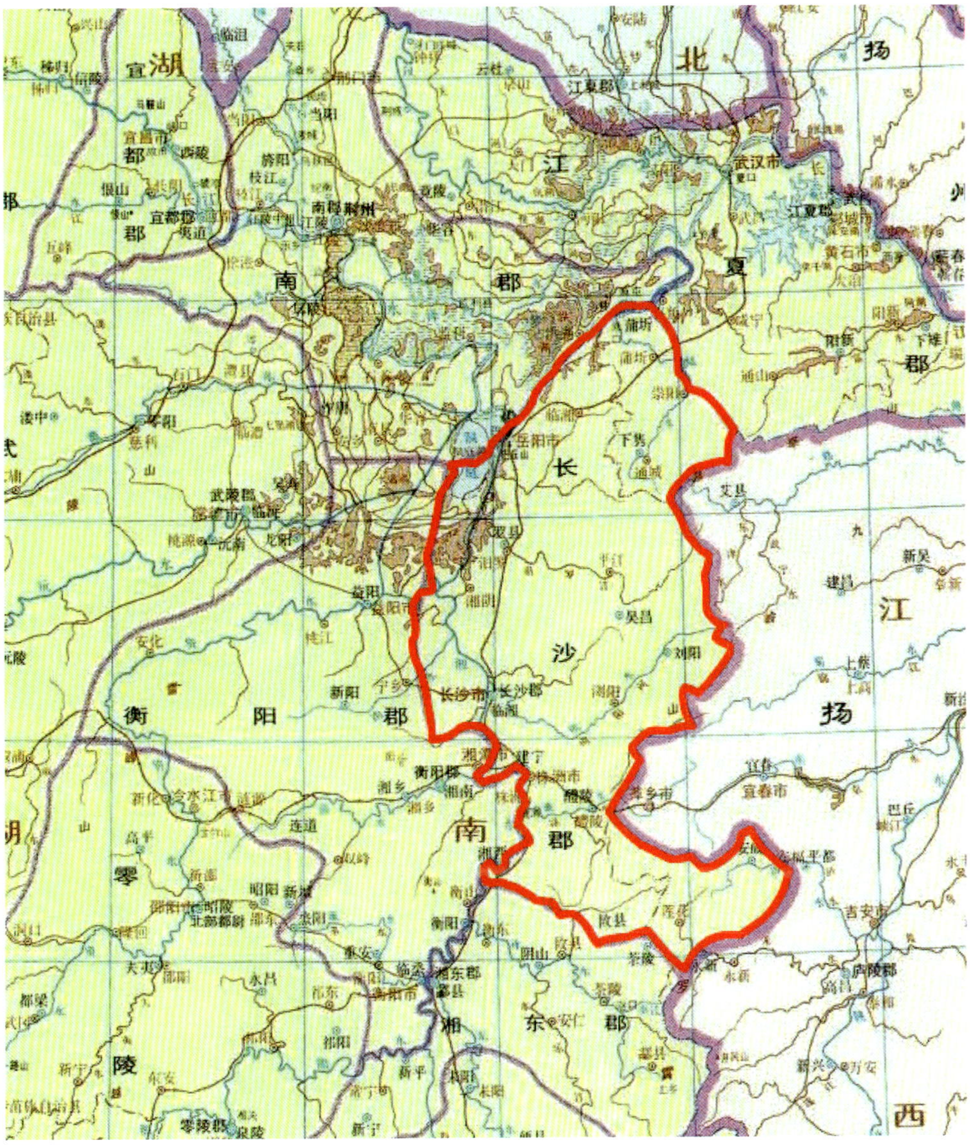

三国吴长沙郡疆域图（引自谭其骧主编《中国历史地图集》）

下隽、醴陵、浏阳、吴昌（建安二十四年孙权更汉昌为吴昌）、罗、建宁（孙权置，今株洲、湘潭地）、蒲圻（孙权析下隽置，今湖北蒲圻地）、巴陵（孙权析下隽置，今岳阳市地）、湘南、连道、益阳、临烝（孙权析酃县置，今衡南县地）、湘西（孙权析临湘县置，今长沙岳麓山之东南地）、衡阳（析湘南置，今衡山、衡东、安仁县地）、新阳（孙权析益阳置，今宁乡横市地）、酃、茶陵。专家又补考表所脱漏的安成县，总为二十县，但仍认为恐非其长沙郡的全部辖县。

孙吴后期，长沙郡之辖境大大缩小。吴太元之后设郡析县，几番减置，仅辖临湘、浏阳、攸、醴陵、罗、吴昌、建宁（析临湘、湘南置，今湘潭市北地）、下隽、蒲圻九县。

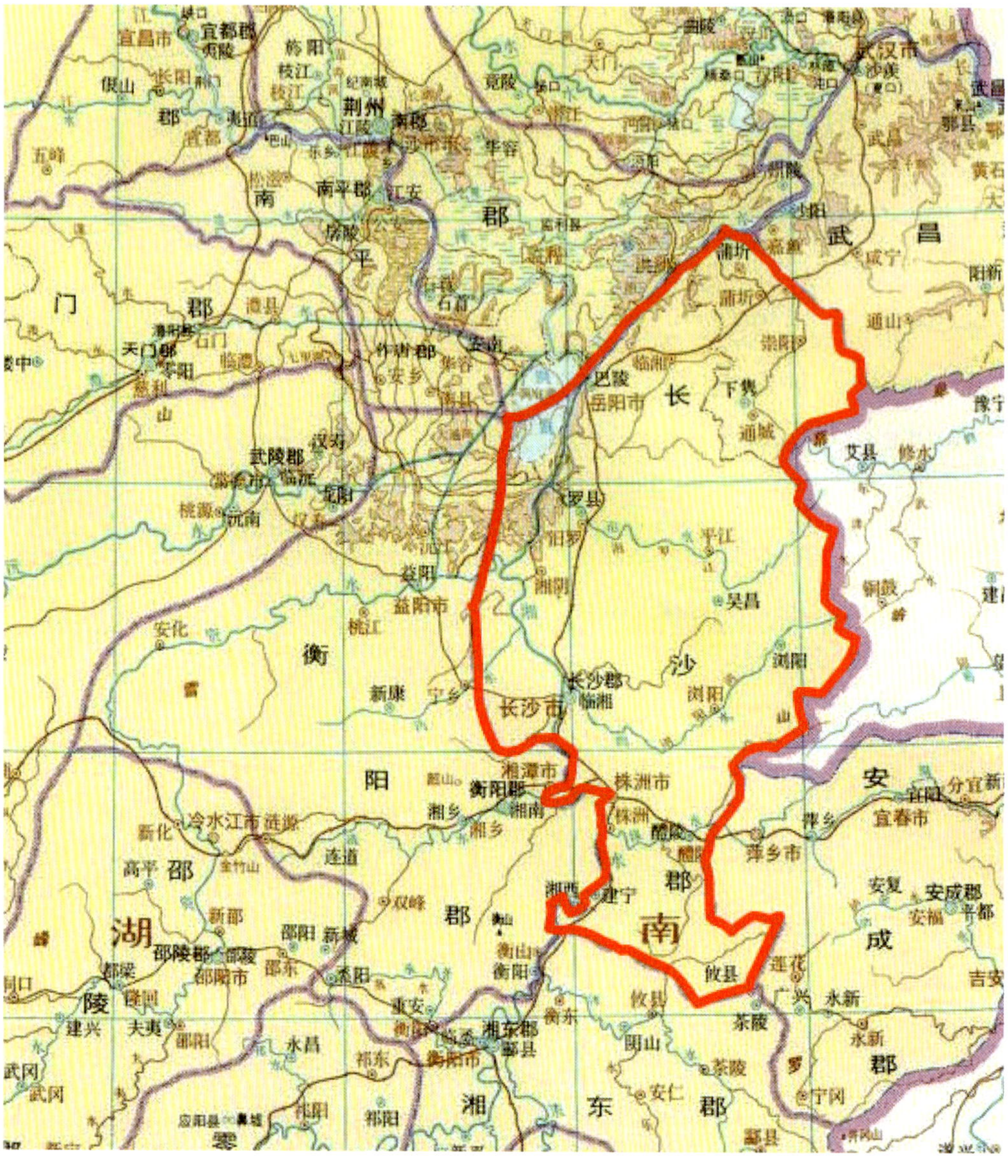

西晋长沙郡疆域图（引自谭其骧主编《中国历史地图集》）

西晋统一后，其建置仍沿袭前朝。晋初，长沙郡仍隶荆州，《晋书·地理下》记载长沙郡下辖临湘、浏阳、罗、吴昌、醴陵、建宁、攸、下隽、蒲圻、巴陵（晋置）十县。

纵观此一时期长沙郡县的建置沿革，两汉时期颇为稳定，至汉末晋初则更置频繁。除袭汉旧名外，一些改置与新置县名的出现，各有其因。有的因统治属性的改变，具有鲜明的王朝特征，如“汉昌”更为“吴昌”；有的因军事防御的原因析置，如建宁、湘西、新阳等；有的则因行政管理的需要拆分旧县之地，如临烝、巴陵、蒲圻等。此外，还有因时局动荡，版籍阙如，或年久湮没无稽，致使后人考辑脱漏，如永新、安成、阴山等。这些县名的更置废省，虽鲜为人知，却真实地反映了这一历史时期动荡剧变的史实。

第三节　各级党政领导、部门高度重视吴简的保护

1996 年 10 月 17 日，长沙市文物工作队配合五一广场商业特区湖南平和堂商厦建设，在施工现场一古井中发现大批珍贵的三国吴简。经初步勘查、摸底后，该队负责人当即在现场用电话向主管单位市文化局与省文物局作了口头汇报，并于当晚草拟在平和堂建设工地获重大考古发现的紧急报告，上报省文物局。省文物局及时进行了干预。根据省、市主管局的指示，该队迅速落实建设停工、现场保护措施，制定重点考古发掘方案。

长沙市委、市政府对吴简的发现高度重视。10 月 21 日，市委常委、宣传部长郑佳明，副市长王柏林主持召开现场办公会，专题研究平和堂工地重要文物保护和工程施工协调等问题，会议形成了《平和堂工地文物保护现场办公会议纪要》（长政办纪［1996］154 号）。《纪要》强调"平和堂工程部与文物工作队要密切配合，当文物发掘与工程施工发生矛盾时，要服从文物保护"。同时议定安排考古发掘经费 30 万元，要求市文物队集中人力在规定的期限内做好考古发掘工作。10 月 30 日，省文物局将长沙市处理情况、会议纪要及有关意见上报省政府办公厅（湘文物报［1996］第 21 号）。

在三国吴简发掘过程中，11 月 1 日省文物局组织专家组进行检查、督导。11 月 8 日，省文化厅主要领导陪同省委副书记、省文物管理委员会主任郑培民、省政协主席刘正先后视察出土的三国吴简，对长沙市的文物保护工作给予充分肯定，指示对这批重要的简牍一定要发掘好、保护好、整理好、宣传好。

吴简的发掘工作受到了国家文物局的高度重视。11 月 23 日至 25 日，国家文物局专家组副组长、著名考古学家张忠培先生，国家文物局二处关强处长专程来长沙，实地考察走马楼考古工地，详细询问发掘情况、检查发掘资料，对发掘的简牍的重大价值作了充分的评价，并对保护整理工作提出了指导性意见。12 月上旬，中国历史博物馆馆长、著名考古学家俞伟超先生亦赶来长沙考察出土吴简。他认为，出土吴简数量巨大，其价值怎么说也不过分。完全有资格与甲骨文、西北屯戍简牍、敦煌藏经洞藏经、清宫内阁档案相提并论，成为国际学术界的研究课题。

张忠培先生考察走马楼考古发掘工地

俞伟超先生谈吴简发现的价值与意义

现场发掘甫一结束，长沙市文物工作队立即将这一重大发掘的情况上报省局、国家文物局。湖南省文物局在当年第 5 期《湖南文物要情》（1996 年 12 月 2 日）以首要的位置加以报道，并报省委常委、省政府、省人大、省政协、国家文物局及省属各部、委、办。1996 年 12 月 19 日，湖南省文物局、长沙市文化局、市文物工作队四位同志专程赴国家文物局作三国吴简的专题汇报，国家文物局张文彬局长听取对吴简发现所做工作的汇报，提出了吴简保护、整理出版的基本意见，确定在北京召开“长沙走马楼三国孙吴纪年简牍重大发现”新闻发布会。随后，国家文物局总第 126 期《文物要情》（1996 年 12 月 21 日）以《湖南长沙走马楼出土大批弥足珍贵的三国孙吴纪年简牍》为标题，通篇报道这一惊世发现，并报送中央政治局常委、委员、书记处书记、国务院领导及中共中央、国务院、全国人大、全国政协办公厅、中央各部委办署局。

中央政治局委员、国务委员李铁映当天即对《文物要情》反映的“湖南长沙出土大批三国纪年简牍”一事作了重要批示：

文彬同志，这是一次重大的文物发现，一定要全面、妥善保护好。组织专家进行系统的整理和研究，并规划、设计文物的展览、保存方案，列入长沙市的建设规划中（抄湖南省政府和长沙市政府）。

铁映　十二月二十一日

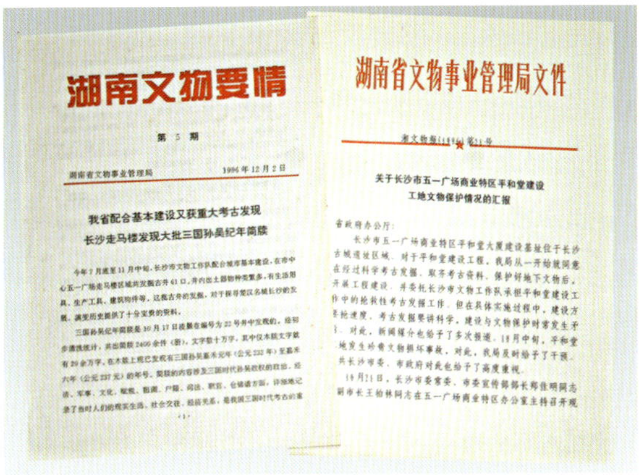

湖南省文物局《湖南文物要情》及相关报告

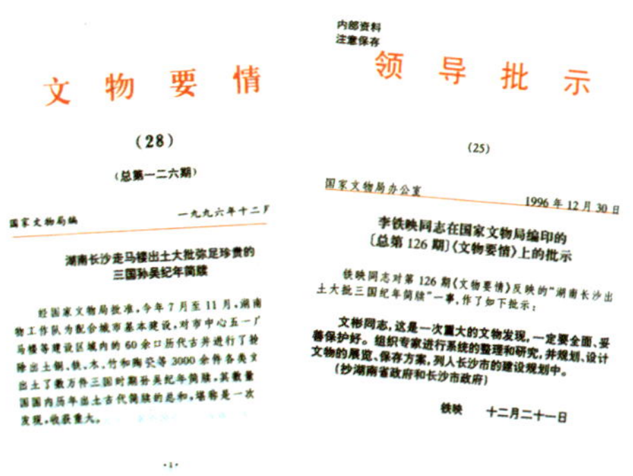

国务委员李铁映同志的批示及国家文物局《文物要情》等文件

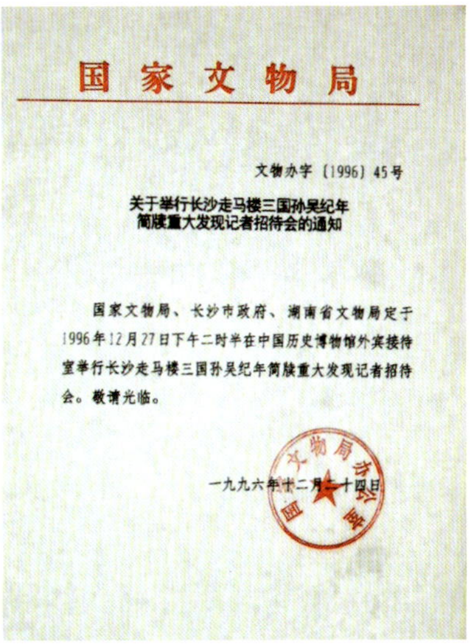

国家文物局

文物办字〔1996〕45号

关于举行长沙走马楼三国孙吴纪年简牍重大发现记者招待会的通知

国家文物局、长沙市政府、湖南省文物局定于1996年12月27日下午二时半在中国历史博物馆外宾接待室举行长沙走马楼三国孙吴纪年简牍重大发现记者招待会。敬请光临。

一九九六年十二月二十四日

在中国历史博物馆召开记者招待会的情景及会议通知

同年 12 月 27 日，国家文物局局长张文彬根据李铁映的批示精神，作出了全面妥善保护、科学系统整理、宣传展示三个方面的重要批示。同日下午，国家文物局、长沙市政府、湖南省文物局在中国历史博物馆外宾接待大厅召开“长沙走马楼三国孙吴纪年简牍考古重大发现”记者招待会，对外公布了这一重大考古发现的新闻，并传达了国务院领导的重要批示。到会的中央、省、市媒体数十家，新华社、中新社、《人民日报》、中央电视台、中央人民广播电台、《法制日报》、《光明日报》、《文汇报》、《中国文化报》、《中国文物报》、湖南省电视台、《湖南日报》、长沙电视台、《长沙晚报》等以及在京的专家学者云集一堂，见证了这一重要时刻。此后众多媒体竞相报道，引起海内外的广泛持久关注。1997 年初长沙走马楼三国吴简的发现被评为 1996 年“全国十大考古新发现”之一。

1997年5月，长沙走马楼孙吴纪年简牍保护工作领导小组在长沙成立。5月19日至20日，简牍保护方案论证会由国家文物局副局长张柏主持，与会专家就有关保护方法和措施进行了认真的论证，并形成了论证意见。5月21日，长沙走马楼孙吴纪年简牍保护工作领导小组组长、国家文物局局长张文彬主持召开第一次领导小组会议，湖南省委常委、省委宣传部部长文选德，省委常委、长沙市委书记秦光荣，省政府副省长唐之享，长沙市长袁汉坤，国家文物局副局长张柏，省文化厅副厅长金则恭等领导小组成员及有关方面负责同志出席了会议。会议听取了长沙市委常委、宣传部部长郑佳明关于吴简保护情况的汇报，审定并通过了张柏所作的关于《长沙走马楼孙吴纪年简牍保护方案的论证意见》和《长沙走马楼孙吴纪年简牍保护工作机构人员名单》。

1.《长沙走马楼孙吴纪年简牍保护方案的论证意见》（以下简称《方案》）：

（1）《方案》是在建国以来各地出土的竹、木简牍保护经验的基础上，对走马楼出土的竹、木简牍进行了多次试验研究而制定的，是基本可行的。

（2）《方案》中有关木质简牍的自然脱水保护方法经初步试验，效果较好，简便可行。专家们对操作的程序、阴干使用的玻璃夹板的厚度、木简的脱色等提出了建设性意见。

（3）专家们一致认为竹简的剥离、清洗工作应加快进行，以减少竹简表面泥土、污垢对其产生的不良影响。

（4）竹简脱水过程大量使用乙醇、乙醚时应注意安全。

（5）建议继续进行竹简脱水试验，寻求最佳脱水保护方法。

2.长沙走马楼孙吴纪年简牍保护工作机构人员名单：

长沙走马楼三国吴简保护整理工作领导小组

组　长：张文彬

副组长：文选德　秦光荣　唐之享

成　员（按姓氏笔画排序，下同）：

田余庆　吴加安　张柏　金则恭

胡继高　侯菊坤　袁汉坤

长沙走马楼三国吴简总体方案制订组

顾　问：何兹全　宿白　田余庆　胡继高

组　长：杜远明

副组长：钟兴祥　谭仲池　郑佳明　李晓东

孟宪民　谢辟庸　盛永华　杨源明

成　员：宋少华　宋新潮　何介钧　赵一东 熊传薪

办公室主任：何强

副主任：关强

长沙走马楼三国吴简整理组

组　长：田余庆

副组长：宋少华　胡平生

成　员：王素　李均明　李鄂权　吴荣曾

汪力工　周自如　杨慧　罗新

长沙走马楼三国吴简保护组

组　长：胡继高

成　员：胡冬成　张竹青　赵桂芳　肖静华

与会其他领导分别讲话，一致认为：三国吴简的发现，不仅仅是长沙市人民的骄傲，也是全国考古工作的一件大事，对于宣传长沙历史文化名城，对于精神文明建设都具有重大的历史意义，一定要以高度的历史责任感做好保护、整理、出版、展示工作。此项会议的主要内容，

在长沙召开的走马楼吴简保护工作领导小组第一次会议时的情景

专家听取长沙吴简的保护工作汇报

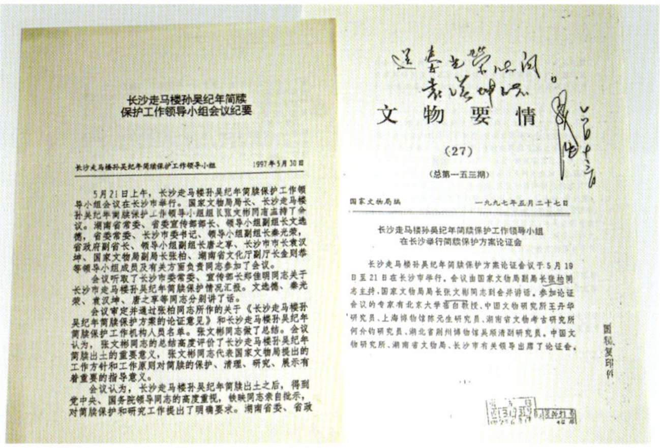

长沙走马楼孙吴纪年简牍
保护工作领导小组会议纪要

长沙走马楼孙吴纪年简牍保护工作领导小组　1997年5月30日

5月21日上午，长沙走马楼孙吴纪年简牍保护工作领导小组会议在长沙市举行。国家文物局局长、长沙走马楼孙吴纪年简牍保护工作领导小组组长张文彬同志主持了会议。湖南省常委、省委宣传部部长、领导小组副组长文选德，省委常委、长沙市委书记、领导小组副组长秦光荣，省政府副省长、领导小组副组长唐之享、长沙市市长袁汉坤、国家文物局副局长张柏、湖南省文化厅副厅长金则恭等领导小组成员及有关方面负责同志参加了会议。

会议听取了长沙市委常委、宣传部长郑佳明同志关于长沙市走马楼孙吴纪年简牍保护情况汇报。文选德、秦光荣、袁汉坤、唐之享等同志分别讲了话。

会议审定并通过张柏同志所作的关于《长沙走马楼孙吴纪年简牍保护方案的论证意见》和长沙走马楼孙吴纪年简牍保护工作机构人员名单。张文彬同志做了总结。会议认为，张文彬同志的总结高度评价了长沙走马楼孙吴纪年简牍出土的重要意义，张文彬同志代表国家文物局提出的工作方针和工作原则对简牍的保护、清理、研究、展示有着重要的指导意义。

会议认为，长沙走马楼孙吴纪年简牍出土之后，得到党中央、国务院领导同志的高度重视，铁映同志亲自批示，对简牍保护和研究工作提出了明确要求。湖南省委、省政

文　物　要　情

（27）

（总第一五三期）

国家文物局编　一九九七年五月二十七日

长沙走马楼孙吴纪年简牍保护工作领导小组
在长沙举行简牍保护方案论证会

长沙走马楼孙吴纪年简牍保护方案论证会议于5月19日至21日在长沙市举行。会议由国家文物局副局长张柏同志主持，国家文物局局长张文彬同志到会并讲话。参加论证会议的专家有北京大学宿白教授、中国文物研究所王丹华研究员、上海博物馆陈元生研究员、湖南省文物考古研究所何介钧研究员、湖北省荆州博物馆吴顺清副研究员。中国文物研究所、湖南省文物局、长沙市有关领导出席了论证会。

长沙走马楼吴简保护工作领导小组会议纪要及简牍保护专家论证会文件

登载在国家文物局《文物要情》（1997 年 5 月 27 日）。经国务委员李铁映同志批示，国务院办公厅秘书局将李铁映同志指示与《文物要情》速转长沙市委书记秦光荣、市长袁汉坤阅办。

在党中央、国务院领导的高度重视下，省、市党政领导及有关部门把吴简保护整理展示工作纳入到党委、政府的重要议事日程，采取一系列有效措施对经费、人员编制、保护设施等问题进行专门的研究和部署。

1997 年 4 月 5 日，市委书记秦光荣主持召开市委常委会议，讨论关于长沙走马楼三国吴简保护整理工作。会议同意，简牍博物馆选址在长沙河西望城坡西汉长沙国王后墓处，保证古墓及简牍馆全部用地 70 亩，要求规划部门做好用地调整工作。同意从市财政预算外收入的 1.5% 中拨款 500 万，启动简牍库房实验楼和简牍博物馆的基建工作。同意给予编制 20 人，组建专门工作队伍，做好简牍的前期保护工作[《中共长沙市委常委会议纪要》(1997)第 9 次]。

1997 年 8 月 30 日，市委书记秦光荣主持召开长沙简牍博物馆选址现场办公会，会议同意长沙简牍博物馆新选址长沙河西龙头山。宣传文化部门要会同市建委、国土、规划等部门迅速制定简牍博物馆和有关配套建设的总体规划，岳麓区政府、西湖渔场要积极做好拆迁安置工作，有关部门和单位在长沙简牍博物馆立项、征地、规划、供电、供水等方面要优先办理有关手续，按政策优惠、减免有关费用[《中共长沙市委常委办公会议纪要》(1997)第 22 次]。

1997 年 10 月 6 日，中共长沙市委、长沙市人民政府向省委、省政府呈报《关于将长沙简牍博物馆建设工程列为国家文化重点建设项目的请示》（长字［1997］22 号），提出简牍博物馆选址长沙市河西龙头山，占地 95 亩，建筑面积 13500 平方米，预计投资 6000 万元，请求省委、省政府向国家计委、国家文物局呈报，请国家计委支持解决 3000 万元。

1997 年 11 月 6 日，长沙市政府向省政府呈报《关于将简牍博物馆建设工程列为国家级重点文化建设项目的再次请示》（长政［1997］123 号），恳请省政府将该项目上报国务院，请求国务院批转国家计委立项并解决部分资金。

1997 年市编委正式下文，同意市文物工作队更名为长沙市文物考古研究所，增编 20 人，为简牍博物馆涵养人才。

1998 年 11 月 12 日，湖南省计委向国家计委呈报《关于请求将“长沙简牍保护研究中心”列为国家重点文化设施建设项目并补助部分建设资金的请示》（湘计［1998］252 号）。

1999 年，长沙简牍保护研究中心重新选址城南天心区，与著名的古城名胜天心阁隔路相望。规划控制面积 30 亩，建筑占地面积 13 亩，市政绿化广场 17 亩，工程建设面积 13500 平方米，预计投资 6600 万元。

1999 年 9 月 27 日，省计委正式批准长沙简牍保护研究中心建设工程立项，同意长沙市政

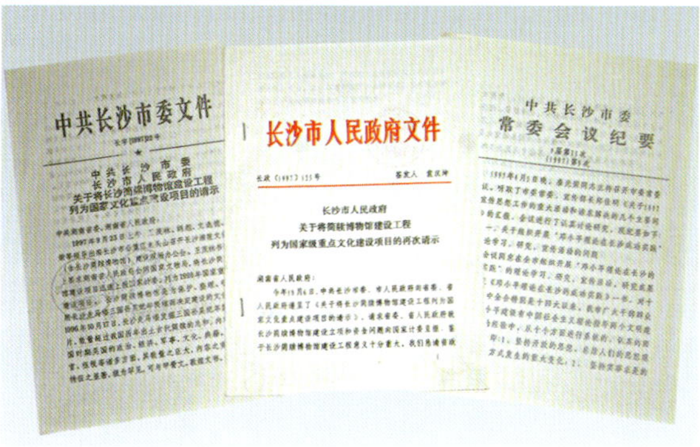

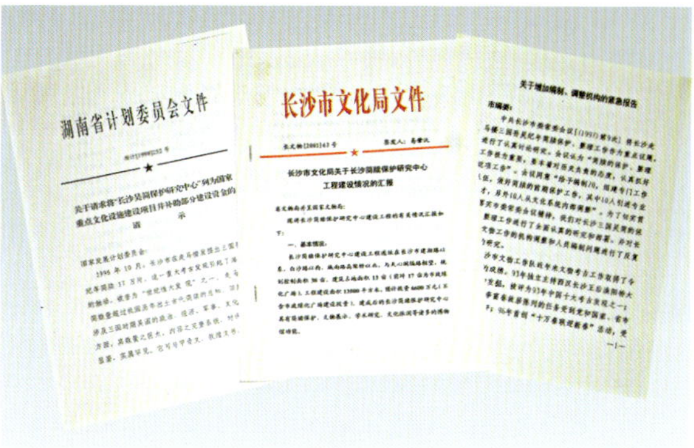

中共长沙市委、市人民政府及有关部门关于吴简保护的相关文件影印件

府在市内择地，建设“长沙简牍保护研究中心”，并上报国家计委（湘计投［1999］567 号）。国家计委同意该项目的建设规模和工程投资额度并给予经费支持，市政府将其列为 1999 年全市重点工程，已批准中心用地 30 亩，划定了土地红线。市计委批准了基建计划，共落实资金 4300 万。其中国家计委 2000 万，国家文物局拨 100 万，市政府安排 2000 万，省财政拨 200 万。至 2000 年，完成 13 亩工程建设用地拆迁，投入资金 2500 万，拆迁面积达 8158.25 平方米。审定通过了由清华大学建筑学院与长沙市建筑设计院联手设计的长沙简牍保护研究中心设计方案。2001 年 8 月完成土方开挖和桩基部分的工程（长沙市文化局文件［2001］63 号文）。

与此同时，长沙三国吴简的保护整理工作步伐紧紧相随，稳步推进。

1996—2002 年，经过六年多艰辛细致的揭剥清理，完成全部吴简的揭取、清洗工作，共计清理出吴简约 14 万个编号，其中有字简 76552 枚，有墨痕简牍 2 万余枚，另有约 4 万个编号无字。

1999 年 10 月，经长沙市文物考古研究所与中国文物研究所、北京大学历史学系专家学者的共同努力，仅用两年多的时间，即整理出版了《长沙走马楼三国吴简·嘉禾吏民田家莂》上、下册，取得了阶段性的整理成果，并在长沙举行了吴简首卷发行仪式，受到学术界的好评。

2001 年 8 月，经过两年多的筹备，中国社会科学院历史研究所、中国史学会、长沙市政府在长沙共同举办“长沙三国吴简暨百年来简帛发现与研究国际学术研讨会”。这是国际简帛学界的一次百年盛会，时任中国社会科学院院长的李铁映向大会发来了《继承优秀文化传统，弘扬伟大民族精神》的书面讲话，盛赞此次国际学术研讨会的意义，希望中外学者加强合作，为国际简帛学的繁荣作出积极的贡献。国家文物局也发来热情洋溢的贺词。

参加本次国际学术研讨会的中外学者共计 170 余名，其中美国、英国、加拿大、瑞士、比利时、日本、韩国以及中国台湾、香港地区等学者达 70 余人。国际简帛学界领衔人物、知名学者，如英国剑桥大学的鲁惟一、日本东京大学池田知久、韩国汉城大学李成珪、清华大学李学勤、北京大学裘锡圭、香港中文大学饶宗颐、台湾辅仁大学丁原植、台湾“中研院史语所”邢义田等均出席本次学术盛会。可谓群英荟萃，少长咸集。在新世纪开元之年，如此众多的国内外知名学者汇集长沙，参加这次国际简帛学术盛会，总结交流百年来简帛发现与研究的成果，回顾与展望百年来简帛学研究的历程与前景，必将更广泛而深入地推动简帛学的发展，促进国际间的学术交流提升，使简帛学真正成为21世纪的国际显学。

简帛国际学术研讨会会外场景

简帛国际学术研讨会大会现场

英国剑桥大学鲁惟一教授做学术演讲

北京大学裘锡圭教授做学术演讲

香港中文大学饶宗颐教授做学术演讲

台湾“中央研究院”邢义田研究员做学术演讲

李岚清副总理听取长沙走马楼吴简的保护整理工作汇报并观看吴简实物

长沙召开国际学术研讨会结束不久，中共中央政治局常委、国务院副总理李岚清从报纸杂志上看到关于长沙走马楼三国吴简的报道后，2001 年 10 月 16 日在中南海办公室专门听取了国家文物局关于长沙走马楼三国吴简整理保护工作情况的汇报。根据国家文物局指示，长沙市文物考古研究所宋少华、李鄂权携带两函三国吴简实物专程送京。参加汇报的人员：文化部部长孙家正，国家文物局局长张文彬，国家文物局博物馆司副司长侯菊坤、科技处长朱晓东，中国文物研究所研究员胡平生，长沙市文物考古研究所所长宋少华。李岚清副总理在听取张文彬局长的汇报后，就吴简整理保护工作作了重要指示（节选）：

要把吴简作为国宝级文物对待。

简牍保护研究要列为国家专项。要加大投入力度，后续工作很多，不能光靠地方，财政部要给予必要支持。

简牍博物馆不仅要成为简牍保护中心、展示中心，而且还要成为简牍研究中心，要培养简牍研究人才，需要有文字学、历史学、文献学的扎实功底，要作为研究生的层次培养。

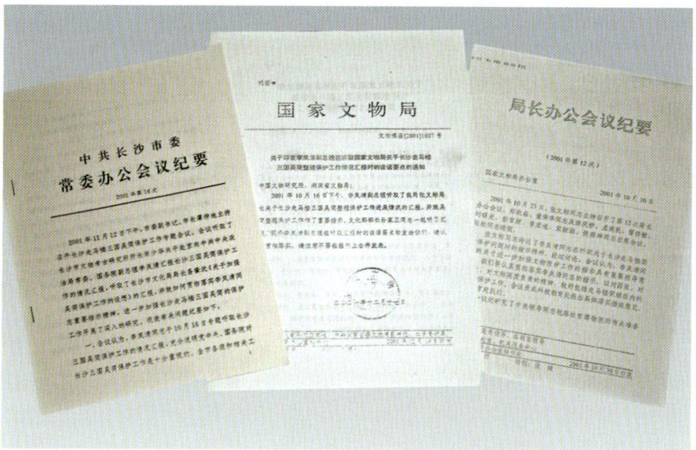

国家文物局、中共长沙市委关于落实李岚清副总理重要指示的有关会议文件

2001 年 10 月 30 日，张文彬局长主持召开第 12 次局长办公会议，传达了李岚清副总理的重要指示，会议认为，李岚清副总理关于进一步加强文物保护工作的指示具有重要指导意义，要认真

贯彻落实。会议责成科技教育处提出具体落实措施意见，报局审定执行［《国家文物局局长办公会议纪要》（2001）第12次］。

2001年11月12日，长沙市委副书记、市长谭仲池主持召开长沙走马楼三国吴简保护工作专题会议，听取了长沙市文物考古研究所赴京的情况汇报，就如何贯彻落实李岚清副总理重要指示精神，进一步加强长沙走马楼三国吴简的保护工作开展了深入的研究［《中共长沙市委常委办公会议纪要》（2001）第16次］。

2002年3月23日，国家文物局科技教育处朱晓东处长赴长就长沙简牍博物馆申请国家专项经费方案听取汇报，并就各项目设计、经费预算提出了指导性意见。在此基础上明确了各项目编制人员的分工：

① 科技保护项目　宋少华

② 整理研究项目　宋少华

③ 智能化集成项目　王全贵

④ 优化环境项目　刘伏梅

⑤ 宣传项目　林顺才

⑥ 陈列展览项目　柳宪辉

各项目编制完成之后即呈报国家文物局。经国家文物局博物馆司领导反复比较、汰选，最终确定只编制①科技保护项目与②整理研究项目。

2002年5月19—20日，湖南省文物局在长沙召开三国吴简科技保护方案论证会。与会专家听取了长沙市文物考古研究所与湖北荆州文保中心共同制定的吴简科技保护方案的汇报，参观了采取新的技术方法保护处理的竹简。经专家充分讨论，一致认为：

1. 该方案总结了国内出土竹简保护工作的经验以及走马楼吴简保护工作的成绩和问题，在1997年保护方案的基础上，注意吸收了竹简脱色和脱水技术的新方法，专家认为方案是可行的。

2. 该方案提供资料比较齐全。根据竹简状况，采用草酸、连二亚硫酸钠等材料进行脱色以及用醇—醚、醇—醚—填料（乳香胶、十六醇等）、乙二醛、乙二醛真空冷冻等方法进行脱水定型，提供的技术路线合理，简单易行，在国内尚属首次，可以应用。

3. 建议在方案中充实实验数据和处理前后样品对比照片、显微照片等。

4. 建议广泛与各有关单位密切合作，继续探索新方法、新技术。

2002年11月22日，文化部向国务院呈报《文化部关于落实李岚清副总理对湖南长沙走马楼三国吴简保护研究利用工作指示进展情况的报告》（文物报［2002］197号），报告提出将长沙吴简保护与里耶秦简保护一并考虑，由中央财政在“国家重点文物保护专项补助经费”中增列“简牍保护专项经费”，增加专款2000万元，专门用于补助吴简、秦简整理和科技保护等所属费用。

2003年11月14日，为加强国家财政专项支持的长沙吴简、湘西里耶秦简保护项目的预算管理和实施管理工作，国家文物局在京召开会议，听取两个项目总体方案编制修订情况的汇报。湖南省文物局、湖南省文物考古研究所有关人员，长沙简牍博物馆宋少华、李鄂权出席会议。经专家论证，认为长沙简牍博物馆汇报的《长沙三国吴简保护项目总体实施方案》的工作流程是可行的，简牍脱色、脱水所采用的方法和技术路线取得的结果比较成功。会议要求尽快完善吴简保护项目总体方案上报国家文物局。

2004年3月10日，长沙简牍博物馆将完善定稿的《吴简保护整理项目总体实施方案》上

吴简科技保护方案专家论证会现场

与会专家检视吴简科技保护试验样品

论 证 意 见

2002年5月19—20日，湖南省文物局在长沙召开三国吴简科技保护方案论证会。与会专家听取了长沙市文物考古研究所宋少华所长等有关方案的报告，并参观了已保护过的竹简，经专家充分讨论，一致认为：

一、该方案总结了国内出土竹简保护工作的经验以及走马楼吴简保护工作的成绩和问题，在1997年保护方案的基础上，注意吸收了竹简脱色和脱水技术的新方法，专家认为方案是可行的。

二、该方案提供资料比较齐全。根据竹简状况，采用草酸、连二亚硫酸钠等材料进行脱色以及用醇—醚、醇—醚—填料（乳香胶、十六醇等）、乙二醛、乙二醛真空冷冻等方法进行脱水定型，提供的技术路线合理，简单易行，在国内尚属首次，可以应用。

建议在方案中充实实验数据和处理前后样品对比照片、显微照片等。

建议广泛与各有关单位密切合作，继续探索新方法、新技术。

主任委员：王丹华　　副主任委员：奚三彩

2002年5月20日

长沙三国吴简科技保护方案论证会

专 家 名 单

姓名	单位	职称	签字
王丹华	中国文物研究所	研究员	王丹华
奚三彩	南京博物院	研究员	奚三彩
胡继高	中国文物研究所	研究员	胡继高
陈元生	上海博物馆	研究员	陈元生
魏象	湖北省博物馆	研究员	魏象
何介钧	湖南省文物考古研究所	研究员	何介钧
后德俊	湖北省文物考古研究所	研究员	[illegible]
吴顺清	湖北省荆州博物馆	研究员	吴顺清
陈松长	湖南省博物馆	研究员	陈松长

专家会议论证意见及与会专家名单

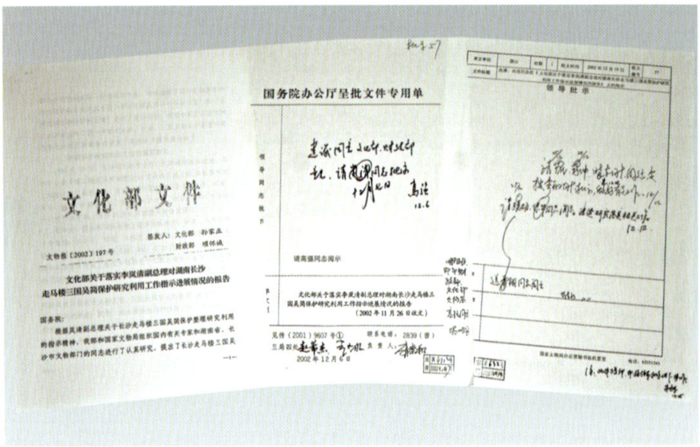

文化部文件

签发人：文化部　孙家正
财政部　项怀诚

文物报〔2002〕197号

文化部关于落实李岚清副总理对湖南长沙走马楼三国吴简保护研究利用工作指示进展情况的报告

国务院：

根据岚清副总理关于长沙走马楼三国吴简保护整理研究利用的指示精神，我部和国家文物局组织国内有关专家和湖南省、长沙市文物部门的同志进行了认真研究，提出了长沙走马楼三国吴

—1—

国务院办公厅呈批文件专用单

请高强同志阅示

文化部关于落实李岚清副总理对湖南长沙走马楼三国吴简保护研究利用工作指示进展情况的报告

（2002年11月26日收文）

2002年12月6日

文化部关于落实李岚清副总理对走马楼吴简保护研究利用工作指示进展情况的报告

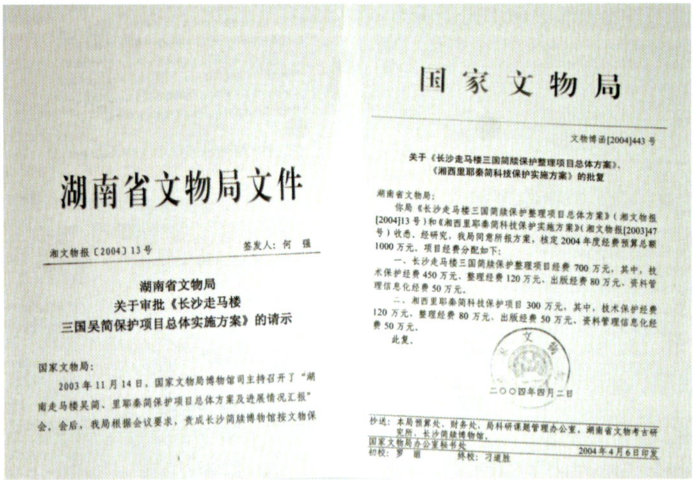

湖南省文物局文件

湘文物报〔2004〕13号　　签发人：何　强

湖南省文物局
关于审批《长沙走马楼
三国吴简保护项目总体实施方案》的请示

国家文物局：

2003年11月14日，国家文物局博物馆司主持召开了"湖南走马楼吴简、里耶秦简保护项目总体方案及进展情况汇报"会。会后，我局根据会议要求，责成长沙简牍博物馆按文物保

国家文物局

文物博函[2004]443号

关于《长沙走马楼三国简牍保护整理项目总体方案》、《湘西里耶秦简科技保护实施方案》的批复

湖南省文物局：

你局《长沙走马楼三国简牍保护整理项目总体方案》（湘文物报[2004]13号）和《湘西里耶秦简科技保护实施方案》（湘文物报[2003]47号）收悉。经研究，我局同意所报方案，核定2004年度经费预算总额1000万元。项目经费分配如下：

一、长沙走马楼三国简牍保护整理项目经费700万元，其中，技术保护经费450万元、整理经费120万元、出版经费80万元、资料管理信息化经费50万元。

二、湘西里耶秦简科技保护项目300万元，其中，技术保护经费120万元、整理经费80万元、出版经费50万元、资料管理信息化经费50万元。

此复。

二〇〇四年四月二日

抄送：本局预算处、财务处、局科研课题管理办公室，湖南省文物考古研究所、长沙简牍博物馆。

国家文物局办公室秘书处　　2004年4月6日印发

初校：罗　丽　　终校：刁建胜

湖南省文物局上报请示及国家文物局批复的文件影印件

2003年国家文物局检查组视察长沙简牍博物馆建设工地
（图中右六为单霁翔，右三为宋新潮）

报湖南省文物局。

2004年3月18日，湖南省文物局上报国家文物局《关于审批〈长沙走马楼三国简牍保护整理项目总体实施方案〉的请示》（湘文物报［2004］13号），认为新修改的《长沙走马楼三国简牍保护整理项目总体实施方案》经审查，其科学性、合理性在原方案的基础上有了更大的提高，原则同意。

2004年4月2日，国家文物局下达了对湖南省文物局上报的关于《长沙走马楼三国简牍保护整理项目总体方案》的批复（文物博函［2004］443号），同意所报方案，并核定2004年经费预算总额，分配项目经费。

至此，长沙三国吴简的保护整理工作，在中央领导、国家文物局及省、市各级文化、文物部门的关心支持下，依靠科技保护新技术、新方法与中央财政强有力的支持，克服了徘徊、等待、艰难维持、推进缓慢的不利因素，走上了一条科学管理、职责明晰、程序规范、团结协作、确保质量的扎实稳健的发展之路，续写了新的团结奋斗的篇章。

2003年6月，新任的国家

2003 年国家文物局局长单霁翔等来长视察吴简保护整理工作（图中右一为单霁翔，右二为宋新潮）

2005 年国家文物局童明康副局长（图中左起第三人）来长检查指导简牍保护整理工作

文物局局长单霁翔与副局长宋新潮携检查组一行，为落实李岚清副总理的指示，来长检查长沙三国吴简的保护整理工作，并视察正在建设中的长沙简牍博物馆。

2005 年 6 月 21 日，国家文物局保护专家组组长王丹华一行，专程来长检查、指导吴简保护的质量及技术操作流程，对我馆所开展的保护工作给予充分的肯定。

2005 年 8 月，国家文物局副局长童明康、博物馆司科技处罗静处长来长检查长沙吴简保护整理工作的进展，听取了长沙简牍博物馆所作工作汇报，仔细查阅吴简保护的各种记录档案，观看了实际操作流程，视察了刚刚落成的简牍馆新库房，并就下一步工作提出了新的要求。

2008 年，中宣部刘云山部长视察免费开放后的长沙简牍博物馆。

2009 年 7 月 6 日，湖南省文物局根据管理要求，对长沙简牍博物馆正在实施的吴简保护整理项目进行了中期验收，对项目实施的各个环节、工作场地、工作流程、保护质量、库房保管、财务管理进行了认真细致的检查。

2011 年，国家文物局单霁翔局长再次视察我馆的吴简保护整理工作。

2014 年，新任国家文物局励小捷局长、湖南省委书记徐守盛、省委常委长沙市委书记易炼红等共同视察长沙简牍博物馆，观看陈列展览、视察吴简保护整理工作室时，详细询问我馆年轻专业人员的工作情况、研究进展，鼓励大家要耐住寂寞，踏实工作，为吴简的整理研究作出新的贡献。

自 1996 年长沙三国吴简的发现到今天，已走过 20 个春秋，经历了 7000 多个日夜。在党和国家领导、省市各级党政领导部门的高度关注、大力支持下，在诸多专家的帮助指导下，在兄弟单位的协助下，长沙市文物考古研究所与长沙简牍博物馆承前启后，继往开来，所有参与人员二十年如一日，恪尽职守，勤奋工作，为吴简的发现、保护、整理、研究、利用做出了应有的贡献。

2008 年中宣部刘云山部长（图中左起第二人）来馆参观，视察简牍整理保护工作

国家文物局、湖南省及长沙市有关领导视察我馆简牍保护工作（后排左二为国家文物局局长励小捷，左三为湖南省委书记徐守盛，左一为省委常委、长沙市委书记易炼红）

国家文物局、湖南省及长沙市有关领导视察吴简保护整理工作时与我馆年轻专业人员合影（左四为励小捷，左五为徐守盛，右一为易炼红）

2009年湖南省文物局组织召开的吴简保护整理项目中期验收会现场

1999年出版第一部长沙三国吴简专著《长沙走马楼三国吴简·嘉禾吏民田家莂》。

2001年，长沙简牍博物馆举行开工奠基仪式。

2002年，完成三国吴简的揭剥、清洗、绘图、记录工作。

2005年，长沙简牍博物馆新库房落成，入藏第一批脱水后的吴简。

2005年，长沙简牍博物馆落成并举行试开馆。

2007年，长沙简牍博物馆正式对外开放。

2008年，完成吴简整理资料的全部拍摄工作。

2011年，完成全部吴简的脱水保护并入藏登记。

2015年，完成整理吴简资料专著11部，出版7部。

2015年，长沙吴简保护整理项目顺利通过结项验收。

如今一座充满着现代化气息、功能设施较为齐全的长沙简牍博物馆矗立在湘江之畔、天心城头，成为长沙历史文化名城的一处鲜亮显著的标志，终日里观众络绎不绝，深受百姓的欢迎，也吸引着国内外大批学者来此访问交流，为推进社会主义精神文明建设发挥它积极的作用。

第二章　科技保护篇

第一节　吴简保护方案制定的指导思想与工作原则

走马楼三国吴简发掘出土后，受到了国务院、国家文物局及湖南省市各级领导的高度重视，将长沙三国吴简的保护和整理工作尽快立项开展，对提高我国简牍文物的科技保护水平，加强出土文献的整理、研究工作，促进文博事业的大繁荣、大发展都具有十分重要的意义。

由于走马楼吴简出土的数量众多，内容相当丰富，需要投入巨大的人力、物力、财力，工作周期长，因此必须明确保护整理项目工作的指导思想，并制定出科学、有效的工作原则与方法，按计划、有步骤、分阶段地开展接下来的各项保护工作。

一、指导思想

简牍是带有文字的珍贵文化遗产，具有十分重要的研究价值。在竹木载体上书写的文字，是对当时社会历史风貌最直接的记载，从历史学的角度分析具有无可替代的价值。长沙走马楼三国吴简的丰富内容，对于研究孙吴的社会经济、政治制度、职官设置、文书制度、社会生活、历史地理以及简策形式乃至书法文字的演变都具有重要价值。因此，简牍文物不仅仅要保护好，还需整理出版和长期保存下来，并进一步加以研究利用。

长沙三国吴简保护整理项目的指导思想：本着对历史高度负责的态度，加强文物保护与整理工作并重，使得自然科学与社会科学充分结合，二者齐头并进，良性互动，争取早日完成。

简牍的保护和整理是互为密切联系的两大方面。保护工作包括改善和控制保管条件、揭剥与清洗、脱色拍照与记录、为长期保存及展出而进行的脱水等等，是整理工作的前提和基础。整理工作包括对揭剥清洗过程的详细记录，对脱色后的简牍进行拍照、释读、编校、出版等，其间始终贯彻考古学、文献学、历史学的观察与研究，这既是对保护工作的质量提出具体的要求，同时也是我们保护工作的基本目的之一，并为接下来的学术研究创造条件。

为贯彻执行好中央领导对于吴简保护整理的重要指示精神，认真做好简牍保护整理工作，1997 年 5 月，由国家文物局在长沙主持召开了吴简保护项目工作的专题会议，并成立了长沙三国吴简保护整理工作领导小组。由国家文物局局长张文彬任组长，省、市有关领导任副组长，领导小组下设三个组，即总体方案制定组、科技保护组、整理研究组。会议审定并通过《长沙走马楼孙吴纪年简牍保护方案的论证意见》和《长沙走马楼孙吴纪年简牍保护工作机构人员名单》。国家文物局责成中国文物研究所与湖南省、长沙市文物部门共同承担吴简的保护工作，本着“先救命、后治病”的原则，切实把这批简牍保护好，同时以优质、高效、快速的精神做好整理出版、研究等各项工作。

走马楼吴简保护工作在国家文物局的关心、指导下，已步入科学管理的轨道。多年以来，我馆与中国文物研究所（后更名为中国文化遗产研究院）、荆州文物保护中心、北京大学等多家单位的专家学者们精诚合作，开展了富有成效的技术保护工作。经过大家的共同努力，已顺利完成了吴简科技保护的相关任务，并取得了令人瞩目的成果。

二、吴简保护整理项目方案的制定

走马楼简牍被发掘出土后，其保存情况一直不容乐观。古人在弃埋简牍时并未考虑到采取防护措施，由于南方气候温暖潮湿，地下水位高，加上有泥土挤压和井底堆积的污染，简牍出土时表面积满污垢，呈灰褐色和黄褐色。井内填塞的泥土经 X 射线能谱仪分析，确认主要为铁的化合物，其成分包括 Fe（铁）、Si（硅）、S（硫）、K（钾）、Ca（钙）、Ti（钛）等。

在这当中数量众多的竹简质地特别差，出土时已经相当的糟朽。中国制浆造纸工业研究所显微分析实验室对竹简试块做了超薄切片检测，其结果是: 1. 竹质严重腐蚀，失去强度; 2. 纤维与纤维基本分离，纤维间的黏合物质除木质素外，已基本腐朽，几乎找不到微管束组织; 3. 薄壁及厚壁的纤维细胞均被侵蚀严重，细胞壁上破损及孔洞极多，表明细胞壁上的纤维素及丰纤维素等糖类物质已腐朽掉。竹简的材质经中国林业科学院木材工业研究所鉴定为毛竹，木质简牍（嘉禾吏民田家莂）的保存状况相对较好一些，经检测鉴定为杉木。

从出土成册竹简的平剖面情况可见其糟朽程度

走马楼吴简的保护工作历时15年，其科技保护方案经过专家们多次的讨论与修改，使之不断地完善，并与时俱进。其分别为1997年北京胡继高先生主持编制的《走马楼三国吴简科技保护方案》、荆州文保中心方北松先生2002年编制的《走马楼三国吴简科技保护实施方案》与2003年我馆主持编制的《长沙走马楼三国简牍保护整理总体方案》。

走马楼吴简保护工作的早期阶段，主要是由我馆（早期属长沙市文物考古研究所）与中国文物研究所开展技术合作，在中国文物研究所研究员胡继高、赵桂芳等多位专家的悉心指导下，我们先后完成了简牍的揭剥分离、清洗去污、玻璃绑夹等前期相关工作，并采用草酸法进行10000余枚竹简的脱色处理，还有全部2400枚大木简的自然干燥法脱水等科技保护工作。

随着简牍保护整理工作的进一步展开，饱水竹简的脱色拍照与脱水修复等重要的技术难题便摆在我们面前。在20世纪末至本世纪初，国内北京、上海、南京、湖北等地从事文物科保的人员经过多年实践和探索，在各自的工作领域与实际操作中摸索总结出了不少的科学保护新方法、新经验。虽然大家采用的技术处理方法有所不同，但都取得了明显的文物保护效果。

从2002年开始，我馆与湖北荆州文物保护中心的文保专家开展合作，依托该中心提出的饱水简牍文物脱色脱水的技术路线，共同编制走马楼吴简科技保护方案。

2002年5月19日至20日，湖南省文物局在长沙召开三国吴简科技保护方案的专家论证会。主任委员、副主任委员分别由中国文物研究所的王丹华、南京博物院的奚三彩担任，另外，胡继高、陈元生、魏象、何介钧、后德俊、吴顺清、陈松长等国内知名专家也应邀出席了会议。与会的专家听取了有关保护方案的报告，并参观了已处理过的竹简，经过大家充分讨论后认为：该方案总结了以往国内出土竹简保护的经验以及吴简保护工作的成绩和问题，在1997年保护方案的基础之上，注意吸收了北京大学、荆州博物馆的竹简脱色和脱水技术的新方法，专家认为方案是基本可行的，所提供的资料比较齐全。根据竹简状况，采用草酸、连二亚硫酸钠等材料进行脱色以及用醇醚—填料（乳香胶、十六醇）等方法进行脱水定型，所提供的主体技术路线合理、简单易行，在国内尚属首次，可以应用。并提出了广泛与各有关单位密切合作，继续探索新方法、新技术的建议。

此后，长沙简牍博物馆与荆州文保中心根据国家文物局的要求及专家的意见，对保护方案的内容做进一步的修改与调整，重新编制《长沙三国吴简保护项目总体实施方案》。2003年11月14日，国家文物局博物馆司在京再次召开专门会议，听取走马楼吴简保护项目总体实施方案及项目进展情况的汇报。参加本次会议的领导和专家有：国家文物局博物馆司科技处姚兆处长，国家文物局文物保护科学技术研究课题办杨朝权主任，湖南省文物局文保处曹盛葆处长，中国文物研究所研究员王丹华、胡继高，荆州文保中心副主任方北松，文物出版社编辑蔡敏，湖南省文物考古研究所袁家荣，陕西省档案保护科研所李玉虎，北京科技大学郭宏教授等，长沙市方面有宋少华、李鄂权。

时任长沙简牍博物馆馆长兼长沙市文物考古研究所所长的宋少华向与会专家、领导汇报了三国吴简保护项目总体实施方案的制定及进展情况，并展示了采用乳香胶法、十六醇法进行脱水的简牍标本。湖北荆州文保中心方北松就吴简脱色、脱水的技术方法、试验结果等方面解答专家提出的质询。与会人员还对吴简的保护与拍照出版的时序、周期、人员、采用何种设备等问题展开了热烈的讨论。

会议一致认为，长沙简牍博物馆汇报的《三国吴简保护整理项目总体方案》的工作流程是可行的，简牍脱色、脱水所采用的技术路线结果比较成功，取得了不错的效果。并进一步要求我馆做好以下几个方面的工作：走马楼吴简保护项目总体方案的工作流程进一步细化、完善；要更加流畅，符合文物保护的需要；要以保护为主线，正确处理好保护与整理出版的关系。吴简科技保护采用专家认定的方法，重点技术路线的改变必须慎重，要经过专家论证。

长沙三国吴简保护项目总体实施方案通过专家论证后，又经过认真、细致地修改和完善，通过湖南省文物局呈报国家文物局。2004 年 4 月，上报的《长沙走马楼三国简牍保护整理项目总体方案》获得国家文物局正式批准实施。至此，走马楼吴简的保护整理项目全面启动，最终确定以荆州文保中心提出的技术路线为主体，并明确了吴简科技保护工作的具体原则与方法。

三、吴简科技保护的工作原则

竹木类饱水简牍的保护整理工作难度极大，其文物保护的相关要求也很高。长沙走马楼三国吴简出土之时，虽说长期深埋于古井里，但由于井深重压、地底废弃物自身的污染及埋藏方式的粗率简易等诸多因素，致使简牍（主要指竹简）本体产生黏连紧密、腐蚀严重等，这些问题必然涉及对简牍的科学保护，其整个工作过程中充满的艰辛也不言而喻。

在走马楼吴简科技保护工作的实施方面，我馆始终遵循“科学论证，择优从善，科技领先，专家把关，深化拓展，应用创新”的根本原则，并在简牍保护项目的技术应用过程中开辟研究新课题，借以锻炼队伍，培养人才。

长沙三国吴简保护整理项目包括保护和整理两个方面，保护是全部工作的基础，整理是保护工作的深入。在保护工作的总体目标下，可以把保护的各项工作划分为若干子项目，每个子项目又包括若干具体的工作任务，每一项具体任务都会有明确的目标，从而形成多层次

文保技术人员正在对竹简进行化学脱色处理工作

的目标体系。鉴于吴简的数量巨大，编联成册，质地有差，形制不一等特点，我馆在项目工作中坚持贯彻质量第一、科技领先的原则，针对各项吴简保护工作的重点和难点，事先制定出一整套完备的操作流程，并在实际工作的过程中不断地调整、修改。同时密切注意各环节之间的相互联动以及团队成员之间的协调关系。实践证明，优化管理、规范程序、不断创新与团结协作，是我们做好上述各项工作的保证。

第二节　吴简保护的工作流程与方法

多年来，在国家文物局博物馆司与省文物局的统一安排下，以及全国各地专家学者的指导下，我馆围绕吴简的保护做了大量艰苦、细致的工作。队伍从无到有，设备从简到繁，技术水平由低到高，特别是结合自身简牍保护的实际操作与体会，在工作中逐步摸索、总结出一套行之有效的办法，建立了比较科学的流程体系，能够将保护工作中的失误减少到最低、最小的程度。由此形成了别具特色、具有示范意义的吴简科技保护经验，得到了同行专家们的肯定和赞许，也为今后同类湿简的保护处理工作提供了有益的借鉴。

现将这些年来从事简牍保护工作中的实践经验叙述如下：

一、三国吴简的揭剥清洗工作

从 1997 年 11 月份开始，我们正式着手开展饱水简牍的揭剥、清洗工作，至 2002 年 6 月，前期的清理工作已经全部进行完毕，提前超额完成了任务。经统计清洗简牍共计约 14 万个编号（包括无字简、仅存字痕简），其中的抢救扰乱简约 71000 枚，正规发掘简将近 68000 枚。三国吴简清洗、绑夹后均存放在地下饱水库房内，分别装入 2100 余个搪瓷方盘里密封保存，再按照编号的顺序集中摆放在 60 个木架子上。

在发掘过程中，为了便于清理和后期整理工作，将竹简分成 4 个区域，每个区在发掘前把竹简上的淤泥稍作清洗，并且绘图、拍照和录像。揭取时由专业技术人员按图纸上标的编号排列、叠压顺序把取出来的竹简放在早准备好的塑料大盆里，盆边上写清竹简的层位、出土时间、盆号，放满后用蒸馏水浸泡，用湿布覆盖。将竹简及时运回文物库房后办理交接手续，移交给库房保管人员。

所谓“揭剥”，就是指从简牍出土时已被挤压黏结在一起的极不规则、形状大小不一的“板结成块体”上，尽可能按照原来简册的前后顺序，采用人工的方法将其逐枚地揭取、分离开来。由于它们长久埋藏于地下，册卷的原样早已解体、散落，很难看出眉目，有的还变形、残碎，腐朽厉害。要将厚度仅为 1 ~ 2 毫米的竹片揭剥开来，并保持其完整性，不能丢掉残破碎片，不扰乱层次和顺序，为复原、释读文字提供最大程度的保证。否则，10 万枚竹简如若混乱成一团，这批珍贵文化遗产的学术价值等将受到严重的破坏。

文物保护人员正在进行竹简的揭剥

清洗揭剥工作使用的部分工具

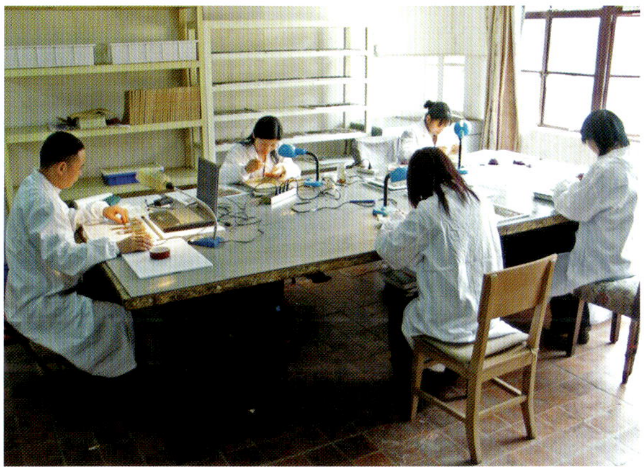

技术人员正在进行简牍清洗工作

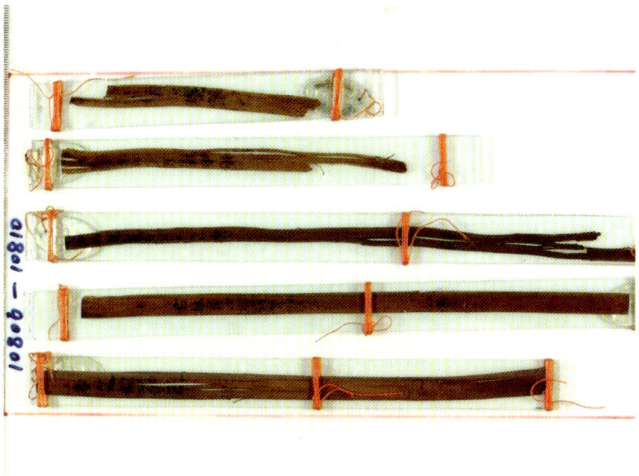

竹简清洗后采用双面玻璃绑夹固定

揭剥清洗工作前必须经过整体清淤后拍照，同时绘制好层位图，图照要一致。对成册的竹简，要绘制平面图、立面图，详细记录所在区域号、盆号、分号，注明绘图时间、比例。清理出的残木简、木牍、签牌等均须绘图、编号，详细记录清楚。

揭剥之前需认真对照绘图、照片等进行仔细核对，确保区域号、盆号、分号无误后方可进行。对于黏连紧密结实的竹简，要细心观察竹简的排列、叠压关系，按照一致的方向和顺序进行揭剥。在揭剥完整的简册时，每一枚竹简需要单独使用一个不锈钢编号牌，编号均不得重复。揭剥竹简的过程中都要耐心细致，轻挑徐进，左观右察，切不可莽撞拉扯，急于求成。揭剥时做好详细记录，及时补充原图、照片上的不足。尤其是对于比较完整的成册竹简，力求弄清楚其编联顺序。要做到图上编号与钢牌号完全相符后，才可转入下一步的清洗环节。

清洗工作实行单独作业，责任人将揭剥的简牍分发给清洗技术人员，必须核对分发每人的数量，配发的钢牌数要与竹简数一致。每清洗一枚竹简的时间，算起来平均要 40 ~ 50 分钟，要经过 6 道工序，使用 10 余种工具等。而在这个工作过程当中，保护技术人员也必须神经高度紧绷，小心翼翼，丝毫不敢大意，避免对简牍上的字迹造成任何损伤。

清洗之前竹简放入几种表面活性剂溶液中浸泡，等待大约30分钟后取出。清洗时首先清洗无字的背面，即竹青面；如发现两面有字，应减缓速度和力度。清洗有字的竹简分三步进行：①粗洗：清洗竹简无墨迹的地方及简所黏连较厚的淤泥；②细洗：采用多次换水的方式清洗简上和两字之间的泥垢；③精洗：细致地清洗凹凸不平的竹简，熟练地运用笔锋采用挑、抹、揉、点等技巧，剔除简牍上细小的污渍。同时，针对清洗竹简时发现的简弯折、扭曲、起翘等情况的现象，我们也及时采取相关措施，对于产生变形的部位做适当的矫正与整形处理，以便于进行清洗之后的竹简绑夹工作。

对长沙走马楼吴简的清洗完成后，其每枚简均按编号顺序绑夹好玻璃条，并在竹简上方单独插好不锈钢号牌。具体操作是将竹简夹放在两片玻璃条的中间固定好，然后两端均采用棉线进行捆绑，棉线缠好几圈后打个活结扯紧，这样也方便于今后解开。完成后将编号钢牌插入上方一端的棉线内，号码数字向外。凡是发现有墨迹的竹简时，均需用此法来进行绑扎，这样既能够透明可见，又防止其受到进一步的损伤。每日下班之前，清点检查已清洗竹简的数量、完残情况等，经三人核对无误后，把竹简用搪瓷盆装好，写上数量、出土区号、时间，送入地下库房用蒸馏水浸泡。

工作人员在对竹简进行揭剥、清洗的这六年时间之中，坚持每天记录工作日志，包括药水配比、工作程序、人员、数量及核对入库等过程，都进行了详细记录。同时，对完整、残缺、碎片竹简加以区分和统计，便于今后的资料整理工作。在此期间，从事此项工作的全体人员从未休息过节假日。不但比专家预计的时间提前两年多完成近14万枚的清理工作，还对这批吴简绘制原貌清理揭剥平剖面图6大册，记录工作笔记近40本达100万字。

二、饱水库房内的日常保管维护

未经脱水的饱水简牍进入文物库房内保管，主要的保存方法仍然是暂时浸泡在纯净水里，也称之为“湿保”。长沙走马楼三国吴简存放在地下库房时，其主要的日常保护管理工作包括以下五个方面：

1．整体清淤

1996年7月至11月，从考古工地上发掘出来的吴简分别盛放在56个大塑料盆里，再全部运回到地下库房。为了使竹简能得到更好地保护以及简牍整理工作的顺利开展（例如清理前的拍照、绘图等），首先就需要将覆盖在竹简表面上的淤泥进行初步的清理，此项工作主要是采用纯净水来进行。

原先地下简陋库房内采用木架存放饱水简牍

吴简饱水库房中的日常检查与维护工作

2．置换清洗药水

由于竹简在清洗工作的过程中，使用了某些去污作用的化学药品，按照文物保护的有关要求，清洗后还必须要把残留在简牍胎体内的成分物质置换出来。方法是采取蒸馏水重复地浸泡、置换不少于 3 次，注意要用 pH 试纸进行检测至中性即可。所消耗的蒸馏水就达到 1000 余桶，每桶容量为 25 公斤。

3．日常例行检查

定期观察饱水竹简的保存状况，主要是看浸泡的溶液有无变质和发浑，或者竹简的颜色、表面有无异常变化等情况。在 1999 年 9 月 13 日，当查看到编号为 14–15–18 盆时，发现水质浑浊、有点发黄，简表面上分布有椭圆形的小斑点，呈现出浅黄色。经过进一步的检测化验，结果证明是一种专门侵蚀竹木材质的菌类，暂时定名为竹简蚀斑病。由于当时发现及时，处理迅速得当，此病害很快就被控制住，没有造成重大的破坏，而且至今尚未再次发生。

4．配置更换药水

我馆对未脱水简牍保存环境的温度基本控制在 24℃以下，起初存放在搪瓷盆内的竹简需要不定期地更换蒸馏水，质地较差的特殊竹简除外，平均每二三个月更换一次。后来改为配置防霉菌药剂来进行浸泡，例如使用“霉敌”药物和新洁尔灭溶液等，已有效地抑制了霉菌类微生物对简牍的侵蚀发展，及时采取各种措施防止大批简牍可能发生的病变和损害。每年蒸馏水的需用量至少有 20000 公斤以上。

5．更换文物架

由于原先库房的条件较为简陋，长年阴暗潮湿，摆放竹简的文物架多年后四脚开始糟朽、腐烂，给简牍的保护工作造成了重大的安全隐患。2003 年我馆又重新定制了 60 个专用不锈钢架子，将原来旧的木质文物架全部予以更换。同时库房内增添安装了紫外线灭菌灯，以防止空气环境内的霉菌滋生和扩展蔓延。使用后不但确保了竹简的绝对安全，而且不易生霉、容易擦洗等，对饱水简牍也起到了很好的保护作用。

2006 年初至 2007 年为止，我们集中投入了大量的人力、物力等，分批次完成了对三国吴简库房的整体搬迁工作，目前走马楼简牍全部存放于长沙简牍博物馆的地下库房内。新的饱水库房相对于原来的简陋库房来说，周围的环境、空气质量等条件都有了很大程度的提高。为了进一步符合简牍保护的具体要求，已经对文物库房进行了局部的改造升级：增添了中央空调、通风排气管道，并安装了空气除湿机、净化过滤设备等硬件设施，并安排专人负责定期检查维护，饱水简牍的保存状况得到了明显的改善。对于当前尚未进行脱水处理的走马楼简牍，其保管的环境温度基本控制在 18~25℃，库房内放置的不锈钢架和塑料盆，再也不用担心发生霉菌滋长等现象。

三、简牍的脱色拍照工作

长沙吴简的脱色与拍照，不仅仅是简牍科学保护过程中的重要环节，而且其质量高低与整理、研究的成效息息相关。因此，我们高度重视吴简的脱色工作。竹简作为我国特有的文物，其脱色和脱水等保护技术基本上是由我国的文物科技工作者独立承担，自行研究发展起来的，走马楼竹简的化学处理方案也是在广大文物保护科研人员几十年辛勤探索的基础之上逐步完善的。

从 2004 年 4 月起，我馆与荆州文物保护中心、文物出版社的专家们合作，开始对走马楼吴简进行脱色和拍照。工作伊始，我们针对吴简自身的特点，结合以往南方简牍保护的经验，预先设计制定了《长沙三国吴简脱色拍照工作流程》，并在工作中严格遵照执行。简牍先完成移交脱色处理后，再进入拍照工序，严格按“排版发号→编号登记→核表定版→胶片、数码同步拍照→整理绑扎→核对入库”的程序依次操作。拍照完毕后的竹简准备进入到下一步的脱水工作环节。

为了使出土吴简的文字获得清晰的拍摄效果，便于整理研究学者的阅读和考释，需要进一步做脱色处理，即通过化学方法使竹简从现有的深褐色还原为字迹清楚的米黄色。早期竹简脱色使用的是草酸法和低浓度的过氧化氢，随着时间的推移以及一些新方法的逐步应用，目前我们主要采取 $Na_2S_2O_8$(连二亚硫酸钠) 法，即用金属离子络合、有机基团还原、添加剂保色等最新技术，对走马楼竹简做脱色处理。

在对饱水竹简的脱色处理过程中，首先要做的是适当地预处理，清除竹简内部对颜色影响较大的重金属离子和附着物。利用现代分析手段，对竹简化学成分、颜色的长期变化、墨迹保存状况等进行较为详细的研究。对竹简脱色前后颜色保存的稳定性和耐久性进行研究，并予以有效解决。

配置一定浓度比例的添加试剂，在适当的温度、时间、pH 值等条件下，改变木素中发色基团的化学结构，使之转化成为无色物质。添加剂包括某些络合剂和其他辅助试剂。由于它是自然氧化的逆过程，因此处理后比较符合简的分子结构特征，对机械强度的影响相对也较小。连二亚硫酸钠的水溶液为中性，其作用原理是还原出土后因空气中氧气的作用而改变了结构的一些化学基团，并使之溶于水。因此，其本身作用只是恢复了竹简深埋地下时的部分化学结构，不会对竹简产生很大的副作用。

所用各种化学试剂在脱色完成之后应彻底清除。连二亚硫酸钠、草酸等都可溶于水，它们容易从竹简中去除没有残留。因照相和释文的需要，脱色后竹简颜色需能保持至少一周以上，相对稳定性较好。为消除脱色过程中残留于竹简中的化学试剂，避免残留物对竹简长期保存造成不利影响，用蒸馏水将已照相的竹简浸泡置换几次，直到无残留为止。

同时在吴简脱色及其后面的脱水过程中，我们对原来的竹简绑缚固定方式做出了重大改变：由以前的无机玻璃双面绑夹改为单面玻璃加棉线轻绕。此项工艺上的调整既可避免双面绑夹对本已残损吴简的压挤，更有利于化学试剂的渗透，缩短处理时间，有利于吴简的大规模流水化作业。这一工艺上的探索与创新，对今后处理类似残损湿简具有重要的参考价值。

在每一批次简牍的脱色拍照进行之前，考虑到工作的重点、难点和复杂性，项目负责人宋少华都要专门召开全体人员座谈会，集思广益，征求意见，进行科学周详的工作布置，优化设计岗位流程，进一步强调责任与要求。所有参与人员都十分明确各自的分工与职责，以

走马楼简牍在处理之前颜色变深发黑

饱水竹简完成脱色处理后的状况

脱色后的简牍进入到排版照相工序

北京专家正在进行吴简照片拍摄工作

高度负责的态度投身其中，自觉服从项目责任人的统一调度与安排，体现出了积极配合、团结协作的精神。当自己承担的工作任务完成之后，都能主动协助其他环节尚未完成（例如绑简）的工作。当某个岗位因他事出现临时空缺时，其他人也能自觉来分担，并且对发现的疏漏及时提醒、补救，例如排版、核查、拍照工作等。由于调度适时，配合得当，补位及时，使整个脱色、拍照工作进展顺利。每年的工作与往年相比在质量上都有飞跃和进步，工作效率更加提高，同时工作误差也得到大幅度降低。在参与人员数量减少的情况下，效率有增无减，达到了事半功倍的效果，圆满完成了脱色保护任务。

2008 年，三国吴简大规模的脱色、拍照工作终于全部结束，在长达十余年的时间里，我馆共计完成了 76552 枚竹简、大木简、木牍、签牌、封检等简牍的脱色拍照工作。此项任务的顺利完成，标志着吴简保护整理工作又取得了一项阶段性成果，为切实贯彻执行国家文物局批准的《关于吴简保护整理总体实施方案》又向前迈进了扎实的一步，为吴简的早日整理出版打下了良好的基础。

四、简牍的脱水修复工作

吴简的脱水、修复与包装工作是简牍科学保护中的关键环节。由于饱水吴简浸泡于地下 1700 余年，极度糟朽、腐蚀严重，其主要化学成分都已发生严重的降解，给人直观感觉为海绵状，因此必须抓紧时间进行脱水处理，以便使这批珍贵文物得以保存下来。饱水简牍出土后，由于原来深埋地下或水下的相对稳定的保存环境被打破，在氧气、水分、微生物等影响因子的协同作用下，纤维素和木质素的降解大大加快。在自然干燥的情况下，绝大多数会发生明显的收缩。因此，饱水简牍的脱水定型工作对于其长久保存至关重要。

竹简的脱水保护技术在不断地发展，其研究与应用工作也与时俱进，不断提高和完善，它经历了从“乙醇—乙醚法”到“乙醇—填充物法”的阶段，原先也已试验过用“醇—醚连浸＋乳香胶”法应用于这批简牍的脱水。此次大批量竹简所采用的脱水方法与技术路线，依照2003年11月国家文物局专家论证会上通过的保护方案来组织实施。主要采用十六醇填充方法对走马楼竹简做脱水加固处理，简面颜色尽量做到保持竹质本色，使之能在自然条件下长期存放。其基本原理为：处于饱水状态的走马楼吴简，由于文物本体的腐蚀程度十分严重，糟朽情况呈现为海绵状，首先需要用乙醇逐步置换简内的水分，直至胎体内部的水分被完全置换，然后再采用十六醇梯级置换简牍中的乙醇，直到乙醇基本被完全置换掉，这样在简牍内留下稳定、固态的十六醇，可达到饱水简牍脱水的目的，并起到很好的填充和加固作用。

为了抓紧进行简牍脱水工作并保证安全顺畅，加强管理减少人为的失误，我馆又参照以往的简牍保护经验进一步制定《吴简脱水移交前工作流程》《三国吴简脱水工作流程》两个实施细则，使之更加科学严谨。根据吴简保护工作的总体进度进行科学管理，尤为注重每个环节中的质量跟踪。

从2004年2月起，我馆即开始分批量进入简牍的脱水程序，项目委托荆州文物保护技术中心负责，由中心副主任方北松主持。我们严格按照新制定的工作流程组织开展了首批竹简脱水移交前的核对、登记、编号、入册等工作，在吴简脱水和修复过程中，我们不断总结经验，针对竹简的形制、类别与完残情况的差异，采用不同的脱水操作程序，根据实际工作中出现的具体情况对操作流程做适当调整。

经过全体人员的团结协作、共同努力，第一年就完成了脱水简牍20000余枚，其质量也达到了国家文物局所规定的文物保护要求。后来的移交工作已经在前面的基础上有所改进，取消了分栏入简、核对释文及登记造册等环节，直接将脱色拍照时同步进行的数码照相资料分批刻录成光盘，同时一并移交给脱水组，以便今后的核对工作与修复拼接之用。

整个吴简大规模的脱水工作采取流水作业的方式，简牍脱水完成即进入到修复流程，直至竹简装入有机玻璃盒内。各个环节中都须注意检查简牍与编号相符，尽量减少错号和跳号等情况的出现。

吴简脱水后由于竹简绝大多数都存在开裂、残断、破损等现象，必须进行修复处理，其黏接、缀合的工作量很大，难度也不小。从事此项工作的有关

吴简放入恒温箱进行脱水加固保护

文保专家对竹简做特殊的技术处理

人员都要熟悉修复过程的主要操作，修补、黏接须平整严密，缺失部分绝不能用他简补接，尽可能地保持简牍原貌。不断总结经验，提高修复的水平与技巧，改进修复的方法，避免黏上胶痕和纸痕。吴简在经过了拼对、黏接、修补等工作后，与脱水保护之前相比较，不仅外观形制保持了一致，墨迹文字清楚，而且纵向裂隙、折断部分均得到了恢复，有利于其长期保存及文字内容的释读。

走马楼竹简全部采用有机玻璃盒来进行包装。其优点在于：吴简放置其中可以得到有效的固定和防护，能够比较直观地进行文字释读和近距离观察、接触。直接用双手拿取也比较方便，不会对文物有任何的影响。而且其打印的编号标签夹在两层有机玻璃板之间，也避免了由于长时间的触摸而导致其纸张表面油墨磨损的可能。

针对每一枚简牍而言，先制作两块尺寸一致的透明有机玻璃板，其长度确定为 34 厘米，宽度为 3 厘米，上层盖板厚 2 毫米，底板厚度均为 5 毫米，双层黏合起来固定成为一套。根据简牍的形状、尺寸规格等，在底层有机玻璃板的中间位置开槽，槽的深度一般为 2.5 毫米，长度与宽度也应比简本身略大一些，留有少许余地。也就是说，对每一枚简牍，都要根据其长短尺寸量身定做，这无形中增加了包装工作的难度。

技术人员进行吴简的修复缀合工作

竹简采用有机玻璃盒包装固定

2011 年，我馆进行了走马楼简牍大规模脱水保护的最后扫尾工作，上述脱水、修复与包装等工作的顺利完成，为长沙三国吴简科技保护项目的整体阶段性工作划上了圆满的句号，也为将主要精力和重心转入到简牍整理与研究上来奠定了十分坚实的基础。

五、简牍的点交验收与入库存放

在走马楼竹简的验收过程中，按照简牍的编号顺序，对每枚已脱水吴简进行点交工作。参照图版与数码照片逐个核对，对点交当中发现的问题一一列表详细登记；并将外观标准完整、字迹清晰、脱水效果好的竹简作为标本记录编号，以备调取查阅；针对竹简拼接错位、脱水后变形、包装不适等问题，及时提出纠正和修整要求，并尽快地予以修复、整改。

从 2004 年 7 月中下旬开始，将首批 5000 枚竹简对照图版完成移交入库工作，我馆将脱水后的每一批次吴简均实行严格的检验、接收工作。在其点交过程中若发现有问题，根据简牍实物、图版照片、电脑存档资料三结合的方法进一步复查，直到寻找出问题发生的原因所在，区分清楚相关责任。通过认真、仔细地逐一检查，总结取得的工作成绩与收获，确切统计出不足与差错，将所存在的具体问题细化列举成表，并且在验收结束后，编写出内容详尽的点交验收报告，以备各方的核实与检查工作需要。

从 2004 年至 2010 年，共进行了 76500 余枚已脱水、修复简牍的点交入库工作，完成了 16 批次脱水后简牍的点交报告。由于引入了复检的机制，缩短了复检的周期，故在验收过程中清查的一些细小问题都已经基本解决，例如，个别简牍与图版不符，个别简牍编号存在错误，拼接缀合中的错位与赘接，有机玻璃包装盒的尺寸不符，等等，全部都没有随意放过并及时得以修正和归位。

点交验收工作最初安排是每半年或半年以上进行一次，我们将脱水环节的质量管理模式延伸到点交验收环节上面来，认真履行文物品移交手续的清单填写，明确各自职责。从而避免了因数量过多、检验时间拉得过长、存在问题较多、工作人员精神容易出现疲倦拖沓等状况而降低验收标准的现象，问题随时发现并及时解决，上一阶段的不足和疏漏绝不允许在下一环节再次出现，进一步加强了点交工作的规范化、制度化。

走马楼简牍在完成了点交验收的程序后，就进入到下一个入库存放的工作环节。我们采取的是用专门定做的囊匣盒来盛装，再按照质地、类别和编号顺序，分别摆放于专用的文物密集柜架内保存。两间简牍专用库房内设置了 56 个文物密集柜架，每排柜架上又划分为 4 列 14 行共 56 屉，每个囊匣中按照顺序纵向排列着 15 枚竹简，每两盒放置于一个抽屉内，这样就能达到简牍日常保护和管理工作的需要。

文物保管人员正在进行脱水后吴简的点交和验收

简牍存放于密集柜架的专用囊匣盒内

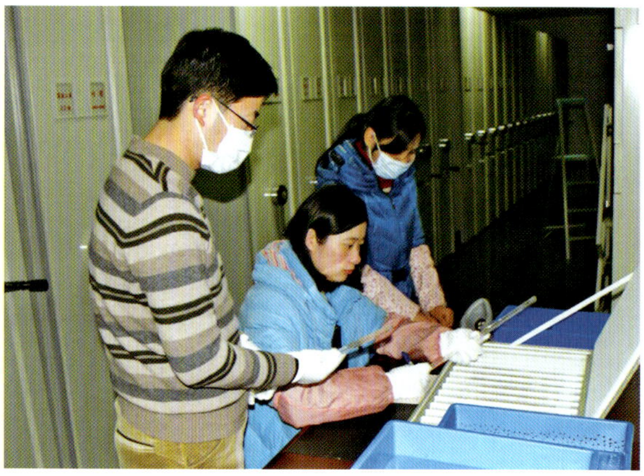

库房保管员进行吴简入库的核对工作

库房保管人员要具备文物藏品的相关业务知识，熟悉所保管简牍的性质和特点，掌握相应的一些保管方法，了解每件藏品的现状并记录详明，并始终把文物安全摆在一切工作的首位。库房保管工作贯彻“以防为主，防治结合”的原则，切实做好温湿度控制和调节，防治有害微生物、防尘、照明管理（防紫外线）和文物保存状况等方面的技术工作。统一施放化学药剂，定期进行科学的防霉、杀虫、抑菌处理。然后进一步抽样检查有机玻璃盒上的双面胶，并对已经松动和可能散开的包装重新进行密封、加固等工作。

我馆在 16 批次大规模的简牍验收与点交入库过程中，积累了丰富的文物保护经验，已完成近 8 万枚有字迹的走马楼吴简的保护工作，无一件编号错乱，无一枚发生缺失。当然，在实践中我们也体会到：长沙吴简保护工作应在保证质量、安全的前提下，充分考虑到简牍保护的数量与进度，要因事制宜，量力而行，切勿片面地追求过多的数量与过快的速度，从而防止出现忙乱无序、责任不清等因素造成的一系列文物安全隐患。

第三节　吴简保护项目中的全面质量管理

长沙走马楼吴简保护项目的工作，至今已走过了十余年的风雨历程。在项目工作的实践当中，我们紧紧抓住项目管理的关键环节，从全面质量管理这个重要方面入手，在理论与实践相结合的过程中，逐步深化对管理细节的认识，完善管理的手段与方法，将成熟的经验上升为理性的指导，摆脱了以往盲目追求指标、速度的习惯与困惑，以科学的精神展开了一系列富有成效的管理工作。这也正是凭借着我们辛勤耕耘、总结经验、学习提高的结果，使得三国吴简保护项目的质量不断提升，文物保护工作更加完善。

简牍科技保护项目的实施过程，需要科学的管理。项目执行的成效如何，关键在于对细节的把握。科学的管理，并在细节上见功夫，主要体现在工作流程的科学设计，并在实践中善于总结经验，力求创新。这样既能保证吴简保护的高效、有序，又可避免工作中出现忙乱不堪、责任不清的情况。根据吴简数量巨大、编联成册、质地有差、色泽不匀等特点，为此我馆事先制定出一整套较为科学合理的工作流程，实现了事前备有方案、事中做好控制、事后及时总结，而且针对不断出现的新问题，对原有的具体操作随时加以调整、改进。并密切注意各环节之间的相互联动以及团队成员之间的协调关系，充分调动项目参与人员的积极性、主动性，由此形成了别具特色、具有示范意义的吴简科技保护经验，得到了同行专家们的肯定和赞许，为今后处理同类湿简的保护工作提供了有益的借鉴。

一、对吴简保护项目管理的认识及工作思路

吴简保护工作中的项目管理，就是把各种系统、方法和人员结合在一起，对项目成员进行计划、引导和控制，在规定的时间、预算和质量范围内完成保护的各项工作，实现保护的具体目标。因此，要做好吴简保护的项目工作，必须首先明确全面质量管理的思路与目标，并科学确定项目管理的范围。全面质量管理是一套能够控制质量、提高质量的管理技术和科学技术。它要求灵活运用各种有效的管理手段和方法，从而综合、有效地利用项目资源完成工作目标。

一个项目实施的成功与否，良好的设备、先进的技术、充足的资金是不可或缺的因素，

但更重要的是掌握先进技术与使用优良设备的人，特别是项目实施的管理者。管理者对项目各环节的总体把握、科学调度、分工协作，在项目实施中更起着举足轻重的作用。在规定的时间、预算和质量目标范围内完成项目的各项工作，做到人、技、物、财在资源配制上的最优化和效益上的最大化。项目负责人在项目管理过程中的统率、协调作用，决定着项目完成的进度与质量。与此同时，我们还明显地感受到，项目负责人的核心统率作用，要通过项目组全体成员的共同努力才能实现。要实现最终极的目标，则必须依靠科学的管理体制，而现代意义上的全面质量管理恰为我们提供了一条最科学的路径。

由于吴简项目质量的特殊性，即不可再生、资源稀缺、内容重要、质地保存差等特点，因而我们认识到，在保护项目中必须实行全过程的质量管理。这种管理要求，强调对项目全过程、各阶段、各环节实施全面质量管理，并保证项目的整体性，自始至终以高质量完成吴简保护工作为目标，最终达到预期的效果。

吴简项目的全面质量管理，不仅是对项目负责人的质量管理，当然还包括对全体项目组成员的质量管理，它是简牍保护各环节工作质量的综合反映。把重点从“事后把关”转移到“事前预防”上来，强调从管结果转变为管因素，实行“防患于未然”的方针。杜绝不符合要求的竹简流入下一道工序，对发现的问题及时反馈，加强质量检验在任何情况下都必不可少，甚至要求其更加完善、科学。因此，项目质量人人有责，人人关心文物保护工作，只有全体人员共同参加质量管理，才能确保吴简保护项目的稳步推进。

参加吴简保护项目团队的工作成员合影

在实施吴简保护项目的过程中，我们根据吴简的自身特点，始终贯彻质量第一的原则，尽量利用一切优秀的管理思想、成熟的管理方法、有效的管理手段，牢牢抓住目标设置、流程设置与技术完善等几个环节，不断强化质量意识，系统提升项目实施各工作步骤的质量，对项目开展形成强有力的支持，促使项目的全面质量管理沿着科学、有序、可持续的途径稳步进行。实现事前备有方案、事中做好控制、事后及时总结，并在工作的过程中不断地调整、修改、完善；密切注意各环节之间的相互联动以及团队成员之间的相互协调关系，充分利用一切积极因素，调动项目参与人员的积极性、主动性，不断提高大家的工作效率；认真制定相关工作制度，从严监督执行，切实提高管理水平。

2005 年以来，国家文物局的领导与专家多次到我馆检查指导工作，在肯定我馆基本做法的同时，又站在更高的视角，提出了应认真总结、扩大交流、以期在全国范围内对简牍类文物的保护起到示范作用的重要意见。这对于我馆进一步总结经验，并全面推进简牍保护整理工作、创新机制、科学管理，具有重要的指导意义。为此，我们积极总结，认真撰写了《科学、有序、探索、创新——谈长沙走马楼三国吴简保护整理工作的经验和体会》（上、下），分别在 2006 年 6 月 23 日和 6 月 30 日的《中国文物报》上刊出，重点介绍了在项目管理方面的经验和体会。

根据国家文物局博物馆司、科技处与省文物局领导的要求，进一步加强对走马楼三国吴简保护整理项目管理方法与经验的总结与提升，我馆自 2006 年下半年起，开始与长沙理工大学管理学院杨华峰教授等人合作，成立了《长沙走马楼三国吴简保护整理项目管理创新研究》课题小组。在归纳总结以往工作经验的基础上，收集国内外相关资料信息，以管理学理论为指导，从项目管理的角度，总结、提炼该项目实施中的经验、体会及其创新实践，为项目的

领导重视　规范程序　优化管理
——长沙走马楼三国吴简保护整理工作的经验和体会(上)

在《中国文物报》上发表的两篇总结吴简保护项目工作管理经验的文章

进一步实施提供理论依据和有价值的参考。结合工作实践、管理实践，积极认真地探索与思考。为做好项目研究工作，课题组在利用现代信息技术广泛收集资料的基础上，课题组成员多次到工作现场深入了解工作流程，观察实际操作，考察管理情况，与项目负责人、整理专家、科技保护责任人及相关人员多次交流、深入访谈，听取思路与见解。经反复讨论、修改补充，2007 年上半年完稿。

《长沙走马楼三国吴简保护整理项目管理创新研究报告》内容由前言、十一章及附录组成，共 7 万余字。该《报告》对项目负责人的职责、应具备的能力、项目的技术管理、质量管理、安全管理、数字化管理等方面做了不同程度的探讨。尽管这是一次初步的探讨，肯定还存在着许多不到位、不准确的地方，在理论与实践的结合上还存在着生疏和肤浅，但这毕竟是努力朝着项目全面质量管理方向迈进的一种有益探求，一种由经验上升到理论指导层面的积极尝试。相信经过不懈地努力，一定会使项目管理工作更为成熟、完善。

二、吴简保护项目管理的个案举例

三国吴简科技保护工作的质量，是项目成功的保障和基石。自《长沙走马楼三国简牍保护整理项目总体方案》立项以来，我馆组织实施大规模的简牍脱色拍照、脱水修复等工作，其规模与数量空前。为保证整体保护工作的科学、合理、流畅，在项目实施的过程中，我馆针对各项工作的特点、难点，事先制定出一整套科学的工作流程，并在实际工作中总结经验，不断地调整、改进、优化。从而形成了一个科学有序、良性循环的工作局面，为确保吴简的保护工作质量奠定了坚实的基础。

为此，我馆秉承全面质量管理的理念，从三国吴简保护项目中简牍的揭剥清洗、脱色拍照、脱水修复、点交验收四项基础工作入手，对每项基础工作设计了整套操作流程，对流程中的各道工序进行细致的分解，明确了责任人与质量要求。同时密切注意各环节之间的相互联动以及团队之间、成员之间的相互协调关系。严格要求，独立思考，改进创新，逐步建立起了一套适合于吴简自身特点，保证数量上规模、质量有保障的工作运行管理机制，也为后阶段的项目持续实施和圆满完成奠定了良好的基础。这些贴近实际、卓有成效的管理经验和方法，得到国家文物局领导和有关部门的肯定与重视。

案例 1：简牍脱色的质量管理流程

走马楼吴简的脱色工作，不仅是简牍科技保护过程中的基础环节，而且其质量高低与吴简的整理和研究成效息息相关。因此，我们高度重视吴简的脱色质量。

在开展吴简脱色工作时，我们进一步改变了竹简的绑缚固定方式，由传统的双面玻璃绑夹改为单面玻璃加棉线轻绕。原来采用的双面玻璃绑夹法，在操作中不但费时费力，还不利于简牍形制、字迹的保护，且对脱色效果也有一定影响。经过改进后的单面棉线轻绕法，既避免了双面夹固对已残损简牍的挤压，有利于化学试剂的充分渗透，又缩短了处理时间，也方便于具体操作。这种绑夹的做法，为处理我国南方地区类似的饱水简牍提供了有益的借鉴。

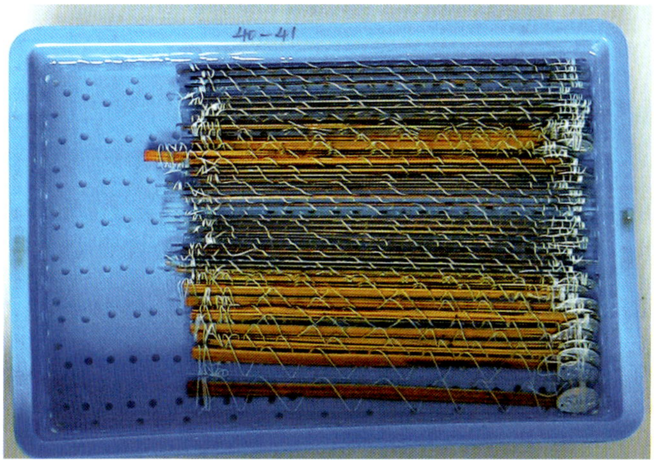

竹简脱色处理前改为单面玻璃加棉线缠绕

同时在脱色过程中，我们发现了竹简脱色后存在颜色深浅不齐的现象。为了保证简牍照相后字迹清晰可识，我们随即提出吴简分类处理的思路，即针对简牍的不同质地、不同颜色，采用不同药量、不同时长分别开来进行脱色。这一设想立即得到合作单位荆州文保中心的认同与响应，并在工作中严格遵照执行。然而，实施分类脱色将打乱原有编号的序列，为此，我们在流程中有针对性地增加了“分类”和“归号”两个环节，调整了原定的工作流程，图示如下：

原流程　出库移交→脱色→排版登记→拍照→核对夹固→置换药水

↓

新流程　出库移交→**分类**→脱色→**归号**→排版→登记→拍照→核对夹固→置换药水

不仅如此，我们还根据工作中出现的新情况，及时调整脱色工作的技术参数，保证文物脱色后的颜色等达到拍摄与保护的要求。虽然这样的做法大大地增加了工作人员的劳动量，但是采用了分类脱色的方法以后，由于脱色药水具有较强的针对性，有效地解决了竹简脱色后颜色深浅不齐的难题，确实保证了吴简拍照工作的整体质量。

案例 2：简牍拍照的质量管理流程

为了确保简牍拍照工作的质量，我馆预先制定了周详的工作布置与岗位流程设计，详尽阐述了各个工作环节设置的意义与互动关系，明确岗位职责，强调责任与要求。

拍照工作流程及岗位人员设置，如下图所示：

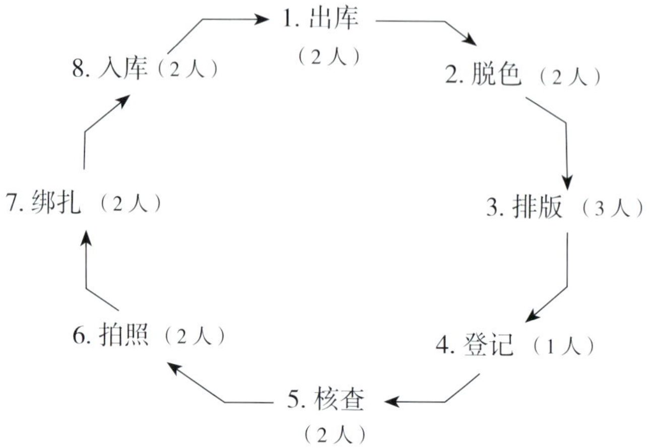

2008 年对三国吴简进行了最后一次大规模的拍照工作。这次扫尾拍照具有十分繁杂的特点，既要清点数万枚已拍简牍照片中的缺失、疏漏情况，又要统计出所有未出版吴简的各个种类和数量。核查与统计工作量大，涵盖面广，既有大木简、竹简、木牍、签牌、封检之分，又有饱水简牍与脱水简牍之别。因此，我们对库房的所有简牍进行了“翻箱底”式的彻底清查，认真细致做好核对，确保无一遗漏。并将以前遗留下来的无底片、底片质量不佳或损坏、底

简牍脱色后按照岗位设置的流程进行照相工作

片与图版不符、脱水后另外揭剥出简等问题进行集中汇总，并提出具体的解决方案。与此同时，还针对各类型简牍的不同拍摄技术要求，对其进行初步的整理、分类。

案例 3：简牍脱水的质量管理流程

由于走马楼简牍的保存情况、质地材料和形制不一等差别，为了保证脱水工作的良好效果，项目实施过程中我馆就开始针对竹简腐蚀程度、材质种类、宽窄和厚薄差异等因材施药，来进行分类脱水。这一改进的措施既巩固了脱色环节已取得的成果，又保证了上述不同特征表象简牍的缩水率达到基本一致，在色泽上也大体相同，从而最终保证了吴简脱水后的质量。

改进后的工作流程，如下所示：

原流程

预处理→脱水→后处理→包装→移交验收

↓

新流程

分类→预处理→脱水→后处理→归号→修复→包装→移交验收

随着脱水工作的不断深入和经验积累，在确保工作任务完成速度的同时，着重加强对简牍脱水药剂的填充时间、加热浸泡温度的精准控制与科学管理，更加注重整个脱水过程中每一个环节的质量跟踪。2007 年主动调整了每批次脱水竹简的数量，由 2006 年的每批次 2000

走马楼吴简在脱水过程中的分类处理工作

枚（2004—2005 年每批次为 3000 ~ 5000 枚），改为每批次 1000 枚左右。这样做，虽然使竹简脱水的次数增加了一倍以上，增加了工作人员和设备的劳动量和劳动时间，推迟了竹简脱水完成的日期，但是，这却尽可能地避免了竹简在容器内浸泡时的拥挤状况，更加保证三国吴简脱水工作的质量。在容积相同的情况下，将浸泡简牍的总量减少一半，使用浓度相同、剂量相同的填充剂，无疑会使脱水竹简的填充物进入、渗透得更加充分，起到更好的加固作用。此外，工作人员在操作的同时，不会因为每次数量过多而流于粗疏，更能集中精力专注于操作的细致与重要环节的把握。

经过 2007 年的工作调整后，每批移交脱水的竹简数量均保持一致逐批进行，使得操作更加规范化、科学化。在这五年多的时间里，我馆累计完成了 73992 枚走马楼竹简的脱水、修复处理，这为今后其他饱水简牍进行大规模的脱水工作，进一步规范量化标准，并达到全面质量管理的要求，提供了重要的参考价值。

案例 4：简牍验收机制的引入

点交验收工作最初安排是每半年或半年以上进行一次。在管理程序上，我们将对脱水环节的质量管理的模式延伸到点交验收环节上面来，从而避免了因数量过多，检验时间拉得过长，存在问题较多，工作人员精神容易出现疲倦拖沓的状况而降低验收标准的现象。随时发现随时解决，上一阶段的不足、疏漏，绝不允许在下一阶段再出现。

由于引入了复检机制，缩短了复检周期，在验收过程中发现的一些细小问题，例如个别

对残损竹简进行修复与包装时的检查工作

简牍与图版不符，个别简牍编号错误，修复缀合中错位与误接，有机玻璃包装盒的尺寸不符等等，都能及时得到改正。

我们对质量的管理，不仅仅满足于形式上的多批次，还体现在重要环节的跟踪检查上。每当前一批次竹简脱水完成之后，立即进行质量跟踪抽样检查，发现问题及时改进，达到要求后，方可进行下一批次竹简的脱水。只有遵循这种环环相扣、往复反馈、不断改进的方法，才能确保完成项目的质量。项目实施以来，我们累计完成了近8万枚走马楼简牍的点交验收工作，这种工作的模式，可以直接归纳为：

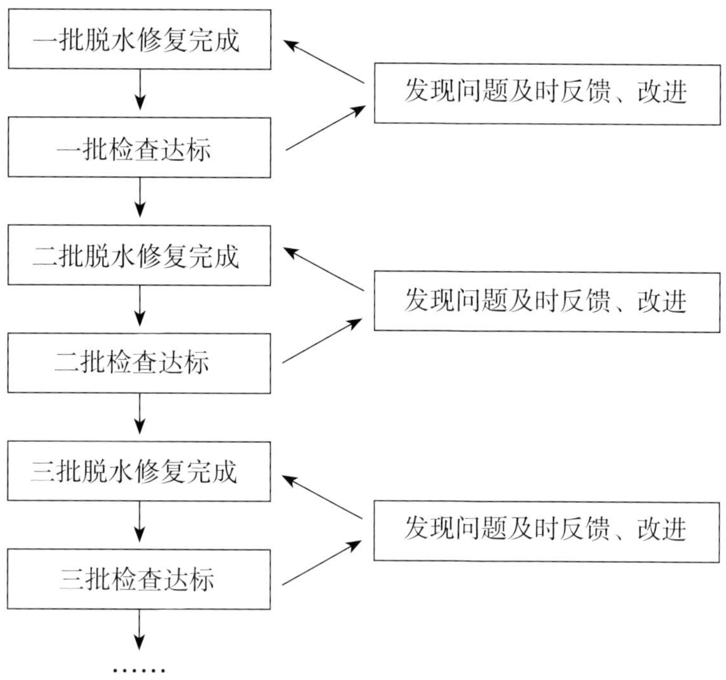

从这16次大批量的简牍验收工作实践中，我馆积累了很好的管理经验。点交入库的近8万枚有字简牍，其残断缺失、缩水率超标等问题的比例明显减少，已由最初的3%降至1%以下；竹简弯曲、简面发黑的情况也得到基本解决。当然我们也能清楚地认识到，吴简保护工作应考虑简牍脱水时的具体问题加以分析解决，要求确保质量，稳步推进，切记避免追求过快的工作进度，否则会对其他后续工作的正常开展产生不良影响。

第四节 吴简保护项目的工作成果与项目拓展

科学探索永无止境，一个项目的开展和完成，不光是得到事情本身的结果，还应该要有一些新的发现，开辟继续探索的新途径。在项目中开辟新课题，带着课题做项目，能够一举多得，不仅仅提高项目的完成质量，而且可以锻炼队伍，培养人才。走马楼吴简的保护工作任务艰巨、责任重大，它也是一个系统工程，具有不同于一般项目的特点。因此，在长沙三国吴简的保护过程中，研究简牍保护项目的创新问题，积累经验，升华理论，不仅有利于推动简牍保护工作的顺利进行，还将促进竹木类饱水文物科技保护整体水平的提高。

当前简牍的科技保护仍然属于应用技术，在应用过程中仍不断加以改进和完善。在吴简保护项目实施过程中，我们认识到，过去简牍保护技术尽管是经过了多年的实践筛选出来的，但仍停留在只知其然不知其所以然的阶段。唯有通过科学的分析和研究，才能将应用技术升华为更高层次的理论知识，为其保护技术的推广提供科学的依据。同时，理论知识的发展必然会进一步促进技术的革新，使应用方法与操作更趋成熟。

对大规模长沙吴简的保护项目而言，不仅要掌握好现有的简牍保护应用技术，还要加强对这些技术的理论研究。通过大量的科学实验工作，为应用技术的推广找到理论依据的支撑，使之在技术手段和操作方法的层面上更趋完善。为此，我馆在进行吴简项目的同时，重点加强与高等院校、科研机构等单位的课题合作，联合攻关，不但深化和丰富了该项目的内容，而且对吴简保护技术作了“不光知其然，还要知其所以然”的研究探索。

一、 霉菌类微生物的防治

从走马楼简牍的发掘之日起，饱水库房三国吴简的日常保护工作就一直在不间断地按步进行。1999 年 9 月 13 日，地下库房保管人员在进行例行检查的过程中，当查看到编号为 14–15–18 的盆内时，发现浸泡的水质有些浑浊发黄，简表面上有很小的黄色圆点。在其他的搪瓷盆内也相继出现异样的小圆点，且来势凶猛、发展迅速。根据发生病害的竹简所呈现的性状特点，暂时定名为“竹简蚀斑症”。

在此危急的时刻，我们迅速主动与北京大学文博学院的专家取得联系，并请教文物的防治措施。为了抵制住未知菌类的扩散蔓延，暂时采取 75% 浓度的乙醇溶液来浸泡感染竹简，继续观察后凡是发现可能已经产生菌斑的简均用此法，及时控制住了病情。而且为保险起见，把带病斑的竹简放在地下库房的过道上，与无菌的竹简分隔开来。因为乙醇有易燃易挥发的特性，出于安全考虑必须制作塑料袋来盛装竹简，并全部将口沿密封进行保存。

北京方面的有关专家对此事十分重视，专程赶赴长沙进行现场考察，当即就提出了饱水简牍的新保存方案：改用霉敌按 0.05% 比例配制药液来浸泡竹简。考虑到竹简的特殊性，暂定周期为 4~6 个月更换一次药水，同样用塑料袋密封好。“竹简蚀斑症”是突然性地大面积爆发，同一库房内几十盘竹简往往同时出现病变，目前还尚未发现对木质素产生如此强分解能力的水生微生物的报道。

工作人员通过对乙醇、霉敌浸泡药液的观察发现：浸泡乙醇后的竹简一旦取出，就会发生明显的收缩、开裂、变形等情况，这对今后的简牍释文整理工作非常不利；而霉敌在常温的水中溶解度不高，配制时需要进行加热升温。当浸泡一段时间后便会析出结晶状固体粉末，沉积水中黏附在竹简表面上，严重时整个搪瓷盆内都被白色结晶物包裹，影响观看竹简的墨迹文字。因此，针对地下库房内的全部竹简（包括当时正在清洗的）均改用复方新洁尔灭药液来替代，浸泡浓度仍旧按 0.05 % 的比例用蒸馏水配制，按每 4 个月的周期更换一次。经过长时间的库房观察，其保护效果比预期的还要好。

2001 年夏天开始，我们又与湖南师范大学生命科学院微生物应用研究所开展合作，做了进一步的病理探源、防治研究工作。通过菌种分离培养、病原菌反接实验，确认竹简蚀斑病是因细菌引起的。细菌是竹简致病的主要因素，即使有其他微生物也要通过它才能起作用，抑制该细菌的生长就能够阻止蚀斑病的发展，而复方新洁尔灭溶液就有很好的抑制作用。考虑到这批竹简的材质较差、腐蚀严重，换水过于频繁对简来说也会造成一些伤害，因此决定

库房内定期配制和更换简牍的防霉菌药水

饱水吴简浸泡药液后采用塑料袋密封保存

将新洁尔灭的浓度逐步加大到 0.1%~0.15 %，更换周期暂定为 5 ～ 6 个月（在春夏之交时间可适当缩短）。通过认真仔细的全面检查，所有竹简在其后的保管过程中都保持一切正常，没有出现过问题。

保管人员在库房日常维护过程中，坚持定期观察竹简变化情况，并做好相关记录。因为绑夹竹简的玻璃难免会损伤、划破塑料薄膜，一旦发现袋子漏水，就需及时重新更换以保证不出问题。在更换时每枚竹简都必须逐片进行观察。不光像平时只能看到表面的变化情况，这样就能更加仔细和全面的了解。竹简都是用玻璃绑夹着，也难免会发现有玻璃折断及棉线脱落等问题，此时需暂停手上的工作，及时处理好。

在饱水状态走马楼吴简的库房保管中，我们不断进行工作总结和经验摸索，例如：对于浸泡竹简的药水溶液，从乙醇——霉敌——新洁尔灭的不断改进与提高；尝试采用自制的塑料袋进行密封，并逐步改进制作工艺，从而起到了防止污染、经久耐用等作用，其袋子的漏水率也从原来的 20% 降低到改进后的 5% 以内，所有的这一切，都付出了艰辛的努力。

走马楼简牍的保护工作，特别是饱水状态的竹简保护是复杂多变的。由于其环境难以预料的特殊性，工作中还须多动脑筋，以不变应万变，决不能掉以轻心。例如配置药液浸泡、采用包装袋密封、保持库房整洁、日常检查定期更换等环节，每项工作均环环相扣，并结合当时库房内的实际情况，随时保持清醒的头脑，也需要持之以恒的决心和耐心。

二、 专项课题研究

长沙简牍博物馆还主动加强与武汉大学、成都理工大学等重点院校的横向联系，围绕饱水简牍的科技保护合作开展了具有重要意义的课题研究。主要通过自然科学与人文社会科学的结合，重点应用高新技术解决出土竹木类简牍保护领域中具有代表性的复杂问题，其目的是变被动性文物保护为主动性保护。我们在简牍保护工作中做出了一些由表及里、由浅入深的课题研究，在不断积累经验、深化认识的同时，也推进了这一研究领域的探索与应用，保护技术的成熟与规范。

2005 年开始，我馆主持了《高新技术在出土竹木类文物（以简牍为主）修复复原与保护技术中的应用研究》的课题，分别提出了《简牍脱色材料及简牍变色机理研究》《简牍脱水材料及脱水机理研究》《饱水简牍保存期有害微生物防治研究》《简牍文化信息提取与分析》等专题，借助大学的科研力量，以长沙吴简等为例，共同开展了应用技术的深化研究。课题以现代综合研究与分析方法为手段，进一步将现代高新技术引入文物保护领域，力争建立一套有创新意识的、具有一定指导性和推广价值的简牍保护方法技术体系。

此项课题的主要研究内容为如下几点：

1. 通过现代科技的分析测试手段重点研究饱水简牍的变色机理，确定简牍大分子结构中变色基团的种类、成分及其与氧气等相互作用情况。选择三国吴简干湿样品及新鲜含水、脱水竹木为样本，进行一系列的仪器检测分析等。研究寻找新的简牍脱色材料，对比各种脱色试剂的脱色效果（颜色测量、持久性等），对简牍保存、机械强度、化学结构等的影响。

2. 简牍脱水材料的研究，对多种脱水方法进行对比和筛选，寻找出可用于简牍脱水的新填充材料。简牍的脱水机理研究，饱水简牍干燥过程中细胞结构的变化、简牍外观颜色的变化、填充材料在简牍内的分布及体积变化等情况。新的脱水试剂能有效解决长期保存问题，简牍文字清晰，收缩率符合要求。

3. 饱水状态下简牍保存技术研究，简牍在长时期存放时霉菌种类及其生长情况。运用现代的分子生物学方法确定特种微生物与吴简受侵害的关系，分析这类对竹简侵蚀的有害微生物的来源，并阐述其产生侵蚀作用的机理，摸索出防治各种类有害微生物生长繁殖的有效方法。

4. 简牍文化与历史信息提取和分析，通过对简牍文化信息的排列与自动识别技术的应用，深入了解、研究我国古代当时的经济关系、阶级关系、赋税制度、典章制度及社会生活等多方面新的历史信息，借鉴国内外相关领域研究的成功经验，应用数字化信息技术对简牍文字内容进行信息整合，建立一套比较完整、有效的简牍识别的智能排列技术。

5. 研究简牍脱水后科学保存的微环境装置系统，提供具体的设计方案。设计制造制氮气调机、文物密封保存柜、分析控制柜、无油空压机、加湿装置等，运行测试该设备的防霉防菌效果；还有简牍在脱水后对光线、温湿度、有害气体等的敏感性，尽可能量化这些因素对简牍的作用。

专题研究在一些方面均已经取得重要的进展，例如：通过简牍变色机理和脱水机理的研究，筛选出饱水三国吴简脱色和脱水材料，在此应用条件分析的基础上，完成了简牍脱水前后的保存环境控制技术；通过对少量饱水吴简上不明微生物的分析鉴定，彻底弄清楚了其对饱水保存期竹简的极大危害，并采取合理有效的防治方案完全抑制住；按照有机质类文物的特点设计研发了集简牍保存与陈列展示于一体的充氮气密闭保存柜，为国内第一套全液晶显示的文物存放展示系统，申请了国家实用新型专利并获得通过；根据简牍的文字整理和研究的有关要求，有针对性地开发出一套简牍信息分析计算机软件系统。在这些专题子项目上取得的工作成果与技术研究，为今后其他地区出土同类简牍的科技保护具有重要的参考价值。

该课题已于 2007 年初完成了各项工作的验收，并通过了专家评审和顺利结题。该项课题的确立及实施，利用生物工程、新材料等高新技术与相关自然科学理论所取得的成果，对走马楼简牍进行了有效检测、技术保护和信息提取等多学科、多层次的综合研究，将进一步提高我国文保技术研究的深度和广度，为促进实现文物的科学保护、合理利用提供依据与保证，对于湖南省乃至全国的竹、木质文物保护作出了积极的贡献。

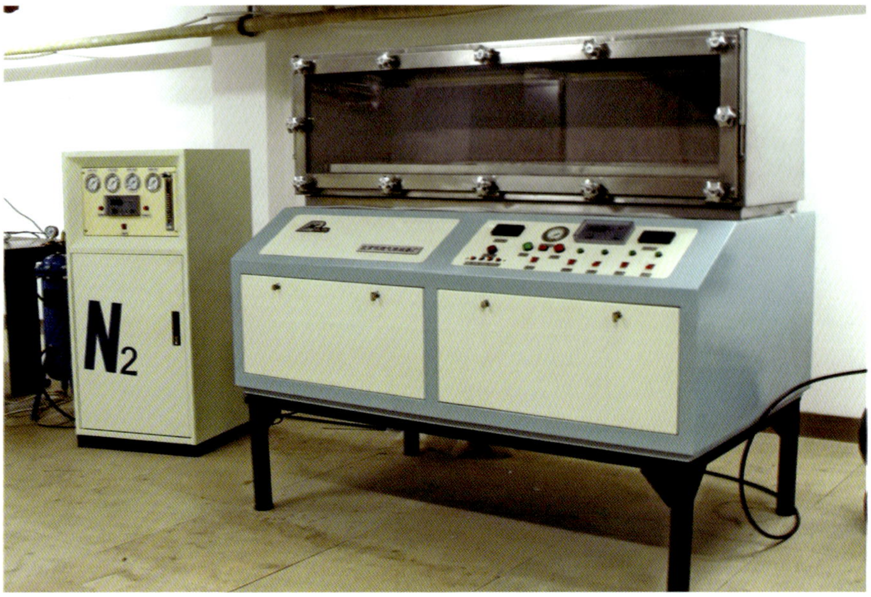

我馆研发并获得专利的文物充氮保存系统

简牍保护课题的结题专家评审会现场

三、 库房微环境监测控制项目的实施

2007 年上半年，走马楼三国吴简正式搬进了位于长沙市天心阁脚下，简牍博物馆负一楼的新家。在厚厚的金库保险门后面，是个配套设施先进、省内一流的现代化文物库房，其温

度控制、相对湿度可以基本保持恒定，达到文物最适宜的保存环境和条件。同时，我馆积极开展藏品保存环境建设的研究，运用一些传统的保护方法与现代科学技术，防止自然因素（温湿度、光线、病害、空气污染等）对竹木简牍的侵蚀和损伤。

地下库房是存放走马楼简牍的主要场所，三国吴简均存放在其中的简牍一库和二库内，为此还特意定制了一批文物专用密集柜架。库房的实木地板上面铺设有专门的轨道，简牍保存柜架安装在滑轨上可以来回移动，通过一端的手动转轴摇杆就能轻松、自由地控制，根据保管工作的实际需要调整其前后位置。简牍藏品按科学的方法分类上架，根据编号定位到每一柜层、每个格屉。对于走马楼简牍的保管方法是采取囊匣盒盛装，每个囊匣中按照顺序纵向排列着15枚竹简，每两盒放置于一个抽屉内，这样使得简牍在提取、归放时方便查找，也有利于日常保管工作的正常开展。

地下库房的室内环境、空气质量的优劣直接关系到有机质类文物的保存寿命，为了确实保证库房内的文物安全，自2011年起，我馆开始启动地下库房微环境控制改造项目。根据所做的《文物库房腐蚀程度活性监测报告》显示，采用"电化学腐蚀"法进行检验，博物馆外的空气中活性硫化物、硫氧化物分别为3~10PPB及50~100PPB，同时还检测到有氮氧化物和臭氧的存在，文物库内检测到的硫氧化物也在10~50PPB之间，无论是外部还是库房环境都超过了《博物馆藏品保存环境试行规范》的要求，若不对有机化合物和污染气体采取措施进行腐蚀控制及净化治理，将会对简牍的长期保存产生不良的影响。

同时，我馆技术人员经过研究发现，库房内的降尘是细菌、霉菌的良好载体，可以使竹木类文物变色、酥脆等。当空气中的尘埃颗粒和湿空气结合在一起降落在文物表面时，便形成一层难以去除的覆盖层，非常适宜微生物的生长繁殖。环境中的气体污染物长期作用于不同质地的器物表面，会使有机质文物老化、褪色、酸解等，改变文物的本来面目从而遭到损害。

由此，通过对主要的空气污染物质进行的监测和评估，提出了具体的净化处理方案与措施。主要包括以下几个方面的内容：1. 藏品微环境综合信息管理平台的开发建设，确保文物处于一个稳定、洁净的保存环境中；2. 建立起文物保存微环境的实时监测系统，达到对库房环境的科学、准确、信息化管理；3. 针对库区新风换气系统进行升级改造工程，安装新风气体（外源性污染）净化系统；4. 对库房的内源性污染、腐蚀气体安装净化控制机组，彻底解决库房内部的污染性问题。

要增强对文物的保护意识，就应对于环境问题给予足够的重视。加强对竹木类文物典藏条件的改善，构建适合于简牍保存的室内环境，需要进行严格的科学管理，主要包括配备良

我馆简牍库房内的恒温恒湿系统与空气净化过滤设备

好的隔热、空气净化设施，这是维护简牍安全的有效手段和基本保证。库房内部所采取的清洁维护，例如使用活性炭、化学过滤等方式进行处理，具备吸附有害气体、去除悬浮粉尘、杀灭霉菌等功能。并且在新风入口处与库区加以有效的隔离，亦可进一步降低外界污染物对文物的危害、破坏程度。通过这一系列的库房改造与完善工程的实施，使得走马楼简牍库房的光线、温湿度及空气质量均符合国家关于馆藏文物保存环境的规范标准。

四、其他方面的工作成果

在走马楼简牍的保护工作过程中，国家文物局文物保护专家组王丹华先生、陆寿麟先生与荆州文保中心吴顺清主任，以及全国知名考古学家张忠培先生等来长期间，专程到我馆的饱水简牍保护现场与库房指导工作，认真听取了我馆简牍保护的相关工作汇报，仔细检查了已脱水处理后的简牍质量，并观看了简牍“脱水修复→移交验收→入库保存”的一整套管理程序的操作演示。各位专家对我馆已形成的饱水简牍规模化脱色、脱水的质量和操作流程表示满意与赞赏，这是对我馆简牍脱水保护工作的肯定和鼓励。

为了及时总结走马楼吴简科技保护当中的工作经验，更好地宣传和报道保护工作所取得的成果，在国家文物局博物馆与社会文物司、科技处等部门的组织要求下，我馆积极联合湖北荆州文物保护中心，编撰完成了《走马楼三国吴简保护修复技术报告》，由荆州文保中心方北松任主编，我馆宋少华研究员、李鄂权馆长及金平主任等为编写组成员，分别承担了其中有关章节的撰写工作。该报告从 2009 年 3 月开始正式启动，至 2010 年 7 月完成了初稿的编写工作。

该《技术报告》共分为九章，其内容分别为：走马楼吴简的基本信息、吴简保存状况的评估、三国吴简前期保护、吴简的保护修复方案、走马楼吴简的脱色、走马楼吴简的脱水、吴简的包装移交与库房保存、吴简保护修复工作的管理、与保护修复相关的研究工作及附件组成。我馆成员承担了其中第一、三、七、八、九等五个章节的撰写。初稿在经过了反复、多次的

国家文物局保护专家组检查指导吴简保护工作

张忠培先生听取我馆简牍保护整理工作汇报

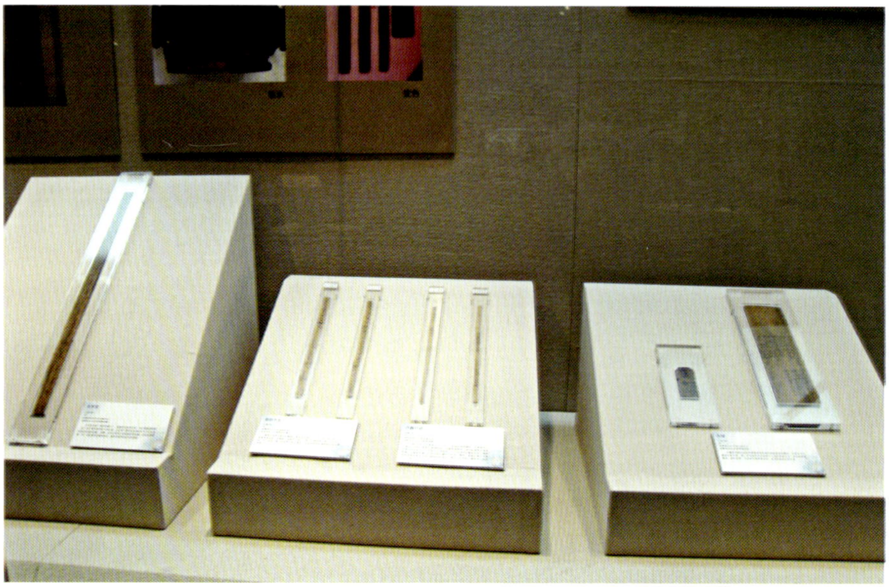

长沙三国吴简赴京参加“中国文物保护科技成果展”

讨论和修改后，业已完成进一步的补充、完善工作，总计 10 万余字。

由于我馆在简牍保护方面所做的工作取得了一定的影响，2010 年 11 月，走马楼吴简受邀参加了由国家文物局主办，首都博物馆承办的《百工千慧——中国文物保护科学和技术成果展》。此次展览从 2010 年 12 月 14 日正式开幕，至 2011 年 3 月结束，为期三个月时间，集中展示了现代保护科技广泛应用到我国考古与文博领域所取得的重要成果，以倡导科技理念，提升保护意识，引导社会参与，促进我国文化遗产保护事业的持续发展。“十一五”期间，国家对饱水竹木漆器文物保护上的巨大支持和投入，使得走马楼吴简的科技保护工作取得了丰硕的成果。此次我们精心挑选了七枚走马楼吴简赴首都博物馆参展，这也是对我馆“十一五”文物保护工作的一次重要总结和充分肯定。

纵观十余年来长沙走马楼三国吴简项目的工作历程，总结以往简牍保护的工作经验，我们发现做好吴简的保护工作与科学的管理密切相关，其中，“与时俱进、科学发展、转换机制、创新管理”是关键。吴简的保护工作既是一个与时俱进的过程，又是一个科学发展的过程。我们借鉴以往简牍保护整理的经验，结合吴简自身的特点，摸索出一整套富有特色和创新性的吴简保护方案，并在实施过程中，根据出现的新情况、新问题，不断调整和完善，不断充实与提高，从而为又好又快地保护整理吴简提供了有力的保障。我们还全面总结、提升吴简保护的管理方法与经验，做到以理论指导实践，再从实践中力促相关理论知识的升华，从而为今后国内同类饱水简牍的保护工作提供一些有价值的参考。

第三章 整理篇

第一节　吴简整理的指导原则与流程设计

整理工作是保护工作的延伸，两者密切关联。保护是前提，整理是结果，两者相辅相成，缺一不可。没有科学的保护不可能取得丰厚的整理成果，保护的最终目的是为了更好的整理、研究与利用，整理工作自始至终贯穿于保护工作之中。《长沙走马楼三国简牍保护整理项目总体方案》提出的保护整理工作的指导原则是：简牍保护与整理是互为密切联系的两大方面，保护工作包括改善和控制保管条件、揭剥与清洗、脱色拍照与记录、为长期保存及展出而进行的脱水等，是整理工作的前提和基础；整理工作包括对揭剥清洗过程的详细记录，对脱色后的简牍进行拍照、释读、编校、出版，其始终贯彻考古学、文献学、历史学的观察与研究。

这一指导原则对我们整理工作的质量提出了高要求。整理工作需要科学的管理，而科学的管理关键在于对细节的把握，这主要体现在工作流程的科学设计上。科学的细节设计、流畅的操作流程既能保证吴简整理工作高效、有序，又可避免工作中出现忙乱不堪、责任不清等情况。鉴于吴简数量巨大，编联成册，质地有差，色泽不匀，厚薄不一的特点，时任馆长宋少华研究员借鉴管理学的理论与研究成果，学习引进线性管理方法，将整理工作流程化，分为释文、测量、拍照、图片整理、释文录入、索引制作等，并设计出整理项目线性责任表。

在走马楼吴简的整理工作中，对揭剥、清洗过程细致有序的记录是整个工作能否高质量完成的关键；对简牍文字内容的准确释读是整理工作的核心；简牍的拍照、编校、出版则是整理工作的成果体现。

走马楼三国吴简整理出版工作流程

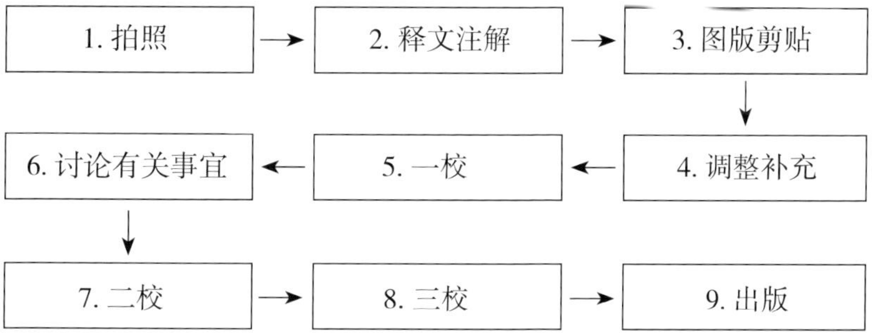

文物出版社专家进行吴简的拍照工作

中国文化遗产研究院专家进行简牍释文

三国吴简照片的剪切和贴版工作

吴简资料专著出版之前的图文校对工作

整理项目线性责任表

整理一组　　顾问专家：田余庆、吴荣曾

	项目贡献者											
任务描述	胡平生	李均明	刘绍刚	宋少华	何佳	汪力工	毕灿	胡冬成	肖静	夏道文	金平	李丹
贴版	2	2	2	1	1	1	1	1	1	1	1	1
释文	1	1	1	2	2	2	2	2	2	2	2	2
考释、注释、索引	1	1	1	2	2	2	2	3	3	3	3	3
校对	1	1	1	1	1	1	1	2	2	2	2	2
研讨	1	1	1	1	2	2	2	3	3	3	3	3
任务协调	2	2	2	1	2	2	2	2	2	2	2	2

编码：1 ＝实际责任　2= 支持　3= 必须通知到　空格 = 不参与

整理二组　顾问专家：田余庆、吴荣曾

	项目贡献者										
任务描述	王素	罗新	宋少华	何佳	汪力工	毕灿	李丹	胡冬成	肖静	金平	夏道文
贴版	2	2	1	1	1	1	1	1	1	1	1
释文	1	1	2	2	2	2	2	2	2	2	2
考释、注释、索引	1	1	2	2	2	2	3	3	3	3	3
校对	1	1	1	1	1	1	1	2	1	2	2
研讨	1	1	1	2	2	2	3	3	3	3	3
任务协调	2	2	1	2	2	2	2	2	2	2	2

编码：1 =实际责任　2= 支持　3= 必须通知到　空格 = 不参与

我们最初制定的一套工作流程，随着吴简整理工作的开展，不但对原有的一些细节设计加以改进，而且针对出现的新问题、新情况又及时加以调整和完善。由此形成了别具特色、具有示范意义的吴简整理经验，得到了同行专家们的肯定和赞许，为今后同类简牍的整理工作提供了借鉴。

第二节 简牍信息的搜集与提取

吴简田野发掘抢救工作结束之后，简牍的清洗、揭剥、保护工作随之展开，而为整理工作所必备的揭剥记录、绘图、拍照录像等项工作亦同步进行。

走马楼吴简原本应是以简册的形式弃置于井中，很多成坨竹简呈现出收卷的状态，如《竹简（贰）》附录"揭剥位置示意图"（简称"揭剥图"）呈现出简册样貌，简牍残存上下两道编痕，表明它们原来编联在一起，不仅如此，简牍在J22中的"摆放有一定的顺序，层层相叠，似有意为之"。由于久埋地下，腐蚀严重，编绳腐朽，原有的编联状态已经散失。吴简出土时还受到人为破坏与扰动，原来的册书已成丧失编联的散简。要想全面而准确地把握吴简丰富的内容，必须将这些片简零篇尽可能地恢复到簿书的原貌，故走马楼吴简的册书复原工作显得尤为重要。它是后来学者研究这批简牍的最原始材料，揭剥图的准确与否，直接关系到研究工作的成败。

由于简牍长期埋藏于地下，材质糟朽严重，因此简牍的清理揭剥，首先是要保证简牍材质安全，不可人为地过多翻转、扰动，使之遭受二次侵蚀、损伤。其次是严格地按照考古清理的操作规则，运用揭剥技巧，按其保存的状况及叠压层次，采用分层式、环绕式或分层环绕相结合等方式进行揭剥。最后是用图纸、照片、文字细致地做好揭剥记录，记录的内容包括区位、层次、排列、数量、卷折面及裹夹的包含物，诸如木简、木楬、封检等。这一工作程序及要求始终贯穿简牍清理揭剥的全过程。

具体来说，每坨简的形状各不相同，揭剥方式也随情况变化。一般情况下，依据肉眼可

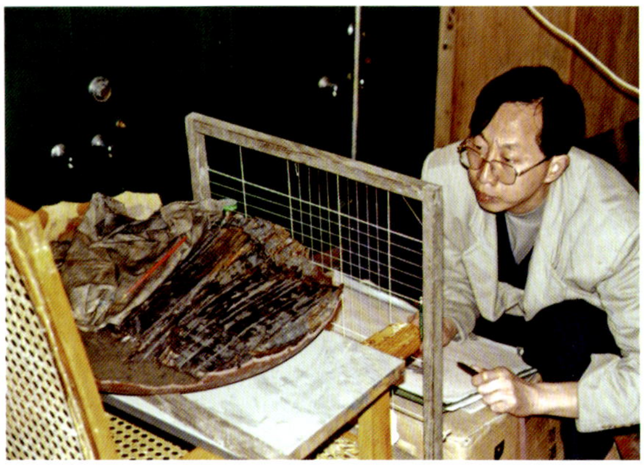
图为工作人员正在绘制简牍揭剥图

文保技术人员进行竹简揭剥清理工作

以观察到的平面按层面自上而下进行揭剥与记录揭剥的过程。但是人体肉眼观察到的每层的层面并不是水平的，存在着凹凸不平的情况。揭剥图上所显示的水平层面，只是为了方便表示每枚简排列的位置，难以确保每层面的简牍之间一定存在着必然的联系。当遇到呈收卷状的成坨简，我们假定它有可能为一较完整的册书，在不伤及简牍的情况下，采取由外至里揭取的方法。一些成卷的册书，由于受到外力的挤压形成椭圆形或扁平形，最大径或核心的地方常会出现两枚或数枚简的字面（竹黄面）相贴的情况。根据对吴简揭剥的长期观察，我们发现吴简墨书的正文大多书写在竹黄面，少部分写在竹青面，这是吴简书写的特点。我们将书写墨书的竹黄面称之为正面，未写字的竹青面称之为背面。这是我们用以判定该册书的核心或边缘的依据之一。揭剥前当发现某坨简上半部正面朝下、下半部正面朝上、边缘处正面与正面相对时，我们就判断它有可能为一卷册书。揭剥图中每枚竹简正面用直线表示，背面用曲线表示。木牍、木楬，则正、背面皆用直线表示，有字的一面，另加文字说明。

室内清理揭剥的记录与田野考古过程的记录要保持连贯与延续，简牍的编号划分为五个等级。

一级编号用罗马字母表示。这一级代表的是分区，共分Ⅰ、Ⅱ、Ⅲ、Ⅳ区。每区的情况各不相同，Ⅰ区为井内扰乱简；Ⅱ区简牍保存较为完整；Ⅲ区为井壁坍塌后遭挤压下沉、错位的简牍；Ⅳ区为小部分的大木简。

二级编号用英文小写字母表示。这一级代表的是区内各段简牍。各区中有若干段，用段这个概念是考虑到段比坨长，一长段可由若干小段组成。当然，段的情况各有差别。例如，对未经扰乱的简牍，主要指Ⅱ区，现场清理后，其叠压关系比较清楚。其段是按各自的排列走向确定的。再如Ⅰ区，仍为扰乱的部分，按跌落后叠压的层次，由上至下揭取的。其段都不太长，因跌落而散乱。对于Ⅰ区而言，仍是借用考古学上的层位叠压概念来处理这种扰乱无序的状况。这个"段"所表示既是跌落在上层的几坨简，也是叠压在下层散落开的几堆简。

三级编号用阿拉伯数字表示。这一级代表的是某段中的某小段。因某段过长，现场揭取不易，为不使简牍损伤，将其分成若干小段。若该级编号无小段，则不分，直到坨，即第四级。

四级编号用带圈的阿拉伯数字表示。这一级代表的是某段或某小段中的某坨。坨与坨之间所包含简牍的数量不等，少则数十枚，多则数百枚、数千枚。

五级编号用简牍《揭剥编号对应表》内的阿拉伯数字表示。为每一坨揭剥后的简牍的编号序列。该表排列二种对应数据，一为揭剥清理总编号，一为每坨的简牍序号。

归纳揭剥图中编号层级的关系，一级编号代表区，二级编号代表段，三级编号代表小段，四级编号代表坨，五级编号代表单枚简。例如已发表的《竹简（肆）》揭剥图：Ⅰ—a—①，即发掘Ⅰ区a段第①坨简；又图三十：Ⅰ—c3—⑥，即发掘Ⅰ区c段3小段第⑥坨简；又如《竹简（柒）》图十八：Ⅱ—c—②，即发掘Ⅱ区 c 段第②坨简。

上述五个等级编号基本上反映从区域→大段→小段→坨→单体简，这样一种逐层隶属关系。通过这种层级隶属关系，我们可以在更为扩大的空间范围内对简文的内容进行综合考察与辨析。

绘图与文字记录工作贯穿揭剥的全过程，我们知道揭剥图及相关的记录是整理的基础，包含着各种重要的简牍自身的信息。因此在清理揭剥简牍即规定，凡是列入考古发掘编序的段、坨都必须按程序清理、记录，不去用过多的精力刻意地关注揭剥简牍中单支简文与简文之间的关系，发现有联系就做，没有关联就不做。面对数量巨大的简牍，那样既耗费时间，又不可能弄清楚想要解决的问题。实践证明，我馆采取的方法是适宜的、正确的。这样做的结果，虽带有一定的盲目性，增加很多的工作量，但却保证有价值、可利用的信息不会被漏掉。仍需说明的是，吴简揭剥图不是万能的，它自身存在着一些不足与缺憾，如扰乱、扔弃、挤压、错位、人为分割、肉眼观察揭剥层面等诸多因素的影响，其所能发挥的作用还是存在一定的局限性。倘若公布出来的全部吴简揭剥图能为吴简册书的复原、简牍文书学的研究发挥其十之二三的作用，便是对我们花费如此多的精力与心血所完成的这项艰难细致工作的肯定。

经统计，我们完成吴简各种揭剥平剖面图共计 464 幅，随吴简各卷的出版已公布、拟公布为 298 幅。这些揭剥图的发表，体现了我们对吴简整理求实存真、严谨细致的工作态度，这对吴简的整理研究起到了积极的推动作用。

长沙三国吴简的发现，不仅填补了我国简牍出土的一个空白，而且还以其丰富的内容为我们深入研究孙吴时期的经济关系、阶级关系、典章制度及社会生活等提供了新的重要的历史信息。长沙三国吴简的内容关涉我国史学研究中的一些重大历史命题，如“户籍制度”“乡里制

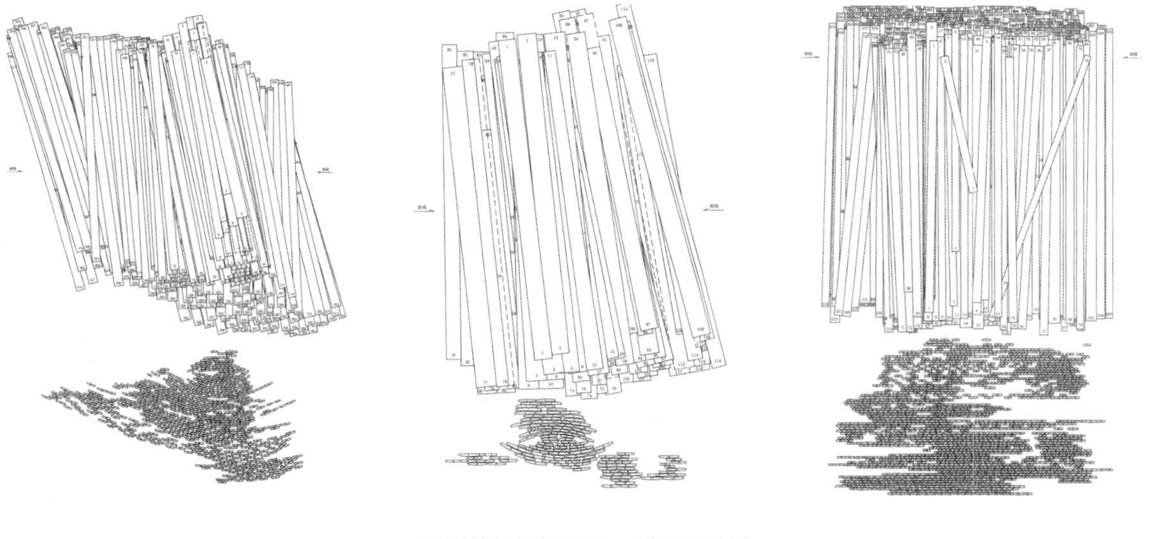

绘制的吴简揭剥平、剖面示意图

度”“赋役征派制度”等等。这些命题在学术界长期以来争讼不已，各方专家或言之隔膜有凿空之感，或各执一词，莫衷一是，成为众多学者的热门话题。究其缘故，除其观点、方法不同之外，史料的缺乏是其重要的因素。我们相信随着吴简材料的整体公布，无疑会引起学术界广泛而持久的讨论，必将推动这些重大历史命题的深入探讨，并取得突破性的重大研究成果。

同时，我们还欣喜地看到，自成体系的吴简史料已成为史学研究者们开学术新风的拓荒之地。新材料的出现往往会引发新问题，而新问题又会促进新学问的兴起。随着吴简整理资料的陆续面世，围绕吴简研究方法论的讨论、争议也随之升温。吴简文书学中“册书复原”渐成为相当一部分中青年学者努力的方向。其研究方法是从简牍文书学的角度，充分利用吴简考古学整理信息即简牍揭剥图、盆号、清理号等，与简牍遗存信息即形制、编痕、笔迹等，以此为基础进行简册复原，不仅注重册书的原始状态与内部联系，而且尽可能地将同一简册视作独立的资料进行研究，其方法论的意义，不仅避免了以个别、零散简牍作为证据的局限性，同时亦防止混淆不同类别的簿书而使结论产生偏差。因此具有重要的学术价值与广阔的研究前景，中外学者为此进行了重要的尝试，取得了一批重要的研究成果。例如：

于振波《走马楼吴简初探》（2004 年），《走马楼吴简续探》（2007 年），台北：文津出版社。

张荣强《汉唐籍帐制度研究》，北京：商务印书馆，2010 年。

侯旭东《长沙走马楼吴简“嘉禾六年（广成乡）弦里吏民人名年纪口食簿”集成研究：三世纪初江南乡里管理一瞥》，《近观中古史——侯旭东自选集》，上海：中西书局，2015 年。

邓玮光《走马楼吴简三州仓出米简的复原与研究——兼论“横向比较复原法”的可行性》，《文史》2013 年第 1 辑，第 231—254 页；《对三州仓“月旦簿”的复原尝试——兼论“纵向比较复原法”的可行性》，《文史》2014 年第 2 辑，第 5—35 页。

鹫尾祐子《长沙走马楼吴简连记式名籍简的探讨——关于家族的记录》，《吴简研究》第三辑，北京：中华书局，2011 年，第 65—87 页。

凌文超《走马楼吴简采集簿书整理与研究》，桂林：广西师大出版社，2015 年。

已出版关于吴简研究的部分图书

第三节　以开放的姿态有效推进整理出版工作

吴简的科技保护不仅是要实现简牍实物的长久保存，也要为简文的整理出版提供良好的条件。吴简的整理出版十分重要，不但是对简牍科技保护工作的检验，反过来促进吴简科技保护的提高，而且使得宝贵的第一手历史书写信息凝结在出版物上得以广泛流传，从而为更多的人了解和研究吴简提供了新材料。吴简是属于中华民族的知识宝库、珍贵的文化遗产。在吴简发掘之初，社会各界给予了热烈而持久的关注，学界更是深切关注吴简的整理出版。我们非常理解这种迫切的期待。

为了使吴简又好又快的出版，我们秉持积极开放的态度，摈弃那种发掘主持人长期滞留着重要考古资料，先供内部慢慢消化，迟迟难以出版的做法。我们深知，只有让吴简资料尽快出版，供众多的专家学者研究，接受大家的检验，才能进一步改进我们的工作，提高吴简整理出版的质量，促进吴简研究百花齐放。在相当长的时间里，吴简的整理工作与吴简的科技保护同步进行，如影随行，两者相辅相成，互相促进。科技保护为整理释文工作提供了良好的条件，而在整理中发现的问题如脱色、字迹、形制等，则反过来为科技保护的改进和创新提供了帮助。正是由于我们与专家一道共同努力和勤奋工作，在吴简发掘仅三年后，1999 年就整理出版了《长沙走马楼三国吴简・嘉禾吏民田家莂》（胡平生、李均明编），如此快速的出版，在以往简牍整理当中，是极其少见的。2003 年，我们又整理出版了《长沙走马楼三国吴简・竹简（壹）》（王素、罗新编），并就吴简整理中发现的重要历史学术论题作了归纳与探讨，为学界的深入研究提供了参考。

2004 年国家文物局批准《长沙走马楼三国吴简保护整理总体方案》的实施，我们以更开放合作的态度，及时在京召开了整理出版专项会议，按项目管理的要求，就时间、人员、进度、质量、经费安排等方面与合作单位及专家进行了充分地讨论与协商，将原整理组成员重新优化组合成三个整理小组，分别由李均明、胡平生、王素三位专家领衔负责。采用开放合作，优化组合，合同保证，分卷委托，分组轮作，统一规范，限时完成的方式推进整理进度。分别与参加整理单位与出版单位签定项目整理管理合同与出版合同，加强监管责任，有效开展工作，受到同行的广泛赞誉。

自1999年起至今，原整理组、新整理组与我馆合作完成走马楼吴简的释文整理的成果如下：

《长沙走马楼三国吴简·嘉禾吏民田家莂》（上、下），文物出版社1999年9月出版。该册收录简牍2140枚，发掘报告执笔宋少华、何旭红，编者胡平生、李均明。

《长沙走马楼三国吴简·竹简（壹）》（上、中、下），文物出版社2003年10月出版。该册收录简牍10545枚，编者王素、罗新。

《长沙走马楼三国吴简·竹简（贰）》（上、中、下），文物出版社2007年1月出版。该册收录简牍9091枚，编者李均明、刘绍刚、胡平生。

《长沙走马楼三国吴简·竹简（叁）》（上、中、下），文物出版社2008年1月出版。该册收录简牍8481枚，编者王素、罗新、孟彦弘。

《长沙走马楼三国吴简·竹简（肆）》（上、中、下），文物出版社2011年11月出版。该册收录简牍5612枚，编者李均明、宋少华、王昕。

《长沙走马楼三国吴简·竹简（柒）》（上、中、下），文物出版社2013年12月出版。该册收录

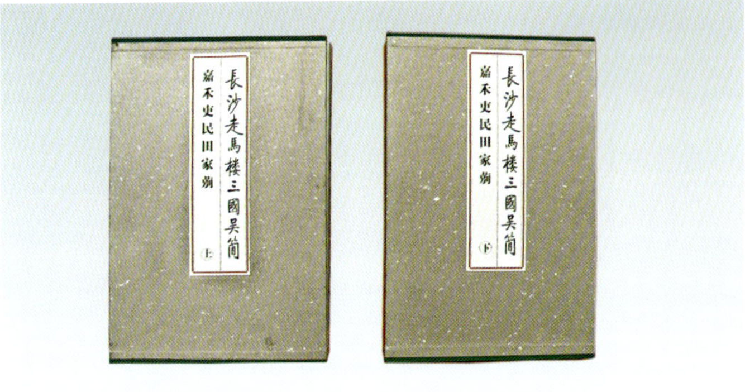

《长沙走马楼三国吴简·嘉禾吏民田家莂》书影

《长沙走马楼三国吴简·竹简（壹）》书影

《长沙走马楼三国吴简·竹简（贰）》书影

《长沙走马楼三国吴简·竹简（叁）》书影

《长沙走马楼三国吴简·竹简（肆）》书影

《长沙走马楼三国吴简·竹简（柒）》书影

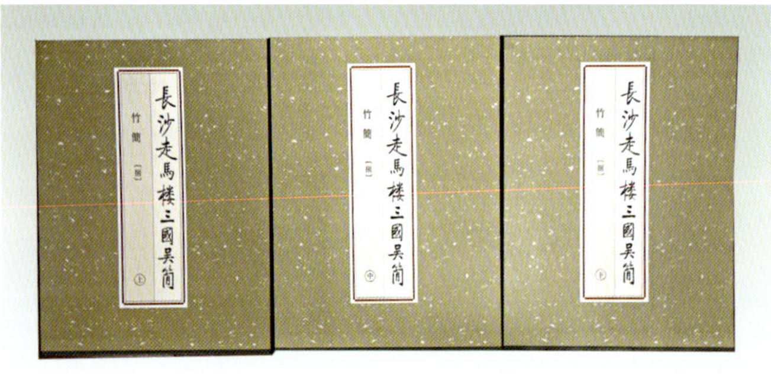

《长沙走马楼三国吴简·竹简（捌）》书影

简牍6153枚，编者王素、宋少华、罗新、邬文玲。

《长沙走马楼三国吴简·竹简（捌）》（上、中、下），文物出版社2015年10月出版。该册收录简牍6050枚，先由我馆完成释文初稿，2014年专家完成定稿，编者王素、宋少华、罗新、邬文玲。

2006—2015年，《长沙走马楼三国吴简·竹简（伍）》，收录简牍7423枚，编者胡平生、宋少华、刘绍刚。目前释文、图版剪贴工作已经完成，尚在整理中。

2008—2015年，《长沙走马楼三国吴简·竹简（陆）》，收录简牍6164枚，编者李均明、宋少华、刘军。该册先由我馆完成释文初稿，2015年专家完成定稿，拟2016年底出版。

《长沙走马楼三国吴简·竹简（玖）》，2012年由我馆完成7810枚释文初稿，2014年专家完成定稿及图版剪贴，另附《别录》，收录简牍5000余枚。拟2018年出版。

《长沙走马楼三国吴简·竹木牍》，2013—2015年由我馆完成390余枚释文初稿，2014年专家完成定稿及图版剪贴，拟2018年出版。

在吴简释文工作开展的同时，我馆组织人力，以高度负责的态度，不惧繁琐，克服困难，花费了相当长的时间与精力，精心整理和配制了富含考古发掘信息的揭剥示意图。我们对吴简中所涉及的全部揭剥图中竹简、木牍的形制、数量、编号、排列位置、实物尺寸都进行了认真、仔细、反复的核对，并最终制成电脑图。为了配合竹简的早日出版，项目负责人针对核校中出

项目负责人举办讲座探究简牍保护整理的方法

现的计算方法、编号误差、排序等问题，撰写《简牍保护整理中面临问题与对策》等文，以讲座的形式分析问题的症结所在、产生的原因，帮助全体工作人员理清了思路，掌握了正确的处理方法，提高了工作效率。

简牍的整理保护离不开新生力量的培养和成长，在与科研院校的专家学者们进行合作的同时，我们十分注重搭建与打造提升本馆专业人员素质的平台，加快人才培养。自 2008 年起，我馆有意识地安排新招聘进来的年轻博士、硕士生自主承担《竹简（陆）》《竹简（捌）》《竹简（玖）》和《竹木牍》的初步释文工作。在独立完成释文过程中，大家相互交流、共同探讨、相互促进，是一次很好的学习与锻炼的机会。此后在协助专家的工作中，通过与专家的交流、解惑答疑，自身又获得进一步的提高，为我馆今后的业务发展、学术研究奠定了基础。

第四节　积极开展学术研究与交流

我馆在加快推进吴简资料整理出版的同时，还以积极的姿态加强开展与国内外学界的交流与联系，把握吴简研究的最新研究成果和发展态势，支持和促进学界和馆内业务人员的学术交流；注重青年人才的培养，并向广大人民群众普及吴简等简牍学知识。

我馆在吴简研究方面采取开放的态度，欢迎国内外学者参与研究并尽可能地提供便利，先后接待了国内外多批学者参观考察，其中有北京大学、清华大学、北京师范大学、中国人民大学、中国社会科学院、中国文化遗产研究院、故宫博物院等科研院所及台湾、香港地区的学者和学生，还有日本、美国、加拿大、韩国等国外的研究机构和人员。学者在研究过程中遇到了难题，需要核对吴简原物时，只要有助于吴简研究，能发挥吴简的学术价值，我们都十分欢迎，并提供必要的帮助。

我馆注重吴简研究青年人才的培养，乐意为研究简牍学的在校学生提供实习的机会，促进吴简研究新生力量的成长，为吴简的整理研究注入了新活力。近几年来，分别有北京大学、中国社会科学院、南京大学、厦门大学、四川大学、武汉大学、吉林大学、湖南大学、云南大学的博士后、博士生、硕士生来我馆实习，我们以热忱的态度欢迎他们参与吴简整理中的

中国文化遗产研究院李均明研究员来我馆作学术讲座

北师大历史学院张荣强教授来我馆作学术讲座

故宫博物院王素研究员来我馆作学术讲座

中国文化遗产研究院胡平生研究员来我馆作学术讲座

清华大学李学勤教授及谢维和副校长一行来我馆考察

日本吴简研究会学者来我馆访问交流

任何一个环节，实习生纷纷表示来我馆实习对他们的学业精进有很大的帮助。

自2006年以来，为贯彻国家文物局提出的开放合作加强吴简研究的指示，为进一步促进吴简研究的繁荣，我们与北京大学吴简研讨班就共同推进吴简整理与研究达成共识，决定由我馆与吴简研讨班联合主编国内唯一的吴简专题研究文集——《吴简研究》，从而为吴简研究学者提供了展示优秀成果的园地，至2015年止已编辑出版三辑。

我馆积极参加国际、国内学术研究与交流，开拓自己的学术视野。专业人员在做好保护整理工作的同时，努力钻研学术，自觉向专家、学者请教和交流，促进自身科研水平的提高。近年来撰写了相关吴简研究文章50余篇，分别发表在国家级、省级学刊上。

自吴简发现以来逐渐兴起的吴简研究热，至今仍是方兴未艾，精彩纷呈。中国的学者在北京成立了吴简研讨班；日本学者在东京也成立吴简研究会，这两个学术团体同我馆有着友好的交流与合作，在共同推动吴简广泛而深入的研讨中发挥了重大的作用，吴简研究的骨干大都参与了这两个学术团体。正是因为我馆十分注重为研究吴简的学者提供研究的便利和力所能及的帮助，使得越来越多的吴简研究论著、论集不断涌现，越来越多的研究者加入其中。据统计，到目前为止，研究吴简的相关论文已达600余篇，专著、论文集达23部之多，可谓盛况空前。

近年来吴简研究学术会议一览表

年份	学术会议
2009年	1月21日中日简牍研究会学术交流会（北京）
2009年	2月5日中韩吴简学术研讨会（北京）
2010年	9月23日中韩英美简牍学术研讨会（北京）
2010年	12月3日长沙简牍博物馆、湖南大学岳麓书院、伦敦大学、美国学者等吴简学术交流会（长沙）
2011年	6月简牍学国际研讨会（兰州）
2011年	8月21日中韩吴简学术交流会（北京）
2011年	3月15日中日长沙吴简学术研讨会（长沙）
2011年	8月25日简牍学国际学术研讨会（兰州）
2012年	1月中日简牍研究会学术交流会（北京）
2013年	7月中日简牍研究会学术交流会（北京）
2015年	8月中日简牍研究会学术交流会（北京）

第五节　整理专家组成员介绍

走马楼吴简之所以能够较快地整理发表，并引起持续不断的研究热潮，这与各级领导部门的关心和指导分不开，与我馆一直坚持的开放合作、共同进步的理念分不开，更与全国高校、研究机构专家们的辛勤劳动、奉献精神分不开。在此，我们将参加走马楼三国吴简整理的专家学者予以介绍：

田余庆教授

田余庆（1924—2014），男，历史学家，湖南省湘阴县人。1924年2月11日生于陕西省，1950年毕业于北京大学历史系，从事中国古代史的教学与研究工作，历任北京大学讲师、教授、历史系主任，国务院古籍整理出版规划小组成员，国务院学位委员会第二届学科评议组成员。专于中国古代史，对魏晋南北朝政治史尤有研究。学术著作有《东晋门阀政治》《秦汉魏晋史探微》《三国两晋史》等，代表性学术论文《说张楚》《论轮台诏》《汉魏之际的青、徐豪霸问题》等。参加编著的大学教科书《中国史纲要》（翦伯赞主编）获国家教委特等奖。田余庆先生生前曾担任长沙走马楼吴简整理组组长，对吴简的整理和保护工作给予了极大的关怀和支持，使得这一珍贵的出土文献得以妥善的保护并及时将整理研究成果呈现于学术界。

吴荣曾教授

吴荣曾，男，1928年生，江苏苏州人，1954年毕业于北京大学历史系。北京大学历史系教授，中国先秦史学会副会长，中国钱币学会常务理事。专业方向是先秦和秦汉史，长期从事这方面的教学活动。科研方面着重政治史、社会经济史，治学上则重视地下出土材料和文献记载的有机结合，以期获得对历史有新的视角和认识。主要著作有《先秦两汉史研究》、《中国史纲要》（先秦部分）、《洛阳烧沟汉墓》（合著）等。吴荣曾先生为长沙走马楼吴简整理组的重要成员，协助田余庆先生指导、筹划吴简整理工作。

胡平生研究员

胡平生，男，籍贯浙江，1945年11月9日出生于上海，1967年北京大学中文系古典文献专业毕业；1981年北大中文系古文字研究生毕业，文学硕士。曾任中国文物研究所出土文献与文物考古中心主任、研究员。国家有突出贡献的专家。中国诗经学会理事，古文字研究会、秦汉史学会会员。长期从事出土简牍帛书、古文献与文化史研究，主持与参加阜阳汉简、长沙走马楼三国吴简等整理工作。主要著作有《阜阳汉简诗经研究》、《孝经译注》、《胡平生简牍文物论集》（台湾兰台出版社）、《中国古代文化史·古代礼仪制度》、《长沙走马楼三国吴简·嘉禾吏民田家莂》、《龙岗秦简》、《敦煌悬泉四时月令诏条》、《敦煌悬泉汉简释粹》及论文译作近百篇。先后在日本关西大学、东京大学、法国巴黎高等实验学院、伦敦大学亚非学院、香港中文大学、台湾中国文化大学、台湾文哲研究所等院所任客座研究员或进行学术访问。

胡平生先生负责走马楼三国吴简《嘉禾吏民田家莂》《竹简（贰）》《竹简（伍）》的释文整理。

李均明研究员

李均明，男，1947年10月出生于印度尼西亚邦加岛，祖籍广东博罗。1960年回国，曾就读于广西宁明中学，1969年1月参加工作，1975年毕业于北京大学中文系古典文献专业。此后长期从事古代简牍的整理与研究工作。曾参加临沂银雀山汉墓竹简、云梦睡虎地秦简、大通上孙家寨汉简、江陵张家山汉墓竹简、居延新简、连云港尹湾汉墓简牍、长沙走马楼简牍的整理及相关8种书籍的撰写。曾任中国文物研究所文物古文献研究部主任，研究员。被聘为日本关西大学东西学术研究所客座研究院、香港中文大学中国文化研究所访问研究员。多次赴日本、韩国、英国及中国香港、台湾地区进行学术交流。2008年1月退休。2008年7月被聘为清华大学出土文献研究与保护中心研究员，参与清华简的整理、研究工作。

李均明先生长期从事简牍帛书与秦汉史的研究。著有：

1. 《疏勒河流域出土汉简》（合编，文物出版社，1984年）；
2. 《居延汉简释文合校》（合著，文物出版社，1987年）；
3. 《散见简牍合辑》（合编，文物出版社，1990年）；

4. 《兵家宝鉴·孙膑兵法译注》（河北人民出版社，1991 年）；

5. 《汉代屯戍遗简法律志》（合编，科学出版社，1994 年）；

6. 《敦煌汉简编年考证》《新莽简辑证》（均为合著，台湾新文丰出版公司，1995 年）；

7. 《初学录》（台湾兰台出版社，1996 年）；

8. 《简牍文书学》（合著，广西教育出版社，1999 年）；

9. 《古代简牍》（文物出版社，2003 年）；

10. 《居延汉简编年·居延编》（台湾新文丰出版公司，2004 年）；

11. 《秦汉简牍文书分类辑解》（文物出版社，2009 年）；

12. 《简牍法制论稿》（广西师范大学出版社，2011 年）。

另发表简牍论文 130 余篇。

李均明先生负责《嘉禾吏民田家莂》《竹简（贰）》《竹简（肆）》《竹简（陆）》的释文整理。

王素研究员

王素，男，汉族，1953 年 10 月生于武汉，祖籍湖北广济（现名武穴市）。1977 年考取武汉大学历史系本科。1978 年考取同系研究生，1981 年毕业，获硕士学位。同年分配到国家文物局古文献研究室。1991 年并入中国文物研究所，曾任该所古文献研究室副主任，研究员。2006 年 1 月调入故宫博物院研究室，现任故宫研究院古文献研究所所长、故宫博物院学术委员会委员、《故宫博物院院刊》及《故宫学刊》编委，北京大学、首都师范大学兼职教授，中国魏晋南北朝史学会理事，中国敦煌吐鲁番学会常务理事，美国唐研究基金会学术委员，《吐鲁番学研究》《敦煌吐鲁番研究》编委，“全国古籍保护工程”专家委员会委员等职务。1992 年评为国家级有突出贡献专家，1993 年享受政府特殊津贴，2005 年入选中组部专家库，2006 年入选文化部文化行业专家资源库。

王素先生师承著名历史学家唐长孺先生，主要从事汉唐历史的学习与研究。先后参加或主持《吐鲁番出土文书》《新中国出土墓志》《长沙走马楼三国吴简》《长沙东牌楼东汉简牍》等多卷本出土文献的整理。在汉唐历史与出土文献等领域，个人出版专著 12 部，发表论文、书评等各类文章近 400 篇。

王素先生负责《竹简（壹）》《竹简（叁）》《竹简（柒）》《竹简（捌）》《竹简（玖）》《竹木牍》的释文整理。

罗新教授

罗新，男，1963年生，现任北京大学历史系中国古代史研究中心主任、教授。主要研究方向为魏晋南北朝史、简牍、墓志、北方民族（匈奴、鲜卑）史、西域（楼兰、车师）史。主要著作有《中古北族名号研究》《历史的高原游牧》《杀人石猜想》《新出魏晋南北朝墓志疏证》等。从1997年秋天开始，罗新先生便参加了走马楼吴简的整理研究工作，成为整理研究小组的成员，曾先后多次来长沙进行吴简的释文整理工作。参与《竹简（壹）》《竹简（叁）》的释文整理工作，主编《吴简研究》第一、二、三辑。

刘绍刚研究员

刘绍刚，男，1958年8月生于济南，回族。中国文化遗产研究院研究员，古文献研究室主任。兼任山东大学历史文化学院兼职教授、博士生导师，中国书法家协会书法培训中心教授，中国艺术研究院·中国篆刻艺术院研究员。主要著作有《唐代墓志汇编》、《中国古代文房四宝》、《中国古代玺印大典》、《篆书诗词名句选》、《蒋维崧临商周金文》（与蒋维崧先生合著）、《刘绍刚印存》、《泉城雅集》、《刘绍刚篆书舜典》等。刘绍刚先生参与《竹简（贰）》的释文整理工作。

邬文玲研究员

邬文玲，女，汉族，1971年11月生，籍贯重庆武隆。中国社会科学院历史研究所研究员、战国秦汉史研究室副主任。主要从事秦汉简牍与秦汉历史研究。发表《二十世纪简帛的发现与研究》《始建国二年新莽与匈奴关系史事考辨》《张家山汉简〈二年律令〉释文补遗》《长沙东牌楼东汉简牍断简缀合与研究》等论文。邬文玲研究员参与《竹简（柒）》《竹简（捌）》的释文整理工作。

蔡敏，男，1963年生。1986年北京大学中文系古典文献专业毕业，同年分配到文物出版社工作，从事文物考古出版工作30年。现任文物出版社考古图书中心主任，编审。编辑出版的图书屡次获得省部级以上奖项，其中《郭店楚墓竹简》荣获第四届国家图书奖，《唐宋时期的雕版印刷 》荣获第五届国家图书奖，《长沙东牌楼东汉简牍》荣获第一届中国出版政府奖图书提名奖，《新中国出土墓志》荣获第二届中国出版政府奖图书奖。2001 年，被中国出版工作者协会、中国编辑学会联合授予“全国第四届优秀中青年（图书）编辑”称号。中国考古学会理事，中国考古学会三国至隋唐考古专业委员会、宋辽金元明清考古专业委员会委员。

蔡敏编审

蔡敏先生自 1997 年起，长期用心专注《长沙走马楼三国吴简》的编辑出版工作，已编辑出版《长沙走马楼三国吴简·嘉禾史民田家莂》，《长沙走马楼三国吴简·竹简》（壹）、（贰）、（叁）、（肆）、（柒）、（捌），共 7 部。

此外，参与协助整理长沙吴简的还有中国文化遗产研究院的王欣、刘军、杨小亮，及中国社会科学院历史研究所的孟彦弘、凌文超等先生，对他们所付出的辛勤劳动，谨致以衷心的感谢！

第六节　耕耘的收获与感悟

2015年11月27日，湖南省文物局根据国家文物局的要求，组织专家对我馆承担的《长沙走马楼三国简牍保护整理项目》进行结项验收。评审组由来自故宫博物院、国家博物馆、清华大学、北京师范大学、湖南大学、甘肃简牍博物馆、浙江省博物馆、湖南省文物考古研究所等单位的11位专家学者组成。在验收会上，评审组专家详细听取了我馆所做的结项综合报告及协作单位的技术报告。我馆所汇报的长沙三国吴简保护整理项目实施的总体情况概括如下：

长沙三国吴简的保护整理工作历时20年，前后经历两个阶段。第一阶段1997—2003年，此为小范围的开展科技保护试验及部分简牍的整理探索总结经验阶段；第二阶段2004年至今，此为按照国家文物局批准的《长沙走马楼三国简牍保护整理项目总体方案》组织项目实施阶段，由多家单位参与项目的分工合作。我馆为项目承担主体，负责简牍的清洗、揭剥、保管及项目实施管理工作，根据项目的进展，有步骤、分阶段统筹安排科技保护与整理出版等项工作；荆州文保中心负责吴简的科技保护；中国文化遗产研究院、北京大学、故宫博物院、中国社会科学院历史研究所等专家负责文字释读、整理工作；文物出版社负责拍照、出版。20年来，特别是项目实施以来，完成的主要工作为：

（1）2002年完成三国吴简清洗揭剥工作，清洗数量达10万余枚。

（2）2009年完成三国吴简脱色拍照工作，总计脱色拍照有字简76552枚。

走马楼吴简揭剥记录与图册

（3）2011年完成走马楼吴简的脱水、修复、包装等工作，数量共计为76552枚。

（4）2012年完成了全部76552枚三国吴简的入库收藏工作。

（5）2016年按照第一次全国可移动文物普查的要求，完成全部吴简电子数据录入工作，并上传至国家文物局信息管理平台。

（6）整理简牍资料共计11卷，200余万字。已出版7卷：《嘉禾吏民田家莂》（1999

走马楼吴简各卷本释文原稿

年）、《竹简（壹）》（2003 年）、《竹简（贰）》（2006 年）、《竹简（叁）》（2008 年）、《竹简（肆）》（2010 年）、《竹简（柒）》（2014 年）、《竹简（捌）》（2015 年）。待出版 4 卷：《竹简（陆）》（2016 年）、《竹简（伍）》（2017 年）、《竹简（玖）》（2018 年）、《竹木牍》（2018 年）。

（7）学术成果：据统计，发表在国内外各种学术刊物上有关吴简的研究论文达到了 600 余篇（其中中文 500 余篇，日文 100 余篇），出版专著、论文集 23 部，博士论文 7 部，硕士论文 30 余篇。

（8）项目实施以来，参加该项目的专业技术人员总计 260 人次。参加人员除本馆外，还包括荆州文保中心、中国文化遗产研究院、故宫博物院、文物出版社、中国社会科学院历史研究所、北京大学、武汉大学、长沙理工大学等多家科研院所的专家、师生、技术人员，截至 2013 年止累计投入工作时间 2345 人月。其中高级职称 10 人，中级职称 6 人，初级职称 8 人，其他 15 人。

（9）呈报相关报告：上报国家、省文物局 2004—2011 年度执行情况工作报告 8 本，上报国家文物局科技平台网站吴简保护整理工作简报 25 期，2007 年合作完成《长沙吴简保护整理项目管理创新研究》课题报告 1 部，2009 年中期验收报告 1 部，合作完成吴简保护修复专题报告 1 部。

（10）保存各种档案记录：工作录相 29 张碟，计 36 小时。工作日记 57 本，验收入库记录 14 本，脱色拍照记录 51 本，脱水记录 11 本，揭剥记录图 5 大册，简牍释文原稿 168 本。

评审组专家现场仔细考察了保护修复后的简牍文物、整理出版成果以及项目实施过程中所保留的各种记录档案，经过质询讨论，验收意见如下：

（一）该项目按照国家文物局所批准的方案，完成了《长沙走马楼三国简牍保护整理项目》的工作，揭剥清洗简牍 10 万余枚，脱色、拍照、脱水修复有字简牍 7.6 万余枚。整理简牍文献资料 11 卷，200 余万字，已出版 7 卷；中外学界据此发表相关论文 600 余篇，出版研究专著、论文集 23 部。

（二）项目保护工作实施技术路线合理，使用的保护材料符合要求，工艺成熟，保护修复效果良好，提交的保护修复报告和档案规范，资料齐全。

（三）项目整理工作中，各项记录收集保存完整。提取简牍信息较为详尽，揭取记录与揭剥图的绘制为简牍册书复原、系统研究提供了一个重要的平台。项目实施采取委托、分组、自主等多种整理方式，有效推进了简牍文献出版进度，在项目进行过程中培养了一批人才。

（四）该项目工作目标明确，重点突出，流程合理，管理创新，注重质量，成效显著，完成了项目任务书约定的任务，达到了预期目标。

（五）经费使用合理。

同意通过结项验收。

长沙吴简保护整理项目顺利通过结项验收，既是对近 20 年长沙吴简保护整理工作的一次全面检查，也是对项目实施的方法、步骤、措施、经验的一次深入总结，更是对长沙简牍博物馆未来发展美好愿景的一次强力助推。回顾长沙吴简保护整理项目自实施以来走过的艰辛历程，有三点深切的感悟与心得值得总结与借鉴。

走马楼吴简保护整理项目验收会现场

吴简项目负责人宋少华做结项综合报告

评审会专家对吴简项目进行质询与讨论

与会的国家文物局博物馆司、湖南省文化厅、长沙市文广新局领导

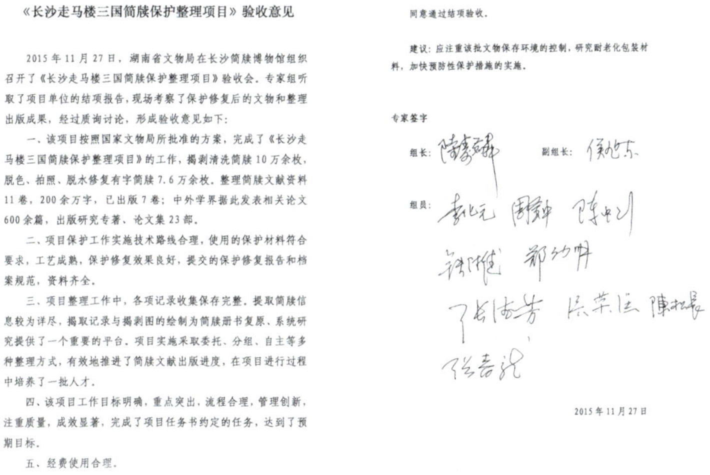

《长沙走马楼三国简牍保护整理项目》验收意见

2015年11月27日，湖南省文物局在长沙简牍博物馆组织召开了《长沙走马楼三国简牍保护整理项目》验收会。专家组听取了项目单位的结项报告，现场考察了保护修复后的文物和整理出版成果，经过质询讨论，形成验收意见如下：

一、该项目按照国家文物局所批准的方案，完成了《长沙走马楼三国简牍保护整理项目》的工作，揭剥清洗简牍10万余枚，脱色、拍照、脱水修复有字简牍7.6万余枚。整理简牍文献资料11卷，200余万字，已出版7卷；中外学界据此发表相关论文600余篇，出版研究专著、论文集23部。

二、项目保护工作实施技术路线合理，使用的保护材料符合要求，工艺成熟，保护修复效果良好，提交的保护修复报告和档案规范，资料齐全。

三、项目整理工作中，各项记录收集保存完整。提取简牍信息较为详尽，揭取记录与揭剥图的绘制为简牍册书复原、系统研究提供了一个重要的平台。项目实施采取委托、分组、自主等多种整理方式，有效地推进了简牍文献出版进度，在项目进行过程中培养了一批人才。

四、该项目工作目标明确，重点突出，流程合理，管理创新，注重质量，成效显著，完成了项目任务书约定的任务，达到了预期目标。

五、经费使用合理。

同意通过结项验收。

建议：应注重该批文物保存环境的控制，研究耐老化包装材料，加快预防性保护措施的实施。

专家签字

组长：　　副组长：

组员：

2015年11月27日

《长沙吴简保护整理项目》结项验收会的专家意见

1．抓住关键，纲举目张

在项目的实施过程中，我们紧紧抓住项目管理的关键环节，以理论为指导，从全面质量管理这个重要方面入手，以科学的精神展开了一系列富有成效的管理工作。

美国著名专家菲根堡姆（A.V.Feigenbaum）于1961年在其《全面质量管理（Total Quality Control）》一书中首先提出了全面质量管理的概念。菲氏的全面质量管理观点在世界范围内得到了广泛的接受，但各个国家在实践中都结合自己的实际进行了创新。特别是20世纪80年代后期以来，全面质量管理得到了进一步的扩展和深化，其含义远远超越了一般意义上的质量管理领域，而成为一种综合的、全面的经营管理方式和理念。1994年版ISO 9000标准中对全面质量管理的定义为：一个组织以质量为中心，以全员参与为基础，目的在于通过让顾客满意和本组织所有成员及社会受益而达到长期成功的管理途径。这一定义反映了全面质量管理概念的最新发展，也得到了质量管理界的广泛共识。全面质量管理是一套能够控制质量，提高质量的管理技术和科学技术。它要求灵活运用各种有效的管理手段和方法，从而综合、有效地利用项目资源完成工作目标。

一个项目实施的成功与否，良好的设备、先进的技术、充足的资金是不可或缺的因素，但更重要的是掌握先进技术与使用优良设备的人，特别是项目实施的管理者。管理者对项目各环节的总体把握、科学调度、分工协作，在项目实施中更起着举足轻重的作用。在规定的时间、预算和质量目标范围内完成项目的各项工作，做到人、技、物、财在资源配制上的最优化和效益上的最大化。项目负责人在项目管理过程当中的统率、协调作用，决定着项目完成的进度与质量。其任务就是对项目实行全面管理，对全局做理性思考；制定科学计划、监督项目进展与及时反馈，对不确定的问题进行控制与决策；并积极解决好所面临的各种矛盾与突发状况。与此同时，我们还应清楚地认识到，项目负责人的核心统率作用，要通过项目组全体成员的共同努力才能实现。要实现最终目标，则必须依靠科学的管理体制，而现代意义上的全面质量管理恰为我们提供了一条科学的路径。

由于吴简的特殊性，即不可再生、内容重要、保存较差等特点，我们认识到，在保护项目中必须实行全过程的质量管理。这种管理要求，强调对项目全过程、各阶段、各环节实施全面质量管理，不仅是对项目负责人的质量管理，还包括对全体项目组成员的质量管理，它是简牍保护各环节工作质量的综合反映。把重点从“事后把关”转移到“事前预防”上来，强调从管结果转变为管过程，纠正只问结果、不问过程的认识偏差，实行“防患于未然”的方针。杜绝不符合要求的竹简流入下一道工序，对发现的问题及时反馈，及时解决。人人关心项目质量，人人做好本职工作，全体参加质量管理，才能最终保证吴简项目的质量。

进行大规模的简牍脱水等科技保护及资料整理工作，迄今为止，在全国范围内仍属首次，没有现成的范例可循，没有人告诉我们应该怎么做，完全是在实践中不断总结、摸索出来的。在实施保护项目的过程中，我们根据吴简的自身特点，牢牢抓住目标设置、流程设置与技术完善等几个重要环节，从三国吴简保护项目中简牍的揭剥清洗、脱色拍照、脱水修复、点交验收四项基础工作入手，自 1999—2004 年间我们对上述四项基础工作逐步完善了整套操作流程，对流程中的各道工序进行细致的分解，明确了责任人与质量要求，并在实施过程中，通过对“过程”的分析、控制与改进，通过对各重点环节严密监控，并有效地协调全体成员之间的互动关系，从而形成了一个科学有序、良性循环的工作局面，为确保吴简的质量奠定了坚实的基础。

2．管理创新，细节见长

回顾十余年来长沙走马楼三国吴简保护整理的工作历程，我们认为，做好吴简的保护整理工作“转换机制、创新管理”是关键。这里面包含宏观和微观两个层面，即宏观的体制设计与微观的流程管理。

在宏观层面上，国家文物局明确提出要按照项目管理的模式去实施。在创新管理机制的同时，加强责任监管，明确项目承担的责任主体，避免出现以往项目多头参与、管理松散、职责不明、效率不高等问题。管理体制的转换为吴简保护整理项目的实施铺平了道路。

在微观管理上，项目执行的成效如何，关键在于对细节的把握，这样既能保证吴简保护的高效、有序，又可避免工作中出现忙乱不堪、责任不清、混乱无序的状况。根据吴简数量巨大、编联成册、质地有别、色泽不匀等特点，我馆事先制定出一整套较为科学合理的工作流程，针对不断出现的新问题、新情况，对原有的操作细节随时加以调整、改进，密切注意各环节之间的相互联动以及团队成员之间的协调关系，充分调动项目参与人员的积极性、主动性。做到了事前备有方案、事中做好控制、事后及时总结，由此形成了别具特色、具有示范意义的吴简科技保护经验，得到了同行专家们的肯定和赞许，为今后开展大批量古代饱水简牍的保护工作提供了有益的借鉴。例如：脱色、脱水流程的改进，拍照流程的细化，验收机制的引入，等等，皆是独立思考、勤于探索、创新管理的结果，这些紧贴工作实践、接地气具有成效的管理，得到国家文物局领导及专家的充分肯定。

为了使吴简又好又快地出版，我们秉持积极开放的态度，摈弃那种发掘主持人长期滞留着重要考古资料，迟迟难以发表的做法。我们深知，只有让吴简资料尽快出版，供众多的专家学者研究，接受大家的检验，才能进一步改进我们的工作，提高吴简整理出版的质量，促使吴简研究百花齐放。

2004年国家文物局批准《长沙走马楼三国吴简保护整理总体方案》的实施，我们以开放合作的态度，及时在京召开了整理出版专项会议，按项目管理的要求，就时间、人员、进度、质量、经费安排等方面与合作单位及专家进行了充分地讨论与协商，将原整理组成员重新优化组合成三个整理小组，采用签订合同，分卷委托，分组轮作，统一规范，限时完成的方式推进整理进度。分别与单位签定项目整理合同与出版合同，加强监管责任，有效开展工作，这一做法受到同行及学术界的广泛赞誉。

3．秉持信念，团结担当

创造性的思维来自于实践，来自于实践者的独立思考与锲而不舍的追求。在项目实施的过程中，我们深切体会到，项目完成质量的好坏与项目负责人及团队全体成员的素质高低有着紧密的联系。项目负责人既是该项目实施的组织管理者，又是该项目细节上的关注者与设计人，是各种方案、措施、制度的决策人与制定者；而项目团队则是实现项目负责人制定目标的人力与智力支持。这样相互的关系既要求项目负责人不仅需从大处着眼，统揽全局、运筹帷幄，而且亦能从小处入手，洞察细微、处事得当，同时又要求团队内部上下齐心、团结一致，忠于职守、规范操作，协作互助、勇于担当。如此相辅相成，必能共同打造高质量的精品项目，并在项目的实施中磨炼出一支有相当专业技能，有着良好的职业操守，守纪律、懂业务，既团结协作又有独立作战能力的优秀团队。

十多年来，国家文物局及省市文物局各级领导对项目负责人及团队工作一直给予高度的关注、充分的信任与积极的支持，保证了队伍人员的稳定、思想的稳定，从而为打造一支优秀的项目团队创造了良好的条件。团队上下之间的良性互动，团队与团队之间友好互助，团队与专家之间默契配合，确保了项目的质量。

综观项目实施的历程，诸如提出在脱色拍照、脱水流程中的分类处理概念、改进绑固方式、加强质量跟踪反馈、限定脱水数量、分卷整理负责制等等，无一不是团队每个成员多年实践经验的汇聚、集体智慧的结晶，无一不是机制创新带来的积极成果。由此回归到秉持信念的本质，这种支撑不断创新的动力，恰是我们始终不渝保持着对国家珍贵文化遗产高度负责的信念，以及对事业对工作不断尽善尽美的精神追求。

“项目管理”一词，对我们来讲已不陌生，但真正按项目管理方式进行运作，对我们来说毕竟是一种新的尝试。我馆在项目实施过程中也曾感到过迷茫与困惑，也出现过偏差与失误，这固然与项目负责人及团队成员对项目管理的认识、管理水平与执行力存在着一定的差距有着密切的关系。同时，一些外部环境的影响也使我们的工作往往不能达到预期的目标，甚至影响到项目的进度。回过头看，当对项目实施过程进行条分缕析时，我们在肯定成绩的同时，应当认真地反省与检讨存在的缺点和不足，深刻总结、汲取经验教训。就项目实施的总体而言，项目负责人与团队之间的互动如何进一步增强；团队的执行力如何进一步提升；团队骨干成员的作用如何充分发挥；层级职权的设置如何更加科学合理；项目全面质量管理的理念、经验做法如何与本单位行政管理工作有机结合，并继续深化使之成为工作常态；项目质量管理评估体系如何建立；如何防控、化解项目实施过程中内外部出现的不利因素而达到预期目标等问题，仍然值得我们今后进一步去思考、探索与实践。

第四章　利用篇

第一节　建设先进一流场馆　展示简牍文化硕果

一、馆舍建设

长沙简牍博物馆是长沙市人民政府为保护1996年出土的10万余枚三国孙吴时期纪年简牍而斥巨资打造的一个文化场馆，该馆始建于2000年，2003年完成主体建筑，总投资约6600万元，2005年6月完成装修和陈列布展工作后对外试开放，2007年11月正式对外开放，2008年实行免费开放。2010年底由长沙市政府投资建设的博物馆馆前绿化广场建成投入使用。

博物馆南向正门

博物馆全景图

长沙简牍博物馆占地 30 亩，主体建筑共四层，建筑面积 14100 平方米，其中展厅面积 5000 余平方米，临时展厅 3000 平方米，整理、研究办公用房 2000 平方米，保护实验室、设备用房 1000 平方米，文物库房 3000 平方米，绿化广场 8000 余平方米。建筑采用钢筋混凝土框架——剪力墙结构，天井型内庭和黑白外墙设计。该主体建筑工程获得 2007 年湖南省优秀工程设计二等奖。

二、功能区建设

（一）周边文化空间

长沙简牍博物馆位于长沙市天心区白沙路 92 号，天心阁东北侧，西邻天心路（原名建湘路），东接白沙路，南面为绿化广场和城南路，地处长沙传统繁华闹市区步行街商圈、五一商圈、东塘商圈之中。

长沙作为国务院首批 24 座历史文化名城之一，拥有 3000 年的历史文化积淀，留下了丰富的文化遗产。随着城市开发建设，城市面貌焕然一新，城市的记忆却在慢慢消失，天心阁、白沙井就成了古城长沙所剩无几的历史文化遗存。

长沙简牍博物馆选址于天心阁东北侧，且配套建设绿化广场，游客置身于广场之上，环顾四周，既可见飞檐翘角、雕梁画栋的天心楼阁，又可见端庄简洁、极富传统元素的博物馆，两相照应，强化了长沙的城市空间记忆。博物馆距江南名泉——白沙井仅 300 米。作为长沙名胜古迹的白沙井，有着悠久的历史，至今还在为长沙市民提供清冽的泉水。

博物馆、天心阁、白沙井三者位置图

以白沙古井为核心的白沙公园是长沙市民不可缺失的生活、休闲文化场所。简牍博物馆、天心阁、白沙井三者遥相呼应，成为长沙一块重要的城市文化核心区。

馆前城市绿化广场是大众聚集的开放空间，它容纳了多种类、多层次的社会活动，对博物馆的促进作用是不言而喻的。

长沙简牍博物馆，是一个与城市广场结合的案例。设计从整体出发，充分考虑博物馆与城市广场互动的效果，将博物馆规划在整体的北部，南端为城市广场，这样，博物馆与南向的立交桥以及 100 米高的高层建筑有一个缓冲空间，更为重要的是给天心阁文物保护建筑留出了空间，不至于影响到该场所的空间记忆。博物馆主入口设置在南面，通过一个水面与绿化广场对接，广场人流很容易进入博物馆，博物馆人群在广场中也将产生许多的衍生行为，形成公共群体在广场中的交流。

绿化广场沿城南路为一斜坡界面，为使水平的广场地面与该斜面自然过渡，设计了一排沿斜坡面排列的“简牍”梯台，紧扣简牍主题，也为市民登梯游乐提供情趣，营造出静谧闲逸的氛围。

（二）内部功能区

处于现代社会中的博物馆，已经不仅仅是保存和展示文物的场所，更多地是一种为大众服务的空间，吸引大众、留住大众的空间。当参观博物馆这一行为开始时，它的主体应当是人，是游客的眼光与感受，而不再是静止的文物。

长沙简牍博物馆在设计之初，就充分考虑到简牍文物展示的独特性和艺术性，考虑到展厅陈列设计与周边环境的协调，与传统文化的融合等因素，着意营造与竹简相关的庭园空间和视觉意象，构建自然阳光展厅，使人、自然与文物三者达到统一，彰显时空的艺术个性。

在传统博物馆中，几乎全部采用人工照明的“采光”模式，这样可以根据展示内容的风格与颜色营造不同的展示氛围与环境，这样的博物馆往往倾向于凸显出庄严感或权威感。而在长沙简牍博物馆的展厅设计中，巧妙地引入了中国传统园林营造空间的手法，使博物馆室内空间充满自然采光，突破了“黑暗博物馆”的模式。这样，自然与文物若即若离，随伴左右，营造出一种传统文化中的闲适审美，消解了传统博物馆高高在上的权威感。

园林空间的引入，也给博物馆的展示空间增添了横向变化以及丰富的层次感，将现代的博物馆空间形式与传统的园林空间有机地结合在一起。这里，三重庭院景观的设计，分割并统属了博物馆内外主要的公共空间。

第一重水景庭院，正门前的水池和白色廊架是参观者从喧嚣的城市空间慢慢进入到安静的博物馆空间的通道；水池对面由巨大的黑墙景框和疏竹粉墙光影组成，

正门前水池廊架景观

古井复原庭园

竹木庭园

表现了简洁的建筑界面在中国传统园林空间中的框景意境。

第二重枯荣庭园，将走马楼吴简出土古井原样展示，古井残垣，断简疏落，旁边密植楠竹、迎春花和玉兰树，文物出土的场所特征与历史的沧桑感在花草掩映间不言而喻。

第三重下沉竹荫院落，从竹密植，全玻璃的廊道空间使参观者置身于竹林之中，清新而自然。空间的宁静和时光的幽远在此不期而遇，让游客真正在喧闹的都市中心感受到时光的凝结和身心的放松。

三重庭园的参观序列，很好地体现了中国传统建筑中的“转”字。庭院景观在建筑空间中得到很好的参与和延续，落地玻璃窗大面积的使用，最大限度利用了自然通风和采光，庭院中竹影不离参观者视线，竹文化与简牍文化、竹文化与中国文人精神在参观的过程中得以始终贯穿，更好地融合了建筑的室内外空间。

展厅设计突破了传统博物馆建筑相对单一的信息传播功能，强调建筑与环境的有机融合，在内容上引入文化休闲、文化消费和文化辐射的功能，使长沙简牍博物馆成为撷取长沙文化精华的“文化心脏”，从而使博物馆的运营走上良性循环的轨道。

三、安防

长沙简牍博物馆在上级部门的重视和支持下，强化领导，健全制度，综合治理，消除隐患，从而确保了馆内文物的安全，并为观众创造了良好的学习、参观、休闲、娱乐环境。长沙简牍博物馆自成立以来，先后获得“长沙市内部安全保卫工作示范单位”“长沙市内部治安保卫工作集体三等功”“长沙市十佳平安和谐模范单位”，连续三年荣获“综合治理安全生产先进单位”等荣誉称号。

（一）安防管理

长沙简牍博物馆视安全为工作的生命线、博物馆的立馆之本。安全得不到保障，文物工作就是一纸空谈。为此，我馆成立了一支精干的保卫队伍，牢固树立“安全是立馆保障，是重中之重”的思想，始终把文物安全放在各项工作的首位，始终坚持“安全问题想在前，安全工作做在前，隐患事故防在前”的工作原则。

我馆严格贯彻落实《文物保护法》《博物馆条例》等文件精神，坚持一把手负总责，分管副馆长具体负责，各部门主任各负其责的安全领导责任制，层层签订安全工作责任书，使广大干部职工明确各自的责任和义务，形成全馆安全工作一盘棋，各级负责人齐抓共管的安保局面。重大节假日采取领导值班制、24小时专人值班，在春节、五一、国庆、元旦、国际博物馆日、文化遗产日、博物馆之夜等节假日和重大活动前都进行安全彻查。

我馆还定期组织全馆及租赁合作单位参与消防培训和演练，推行消防知识普及工作，制作消防知识宣传专栏。定期组织全体保卫人员参与法律法规、规章制度、岗位技能培训，进行理论知识和实际操

获奖证书

消防安全知识讲座

作的考核。全面加强内部管理，明确岗位设置，细化工作流程，完善保卫科工作职责。

（二）安防制度

为做好文物安全工作，健全安防规章制度，我馆按照有关职责要求，结合本馆文物安全保卫工作实际，制定了《长沙简牍博物馆安全保卫工作管理规定》《长沙简牍博物馆消防安全制度》等切实可行的安全保卫制度，并在实际工作中修改完善，形成了有章可循、行之有效的安全保卫工作制度，实现了管理工作科学化、规范化，提高了安全管理工作水平。

为了能够从容应对突发事件，我馆制定了《安全防范保障应急预案》，成立了应急领导小组，由馆长任组长，副馆长任副组长，各部门负责人为成员，应急领导小组办公室设在保卫科，保卫科科长任应急办公室主任。应急领导小组的任务为预防和应对发生在本馆及本馆周边的以下事件：1. 火灾，2. 盗窃，3. 抢劫，4. 群体性事件，5. 恐怖活动，6. 破坏活动，7. 爆炸，8. 投毒，9. 渗透，10. 停电。应急领导小组根据我馆实际情况定时进行培训和实战演练，提高了保安队伍乃至全员应变能力。

为了充分发挥和调动保卫人员的工作积极性，我馆还制定了《保卫人员薪酬及绩效量化管理考评细则》，实行奖罚并用、奖勤罚懒的原则，明确岗位职责，强化内部管理。

（三）安防意识

树立牢固的安全意识，对保卫人员及干部职工进行思想防范教育，是我馆文物安全工作的重要环节。为此，我馆适时应对新形势和新任务，定期对干部职工进行安全思想等职业道德教育，及时传达上级下发的有关文物安全工作精神及各种文物被盗案例通报等，吸取各种文物被盗事件的经验教训，时刻提高警惕，警钟长鸣，确保文物安全无事故。

任何先进的技防设施终究需要人去掌控，没有人的操控，技防设施也就没有了用武之地。因此，我馆始终把安全培训视为安保工作的一个至关重要的环节。对新上岗职工，特别是对管控安防设施的保卫人员，进行岗前安全培训，从而使他们深刻领会防火防盗等安保工作的重要性，熟练掌握对防火防盗等技防系统的操作使用，确保安全工作的实效性。

此外，我馆还定期与辖区公安消防部门配合进行消防演习和防盗演练，增强应对安全突发事件的反应能力，做到安全工作万无一失。

（四）安防设施

随着时代的发展，犯罪分子作案手段越来越智能化、现代化、暴力化。针对这种新情况，我馆投入大量资金升级了物防设施和技防系统。新增了高清监控摄像头、安全门、安检门、巡更系统等一系列安全保卫设施，更新改造了馆舍围墙，使我馆安全防范能力有了质的提升。

我馆展厅所有的独立展柜都安装了震动防盗报警系统、门磁报警系统，展厅重要部位都安装了视频安防监控系统、防火自动报警系统，形成一个具有现代化技术的报警系统，做到每件文物都有多种技术手段保障安全，并且逐点进行检查、测试、验收，真正实现全方位多功能不留死角的实时监控，实现了馆藏文物安全工作向科学化、技术化方向发展。

安防知识培训

消防演练

视频监控中心

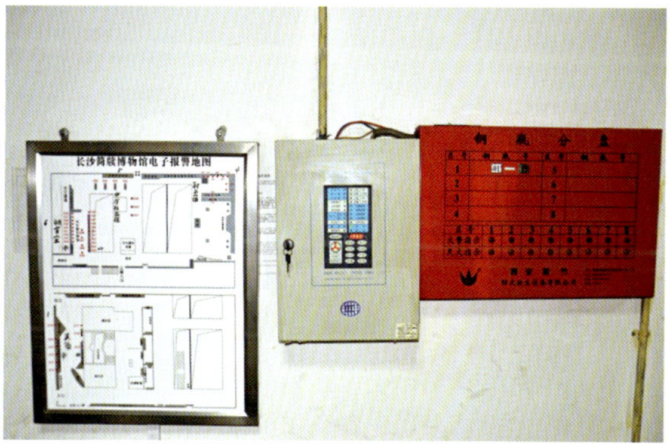

110联动报警装置

室外监控设备

展厅入口安检系统

展厅出口控制装置

藏品库房出入口控制装置

内部重要部位实体防护装置

展厅内周界报警系统

库房内震动报警系统

重要展柜震动报警装置

消防气体灭火设施

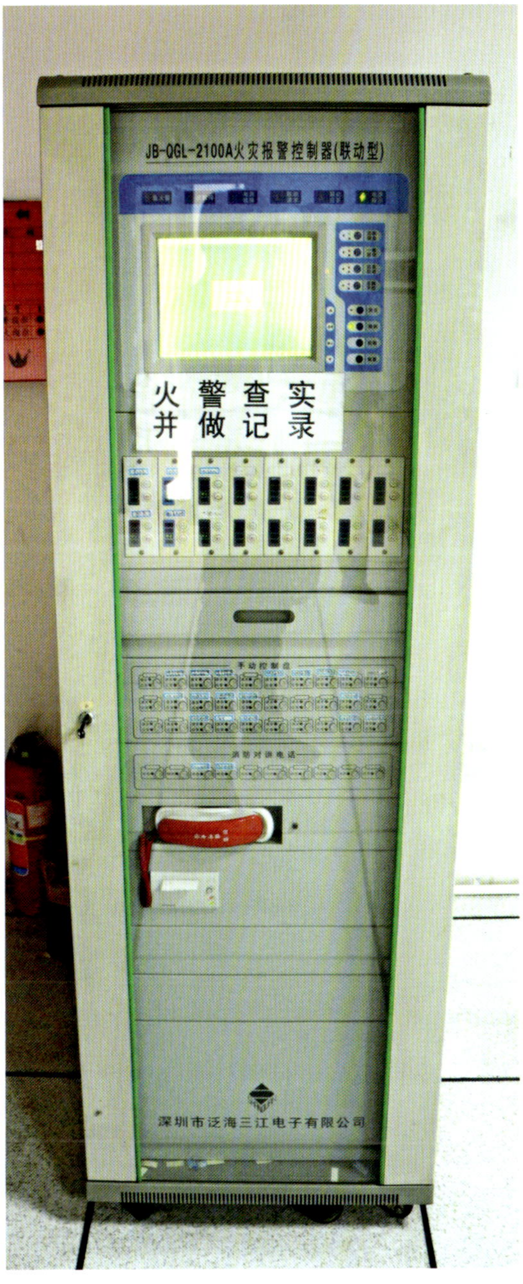

火灾联动报警装置

第二节　创建社教活动体系　强化简牍文化效果

一、观众

观众是博物馆文化的直接体验者，观众的多少是衡量博物馆展览吸引力和社会影响力的重要指标之一。长沙简牍博物馆的观众逐年稳步增加，在地市级博物馆中已经占据了重要的位置，为长沙简牍博物馆赢得了广泛声誉。

长沙简牍博物馆观众群体构成主要分为四大块：一是基本陈列，观众维持在每年 40 万左右；二是临时陈列、特展及各类不定期举办的文化艺术展览，每年人数 30 万左右；三是巡展观众；四是长沙市民文化遗产讲堂及相关配套讲座、简牍知识小课堂形成的观众。

长沙简牍博物馆一开始就注意发挥自己的主观能动性，努力发掘观众，积极开拓观众群体，策划丰富多彩的社教活动，建立多层级的观众互动机制，与媒体广泛合作推送形式多样的活动宣传，扩大简牍博物馆的社会影响力。

（一）观众接待

长沙简牍博物馆是长沙一个重要的文化景点和窗口服务单位，作为我国目前唯一的一座现代化的简牍专题博物馆，已成为历史文化名城长沙的又一张“城市名片”，与马王堆汉墓、岳麓书院等共同构成了湖湘文化的精髓，吸引着广大国内外的游客。同时也是国内外来访重要领导、嘉宾、学者必到之地。

2007 年 11 月 8 日，长沙简牍博物馆正式对外开放，2008 年 10 月 28 日实现对社会免费开放。免费开放之前的一年里，我馆共接待观众 20 万人次。免费开放一年半后，入馆参观人数增幅巨大，接待观众近 50 万人次，免费讲解 1 万余批次，其中未成年人 17.2 万人次，海外游客 4 万余人，学术团体 200 余个，观众留言多达 1.5 万余条。日均接待观众 1200 人次，高峰时期每天接待观众近 2000 人次。经过几年的开拓与发展，现每年观众接待近 70 万人次，每年重要接待近 70 余批次。高峰期一天接待近 20 个团队，单个团队峰值有 700 多人，十几辆旅游巴士，蔚为壮观。

重要接待（节选）

2006 年 9 月 19 日，中共中央政治局委员、中宣部部长刘云山来馆考察，并签名留念，省市领导张春贤、谢康生、梅克保、于来山、蒋建国、谭仲池、谢建辉、袁观清等陪同考察。

2014 年 11 月 21 日，中共中央政治局委员、国务院副总理刘延东来馆考察，省市领导徐守盛、杜家毫、孙金龙、李微微、韩永文、易炼红、李友志等陪同考察。

2015年6月14日，中共中央政治局委员、国家副主席李源潮参观考察我馆，对我馆的各项工作给予了充分肯定。省、市领导徐守盛、韩永文、易炼红、胡衡华等陪同参观。

2015年11月7日，原中共中央政治局常委、十一届全国政协主席贾庆林参观我馆基本陈列和文物库房，省、市领导徐守盛、杜家亳、许又声、张文雄、胡衡华等陪同参观。

2005年8月29日，国家文物局童明康副局长视察我馆文物库房，湖南省文化厅金则恭厅长一行陪同视察。

2008年6月17日，国家环保部周副部长一行来馆参观，周部长对我馆的展览和接待给予了高度评价。

2008年6月12日广州军区副政委来馆参观

2010年11月6日，农工党中央组织部副部长曲风宏、农工党中央常委肖燕军等15人来我馆参观。

2013 年 10 月 17 日，国家文化部副部长项至伦等来馆参观，省文化厅厅长朱建纲陪同。

2014 年 5 月 23 日，全国政协文史和学习委员会主任王太华来馆参观。

2014 年 5 月 24 日，湖南省委常委、宣传部部长许又声来馆参观。

2014 年 6 月 28 日，国家文物局局长励小捷来馆考察参观，湖南省委书记徐守盛、长沙市委书记易炼红等领导陪同。

2014 年 8 月 25 日，湖南省文化厅厅长李晖来我馆调研考察。

2015 年 4 月 15 日，中纪委委员、国家新闻出版广播电影电视总局党组成员宋昌明一行来我馆参观考察。

2015 年 5 月 25 日，全国人大常委会委员、副秘书长李连宁来我馆参观考察。

2015 年 11 月 20 日，中共中央组织部秘书长高远民一行 16 人参观我馆。

2015 年 12 月 16 日，国家文化部党组副书记、副部长杨志今一行到我馆参观考察，对我馆的各项工作给予了高度评价，并强调要继续努力保护和利用这笔珍贵的文化遗产。

2005 年 12 月 23 日，湖南省委常委、长沙市委书记梅克保考察我馆。

2007 年 11 月 17 日至 19 日，国家历史文化名城 2007 年年会暨第 13 次学术研讨会（国际）在湖南长沙召开，我馆作为反映长沙历史悠久、底蕴厚重、文化灿烂的特色景点，接待了全国 109 座历史文化名城的代表以及国家有关部、局、中国城科会领导和国内外相关专家学者及专业机构代表参观访问。

2010 年 10 月 24 日，国家文化部文化产业司副司长李小磊一行来我馆参观考察。

2011 年 5 月 23 日，著名的历史学家、古文字学家、国际汉学研究所所长、国际欧亚科学院院士李学勤先生和清华大学副校长谢维和一行 6 人到我馆参观指导，对我馆简牍收藏、保护、展示工作给予了高度评价。

2011 年 3 月 18 日，国家文化部社文司张副司长一行 5 人莅临我馆考察指导工作，调研公共文化服务建设情况。

2011 年 6 月 1 日，国家文物局人事司司长侯菊坤、副司长周明率领国家文物局直属单位人事处长培训班成员一行 20 余人莅临长沙简牍博物馆参观考察。侯菊坤司长用“功不可没，名垂青史”八个字高度肯定了我馆为吴简整理保护所作出的不懈努力。

2012 年 6 月 13 日，国家文化部产业司副司长吴江波等一行参观考察我馆，对我馆陈列、接待给予极高的评价。

2012 年 7 月 18 日，国家财政部、林业局领导一行在湖南省财政厅领导陪同下来馆参观。

2012 年 8 月 10 日，国家档案局杨冬权局长一行来馆参观。

2012 年 8 月 28 日，湖南省人大组织长沙市参加全国人民代表大会代表一行参观我馆。

2012年9月18日，全国人大教科文卫委员会刘永治副主任一行来馆参观。

2013年2月，国家新闻出版总署出版司司长王然等嘉宾来馆参观。

2013年3月20日，国家人社部法规司谭超运副司长一行来馆参观。

2013 年 7 月，湖南省委常委、长沙市市委书记易炼红来馆考察工作，市委常委、宣传部部长张湘涛，文广新局局长杨长江等陪同。

2014 年 5 月 23 日，国家财政部国际司杨副司长来馆参观。

2015 年 3 月 16 日，省文化厅原厅长谢作孚和省文物局原局长谢辟庸一行来我馆参观。

2015 年 7 月 15 日，敦煌研究院汪万福研究员来我馆参观交流。

2015 年 8 月 17 日，全国人大法工委陈现杰、张玉娟、梁菲等一行 8 人来我馆参观。

2015 年 9 月 19 日，世界银行 DPL 代表团一行 11 人来我馆参观考察。

2015年10月12日，浙江省文物局鲍贤伦等一行6人来我馆参观交流。

2015年10月30日，美国驻武汉总领事馆龙智明一行来我馆参观。

（二）团队参观

2008年实行全国博物馆、纪念馆免费开放政策后，观众的导入变成一个现实的问题。坐等必受困，开拓才有路。面对文化大繁荣大发展的局面，长沙简牍博物馆推行走出去引进来举措，以积极拓展旅游团队为战略，发展观众、导入观众。

2010年，我馆对旅游推广人员进行重组，馆内设置旅游推广和社会教育岗位，专人负责与教育和旅游部门的沟通，社会教育工作、旅游参观人数纳入全年目标工作，与省、市多所高校，长沙市各区县、旅游局、导游服务中心，省内各大知名旅行社签订合作协议，定期开展互动。

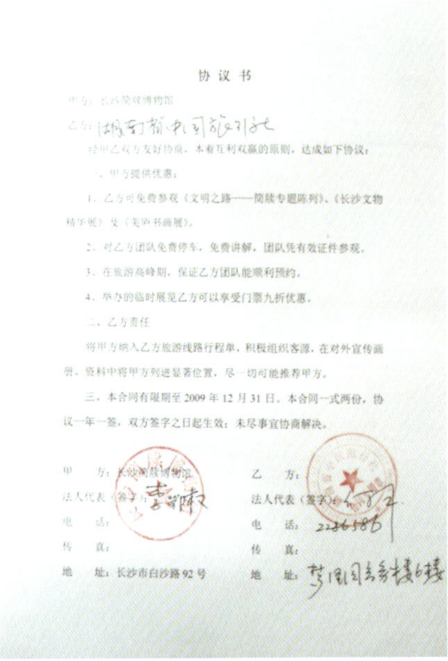

协议书

甲方：长沙简牍博物馆

乙方：

经甲乙双方友好协商，本着互利双赢的原则，达成如下协议：

一、甲方提供优惠：

1、乙方可免费参观《文明之路——简牍专题陈列》、《长沙文物精华展》及《美庐书画展》。

2、对乙方团队免费停车，免费讲解，团队凭有效证件参观。

3、在旅游高峰期，保证乙方团队能顺利预约。

4、举办的临时展览乙方可以享受门票九折优惠。

二、乙方责任

将甲方纳入乙方旅游线路行程单，积极组织客源，在对外宣传画册、资料中将甲方列进显著位置，尽一切可能推荐甲方。

三、本合同有限期至2009年12月31日。本合同一式两份，协议一年一签，双方签字之日起生效；未尽事宜协商解决。

甲　方：长沙简牍博物馆　　乙　方：

法人代表（签字）：　　法人代表（签字）：

电　话：　　电　话：

传　真：　　传　真：

地　址：长沙市白沙路92号　　地　址：

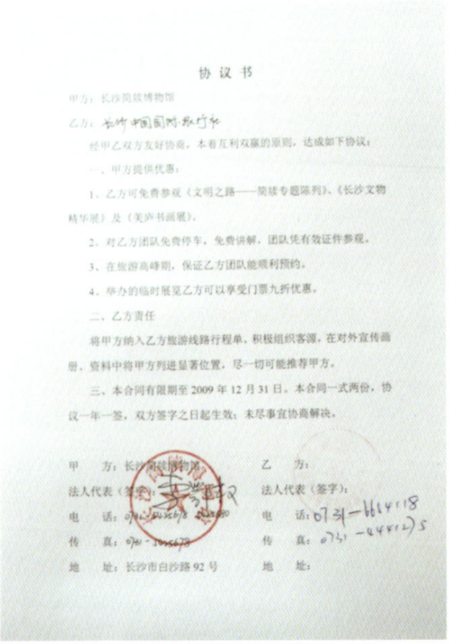

协议书

甲方：长沙简牍博物馆

乙方：

经甲乙双方友好协商，本着互利双赢的原则，达成如下协议：

一、甲方提供优惠：

1、乙方可免费参观《文明之路——简牍专题陈列》、《长沙文物精华展》及《美庐书画展》。

2、对乙方团队免费停车，免费讲解，团队凭有效证件参观。

3、在旅游高峰期，保证乙方团队能顺利预约。

4、举办的临时展览乙方可以享受门票九折优惠。

二、乙方责任

将甲方纳入乙方旅游线路行程单，积极组织客源，在对外宣传画册、资料中将甲方列进显著位置，尽一切可能推荐甲方。

三、本合同有限期至2009年12月31日。本合同一式两份，协议一年一签，双方签字之日起生效；未尽事宜协商解决。

甲　方：长沙简牍博物馆　　乙　方：

法人代表（签字）：　　法人代表（签字）：

电　话：　　电　话：

传　真：　　传　真：

地　址：长沙市白沙路92号　　地　址：

长沙简牍博物馆与各大知名旅行社签订合作协议

长沙简牍博物馆 2010 年度旅游工作座谈会

长沙简牍博物馆 2011 年度旅游工作张家界座谈会

2011 年我馆分别在长沙和张家界两地召开了旅游工作座谈会，邀请了 30 余家旅行社负责人和旅游行政部门领导参加会议，宣介简牍文化，推广特色品牌，搜集反馈观众的意见与建议，更好地指导我馆的旅游推广工作。

另外通过走访、电话联系等方式对长沙、张家界两地的 25 家旅行社开展市场调查，撰写关于旅行社计调、导游的分析报告，为我馆今后更好地开展服务工作明确了方向。

随着武广高铁的开通和张家界等外地团队的加入，简牍博物馆旅游团队自 2010 年年初起有了显著提高，逐渐被各大旅行社纳入了市内旅游的经典线路。尤其是天心区旅游招商局推出的“天心一日游”大型活动，我馆也从中受益匪浅。通过大家的共同努力，我馆旅游推广团队日渐成熟，与省内各大旅行社有了更广泛的接触和交流。与此同时，我们不断听取旅行社提出的宝贵意见，不断改进我们的工作方法，提高业务水平。

（三）互动机制

面对观众的关注与喜爱，如何使观众的喜爱持续入心，长沙简牍博物馆通过多种形式，发掘观众的参与热情，建立了良好的观众互动机制。如简牍书写体验活动、汉字状元榜大赛、快乐寻宝、征文比赛、简博俱乐部亲子活动、博物馆之友、市民文化讲堂、简牍知识小课堂等主题活动的开展，同时利用传统文化节假日、重要节点、周末活跃观众的文化生活，营造良好的观众互动关系，培养观众博物馆文化体验的兴趣，激发观众参观博物馆的热情。

讲解员引导观众竹简书写体验

志愿者指导小小志愿者

二、讲解

讲解，无论是讲解员讲解，还是语音导览，都是博物馆文化与参观者情感共鸣的沟通桥梁，很大程度上展示一个博物馆的形象。为了更好地开展免费开放日常工作，为观众提供优质服务和专业讲解，我馆特从各大高校引进 10 名本科专业讲解、社教人员，专业涵盖博物馆学、播音、旅游、英语、艺术设计等专业，将高素质的人才队伍充实到对外开放、社会教育、讲解接待、展览陈列的第一线，取得了良好的效果。

2016 年外联部讲解、社教人员基本信息表

姓名	性别	学历	毕业学校	毕业时间	所学专业	入馆时间
杨彬	女	本科	湖南师范大学	2011.12	经济信息管理	2005.11
雷莲莲	女	本科	湖南广播电视大学	2010.07	汉语言文学	2007.10
李伟	男	本科	湖南师范大学	2015.07	教育管理	2010.04
王姝婷	女	专科	长沙商贸旅游职业技术学院	2012.06	涉外旅游	2012.12
王茜	女	本科	北京电影学院	2012.06	表演	2012.12
梁果	女	本科	华中师范大学	2011.07	播音与主持	2012.12
符琳	女	本科	赣南师范学院	2014.06	播音与主持	2014.06
曾俊妮	女	本科	四川师范大学	2014.07	播音与主持	2014.06
王超	男	本科	湖南文理学院	2014.06	汉语言文学	2014.06
黎子皓	男	本科	湖南师范大学	2015.06	对外汉语	2014.06

为履行服务使命、强化服务理念、提高服务技能，我馆致力于创造良好的学习氛围，搭建各类学习互促平台，培养讲解员队伍，从而夯实他们专业素质、技能素质、应用素质，达到服务整体素质的全面提升。

我馆建立了服务质量评估的长效机制。在日常免费开放工作中，完善了博物馆公共文化服务体系标准，健全了标准化接待服务流程，每月进行文物知识、简牍知识、历史文化知识、讲解艺术、英语口语、接待礼仪等方面的学习，每周进行服务考评。馆内定期举办讲解员培训和考核，由部门和主管领导负责考核，强化绩效管理、优化服务质量评估。

我馆还制定长沙简牍博物馆志愿者积分制实施方案、长沙简牍博物馆讲解员评级方案及考核细则、讲解员普通话晨训机制等相关讲解员素质提升各项的规定，为高素质的讲解员队伍建设提供了制度保障。

讲解员队伍

2012 年讲解社教人员简牍知识培训

2013 年讲解社教人员书法艺术培训

2015 年中国博物馆协会讲解员培训班示范讲解演示

讲解社教人员讲解艺术培训

讲解社教人员英语知识培训

对于免费开放服务人员，通过层层考核，培训上岗，确保开放服务人员的质量。同时，我馆讲解员多次赴湖南省博物馆、刘少奇纪念馆，以及其他省市开展实地考察学习，进行业务培训、技能竞赛，从而大幅地提高了人员素质，提升了服务水平。

讲解社教人员普通话晨训

通过这些管理机制的实施，我馆实现了免费开放零投诉。在全国文明指数测评、文明城市创建、爱国主义教育基地中央检查组抽检等活动中，得到了上级领导的一致肯定。

讲解员赴刘少奇故居学习参观

讲解员参加全省科普讲解大赛取得一等奖

参加中国科普大赛取得全国二等奖

2013 年度讲解员评级考核现场才艺展示

2015 年讲解员评级考核现场才艺展示

讲解员评级考核展厅讲解考试

三、服务

（一）基础服务

作为一座运行不久的新馆，为了开展好免费开放接待工作，长沙简牍博物馆认真学习《关于全国博物馆、纪念馆免费开放的通知》等政策，成立了免费开放工作小组，馆领导负责组织协调，统一思想，统一指挥。其中对外联络部具体负责讲解接待、社会教育等工作；保卫部负责免费开放的安保工作；馆办公室专人负责免费开放的后勤服务、设备运行；保管研究部门专人负责免费开放期间展厅文物的监测及科学保护工作。

同时制定推行《长沙简牍博物馆免费开放实施方案》，完善了免费开放运行的各项规章制度和工作要求，进一步规范开放服务的流程细则；针对客流量的攀升制定了具体措施和切实可行的安全应急预案，要求确保观众、文物安全。在编制范围内科学设岗，制定岗位职责及考核细则，加强对免费开放服务人员的管理，其中包括讲解员管理办法和星级评定标准，展厅保安、保洁绩效考核制度等，对免费开放工作进行提前干预，为免费开放的顺利实施、良好运行打下了坚实基础。

我馆在展厅环境、服务设施设备、安保等方面进行提质改造，制定了馆舍提质和展陈改造的近期、中期规划。对展厅环境、标识牌、设施设备进行了更新。馆舍玻璃外墙全部悬挂铝合金百叶窗，用于调节室内光线。购置身份证扫描仪、轮椅、饮水机、休息椅、寄存柜、触摸屏、投影仪等一系列设施设备，为游客提供优质的服务。新建安保亭 3 座，安装了安检门、金属探测仪等消防、安防设施设备，新建围墙、围栏等。展厅常年摆放鲜花和绿色植物，营造了舒适的参观环境，赢得了广大观众对我馆的一致肯定。

票务中心

咨询接待服务厅

导览手册

寄存柜

触摸屏

多功能会议厅

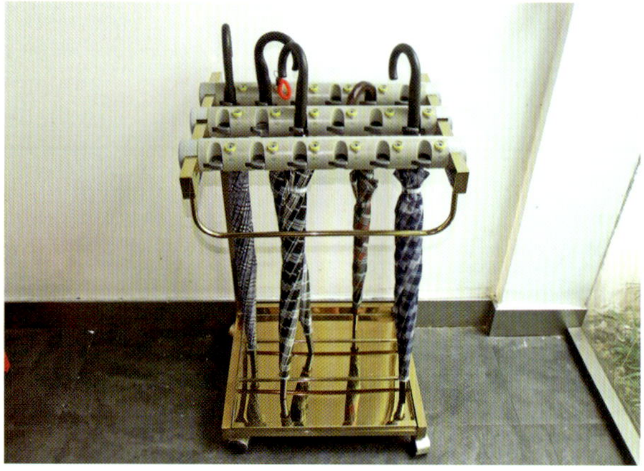

伞架

观众休息椅

观众留言处

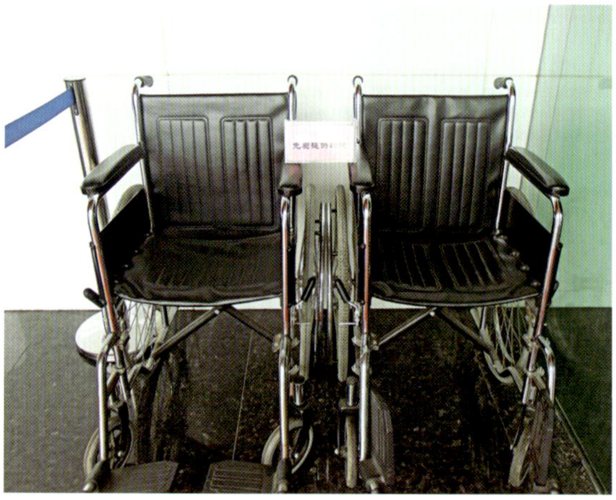

轮椅

无障碍卫生间

停车场

文创产品展示

休闲餐饮

（二）陈列展示服务

长沙简牍博物馆陈列展示由基本陈列、辅助陈列、特别展览、临时展览等组成。

1. 基本陈列

长沙简牍博物馆是国内首座集简牍收藏、保护、整理、研究和陈列展示于一体的现代化专题博物馆，主要藏品为1996年10月长沙走马楼J22号古井出土的10万余枚三国孙吴时期纪年简牍、1997年5月长沙五一广场西北侧科文大厦工地出土的数百枚东汉简牍和2003年10月长沙走马楼J8井出土的2000余枚西汉初年纪年简牍，以及1993年发掘的西汉长沙王后“渔阳”墓简牍、漆木、玉石、金银等文物和现代书画艺术品约3500件。

长沙简牍博物馆基本陈列为《文明之路》，以简牍文化为主题，以三国吴简为中心，介绍中国简牍的制作、形制、发展、书法及研究史。该陈列由四个部分组成。

（1）三国吴简

三国吴简是我馆藏品大宗，有字简牍总数达到8万枚，是20世纪我国古代出土文献的重大发现，被评为1996年“中国十大考古新发现”，并列入“二十世纪中国百项考古大发现”。

三国吴简是目前国内唯一一批三国时期的政府文书简，内容包括赋税、户籍、司法、钱粮出入、军民屯田、来往公文、书信等等，涉及经济、社会、政治、军事、法律各方面。这批简牍属吴长沙郡府、临湘县及临湘侯国的政府文书，可据此对一个政区内社会基本情况进行还原，对了解公元3世纪的长沙郡、吴国的历史乃至我国中古史具有十分重要的价值。

该部分详细介绍三国吴简的发掘经过、多样化的形制、丰富的内容及学术界的最新研究成果。将重点放在赋税、籍簿、司法、户籍、职官、纪年等主要内容上，通过场景复原、动漫投影、主题宣传片等形式再现了古代简牍制作、编联过程及简牍发现、发掘场景。

（2）中国简牍

在纸张发明之前，简牍作为中国使用最为广泛和普遍的书写材料存在了两千多年。它的使用，上起殷商，下讫魏晋，一直到公元 7 世纪的唐朝，仍在边疆地区零星存在。目前考古发掘出土的简牍中，时代最早的可以追溯到两千多年前的战国早期。

展厅内景一

一百年来，简牍出土蔚为大观，自战国到魏晋，历代简牍都有所发现。而不同时代的简牍，在形制、书写格式、习惯用语、文字、书法等各方面都有着各自的特色。该部分主要通过图文和实物相结合的形式按时代序列介绍了战国至魏晋时期各地区简牍发现与研究的主要成果，使观众能清晰了解我国简帛学发展历程。

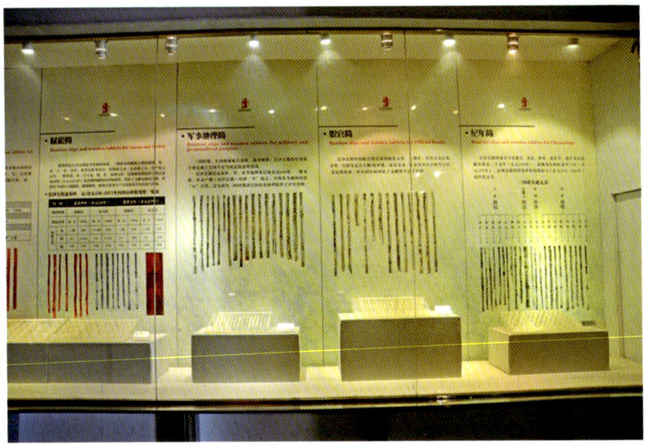

展厅内景二

战国简牍多出土于湖南、湖北等地，内容多为遣策和先秦思想著作，其中许多书籍不见于传世文献，部分书籍可与传世文献对读，给我们研究先秦思想史的发展提供了新的第一手资料。同时，战国简牍保留了许多在秦代已被废除的楚文字，为我们研究汉字的演变和发展史有着重要的意义。

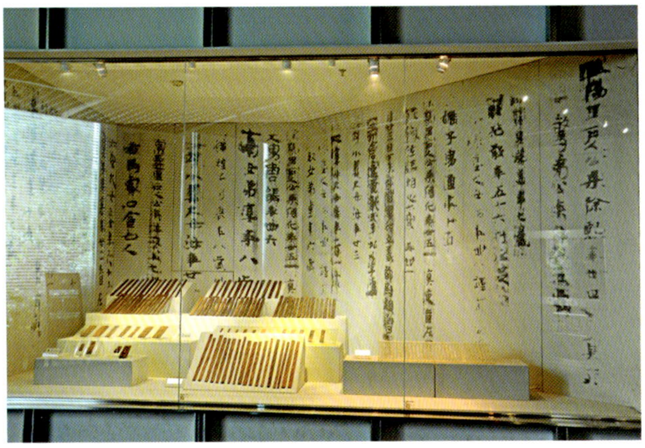

展厅内景三

湖南里耶秦简和湖北睡虎地秦简是出土简牍中极为重要的秦代文献资料。出土于 2002 年的里耶秦简是秦洞庭郡迁陵县的档案，包括祠先农简、地名里程

展厅内景四

展厅内景五

展厅内景六

简、户籍简等。学界认为里耶秦简的发现是继秦始皇兵马俑之后秦代考古的又一重大发现，其研究成果将大大填补史料的缺失。它将极大地改变和充实人们原有的秦史知识结构，从根本上改变秦史研究的面貌。在里耶秦简中还发现了我国最早、最完整的乘法口诀表。里耶秦简中的《九九乘法口诀表》比汉代的《九章算术》早近半个世纪，但却与现代生活中使用的乘法口诀表惊人一致，为世界算术史的研究提供了一个珍贵的实物资料。

睡虎地秦简于1975年12月在湖北省云梦县睡虎地秦墓出土，写于战国晚期及秦始皇时期，内容主要是秦朝时的法律制度、行政文书、医学著作以及关于吉凶时日的占书，为研究秦帝国的政治、经济、法律、文化、医学及中国书法等提供了翔实的资料，具有十分重要的学术价值。

汉代是简牍使用的鼎盛时期。这一时期的简牍发现的地域更广泛，数量更庞大，内容更丰富，影响更深远。展厅内着重复制展示的有《武帝遗诏》觚和武威汉简《王杖诏书令册》。《武帝遗诏》觚是一篇抄录于七面棱形木觚上的武帝遗诏，其内容揭示了汉武帝末年至昭帝初年有关继嗣问题的重大政治事件。《王杖诏书令册》于1981年9月出土于甘肃武威汉墓，由五份诏书组成的，内容是对尊敬长老、抚恤鳏寡、赡养孤独、残废者以及高年赐杖、处决殴辱受杖主者的法律规定。

（3）世界文字载体

在纸张发明之前，各个古代文明因地制宜地选择了不同的材料作为文字载体，这一部分介绍了世界各地的人们在不同历史时期的文字载体使用情况，以及造纸术的发明和传播路径，让游客体会到文明传承的历史和中国为世界文明的发展作出的巨大贡献。

（4）中国简牍书法

简牍对于中国文字的发展和书法史的研究同样具有重要的意义。中国文字从甲骨文发展而来，历时三千多年，没有间断。简牍使用的时代，正好是中国文字从古文字发展到今文字的时代，也是书法中各种书体形成和成熟的时代。从出土简牍文献上我们可以清晰地看到汉字演变发展的过程和各种不同形态的书体的形成与完善。该部分以图版形式介绍我国简牍书法的演变、发展和成熟过程。

2．辅助陈列

我馆的主要辅助陈列为《长沙出土文物精华展》。该展览由“青铜神韵”“湘楚瑰宝”“两汉遗珍”“瓷釉华彩”四个部分组成。“青铜神韵”介绍长沙宁乡地区出土的商周时期青铜器，向观众展现了商周时期中国三大青铜器主要出土地点之一的宁乡青铜器的重要发现和历史地位。“湘楚瑰宝”重点介绍春秋晚期以来，长沙作为楚文化的又一个政治、军事中心，历年来出土大量该时期的精美文物，着重介绍成套铜陶礼器、手工业制品和祭祀用器。“两汉遗珍”主要介绍长沙地区出土的两汉时期长沙国的精美文物，该部分展品以吴姓和刘姓长沙国王族墓地出土的玉器、漆木器、签牌、印章等为主。“瓷釉华彩”部分主要介绍享誉海内外的长沙铜官窑的情况。该部分展品丰富，突出展现了长沙窑作为我国釉下多彩的发源地和唐代重要外销瓷的主要特色。在展厅的最后部分，我们引进了社会收藏家关于长沙窑瓷器的个人藏品，突出我馆与社会力量共建共荣的理念。

盛世殷商——甲骨·青铜·玉器珍品文物特展

翰墨留香，丝路溢彩——吐鲁番出土文书精粹展

3．特邀展览

长沙简牍博物馆馆藏文物主要是简牍类文物，基本陈列也是以简牍为中心的历史文物陈列，因此我馆定位专题博物馆性质非常明确，这一定位符合博物馆藏品的实际，也给博物馆举办展览

兰亭的故事展览

2010 年湖南省当代油画院年展

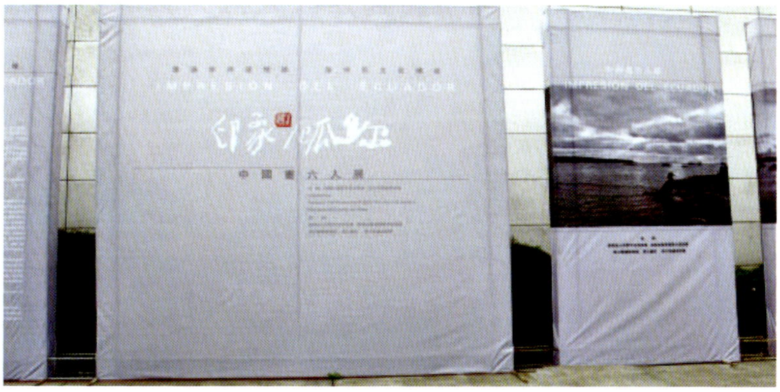

2014 年印象厄瓜多尔——中国画六人展

留下了发展的空间，并且这一定位也得到了广泛的社会认同，我馆在这一定位下，积极引进配合中国古代文献、历史文物的特展，使简牍文字、简牍历史文化魅力得到更大的发挥。为此，我馆先后引进甲骨文展览、吐鲁番文书展览、兰亭书法展览。在认识简牍历史价值的同时，注重以相关文物载体对比展示博物馆藏品的特色。

4. 临时展览

长沙简牍博物馆临时展览，主要由三大部分组成：一是美庐美术馆不定期举办的展览，二是长沙画院美术馆不定期举办的展览，三是长沙简牍博物馆临时展厅不定期举办的展览。

这些临时展览主要涉及历史文化艺术、书画艺术、书法艺术等方面。

附表：2010 年临时展览统计表

编号	展览时间	展览内容
1	01.15—01.16	春满湘江——湖湘书画名家展
2	04.13—04.15	长沙—成都书法联展
3	04.21—04.23	吴志宪书法展
4	06.11—06.18	马国玉画展
5	09.26—09.28	走进书家——吴俊忠教授书法临帖展
6	10.20—10.28	湖南省第 6 届油画展
7	12.03—12.08	袁公亮书画篆刻展
8	12.09—12.11	长沙—南宁书法联展
9	12.16—12.24	湖南省当代油画院年展
10	12.18—12.23	湖南省民间收藏精品展 暨赵雄先生湖湘古代木雕艺术展
11	12.26—12.28	湖南省直书画展览

2011 年临时展览统计表

编号	展览时间	展览内容
1	01.20—01.23	名家名作展
2	03.25—03.27	简帛耀洞庭展
3	04.20—04.23	万水千山总是情·方军书画作品全国巡回展
4	04.28—04.29	庆贺建党九十周年中南书画院十周年展
5	05.06—06.06	长沙市规划局公示展
6	06.08—06.12	粉墨登场——中国戏曲水墨画名家名作展 携手丹青名家精品湖南展
7	06.13—06.16	长沙纪念建党 90 周年美术作品展
8	06.19—07.03	感悟黑白——段岳衡风光摄影展
9	06.21—06.23	湖南长沙—上海松江青年书法联展
10	06.25—06.30	徐芝麟从艺 60 周年美术作品回顾展
11	07.22—07.24	长沙市书法家协会会员作品展
12	09.01—09.02	法治湖南·和谐潇湘书画摄影作品暨 “五五”普法成果展

13	09.06—09.08	桂豫湘滇省会民盟市委书画巡展
14	09.21—09.23	湖南省侨界纪念辛亥革命100周年图片展
15	11.04—11.05	长沙佳圣2011年秋季艺术品拍卖预展
16	11.11—11.12	湖南国拍2011年秋季文物艺术品拍卖预展
17	11.26—12.01	当代醴陵陶瓷名家作品展
18	12.02—12.03	艺术玩家2011秋季艺术品拍卖会预展
19	12.09—12.11	湖南省直书画家协会国画艺术委员会作品展
20	12.16—12.17	湖南佳德2011年迎春书画艺术品拍卖会展
21	12.24—12.25	长沙市首届美术教师剪纸艺术大赛优秀作品展

2012年临时展览统计表

编号	展览时间	展览内容
1	02.10—02.13	扬剑画展
2	03.21—03.25	景德镇名家 陶瓷艺术作品展
3	04.13—04.15	佳圣春季拍卖展
4	04.19—04.22	永乐春季拍卖展
5	04.25—04.28	古今通宝春季拍卖展
6	05.17—05.20	湖南国拍春季拍卖展
7	05.23—05.25	市文联纪念延安文艺座谈会作品展
8	08.17—08.19	银剑公司拍卖展
9	08.21—08.26	翰墨湘韵——湖南芙蓉画院画家六人作品联展
10	10.11—10.14	湖南国拍秋季拍卖展
11	10.19—10.21	首届中国茶道书画名家邀请展
12	11.02—11.04	湖南第三届企业公民大典 名品、名车、名宅品鉴酒会
13	11.11—11.14	长沙市首届简帛书法临摹展
14	11.22—11.25	长沙佳圣秋季拍卖会展
15	11.30—12.03	首届禅茶与禅意书画艺术品博览会
16	12.07—12.13	汤清海的艺术世界作品展
17	12.21—12.23	2012湖南湘军秋季艺术品拍卖会展
18	12.26—01.10	喜迎十八大——杨应修诞辰100周年暨艺术人生纪念系列活动

2013 年临时展览统计表

编号	展览时间	展览内容
1	01.18—01.20	湖南国拍 2013 年迎春艺术精品拍卖会
2	01.20—01.26	长沙古韵——秦卓夫书法作品展
3	02.01—02.03	绿与美的交响——长株潭两型社会试验区采风作品展
4	03.20—03.26	第六届工艺美术大师熊生贵、柳建新、邬建美作品展
5	04.09—04.15	八方山水——中国山水画家邀请展
6	04.13—04.17	大土三阳山水画作品邀请展
7	05.03—05.05	湖南国拍 2013 年春季艺术精品拍卖会
8	05.10—05.12	长沙佳圣夏韵书香 2013 年艺术精品拍卖会
9	05.18—05.20	夏纪慎书画作品展
10	05.25—05.27	扬剑画展
11	06.08—06.15	老长沙腔调戏曲展
12	08.03—08.05	第二届湖南省国家公务员书法大赛启动仪式及名人名家作品展
13	09.12—10.12	“中国力量——舒勇和他的社会”艺术作品展
14	10.19—10.21	蓝爱国花鸟艺术展
15	11.16—11.20	走进湘乡——中国画油画名家邀请展
16	11.29—12.01	湖南国拍 2013 年金秋艺术精品拍卖会
17	12.13—12.15	湖南 · 山东篆刻家作品联展
18	12.18—12.24	王铭杰红色题材油画湘绣作品展
19	12.26—2014.01.02	八荒通神——新人文 · 卢禹舜作品展
20	12.30—2014.01.01	故园情怀——毛泽东诞辰 120 周年书画展

2014 年临时展览统计表

编号	展览时间	展览内容
1	01.04—01.05	潇湘流韵 · 首届艺术书画藏品展
2	01.08—01.10	湖南省首届艺考色彩交流展
3	01.10—01.12	“红色政权杯”全国书画展
4	01.12—01.14	回顾与探索——娄底书法艺术展
5	01.14—01.18	“书画 · 盆景 · 奇石”精品迎新展
6	01.19—01.23	“梦想中国 · 最美长沙”首届全国摄影艺术大展

7	04.24—04.27	湖南国拍 2014 年春季艺术精品拍卖会
8	05.17—08.30	盛世殷商——甲骨·青铜·玉器珍品文物特展
9	06.18—06.22	“印象厄瓜多尔”中国画六人展
10	06.28—06.30	问津——詹利亚书法作品展
11	06.28—07.05	湖南已故名家书画展
12	07.04—07.06	长沙市书协第二届小品展
13	07.28—07.30	长沙市妇联书画慈善拍卖会
14	08.22—08.23	湖南国拍 2014 年夏季艺术品拍卖会
15	09.22—09.26	庆祝湖南民盟省级组织成立 65 周年书画展
16	09.27—09.29	祖国颂——长沙市书法作品展
17	09.29—10.02	首届张锡良书法讲习班师生作品展
18	10.19—10.27	江永旅游摄影展
19	11.07—11.10	价值发现——袁波当代水墨全国巡回展
20	11.15—11.20	黄炯青当代水墨画展
21	11.29—12.03	“繁花盛开”月浪艺术展
22	12.12—12.14	“墨韵心声”王建民书画展
23	12.14—12.16	万应均书法艺术展
24	12.20—12.23	“梦想中国·情系长沙”2014 长沙市摄影艺术展览
25	12.26—12.27	湖南国拍 2014 年秋季艺术精品拍卖会
26	12.12—2015.03.12	“翰墨留香　丝路溢彩——吐鲁番出土文书精粹展”

2015 年临时展览统计表

编号	展览时间	展览内容
1	2014.12.12—2015.3.12	“翰墨留香 丝路溢彩——吐鲁番出土文书精粹展”
2	01.02—01.06	西楚五子书画展
3	01.23—01.24	2015 湖南长沙·朝鲜美术作品展暨保真拍卖会
4	01.27—01.29	“觉悟——生命树之果”刘浩锋个展
5	01.27—01.30	王立人、刘奇花鸟画全国巡展
6	01.31—02.02	和而不同 2015 年长沙画院书画作品展
7	02.01—02.10	苏声·不异而同——南京国际美术展巡回作品展
8	04.14—04.20	须弥芥子——丹珠尔文化沙龙藏品特展
9	05.15—05.16	湖南国拍——2015 春季文物艺术品拍卖会

10	05.16—05.19	万紫千红——熊大炎花鸟画展
11	05.22—05.30	尼泊尔不哭——戴树铮“佛国洗礼”油画·摄影展
12	07.07—07.12	纪念抗日战争和世界反法西斯战争胜利七十周年暨“三服务”书画展
13	07.24—07.28	“亲情中华·新丝路·中国梦”中（国）新（西兰）文化交流区本书画展
14	08.07—08.08	2015 书画艺术品拍卖会预展
15	08.29—08.31	长沙市书法作品展
16	09.03—09.05	湖南国拍——2015 秋季文物艺术品拍卖会
17	09.11—09.13	墨润湘皖——长沙·合肥两市书画交流展
18	09.26—10.02	沅澧风情——覃仕泉民俗人物画展
19	10.16—10.18	翰墨颂辉煌——庆祝中国致公党建党九十周年暨长沙致公书画院成立十周年书画展
20	10.18—10.23	周陋之油画艺术展
21	10.24—10.26	“书印相辉”长沙市书协．天心印社成立三十周年书画印联展
22	10.28—10.30	第二届“红色政权杯”全国名家书画展
23	11.01—11.05	犁背上的彩色梦想——农民书画家彭勃艺术作品展
24	11.06—11.08	湖南嘉成 2015 年秋季艺术品拍卖会
25	11.28—11.30	长乐未央——岳麓印社第二届青年篆刻家八人作品展
26	12.22—12.24	欢乐潇湘 品质长沙——“行雷锋故里，画大美长沙”绘画大赛作品展
27	12.25—12.27	湖南国拍 2016 迎春文物艺术品拍卖会
28	12.26—12.30	翰墨潇湘——大美沅陵·诗书画展
29	11.13—2016.02.25	兰亭的故事展

四、社会教育

长沙简牍博物馆社会教育在发展过程中的作用日益凸显。开馆以来，我馆发挥优势项目、巩固经典项目、创新特色项目，争创荣誉项目，每年都有创新发展的良好态势。现已推出了众多主题鲜明、程式规范、操作性强、推广度高的社教活动，形成全员组织、多点策划的社教活动长远发展机制。

每年开展社教活动近 80 场，其中传统节日主题活动 21 场，基本形成每月 4~6 场常设性社教活动，每项活动的前期策划、宣传、报名，到活动中的组织、讲解，再到后期的报道、总结等无一不倾注满腔热忱。活动主要包括“元旦故事会”、“鼎天立地”、“翰墨流韵，丝路溢彩”——彩绘达卜、“我是小考古家”、汉字状元榜大赛、“羊年话羊”竹简贺卡 DIY 活动、“开心看简牍，高兴探古城”快乐寻宝活动、围棋公开课、“来自远古的生命”地质博物馆专题活动、“爱拼才会赢”——国宝拼图大赛、初识甲骨文、简博光明行——寻找不一样的春天、母亲节竹简书写体验特别活动、国际博物馆日系列活动、文化遗产日特别活动、“画彩蛋·编锦囊·迎端午”、“走进恐龙世界”、“粽叶飘香·品味端午”、我的“漆”彩世界、“七夕，我们在一起”、“彩绘漆匜”、“纪念中国人民抗日战争暨世界反法西斯战争胜利 70 周年”特别活动、“月圆中秋·情满简博”、“九九重阳，感恩在心”、“简牍的清洗与保护探秘”、金石拓文等多种活动，在社会产生广泛而深远的影响。

（一）长沙简牍研究会

2008 年 6 月由长沙简牍博物馆组织创建的长沙简牍研究会，为省会长沙文博界及相关大专院校、社会团体等简牍研究爱好者自愿结合的学术性群众文化团体。

长沙简牍研究会主要业务范围是：开展走马楼三国孙吴简牍的整理研究，开展省会长沙

长沙简牍研究会 2011 年第 1 期

长沙简牍研究会 2011 年第 2 期

出土和馆藏简牍和帛书的研究，开展与简牍相关的古代文献的研究，开展出土和传世的相关文献的研究，主办各类型的简牍学术讲座，主办与简牍相关的各类型展览，联络、协调、服务和指导会员开展业务研究工作，提高会员业务水平和素质，开展国内、国际学术交流等，加强与相关群众性社团的联系，积极为简牍研究培养人才，促进简牍知识的普及与提高。

（二）长沙市民文化遗产讲堂

长沙市民文化遗产讲堂是由长沙市人民政府授牌，长沙市委宣传部、长沙市文广新局、长沙市文物局共同举办，长沙简牍博物馆承办的公益性知识讲座。

讲座的宗旨是以邓小平理论和“三个代表”重要思想为指导，以全面贯彻落实科学发展观为重点，以坚持马克思主义在意识形态领域的指导地位，弘扬主旋律、打好主动仗，不断提高建设社会主义先进文化的能力为目标，以推进长沙学习型城市建设，满足广大干部群众多层次、多样化的精神文化需求为己任，以普及优秀传统文化，传承灿烂中华文明为特色，坚持贴近实际、贴近生活、贴近群众，将长沙市民文化遗产讲堂创办成覆盖全市的普及性、社会性、标志性、公益性的公共文化品牌项目，集中体现历史文化名城的文化风采和历史底蕴，为加快长沙文明城市、学习型城市和国际文化名城的建设作出贡献。

自 2008 年 6 月推出以来，市民讲堂已先后邀请了 90 多位名家学者，成功举办 97 期讲座，现场听众超过 18000 人次，吸引和培养忠实听众、注册会员 300 余人，得到了社会各界的广泛关注和大力支持，取得了显著的成效，已逐渐成为一块面向基层、服务大众的宣传思想阵地。

市民讲堂以群众喜闻乐见的、贴近生活的讲座展现了博物馆参与公益文化服务的热情，现已打造出一系列富有特色的讲座，如简牍书法与文字、中国历史文化、书法艺术与品鉴、党史教育、长沙地方文史、长沙老字号、非物质文化遗产等。

有缕析长沙文化标志的历史脉络、讲述长沙文化标志的历史故事、考证长沙文化标志的由来、讲道长沙文化标志的韵味，如《长沙文脉——以长沙公共图书事业为线索》《抗战时期长沙饮食生活》《湘雅医学教育的创办对湖湘现代医学发展的影响》《马王堆古尸研究》；有对抗战文化的认识与思考，如《他们说— 关于抗战的“无名之辈”》；有对历史文物知识、书法艺术、书写姿势的思考，如《没有桌椅，怎么写字——对中国古代书写姿势的再思考》《篆刻书法艺术》《王羲之：先世、生平与书法》等。

非物质文化遗产方面先后邀请了民间剪纸艺术家、“神剪”秦石蛟，皮影戏艺术家、“异性刀法”唯一传人吴升平，古琴名师刘慧扬，铜官“窑神”胡武强，湘绣大师江再红，棕编大师王文定做客讲堂。在讲述知识的同时，现场展示各自的绝技，令市民大饱眼福，叹为观止，从而唤起公众的文化遗产保护意识，培养公众对文化遗产的情感。

我们还将讲座与实地考察相结合，听完讲座再带着疑问与兴趣，在古迹遗址上、民间展馆里、非遗传承地，让专家带着市民边逛边讲，从渔阳王后墓到马王堆遗址，从开福古寺到岳麓书院，从华夏剪纸博物馆到湖南针灸陈列馆，从湘绣研究所到醴陵瓷厂，都留下了我们的足迹。

台湾“中央研究院”邢义田教授对中国古代书写姿势的思考

中央美术学院刘涛教授经典解读《王羲之：先世、生平与书法》

棕编大师王文定在天剑社区讲棕编艺术

陶瓷鉴定专家田申的讲座吸引了众多古陶瓷爱好者

刘慧扬老师讲解古琴知识

彭隆祥教授主讲《马王堆古尸研究》

（三）“小小讲解员”培训班

“小小讲解员”培训班是长沙简牍博物馆根据自己独特优势，利用暑假举办的一项符合青少年特色的教育活动。“小小讲解员”培训班作为长沙简牍博物馆一项品牌项目，自 2009 年开班以来，每年举办一期，至今已连续举办七期，受到社会各界的广泛关注与好评。累计培训学员 300 多名，其中正式成为我馆小小讲解员的有 100 多人，通过考核转为注册小志愿者的有 20 多人。

培训对象主要为 9~14 岁的中小学生，培训内容包括《博物馆情况介绍》《基础语音》《长沙简牍》《中国简牍》《博物馆讲解工作》《基本礼仪》《汉字知识》《文物保护》《文物基础知识》《简牍趣闻》《博物馆学基础知识》等课程。除了理论课外，还组织开展了简牍体验活动和外出参观学习的活动。转为小志愿者的孩子常常利用节假日参与博物馆观众接待及社会教育工作，担当宣传长沙历史文化小使者的使命。博物馆真正成为了学生的第二课堂，受到广大中小学生及家长们的欢迎和好评。

“小小讲解员”培训班充分发挥博物馆的社会教育职能，是青少年一个重塑自我、增强自我管理能力，培养团队意识、社会责任感的平台。通过这种实践可以让青少年学习到课堂

小小讲解员培训班开班仪式

现场学习铙乐

获得结业证书的两位学员

第五届小小讲解员培训班学员集体合影

中不能提供的知识，培养语言表达能力，培养青少年服务社会、尊重他人的优秀品质，还能够吸引青少年走进博物馆，对博物馆产生兴趣。

（四）志愿者活动

长沙简牍博物馆志愿者工作从 2012 年开始组建，现已经历了四年，发展已趋稳定，为了更好地开展简牍博物馆志愿者工作，加强志愿者与我馆的紧密度，提升志愿者的接待水平，每年与全国各地相关文博单位进行学习交流，并组织了多场志愿者业务知识培训。

目前志愿者在册总人数 144 人，其中包括小小志愿者 21 人。志愿者们在简牍博物馆的展厅日常开放、观众组织、讲解接待、社会教育等方面任劳任怨、无私奉献。同时还参与我馆巡展及长沙市流动博物馆工作，协助开展未成年人教育活动，发挥自身特长为我馆职工摄影、普通话、绘画等多种职能培训默默地奉献自己。简博志愿者是一支“吃得苦、霸得蛮、耐得烦”的队伍，这支队伍在磨合中逐步走向成熟，已经发展成为一支在工作上很有战斗力的队伍。

学生志愿者在陪伴未成年人开展体验活动

小志愿者在展厅讲解

志愿者在展厅讲解

志愿者老师教孩子们绘画

志愿者在巡展现场讲解

简牍知识培训

志愿者赴荆州博物馆参观学习

与湖南大学银龄志工协会现场交流

2014 年度优秀志愿者

（五）传统节日特别活动

为充分发挥博物馆社会教育职能，激发小朋友对中国传统文化以及中国历史的热爱，达到弘扬传统文化的目的，我馆结合传统节日开展特色活动。

以春节、母亲节、清明、端午、七夕、中秋、重阳、“9·3”抗战纪念日等传统节日为载体，开展了“羊年话羊”、“穿越古代·书写母爱”、“九九重阳·感恩在心”竹简书写，“粽叶飘香·品味端午”画彩蛋、包粽子，“月圆中秋·情满简博”制作冰皮月饼，“七夕，我们在一起”等系列传统节日活动，宣传传统文化的同时，提升孩子的动手能力。

同时，依托文博节日开展社教活动。在“5·18 国际博物馆日”“中国文化遗产日”等文博纪念日里，组织开展参观两型社会馆、天心阁，开展汉字竞猜、快乐寻宝、手绘环保袋等特别活动。

“穿越古代·书写母爱”活动

端午节活动

（六）寓教于乐——体验中心（简博俱乐部）

充分发挥博物馆的社会教育职能、设计引人入胜的博物馆体验项目是吸引观众的一个最直接有效的方式。

简牍博物馆体验中心是 2011 年组织建立的，体验中心可容纳 40 位观众同时进行体验。2014 年在此基础上，创建了简博俱乐部，经过短短两年的发展，现已有群员近 1700 人，每个周末的俱乐部活动都场场爆满，很多学校家委会主动来联系专场，展厅参观、生动的第二课堂、动手体验的各项活动深受未成年人和家长的青睐。

现常年不定期实施的活动包括“简牍书写”“考古 DIY 大赛”“国宝拼图”“鼎天立地”“漆彩世界”“彩绘磁画”“元旦故事会”“围棋公开课”等经典项目；结合特展开发的“初识甲骨文”“彩绘达卜”“金石拓文”等特色项目；“简牍清洗与保护”“彩绘漆匜”等升级项目；另外还有走进酷贝拉、走进地博、走进铜官窑、“光明村踏春暨国学经典诵读”等馆外活动项目。

这些活动交相辉映、精彩纷呈，深受广大游客尤其是青少年的欢迎，博物馆成为长沙市暑期各大夏令营的专题活动场所之一。这些活动有益于培养孩子发散思维、动手能力，使他们劳逸结合并积极参与课外活动，丰富视野，热爱生活。体验中心还接待了大量外国游客，他们在这里零距离接触了中国传统文化，起到了极大的宣传和推广作用。

◇简牍书写

通过体验活动，让游客了解简牍的制作流程、亲身体验书写程序、编联方式，加深对简牍的感性认识，增强对简牍知识的兴趣，了解简牍作为中华民族使用了一千多年的一种文字载体及其存在的文化意义与承载的历史使命，激发游客尤其是未成年人对中国传统文化以及中国历史的热爱。

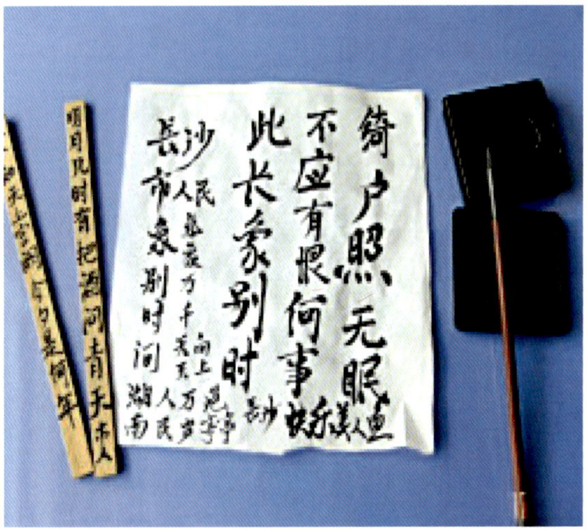

游客简牍书写作品

游客在体验简牍书写

游客在体验简牍书写

◇**国宝拼图**

通过国宝拼图大赛中的答题、寻宝、夹黄豆和拼图等活动环节，增强孩子们团结合作的意识，锻炼动手动脑的能力，在体验拼图乐趣的同时，又能更进一步了解认识本馆文物。

国宝拼图

拼图比赛获胜学生合影

◇**考古 DIY**

模拟考古发掘文物的过程，身处博物馆就能体验考古工作神秘、辛苦而又刺激的过程。让学生简单了解考古挖掘过程，锻炼学生动手能力，掌握相关文物知识；可以在玩耍中学到知识、重温历史。

同学们在体验模拟考古

考古 DIY 大赛学生留影

◇**彩绘磁画**

在立体浮雕的环保树脂白模上进行 DIY 手工彩绘，领会到立体彩绘的艺术魅力。磁画背后有磁铁可贴于金属上。

学生在体验磁画

◇**“漆”彩世界**

首先在纸板上绘制出古代漆器的造型，再用珍珠泥为纸板上的漆器绘制精美的纹饰，展现小朋友们的动手制作及绘画能力。

小朋友们在认真地绘制着漆器的纹饰

小朋友展示自己创作的“漆匝”

◇“鼎”天立地

通过参观、授课与制作体验相结合的方式让孩子们认识中国古代青铜器的辉煌历史，初步了解青铜器的形制、用途、类别、纹饰、出土地点等内容，增加孩子们的爱国主义情怀。同时通过动手制作的环节，启发孩子们的想象力，激发艺术灵感。

体验中心成为了观众特别是青少年与博物馆零距离接触的平台，自开放以来，接待不同年龄、不同国籍的观众，获得了广大市民观众及国内外游客的欢迎。

（七）传播历史文化知识的第二阵地——简博小课堂

简博小课堂是长沙简牍博物馆自2009年起为长沙市各中小学校推出的公益性讲座，课程内容包括《简牍知识讲座》《竹木载文明系列讲座》《漆器导赏》《基础礼仪》等。累计送课47所学校，授课320节，受教人数近2万人。博物馆是学校教育的重要补充，长沙简牍博物馆也会继续与长沙各个中小学校建立共建关系，做普及中国文化的服务使者。

简博小课堂一

简博小课堂二

（八）足不出户看展览——简博巡展（流动博物馆）

博物馆是向公众开放的非营利性社会服务机构，随着时代的发展和社会的需要，博物馆的教育功能日益凸显，而巡回展览作为博物馆教育功能的延伸和拓展，越来越受到重视。

为充分发挥长沙简牍博物馆社会教育职能，秉着“以文物为根本，以观众为核心”的原则，实行“走出去”的战略，通过将博物馆馆藏文物制成图文并茂的展板，与现场简牍书写体验相结合，将其送至学校、社区、市民休闲文化广场、社会公益组织和机构等进行展出。

2009 年长沙市文博系统启动流动博物馆建设，长沙简牍博物馆作为发起单位之一，承担了主要工作任务。2012 年起，长沙简牍博物馆在此基础上发展出巡展系列。至今累计开展 70 场巡展活动。长沙简牍博物馆充分发挥博物馆教育职能，运用所积累的经验，开拓创新，保持与学校，与社区，与人民大众的紧密联系，将博物馆教育、学校教育、社会教育三者有机地结合，向他们传递中国优秀的传统文化。

橘子洲巡展

省少管所巡展

社区巡展

乡镇巡展

大学巡展

中小学校巡展

中小学校巡展

（九）共建学校

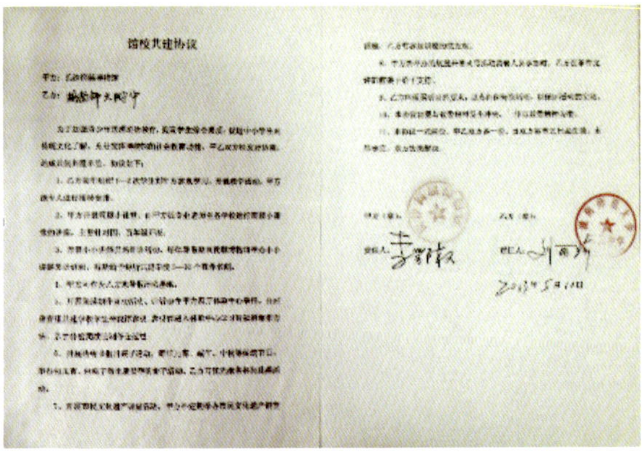
馆校共建协议

我馆与湖南大学附中的馆校共建协议

博物馆参与学校建设，是博物馆发展的一个趋势。加强青少年思想道德教育，充分发挥博物馆宣传教育职能，为学生素质提供更优质的活动平台，增强青少年爱护文物的历史使命感、团结协作的凝聚力，发挥学生多才多艺的特长，配合学校进行素质教育，同时提高学生的学习积极性和社会教育活动参与性，增进青少年对热爱祖国、热爱家乡、尊老、互助等传统美德，展现“简牍”文化的内涵，把博物馆办成名副其实的爱国主义教育基地。

长沙简牍博物馆从2009年起，陆续与湖南大学、湖南师范大学、湖南女子学院、长沙学

红领巾在行动活动

院以及育才小学、幼幼学校、清水塘小学、小古道巷小学、博才白鹤小学、砂子塘泰禹小学、马王堆小学、红星小学、燕山二小、赤岗冲小学、修业小学等 47 所大中小学校建立共建关系。

同时长沙简牍博物馆也相继委派讲解员担任共建学校校外辅导员。作为特邀嘉宾参加共建学校的特殊教育活动，如参加小古道巷小学举行的“礼韵小古，道向古今”艺术节展示演出、铜铺街小学的“红领巾在行动”开幕式等活动。

（十）小记者团

2013 年开始，我馆陆续与《长沙晚报》《湖南日报》合作，定期组织小记者团参观展览，并增加《简牍知识》《漆器导赏》小课堂等互动环节，以此来吸引孩子们的注意力，调动其发散思维的积极性、好奇心。在课堂中让孩子们与“文物”有了一次亲密的接触，亲自体验其用途，激发其热爱历史、热爱生活的热情，从而实现综合素质的全面提高。现累计小记者总共参观超 100 批次，开展简博小堂逾 50 场。

晚报小记者参观博物馆

（十一）小小“馆”理员

小小“馆”理员岗位实践活动是为了给学生提供一个社会实践平台，让他们通过岗位实践更加深刻地了解博物馆。

长沙简牍博物馆从2014年起在寒暑假期间与长沙市教育局联合开展小小“馆”理员社会实践活动。我馆为实践活动提供了咨询台、领票处、体验中心、特展维护等岗位，每天由代训老师进行15到20分钟的岗前培训，对我馆的基本情况、“小馆员”服务职责以及各个岗位的职能进行基本介绍。在老师的指导下，学生们可迅速融入角色，明确工作职能。活动期间累计共为400余名中小学生提供了实践机会。

活动旨在为全市中小学生提供不同岗位的角色体验，度过一个有文化内涵、愉快而充实的假期，自活动开展以来，深受广大学生和家长们的欢迎。

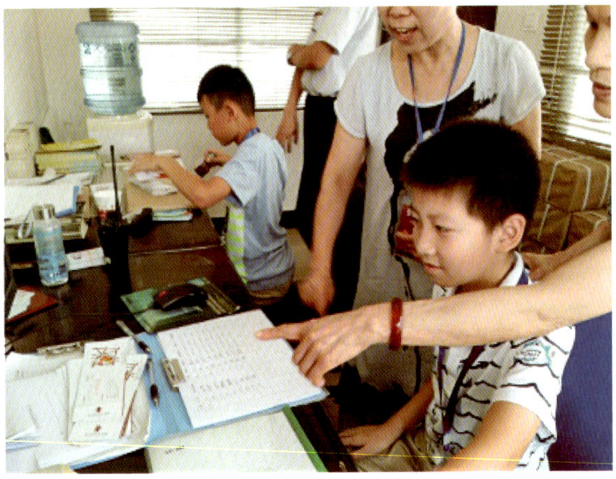

小“馆”理员在领票处接待

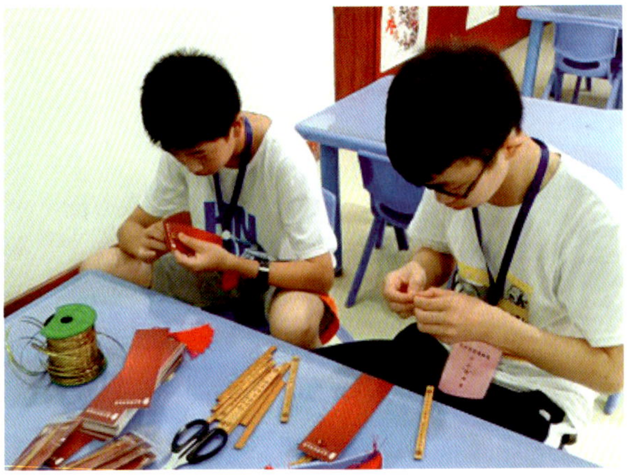

小“馆”理员在体验中心制作简牍

（十二）社会科学普及基地

长沙简牍博物馆作为湖南省社科普及基地之一，坚持面向基层、服务群众原则，遵循“奉献、友爱、互助、进步”志愿精神，广泛开展社科普及活动。2013年被授予湖南省社会科学普及基地，2015年被授予全国社会科学普及基地。

长沙简牍博物馆围绕“发挥博物馆文化品质，服务科学发展”主题，创新社教活动普及社科知识，创意联动践行普及社科行动，创优传统文化普及社科教育，创建定制项目提升公民人文社科素养，创设外展普及社科效应新格局，创先志愿服务面向群众面向基层，创行立体网络化宣传推广社科普及。承办全省社科普及工作总结表彰会，组织策划“历史文化进校园”系列活动，深受社会好评。

通过走进学生、贴近群众、深入社区、送往乡村、深入人心的各项社科普及活动，讲解与互动联系、课堂与体验普及、展示与宣教结合的多项活动，多层次、网络化的推广社科知识普及。

荣誉面前我们既要感到欣慰，也要担负起更大的责任，成绩面前我们要不骄不躁、奋勇拼搏，全力践行长沙简牍博物馆社科普及的新篇章，让更多的社科普及志愿者成为社会主义核心价值体系建设和普及社会科学知识的倡导者和践行者，提质长沙简牍博物馆优秀社科普及基地，努力形成全民参与社科普及工作的新格局，促进我省社会科学事业的繁荣发展和公民人文社科素养的全面提升。

社科普及进基层系列活动——“历史文化进校园”

社科普及基地活动

（十三）青年文明号

用青年的热情展现博物馆的社教服务是长沙简牍博物馆发展的一个强有力的方针。我们始终坚持敬业奉献的职业精神、保持奋进创新的青春激情、秉持自信自励的人生信念，倾心服务观众、热心社会公益、用心提升自我，创造了良好业绩、树立了窗口形象、展示了青春风采。

长沙简牍博物馆以青年文明号为平台，以服务群众、奉献社会为宗旨，以“提质、求效、增能”为目标，服务质量有了新提升，管理效能有了新提高，队伍建设有了新面貌。长沙简牍博物馆社教活动经过短短几年的发展，现已成为长沙简牍博物馆社会影响力的一张名片，也是长沙简牍文化名片推广和简牍历史文化知识普及的鲜活形式。

同时，我馆还组织优秀社教活动参加全国社教案例大赛，与相关文博单位、学校课堂、报纸媒体、社会团体等广泛合作，现已有《长沙晚报·小记者团》《湖南日报》《潇湘晨报·十

青年文明号服务岗

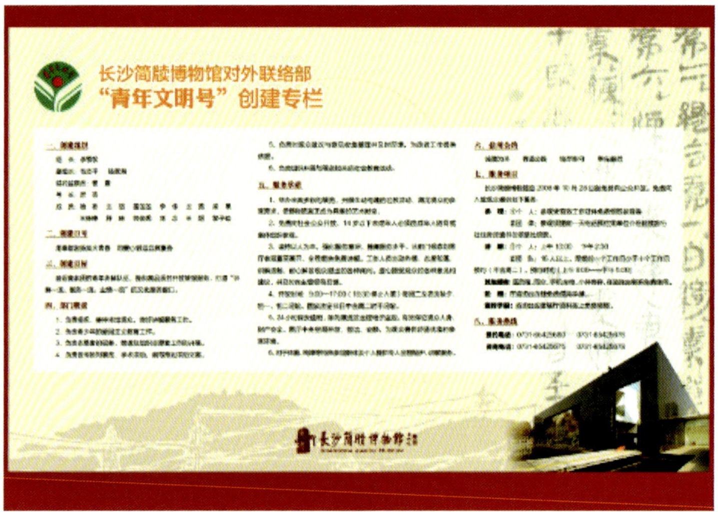

青年文明号标识栏

几岁传媒》《潇湘晨报·湖湘地理》等品牌栏目主动寻求与我馆开展社教活动方面的合作，服务更广大的社会观众。

长沙简牍博物馆社教活动形式新颖、创意十足、规划合理，深受广大观众喜爱。建立长沙简牍博物馆社教活动评估体系，是我馆今后一个时期内的奋斗目标。用社教方案、知识课堂、受众感受、反馈意见等综合评价机制去培育和拓展我馆社教活动。

第三节 搭建多效宣传载体 推广简牍文化成果

一、业务活动宣传

在2008年初，我馆提前制定了简牍博物馆免费开放宣传方案。通过电视、报纸、网络、电台等媒体，对免费开放进行了立体式的宣传和推广。为提升本馆知名度，扩大其影响，我们联合中央电视台中文国际频道《远方的家》栏目，制作了《历史信使·长沙简牍》专题片；中央电视台黄金档时播栏目《国宝档案——长沙走马路三国吴简》，湖南金鹰纪实频道故事湖南栏目制作《走马楼吴简十二年》，长沙电视台《X档案·吴简大起底》；还联合长沙政法频道拍摄了3期免费开放宣传电视片，与省交通电台、湖南广播电台旅游频道做了多期免费开放旅游推介连线节目。免费开放前后，媒体报道多达50余次，对免费开放起到了很好的宣传效果。同时，我馆建立和开通了长沙简牍博物馆网站，与《长沙晚报》、星辰在线、长沙旅游推广网站签订了推广协议，通过网络平台进行宣传。为扩大影响，免费开放前期我馆发放免费开放宣传资料、张贴免费开放海报达20万份，发送免费开放宣传短信5万余条，发放开放入场券2万张等形式，组织对外公益宣讲10余次，宣传免费开放，发放参观指南。

中央电视台中文国际频道《国宝档案》采访我馆李鄂权馆长

中央电视台中文国际频道《国宝档案——长沙走马楼三国吴简》

二、社教活动宣传

长沙简牍博物馆社教活动特别注意锻造品质，强化宣传推广效果。我们力图打造立体式网络化宣传推广平台，普及社科文化。每年完成4期《文明之路》群文通讯，推广普及，并向全国80余家博物馆免费邮寄，在展厅设置固定的资料栏，免费领取、阅读。

利用互联网资源，成立了“简博俱乐部”QQ群，目前有会员近1700人，逐步形成辐射性的简牍文化宣传群体。创建长沙市民文化遗产讲堂QQ群，目前会员300余人，转载各类文化、历史、艺术等知识信息，主办纯公益文化类讲座，构建讲座听众交流学习的平台。

同时，开通了长沙简牍博物馆微信公众平台，推广简牍知识、各类展览、社教活动等。加强了对官方微博的管理和建设，完善简牍文化数字化普及建设。

每年在中国博物馆协会官网、《中国博物馆通讯》、《中国文物报》、湖南省文化遗产网、湖南省博物馆协会官网、《湖南文化》、《湖南日报》、《长沙晚报》、《潇湘晨报》等中央、省、市媒体及网易、新浪等各类网站宣传及报道，最大限度地进行社科活动宣传推广。从宣传数量到宣传质量都有稳步提升，做到了活动有报道，报道有品质；在原来文博线宣传基础上，新发展了机关党建线、团青线报道，形成了开拓创新、日新月异的局面。

中央电视台新闻频道采访我馆宋少华研究员

中国博物馆协会网页相关报道一

中国博物馆协会网页相关报道二

长沙机关党建网页相关报道

附录一 接待统计表

2009年接待

1月10日，国家财政部审计局一行14人来我馆参观考察。

1月11日，中国工业协会会长一行来我馆参观。

1月15日，长沙直航台湾正式开通，国家台办来我馆参观。

2月25日，上海浦东区政协一行14人来我馆参观。

3月4日，舟山市党政代表团22人参观我馆。

3月12日，日本书法家协会爱好者来馆参观交流。

3月22日，长沙市天心区领导来我馆参观考察。

3月27日，长沙市文物局唐局长一行参观我馆，对我馆工作给予指导。

4月11日，山东博物馆一行7人来我馆参观。

4月19日，国土资源厅一行7人来我馆参观考察。

4月19日，国家建设部来我馆考察，了解了我馆馆体建设、陈列展览的基本情况。

4月20日，湖南省政协一行37人来我馆参观。

4月20日，湖南省政协书法家协会一行参观我馆，并欣赏研究了我馆吴简原件。

4月22日，湖南省财政厅一行4人来我馆参观。

4月27日，无锡市委一行11人来我馆参观访问并进行会谈。

4月27日，长沙市文联一行9人参观我馆，对我馆的陈列、接待等都表示出赞赏之情。

4月27日，长沙市委宣传调研团参观考察我馆，了解了我馆开放运行的相关情况。

5月22日，中央政法委一行10人参观我馆。

5月22日，国务院办公厅科教文卫司副司长等领导来我馆参观考察，对我馆的接待及讲解水平都给予了表扬。

5月28日，长沙市文化局周志凯局长陪同广州军区副政委一行来我馆参观访问。

6月5日，北京空军装备部领导一行来我馆参观考察。

6月10日，湖南省政协一行6人来我馆参观。

6月13日，中央组织部一行来我馆参观考察，对我馆的陈列及接待表示赞赏。

6月25日，湖南省委办公厅一行8人来我馆参观。

7月12日，湖南省纪委来我馆参观。

7月23日，潇湘电影制片厂来我馆拍摄宣传片。

7月31日，国家文物局一行参观我馆，对我馆工作给予指导。

8月5日，长沙市委组织部杨部长一行来访指导。

8月20日，《小主人报》一行50人来我馆参观学习，随后小记者们对讲解员进行采访，讲解员热情接待，详细回答每个问题，并与小记者们合影留念，气氛融洽。

8月26日，国家公安部来我馆视察工作。

9月2日，长沙市天心区商务局一行来我馆参观。

9月6日，湖南省档案局来我馆参观考察。

9月7日，湖南省、长沙市爱卫办来我馆视察工作。

9月11日，广东省惠州市文化广电新闻出版局来我馆参观考察，并进行座谈。

10月19日，中华医学研究会一行来馆参观。

10月28日，广州军区一行来我馆参观，对我馆陈列表示出极大的兴趣。

10月29日，湖南省各地宣传部部长、副部长一行60人来我馆参观考察。

10月30日，长沙市委文明办陶主任一行来我馆参观。

11月9日，长沙市委办一行来我馆参观。

11月11日，国家文物局一行来我馆参观考察。

11月12日，湖南省旅游局周局长一行来我馆参观。

11月12日，湖南省人事厅一行参观我馆。

11月14日，湖南省博物馆来我馆参观学习。

11月20日，长沙市财政处一行参观我馆。

11月23日，长春市政府一行来我馆参观。

11月26日，兰州军区政委一行来我馆参观，对我馆陈列、接待给予极高的评价。

11月30日，国家公安部政治部主任一行参观我馆。

12月21日，长沙市公安局一行来我馆参观，刘书记陪同。

12月28日，南昌市国土局一行来我馆参观考察。

2010年重要接待

1月6日，湖南省书法协会一行参观我馆。

1月15日，日本东京大学3人参观我馆。

2月1日，国家财政部审计局一行参观我馆。

2月27日，中央党史委一行7人参观我馆。

3月14日，陕西省文物局11人参观我馆。

4月12日，湖南省委党校厅干班一行35人参观我馆。

4月21日，北京专家一行20人，长沙市公安局一行4人参观我馆。

5月5日，长沙市天心区武装部12人参观我馆。

5月13日，国家铁道部13人参观我馆。

5月15日，湖南省文物考古研究所一行13人参观我馆。

5月16日，国家文物局一行13人参观我馆。

5月29日，湖南省体委一行16人参观我馆。

5 月 30 日，全国名楼楼主会议团体一行到我馆参观。

6 月 6 日，国家建设部一行参观我馆。

6 月 11 日，中央宣传部、统战部一行 56 人参观我馆。

6 月 13 日，国家文物局一行参观我馆。

6 月 25 日，湖南省人事厅一行 13 人参观我馆。

7 月 14 日，湖南省文化厅一行 11 人参观我馆。

7 月 21 日，湖南省检察院一行 9 人参观我馆。

7 月 29 日，国家人事部一行 48 人参观我馆。

7 月 30 日，上海古籍出版社 3 人参观我馆。

8 月 9 日，上海浦东党校一行 10 人参观我馆。

9 月 18 日，新疆建设兵团 7 人参观我馆。

9 月 23 日，湖南大学岳麓书院一行 30 人参观我馆。

9 月 24 日，湖南省直工委一行参观我馆。

10 月 14 日，全国历史文化名城政协联系会第二十次代表团 120 人来馆参观。

10 月 21 日，湖南省档案局一行来馆参观。

10 月 24 日，国家文化产业司李小磊副司长一行 8 人来我馆参观。

10 月 30 日，湖南省书协一行来馆参观。

10 月 24、25 日，《长沙晚报》小记者一行来馆参观学习。

11 月 5 日，湘潭市文化局党委书记杨铁桥、齐白石纪念馆馆长王志坚、书记杨红、办公室主任易红一行 8 人来我馆参观考察。

11 月 6 日，农工党中央组织部副部长曲风宏、农工党中央常委肖燕军一行 15 人来我馆参观。

11 月 25 日，南开大学教授来我馆参观。

11 月 29 日，中国人民银行王聪处长一行 4 人来我馆参观。

12 月 3 日，长沙市市政设施建设管理局周局长来我馆考察。

12 月 6 日，全国无障碍通道检查组一行 10 人来我馆考察。

12 月 9 日，长沙市市委宣传部欧阳部长、市文联曹伟书记、市文联副主席刘建力、全明辉陪同南宁书协主席黄大业、南宁文联副主席施娟一行 14 人来我馆参观。

12 月 16 日，国家文化产业园考察组、文化部处长、3 位北京大学教授、天心区文体局局长、宣传部领导、文广新局张明清副局长一行 14 人来我馆参观考察。

2011 年接待

1 月 14 日，湖北省委组织部副部长彭越等一行来我馆参观。

2 月 22 日，全国妇联一行 9 人来我馆参观考察。

3 月 3 日，长沙市委宣传部欧阳副部长一行 6 人来馆参观。

3 月 14 日，中日吴简学术研讨会与会专家来我馆展厅、库房参观，并与我馆吴简研究员进行了交流。

3 月 18 日，国家文化部社文司副司长来我馆调研，湖南省文化厅、长沙市文广新局领导陪同。

3 月 25 日，中国书协副主席、文物出版社原社长苏士澍等 100 人来我馆参观。

3 月 25 日，张家界市旅游局副局长周泽猛、旅游科科长周高、投诉管理科胡科长、汪所长一行 5 人来馆参观。

4 月 8 日，国家文物局执法督察司司长叶春来我馆参观，考察我馆的安保情况，长沙市文广新局、长沙市文物局领导陪同。

4 月 8 日，陕西咸阳市委组织部副部长赵存锁等 3 人来馆参观。

4 月 10 日，中国书协副主席何应辉等参观我馆。

4 月 10 日，国家税务总局副局长在省国税局的陪同下来我馆参观。

4 月 10 日，浙江省博物馆陶瓷部蔡乃武部长参观我馆。

4 月 11 日，甘肃庆阳市委秘书长张希圣等 5 人来馆参观。

4 月 28 日，医学副教授 Peter Thule M.D 等外宾来我馆参观。

5 月 12 日，长沙市人事局调研部一行 10 人来馆参观。

5 月 12 日，中共扬州市委宣传部常务副部长丁毅等 10 人来馆参观。

5 月 20 日，重庆巫山县文物局局长张潜、重庆巫山博物馆馆长易军等 5 人来馆参观。

5 月 22 日，中美图书馆合作交流会与会代表及各州立图书馆馆长来我馆参观。

5 月 23 日，清华大学副校长谢维和等 7 人来馆参观。

5 月 27 日，里耶秦简博物馆向馆长一行 5 人来馆参观。

6 月 1 日，国家文物局直属单位人事干部培训班领导一行参观了我馆的展厅、库房。

6 月 8 日，湘潭市委宣传部长周巧艺、湘潭市齐白石纪念馆杨红、王志坚等 4 人来馆参观。

6 月 23 日，长沙市城建部 2 人来馆参观。

6 月 25 日，国防科技大学警勤队、通信站等直属单位领导一行参观我馆。

7 月 9 日，广州军区刘副政委在省军区苏政委的陪同下参观我馆。

7 月 13 日，著名建筑专家、市规划局黎科等 6 人来馆参观。

7 月 15 日，广州市文物局领导一行 10 人来馆参观。

7 月 17 日，长沙市副市长陈献春等 5 人来馆参观。

7 月 25 日，浦东干部学院“发展中国家研修班”学生等外宾参观我馆。

7 月 25 日，中组部领导、中央电视台记者、长沙市旅游局领导一行 10 人来馆参观。

7 月 27 日，国家文物局组织的中央媒体采访团在长沙市文广新局聂局长、市文物局曹局长、周科长的陪同下参观了我馆的展厅和库房，对我馆的宣传非常有帮助。

7 月 28 日，湖南省政协一行参观我馆。

8 月 5 日，长沙市政协副主席钟新莲、长沙市政协文教卫副主任张新霞等 3 人来馆参观。

8 月 10 日，香港职业训练局、香港中文大学历史系郭文德来馆参观。

8 月 15 日，中共中央组织部杨副部长在省、市委组织部的陪同下来我馆参观。

8 月 20 日，广东省政协林主任来我馆参观。

9 月 29 日，国家教育部留学司曹司长等 2 人来馆参观。

10 月 30 日，江苏省文物局张局长参观我馆。

11 月 7 日，陕西省文物局马力副局长参观我馆。

11 月 14 日，湖南省军区张永大司令来我馆参观。

11 月 22 日，长沙市委党校刘校长一行 35 人来馆参观。

11 月 24 日，湖南省军区等 10 人来馆参观。

11 月 25 日，长沙市旅游局局长唐勇等 17 人来馆参观。

12 月 4 日，甘肃省文物局杨惠福局长 2 人来馆参观。

12 月 14 日，湖南沙坪湘绣博物馆等民办博物馆馆长一行 5 人来馆参观。

12 月 24 日，日本国立历史民俗博物馆平川男馆长、早稻田大学教授等 7 人来馆参观。

12 月 26 日，乌鲁木齐市文化局局长刘毅勇、副局长赵宇澄等 8 人来馆参观。

12 月 29 日，湖南省委政研室副主任张恒德一行 26 人来馆参观。

12 月 29 日，长沙市人民政府副市长陈献春等 7 人来馆参观。

2012 年接待

1 月 2 日，兰州军区文工团原政委一行参观我馆。

2 月 10 日，湖南省博物馆副馆长张斌陪同中央美院教授一行 3 人来我馆参观。

2 月 12 日，湖南省地质博物馆领导来我馆交流考察。

2 月 25 日，长沙市警备区李政委在天心区武装部的陪同下参观我馆。

3 月 12 日，日本自治体（地方政府）国际化协会北京事务所所长助理古川健一行在长沙市外事办的陪同下来我馆参观。

3 月 14 日，宁夏固原博物馆教育员在湖南省博物馆教育员的陪同下参观了我馆，并和我馆专业讲解员之间互相交流。

4 月 8 日，长沙市政府办公厅一行 8 人来我馆参观。

4 月 14 日，长沙市天心区委宣传部、深圳广播传媒公司代表一行来馆参观。

4 月 23 日，《当代中国画报》摄影记者参观我馆，并进行采访。

5 月 14 日，湖南省人大教科文领导一行 20 人来馆参观。

5 月 17 日，陕西省秦始皇陵兵马俑博物馆宣教部主任来我馆参观交流。

5 月 17 日，国家开发银行香港分行领导参观我馆。

5 月 19 日，台湾税务团成员来我馆参观。

5 月 21 日，湖南省民革曹亚等人在长沙市文广新局聂勇副局长和长沙市文物局曹凛局长的陪同下来我馆参观，对我馆陈列的简牍非常感兴趣。

5月25日，长沙市政府采购办一行32人来馆参观。

5月25日，“加拿大多伦多华人协会·中国—长沙青年文化之旅”的加拿大青少年在长沙市旅游局导培中心主任杨文志和长沙市政协香港委员李启安的陪同下参观了我馆，对我馆的英语接待表示肯定。

5月26日，湖南省委宣传部接待办副处长马处长一行3人来馆参观。

6月6日，长沙市委接待办喻中文主任参观我馆。

6月13日，国家文化部产业司副司长吴江波等一行在吴友云副厅长、陈献春副市长、夏建平副市长的陪同下参观、考察我馆，吴司长对我馆陈列、接待给予极高的评价。

6月15日，波兰代表团（民主左派联盟党干部考察团）在湖南省外侨办的陪同下参观我馆，对我馆陈列相当感兴趣，并和我馆英语讲解员进行了深入交流。

6月15日，南京市博物馆工作人员一行10人参观我馆。

6月18日，长沙市审计局一行4人参观我馆。

6月23日，湖南省旅游局李志斌处长、长沙市旅游局曾局长来我馆参观。

6月24日，湖南省委宣传部文明办周副主任一行参观我馆。

6月27日，湖南省文物考古研究所张春龙老师一行11人来馆参观。

6月28日，海外华裔青少年“中国寻根之旅”夏令营在我省展开为期11天的夏令营活动，作为其中的特色景点，我馆接待了来自印尼、美国的38名营员。为使营员和老师更好地了解湖南的历史文化，我馆安排了英语讲解作接待。

6月29日，湖南省政法委副书记、湖南省财政厅、湖南省国土厅等领导参观、考察我馆。

7月1日，韩国新闻代表团在湖南省委宣传部、长沙市委宣传部的陪同下参观我馆。

7月6日，东莞市博物馆钟馆长一行来我馆参观。

7月8日，湖南大学岳麓书院肖永明院长等来我馆参观。

7月12日，中国书法家协会等10人来我馆参观。

7月14日，重庆市文物局李国洪等11人来馆参观。

7月18日，国家财政部、国家林业局领导参观我馆。

7月22日，上饶市政协、民建委主委黄康忠主席一行在长沙市政协的陪同下参观我馆。

7月23日，广州市委办刘昆玉主任参观我馆。

7月26日，国家外文局外籍专家来湘采访团一行8人来湘进行采访考察，作为接待单位，我馆安排讲解员介绍了简牍、青铜器、漆木器等相关内容，这是一次宣传、展示和提高湖南知名度的极好机会。

7月27日，巴西执政联盟联合干部考察团一行10人在省外事办的陪同下来我馆参观。

8月4日，中国人民解放军空军军务部原部长、招飞办主任丁广茂参观我馆。

8月6日，北京大学师生一行14人来馆参观。

8月10日，国家档案局杨冬权局长在湖南省档案局局长的陪同下参观我馆。

8月11日，广东政协委员霍震宇率港区省级政协委员联谊会来我馆参观。

8月19日，宁夏银川市人大副主任驼秉忠一行参观我馆。

8 月 19 日，上海市闵行区领导一行参观我馆。

8 月 25 日，湖南省军区黄跃进司令员、广西柳州市纪委书记参观我馆。

8 月 27 日，国家文化部公共文化司于司长在湖南省文化厅副厅长、长沙市文广新局杨长江局长、长沙市政府刘秋成副秘书长的陪同下参观我馆。

8 月 28 日，湖南省人大副主任带领长沙市参加全国人大代表一行参观我馆。

8 月 30 日，湖南省委宣传部新湘评论社郝安社长一行参观我馆。

8 月 31 日，中国出土文物研究会日本专家一行参观我馆，进行友好访问。

8 月 31 日，浙江省委组织部门领导同志一行 4 人来馆参观。

9 月 10 日，江西省景德镇市文广新局赵副局长参观我馆。

9 月 14 日，湖南国际旅游节航空嘉宾团一行在湖南省旅游局的陪同下参观我馆。

9 月 15 日，中国社会科学院考古研究所刘振东研究员、日本立命馆大学文学部一行参观我馆。

9 月 16 日，江苏省女书协会书法家一行 25 人在湖南省书法家协会的陪同下参观我馆。

9 月 18 日，全国人大教科文卫委员会刘永治副主任来我馆参观。

9 月 18 日，重庆市人大常委会副主任王洪华一行参观我馆。

9 月 19 日，全国人大常委会委员、全国人大法律委员会委员、全国人大委员会法制工作委员会副主任信春鹰一行 12 人参观我馆。

9 月 19 日，国家文物局博物馆司原司长孟司长一行参观我馆。

9 月 21 日，长沙市委党校宣干班 27 期成员参观我馆。

9 月 22 日，长沙市历史学会 20 多名成员参观我馆。

10 月 12 日，辽宁省人大常委会党委组书记、常务副主任李峰一行 6 人参观我馆。

10 月 17 日，近现代馆藏文物保护修复培训班、韶山毛泽东同志纪念馆一行来我馆参观。

10 月 20 日，广州第一军医大学陈德元参观我馆。

10 月 22 日，重庆市人大常委会原党组书记、副主任金烈一行 6 人在湖南省人大常委会办公厅的陪同下参观我馆。

10 月 31 日，香港特区政府高级公务员考察团李康年在省、市政府港澳事务办公室的陪同下参观考察我馆。

11 月 10 日，益阳市文化局、作家协会一行 10 人来馆参观。

11 月 12 日，长沙市人大龚罗生主任、湖北美院黄书记一行来我馆参观。

11 月 14 日，西北大学教授吴铮争、李静等 4 人来馆参观。

11 月 17 日，美国、英国、芬兰、澳大利亚、瑞典、韩国、捷克和乌干达等 14 个国家约 30 名驻华使节和随行代表到我馆参观考察。陪同参观的还有长沙市政府副市长、天心区委书记陈献春，区人民政府区长曾超群等领导。我馆作为长沙市对外开放的重点单位、天心区文化旅游的重要景点，代表了长沙市文化旅游事业的发展成果，吸引了代表团的目光。

11 月 17 日，四川省商务考察团嘉宾参观我馆。

11 月 18 日，中国工商银行总行领导参观我馆。

11 月 18 日，江西省文物考古研究所周教授来馆参观。

11 月 28 日，广州南越王宫博物馆全洪馆长、陈伟汉副馆长参观我馆。

11 月 30 日，四川大学师生一行 15 人参观我馆。

12 月 27 日，新疆军垦博物馆馆长一行 6 人来馆参观。

2013 年接待

1 月 3 日，大唐电信曹董事长参观我馆。

1 月 12 日，里耶秦简博物馆彭馆长一行参观我馆。

1 月 13 日，长沙市公安局詹方敏等一行 15 人参观我馆。

1 月 24 日，国家文物局人事司培训处王大民处长在湖南省文物局章毅处长的陪同下参观考察我馆。

1 月 31 日，三明市政府副市长张丽娟、文管办主任余富生、市博物馆刘晓迎等一行 6 人参观考察我馆，对我馆的陈列表示赞赏。

2 月 25 日，文化部文化产业司动漫处处长宋奇慧、文化部主任科员齐斌、文化厅市场处处长陈友材等来我馆参观。

2 月 28 日，国家新闻出版总署出版司司长王然参观我馆。

3 月 2 日，湖南省委办公厅领导参观我馆，并在体验中心体验简牍书写。

3 月 2 日，中国文物报社副总编李让在省文物局柴冰懿的陪同下参观我馆。

3 月 5 日，成都博物院谢涛主任一行 5 人来我馆参观交流。

3 月 11 日，财政部核查组领导、山西财评中心副主任李雪飞来我馆参观。

3 月 11 日，湖南省地质博物馆龚淼等 8 人来我馆交流学习。

3 月 13 日，长沙市文广新局工会主席龙建光陪同吴水军一行 3 人来我馆参观。

3 月 13 日，成都市温江区党政考察团谢超书记来我馆参观，一起陪同参观的有天心区政府曾超群区长、天心区委办黄畅。

3 月 20 日，湖南省纪信委谢朝英主任来馆参观。

3 月 23 日，福州市博物馆林江副馆长来我馆指导工作。

4 月 10 日，武汉音乐学院一行 4 人来我馆参观。

4 月 10 日，法国圣彼艾尔校长 Sabine 受到我馆热情接待。

4 月 14 日，清华大学美术学院副教授邱才桢参观我馆。

4 月 18 日，长沙市科技局副局长胡勇来我馆视察工作。

4 月 19 日，国家文物局文博人才中长期规划调研组来我馆指导工作。

4 月 24 日，衡阳市侨联主席李玲来我馆参观。

4 月 27 日，香港中国旅游协会的 30 名成员来我馆参观，并对我馆自主开发的旅游商品表示出极大的兴趣。

5月13日，吉林大学吴良宝、朱红林、单育长、李松儒师生一行15人来我馆参观。

5月14日，湖南省委统战部副部长邓焕生，长沙市委统战部副部长、工商联党组书记饶福明陪同澳门中联办文化教育部部长助理兼副部长李正桥、澳门中联办文化部传媒处副处长石书正来我馆参观。

5月20日，南京市秦淮区文化局局长赵久明来我馆视察工作。

5月23日，湖南省外办友协刘会长陪同深圳外办主任汤丽霞、南京友协副会长曹荣唐来我馆参观。

5月23日，长沙电视台互动旅游频道杨平等3人来我馆进行专题栏目的采访。

5月27日，国防科技大学图书馆刘馆长来我馆参观。

6月3日，江西省萍乡市安源区文广新局局长文博来我馆参观。

6月5日，广东省、云南省外办领导来我馆参观，并对我馆给予高度评价。

6月6日，华中政法大学古籍研究所师生来我馆参观。

6月6日，中共娄底市委组织部毛彩琳来馆参观。

6月7日，神华集团副总经理李东来我馆参观。

6月22日，“2013发展中国家孕产妇保健护理培训班”的19名学员来我馆参观。

6月22日，《Or旅读中国》杂志记者李欣怡、王铭伟来我馆参观。

6月22日，意大利使馆人员来馆参观。

6月24日，“长沙市创建国家公共文化服务体系示范区”检查组领导来我馆参观检查。

6月27日，中国艺术研究院音乐研究所所长、青年歌手大赛评委田青，舞蹈所所长、CCTV百姓讲坛主讲人欧建平来我馆参观，并对我馆专职讲解员铙乐的精彩演奏给予赞许。

6月28日，广西壮族自治区文物研究所何安益研究员来我馆参观交流。

7月17日，日本滋贺县琵琶湖博物馆同仁来我馆参观，并展开深入的交流。

7月19日，云南省人大常委会联工委副巡视员陈顺坤一行领导来我馆参观交流。

7月25日，湖南省委常委、长沙市委书记易炼红来我馆参观基本陈列、地下库房。

7月27日，广东省佛山市顺德清晖园博物馆馆长舒翔来我馆参观，并对馆内陈列展览给予肯定。

8月3日，中山大学许坚教授、台湾大学吕世浩教授来我馆参观。

8月7日，长沙市旅游局杨建陪同盐城市政府部门的客人来我馆参观。

8月8日，广州市文物局稽查总队队长来我馆参观交流。

8月9日，中共长沙市直工委副书记易冒来我馆指导工作。

8月16日，世界木文化协会苏金玲参观我馆基本成列。

8月22日，湖南吴文化交流协会吴克华、吴增魁、吴多来等来我馆参观。

8月24日，长沙市2013年全国文明城市测评组来馆检查。检查组领导通过展厅参观，库房视察，对于我馆的讲解接待以及安防保卫给予高度评价。

8月29日，日本研究学者一行5人来我馆参观学习。

8月30日，湖南省财政厅刘良武及宁夏客人一行7人来我馆参观。

9月2日，中直机关工委调研团团长、国家统计局申孟宜来我馆参观。

9 月 7 日，青岛市市委宣传部一行 4 人参观我馆。

9 月 13 日，长沙市社会组织促进会秘书长祖开智来我馆指导工作。

9 月 14 日，韩国光州教育厅师生来我馆参观，并对馆内基本陈列表示出极大的兴趣。

9 月 14 日，桃江县书画家协会等 16 名艺术家来我馆参观。

9 月 27 日，湖南省省委宣传部张明、长沙市市委宣传部李卫政陪同中宣部研究室副巡视员唐汇西来我馆检查工作。

10 月 2 日，日本每日书道会鬼头秦夫、宫本博志等 26 名日本学者来我馆参观。

10 月 3 日，长沙市科技局杨宝国来我馆参观。

10 月 4 日，长沙警备区司令员王忠斌来我馆参观。

10 月 13 日，湖南省文物局综合处处长刘春陪同客人来我馆参观。

10 月 17 日，国家文化部副部长项兆伦、湖南省文化厅厅长朱建纲在长沙市文广新局局长杨长江的陪同下来我馆调研。

10 月 18 日，湖南省社科联副主席黄建华一行 4 人来我馆参观。

10 月 24 日，中南林业科技大学教授魏象陪同国际“木文化”会议的与会人员来我馆参观。

10 月 24 日，安徽省教育厅厅长杨德林、陕西省教育厅闫厅长来我馆参观。

10 月 24 日，重庆市委农工党专职副主委姚树来我馆参观。

10 月 25 日，农工党中央副主席龚建明一行 6 人来我馆参观。

10 月 26 日，《三湘都市报》总编辑张云梦来我馆参观。

11 月 6 日，湖南省发改委杨世芳主任来我馆参观。

11 月 13 日，中央统战部干部局郭焕龙局长来我馆调研工作。

11 月 14 日，湖南医药科技文化馆龚运韵馆长一行来我馆参观学习。

11 月 16 日，湖南省委副书记孙金龙，省委常委、市委书记易炼红来我馆调研。

11 月 24 日，华中师范大学教授黄尚明、河南大学教授赵炳清来我馆参观。

12 月 1 日，苏州市文广新局局长陈嵘在长沙市文广新局局长杨长江的陪同下来我馆参观调研。

12 月 4 日，长沙市天心区商务旅游局陈开源陪同天心区区委领导来我馆参观。

12 月 4 日，湖北省政府办公厅副秘书长黄国雄来我馆调研工作。

12 月 13 日，山东省书法家代表团 15 名书法家来我馆参观。

12 月 13 日，长沙警备区接待办陈主任陪同总参领导来我馆参观。

12 月 26 日，美国布莱恩特大学孔子学院副院长杨洪博士等 4 名学者来我馆参观。

2014 年接待

1 月 17 日，长沙市委组织部干部四处李处长一行到我馆调研。

2 月 21 日，长沙市城乡规划局规划展示馆一行来我馆参观，并对我馆陈展做出肯定。

3 月 1 日，合肥市委书记吴存荣、长沙市纪委书记李军到我馆参观考察。

3 月 3 日，佛山市副市长麦洁华来我馆参观。

3 月 14 日，江西省抚州市博物馆馆长程晓辉来我馆参观考察。

5 月 9 日，民建中央组织部部长李世杰一行来我馆参观。

5 月 10 日，珠海市委宣传部考察团来我馆参观考察。

5 月 23 日，财政部国际司副司长杨司长一行来我馆参观。

5 月 23 日，全国政协文史和学习委主任王太华一行来我馆考察，长沙市文广新局局长杨长江、长沙市委接待办陪同考察。

5 月 24 日，湖南省委宣传部部长许又声来我馆考察并指导工作，并对我馆“盛世殷商”特展表示出极大的兴趣。

5 月 24 日，澧县城头山古文化遗址博物馆一行来我馆参观。

6 月 6 日，上海市虹口区政府一行来我馆参观。

6 月 7 日，吐鲁番地委副秘书长，芙蓉区委常委、副区长，吐鲁番地区国资委副主任、长沙市国资委副主任一行来馆参观考察。

6 月 7 日，长沙警备区主任何波参观我馆。

6 月 23 日，广东省清远市文广新局一行来我馆参观学习。

6 月 23 日，长沙市委党校、长沙社会主义学院第十期少数民族干部培训班来我馆参观学习。

6 月 27 日，里耶秦简博物馆一行来我管参观学习。

6 月 28 日，中国国家文化部副部长、文物局局长励小捷来我馆考察工作，湖南省省委书记徐守盛、长沙市市委书记易炼红、长沙市副市长夏建平、长沙市文广新局局长杨长江等领导陪同考察，励小捷局长对近年来我馆的工作成绩表示充分肯定。

7 月 11 日，凤凰卫视中部大区总裁李文珮来我馆参观。

7 月 31 日，安徽省武警医院丁政委、何院长一行来我馆参观。

8 月 3 日，长沙市文广新局张勇副局长来我馆参观。

8 月 4 日，财政部教科文司一行来我馆考察。

8 月 6 日，西藏人大党委书记赵正修一行来馆参观考察。

8 月 20 日，献县县委副书记来我馆参观，芙蓉区接待办陪同。

8 月 25 日，湖南省文化厅厅长李晖莅临我馆调研，对简牍释文工作显示出极大的兴趣，长沙市副市长夏建平、副秘书长刘秋成陪同调研。

9 月 5 日，江西省人大考察团来我馆参观考察。

9 月 19 日，长沙市政协文史委主任陈忞来我馆参观。

9 月 21 日，长沙市旅游局记者团一行来我馆考察。

9 月 22 日，湖南省旅游局一行来我馆参观考察。

10 月 19 日，西安市外事侨务办公室副巡视员苏德安一行 5 人参观我馆。

10 月 19 日，长沙市原副市长曹亚一行 3 人参观我馆。

10月19日，四川大学中文系教授3人参观我馆。

10月22日，成都市文广新局局长来我馆参观指导。

11月16日，湖南省地质博物馆廖珊馆长来我馆参观指导。

11月20日，全国人大原副委员长周铁农参观我馆。

11月9日，中国书法家协会领导参观我馆。

11月19日，杭州市人大领导一行15人来我馆参观。

11月21日，中共中央政治局委员、国务院副总理刘延东考察了我馆。刘延东参观了长沙简牍博物馆基本陈列和文物库房，详细询问了简博馆的有关情况，听取了我馆负责同志的介绍，对长沙简牍博物馆的各项工作给予了充分肯定。省、市领导徐守盛、杜家毫、易炼红等陪同考察。

11月26日，意大利外宾参观我馆，我馆安排英语讲解员给予接待。

12月12日，吐鲁番行署李运宾一行3人参观我馆。

12月14日，马王堆40周年研讨会专家组一行58人来我馆参观指导。

12月25日，湛江市委副秘书长林鋈明来我馆参观。

12月29日，澳大利亚中国文化中心主任赵立来我馆参观。

2015年接待

1月9日，长沙市委宣传部副部长朱锦辉陪同龙岩市委宣传部副部长傅柒生一行10人来我馆参观。

3月4日，湖南省人大陪同江苏省人大农委副主任委员一行来我馆参观。

3月11日，金华市博物馆宣教部主任带领讲解员一行来我馆参观。

3月16日，湖南省文化厅原厅长谢作孚和省文物局原局长谢辟庸一行来我馆参观。

3月28日，长沙市委常委、市纪委书记李军一行来我馆参观。

4月11日，湖南省文物局原局长谢辟庸一行来我馆参观。

4月11日，广州军区副政委、武装部部长刘良凯一行10人来我馆参观。

4月15日，中纪委委员、国家新闻出版广播电影电视总局党组成员宋昌明一行在湖南省新闻出版广电局毛良才副局长的陪同下来我馆参观考察。

4月15日，长沙市纪委彭常委一行就长沙市廉政文化建设事项赴我馆调研。

4月17日，长沙市侨联粟先生陪同外宾来我馆参观。

4月18日，湖南省邮政局陈主任一行来我馆参观。

4月22日，大连市委常委、统战部部长董长海一行14人来我馆考察。

4月23日，湖南省文物局博物馆处处长何颖带三位外地考古专家来我馆进行参观交流。

4月27日，中国福利会党组成员、巡视员钱华飞、王禄宁一行来我馆参观。

5月7日，哈尔滨市文化局副巡视员一行8人来我馆考察。

5月8日，北京孔庙和国子监博物馆吴志友馆长一行来我馆参观交流。

5月14日，长沙市委市政府政研室李荣裕副处长一行人来我馆指导工作。

5 月 21 日，甘肃省天水博物馆馆领导来我馆交流。

5 月 22 日，长沙市文化市场综合执法局张艳华处长一行 10 人来我馆参观。

5 月 25 日，全国人大常委会委员、副秘书长李连宁一行，在湖南省人大常委会副秘书长谢卫东等陪同下，莅临我馆参观。参观结束后，李连宁对长沙简牍博物馆的文物收藏、保护、研究和展示工作给予了充分肯定，并对我馆申请“中国简牍博物馆”称号寄予厚望。

5 月 27 日，哥伦比亚大学学者郭钰来我馆参观并进行学术讨论和交流。

5 月 27 日，全省社科普及会议领导、负责人等 100 人来我馆参观、考察。

5 月 28 日，金鹰 985 电台“中华小导游”栏目组一行 11 人来我馆进行宣传拍摄工作。

5 月 28 日，台湾著名学者邢义田教授一行来我馆进行学术交流与参观。

6 月 7 日，中国国家博物馆一行 10 人来我馆考察交流。

6 月 10 日，长沙市市委副书记、市长胡衡华等嘉宾来我馆参观。

6 月 14 日，中共中央政治局委员、国家副主席李源潮参观考察我馆，湖南省、市领导徐守盛、韩永文、易炼红、胡衡华等陪同参观。

6 月 18 日，山西省太原市图书馆馆长来我馆参观交流。

6 月 27 日，香港新闻工作者联合会“湖湘文化之旅”采访团一行 20 人来我馆采风参观。

7 月 15 日，敦煌研究院一行来我馆参观交流。

7 月 19 日，美国 Eiclcises 公司总裁 John Talley 在市政协的陪同下来我馆参观。

7 月 26 日，中山大学考古专业师生一行 27 人来我馆实地学习。

7 月 27 日，长沙市委组织部一行来我馆参观。

8 月 2 日，国家外文局外籍记者团一行 9 人来我馆采风参观，我馆安排英语讲解员给予接待。

8 月 12 日，湖南省文化厅外事办戴佩芝带领悉尼中国文化中心合作项目“奖学之旅”学员来我馆参观，我馆安排英语讲解员给予接待。

8 月 12 日，海口市侨联陪同新西兰孔子学员区院长来我馆参观学习。

8 月 15 日，甘肃省白银市政协副主席薛秋诗一行 3 人来我馆调研。

8 月 17 日，最高法院、全国人大法工委陈现杰、张玉娟、梁非等一行 8 人来我馆参观学习，湖南省法院王小纯陪同。

9 月 19 日，湖南省委接待办一行来我馆参观。

9 月 19 日，世界银行 DPL 代表团一行 11 人来我馆参观考察。

10 月 9 日，长沙市文化局原局长杨局长一行 4 人参观我馆。

10 月 12 日，湖南粮食集团团委书记赵波等一行 6 人参观我馆。

10 月 12 日，湖南省文物局陪同浙江省文物局鲍贤伦等一行 6 人来我馆参观考察。

10 月 16 日，长沙市政协陪同柳州市政协一行 7 人参观我馆。

10 月 30 日，美国驻武汉总领事馆龙智明一行来我馆参观。

11 月 5 日，郴州市文广新局局长一行来我馆参观考察。

11 月 5 日，美国华盛顿东方医学研究中心外宾一行参观我馆。

11 月 6 日，长沙市直机关青年文明号创建检查组一行来我馆参观检查。

11 月 7 日，原中央政治局常委、十一届全国政协主席贾庆林参观我馆一楼基本陈列和文物库房，省、市领导徐守盛、杜家毫、许又声、张文雄、胡衡华等陪同参观。

11 月 11 日，中国科学院科学史所著名专家一行 7 人参观我馆。

11 月 13 日，武汉大学万林艺术博物馆一行参观我馆。

11 月 13 日，湖南省社科联、湖南省人大陪同河南省人大常委会教科文卫工委副主任高莉萍等一行 10 人参观我馆。

11 月 18 日，南昌市博物馆胡振副馆长一行来我馆参观考察。

11 月 20 日，湖南省委接待办、天心区政府、长沙市文广新局陪同中组部秘书长高远民一行 16 人参观我馆。

11 月 25 日，长沙理工大学设计艺术学院书法研究院陪同福建三明学院书记一行 12 人参观我馆。

12 月 5 日，湖南美术出版社领导陪同中国艺术研究院陈海良一行来我馆参观。

12 月 14 日，东莞市副市长一行 9 人参观我馆。

12 月 16 日，国家文化部党组副书记、副部长杨志今一行赴我馆参观考察，对长沙简牍博物馆的各项工作给予了高度评价，并强调要继续努力保护和利用这笔珍贵的文化遗产。湖南省文化厅党组书记、厅长李晖，长沙市副市长何寄华等陪同考察。

12 月 19 日，湖南省公安厅领导陪同新疆公安厅阿迪力副厅长参观我馆。

附录二　参观人数统计表

2009 年参观人数统计

月 份	参观人数	未成年人	外 宾	临 展	巡 展
1	17530	3856	76		
2	14437	3364	102		
3	20435	4506	113		
4	17976	3954	107		
5	11120	2335	137		
6	12075	2778	129		
7	8212	2135	238		
8	9040	3614	175		
9	10840	3469	249		
10	13636	5454	286		
11	10738	2543	293		
12	7947	1589	267		96510
小计	153986	39597	2172	104844	
合计	355340				

注：合计数量中未成年人、外宾包括在参观人数之内，下列表格同。

2010 年参观人数统计

<table>
<tr><th>月 份</th><th>参观人数</th><th>未成年人</th><th>外 宾</th><th>临 展</th><th>开福区活动</th><th>市民讲堂</th><th>讲座</th></tr>
<tr><td>1</td><td>7748</td><td>1472</td><td>1292</td><td rowspan="13">121743</td><td rowspan="13">23752</td><td rowspan="13">1561</td><td rowspan="13">7600</td></tr>
<tr><td>2</td><td>6605</td><td>1519</td><td>529</td></tr>
<tr><td>3</td><td>15339</td><td>2300</td><td>1713</td></tr>
<tr><td>4</td><td>15237</td><td>3352</td><td>3006</td></tr>
<tr><td>5</td><td>21420</td><td>5997</td><td>1536</td></tr>
<tr><td>6</td><td>28310</td><td>7643</td><td>1785</td></tr>
<tr><td>7</td><td>33662</td><td>9761</td><td>2694</td></tr>
<tr><td>8</td><td>18434</td><td>4793</td><td>1192</td></tr>
<tr><td>9</td><td>12975</td><td>3633</td><td>941</td></tr>
<tr><td>10</td><td>38615</td><td>10812</td><td>2273</td></tr>
<tr><td>11</td><td>21245</td><td>4673</td><td>1320</td></tr>
<tr><td>12</td><td>15682</td><td>3450</td><td>696</td></tr>
<tr><td>小计</td><td>235272</td><td>59405</td><td>18977</td></tr>
<tr><td>合计</td><td colspan="7">389928</td></tr>
</table>

2011 年参观人数统计

月 份	参观人数	未成年人	外 宾	临 展	市民讲堂
1	12034	3028	753	96900	1536
2	11805	3169	943		
3	27942	8103	1082		
4	31004	9957	3381		
5	43992	12317	3388		
6	44278	12197	3334		
7	43687	12232	2637		
8	31783	8891	4015		
9	30940	8044	7237		
10	34966	10140	6914		
11	28055	7013	4925		
12	29137	5821	4361		
小计	369623	100912	42970		
合计	468059				

2012 年参观人数统计

月 份	参观人数	未成年人	外 宾	临 展	巡 展	市民讲堂	讲 座
1	10422	2918	2586	139697	28000	1160	2278
2	10494	2623	1354				
3	17088	4613	2470				
4	28032	7013	5028				
5	27845	7039	3677				
6	32354	8410	3690				
7	41322	11356	5191				
8	34095	9837	5070				
9	32942	9223	7245				
10	43779	11815	9148				
11	35920	9335	7670				
12	32871	7016	6964				
小计	347164	91198	60093				
合计	518299						

2013年参观人数统计

月 份	参观人数	未成年人	外 宾	临 展	巡 展	市民讲堂	讲 座
1	17488	5246	1618	224342	98500	1915	3315
2	18068	5239	3742				
3	35960	10419	9008				
4	42640	11519	11624				
5	29464	8107	4668				
6	28964	8416	3150				
7	28840	11597	1791				
8	26814	10135	5348				
9	28840	7136	7640				
10	53324	10352	11834				
11	40194	9785	11048				
12	39807	8375	6902				
小计	390403	106326	78373				
合计	718475						

2014年参观人数统计

月 份	参观人数	未成年人	外 宾	临 展	特 展	巡 展	市民讲堂	讲 座
1	15830	3896	1492	266721	101200	76000	1180	6000
2	17530	4514	3300					
3	34344	8671	9646					
4	39884	9684	9126					
5	46160	12963	8302					
6	34410	11786	5854					
7	39604	14407	6904					
8	41922	17530	3910					
9	29806	7965	6824					
10	52020	13475	8202					
11	37652	9231	8152					
12	29836	7547	5474					
小计	418998	121669	77186					
合计	870099							

2015年参观人数统计

<table>
<tr><th>月份</th><th>参观人数</th><th>未成年人</th><th>外 宾</th><th>临 展</th><th>特 展</th><th>巡 展</th><th>市民讲堂</th><th>讲座</th></tr>
<tr><td>1</td><td>23952</td><td>6734</td><td>2428</td><td>27190</td><td rowspan="13">43796</td><td rowspan="13">59200</td><td rowspan="13">1236</td><td rowspan="13">4608</td></tr>
<tr><td>2</td><td>23230</td><td>8910</td><td>1634</td><td>39175</td></tr>
<tr><td>3</td><td>25142</td><td>6015</td><td>5958</td><td>0</td></tr>
<tr><td>4</td><td>45872</td><td>9025</td><td>9530</td><td>12367</td></tr>
<tr><td>5</td><td>41850</td><td>9713</td><td>7280</td><td>29434</td></tr>
<tr><td>6</td><td>29576</td><td>8138</td><td>5160</td><td>0</td></tr>
<tr><td>7</td><td>42146</td><td>10726</td><td>4078</td><td>16430</td></tr>
<tr><td>8</td><td>39824</td><td>10635</td><td>3666</td><td>9128</td></tr>
<tr><td>9</td><td>33940</td><td>8125</td><td>8416</td><td>21549</td></tr>
<tr><td>10</td><td>52338</td><td>13945</td><td>10880</td><td>26471</td></tr>
<tr><td>11</td><td>35970</td><td>9713</td><td>9766</td><td>21144</td></tr>
<tr><td>12</td><td>21788</td><td>5714</td><td>6128</td><td>20897</td></tr>
<tr><td>小计</td><td>415628</td><td>107393</td><td>74924</td><td>223785</td></tr>
<tr><td>合计</td><td colspan="8">748253</td></tr>
</table>

附录三　简牍小课堂情况

2012年共建学校简牍小课堂情况

序号	学校名称	上课时间	内　容	授课年级	课时	讲课老师
1	朝阳小学	04.20 9:00	简牍小课堂	四年级	1	王　丽
2	朝阳小学	04.20 10:00	简牍小课堂	五年级	1	王　丽
3	朝阳小学	05.02 10:00	漆器导赏	四年级	1	李　伟
4	朝阳小学	05.02 15:30	简牍小课堂	五年级	1	李　伟
5	火星小学	05.04 14:10	简牍小课堂	四年级	1	王　丽
6	火星小学	05.04 15:10	简牍小课堂	三年级	1	王　丽
7	黄兴小学	10.24 14:10	漆器导赏	四年级	1	喻冰冰
8	黄兴小学	10.24 15:10	简牍小课堂	五年级	1	喻冰冰
9	曹家坡小学	11.26　14:10	简牍小课堂	六年级	1	李　伟
10	一师一附小	11.08　14:10	简牍小课堂	五年级	1	李　伟
11	一师一附小	11.08　14:10	简牍小课堂	四年级	1	喻冰冰
12	东茅街小学	11.22　9:00	简牍小课堂	六年级	1	李　伟
13	东茅街小学	11.22　10:00	简牍小课堂	五年级	1	李　伟
14	幼幼学校	11.27　14:20	简牍小课堂	四甲班	1	喻冰冰
15	小古道巷小学	11.29　14:50	简牍小课堂	四年级	1	李　伟
16	小古道巷小学	11.29　15:50	简牍小课堂	五年级	1	李　伟
17	育华小学	11.30　16:00	简牍小课堂	四年级	1	喻冰冰
18	长塘里小学	12.06　16:00	简牍小课堂	四年级	1	李　伟
19	长塘里小学	12.06　14:10	简牍小课堂	五年级	1	王　丽
20	长塘里小学	12.06　14:10	简牍小课堂	五年级	1	李　伟
21	育才小学	12.13　15:00	简牍小课堂	五年级	1	王　丽
22	育才小学	12.13　15:00	简牍小课堂	四年级	1	李　伟
23	楚怡小学	12.18　15:00	简牍小课堂	四年级	1	李　伟
24	楚怡小学	12.18　15:00	简牍小课堂	五年级	1	喻冰冰

2013年共建学校简牍小课堂情况

序号	学校名称	上课时间	内 容	授课年级	课时	讲课老师
1	枫林绿洲小学	05.10 14:35	简牍小课堂	五一班	1	李 伟
2	黄兴小学	05.28 14:40	简牍小课堂	二年级	1	喻冰冰
3	黄兴小学	05.28 14:40	漆器导赏	五年级	1	梁 果
4	高新博才	06.20 15:30	简牍小课堂	五年级	1	喻冰冰
5	幼幼学校	10.30 14:15	简牍小课堂	五年级	1	王姝婷
6	小古道巷小学	11.06 14:10	简牍小课堂	三年级	1	王 丽
7	小古道巷小学	11.06 14:10	漆器导赏	五年级	1	梁 果
8	井圭路小学	11.14 14:10	简牍小课堂	四二班	1	王 丽
9	井圭路小学	11.14 14:10	简牍小课堂	四三班	1	王 丽
10	井圭路小学	11.14 14:10	简牍小课堂	四一班	1	喻冰冰
11	井圭路小学	11.14 14:10	简牍小课堂	四四班	1	喻冰冰
12	育华小学	11.20 9:00	简牍小课堂	四一班	1	王 丽
13	育华小学	11.20 9:00	简牍小课堂	四年级	1	王姝婷
14	铜铺街小学	11.21 14:21	简牍小课堂	四甲班	1	王姝婷
15	火星小学	11.22 14:50	简牍小课堂	四年级	1	喻冰冰
16	火星小学	11.22 14:50	简牍小课堂	四年级	1	李 伟
17	火星小学	11.22 16:00	简牍小课堂	四年级	1	喻冰冰
18	火星小学	11.22 16:00	简牍小课堂	四年级	1	李 伟
19	井圭路小学	11.27 14:10	简牍小课堂	五年级	1	王 丽
20	井圭路小学	11.27 14:10	简牍小课堂	五年级	1	李 伟
21	井圭路小学	11.27 15:00	简牍小课堂	五年级	1	王 丽
22	井圭路小学	11.27 15:00	简牍小课堂	五年级	1	李 伟
23	曹家坡小学	11.29 14:10	简牍小课堂	四年级	1	王姝婷
24	曹家坡小学	11.29 15:00	简牍小课堂	四年级	1	王姝婷
25	曹家坡小学	11.29 14:10	漆器导赏	五年级	1	高 珂
26	曹家坡小学	11.29 15:00	漆器导赏	五年级	1	高 珂
27	枫林绿洲小学	11.29 14:20	简牍小课堂	四年级	1	李 伟
28	滨江小学	12.05 10:00	简牍小课堂	五一班	1	喻冰冰
29	滨江小学	12.05 11:00	简牍小课堂	五二班	1	喻冰冰

序号	学校名称	上课时间	内　容	授课年级	课时	讲课老师
30	育英小学	12.05　14:45	简牍小课堂	四三班	1	王　丽
31	育英小学	12.05　15:30	简牍小课堂	四四班	1	王　丽
32	楚怡小学	12.06　14:30	简牍小课堂	四甲班	1	王　丽
33	育英小学	12.06　14:30	简牍小课堂	四一班	1	李　伟
34	育英小学	12.06　15:30	简牍小课堂	四五班	1	李　伟
35	长塘里小学	12.13　14:45	简牍小课堂	四一班	1	张　露
36	长塘里小学	12.13　14:45	简牍小课堂	四二班	1	王姝婷
37	长塘里小学	12.13　14:45	简牍小课堂	四五班	1	喻冰冰
38	长塘里小学	12.13　15:15	简牍小课堂	四四班	1	张　露
39	长塘里小学	12.13　15:15	简牍小课堂	四三班	1	王姝婷
40	东茅街小学	12.18　15:55	简牍小课堂	3—6 年级	1	李　伟
41	韶山南路学校	12.19　13:55	简牍小课堂	四年级	1	王　丽
42	韶山南路学校	12.19　13:55	简牍小课堂	四年级	1	张　露
43	韶山南路学校	12.19　14:45	简牍小课堂	四年级	1	王　丽
44	韶山南路学校	12.19　14:45	简牍小课堂	四年级	1	张　露
45	黄兴小学	12.24　14:10	简牍小课堂	四乙班	1	喻冰冰
46	黄兴小学	12.24　15:00	简牍小课堂	五甲班	1	喻冰冰
47	幼幼学校	12.26　16:05	简牍小课堂	四一班	1	李　伟
48	幼幼学校	12.26　16:05	简牍小课堂	四二班	1	王姝婷
49	幼幼学校	12.26　16:05	简牍小课堂	四三班	1	王　丽
50	育才学校	12.27　10:00	简牍小课堂	四二班	1	王　丽
51	青竹湖湘一	12.27　16:00	简牍小课堂	全体	1	李　伟

2014 年共建学校简牍小课堂情况

序号	学校名称	上课时间	内　容	授课年级	课时	讲课老师
1	一师一附小	01.03 14:15	简牍小课堂	四年级	1	张　露
2	一师一附小	01.03 14:15	简牍小课堂	四年级	1	王姝婷
3	一师一附小	01.03 15:10	简牍小课堂	四年级	1	张　露
4	一师一附小	01.03 15:10	简牍小课堂	四年级	1	王姝婷

序号	学校名称	上课时间	内 容	授课年级	课时	讲课老师
5	井圭路小学	03.13 14:00	漆器导赏	五年级	1	高 珂
6	井圭路小学	03.13 14:00	漆器导赏	五年级	1	梁 果
7	井圭路小学	03.13 14:50	漆器导赏	五年级	1	高 珂
8	井圭路小学	03.13 14:50	漆器导赏	五年级	1	梁 果
9	朝阳小学	03.14 15:30	简牍小课堂	四年级	1	李 伟
10	青园小学	03.24 14:00	简牍小课堂	一二班	1	李 伟
11	湖大附小	03.26 10:00	竹木载文明（一）	五一班	1	王 丽
12	铜铺街小学	03.27 14:00	漆器导赏	四年级	1	高 珂
13	铜铺街小学	03.27 14:00	漆器导赏	五年级	1	梁 果
14	青园小学	03.28 15:25	简牍小课堂	一五班	1	李 伟
15	青园小学	03.28 15:25	简牍小课堂	一六班	1	王 丽
16	清水塘二小	04.03 15:25	简牍小课堂	一年级	1	张 露
17	湖大附小	04.16 10:00	竹木载文明（二）	五一班	1	梁 果
18	湖大附小	04.23 10:00	竹木载文明（三）	五一班	1	李 伟
19	湖大附小	05.07 10:00	竹木载文明（一）	六一班	1	王 丽
20	湖大附小	05.07 11:00	竹木载文明（一）	六二班	1	王 丽
21	湖大附小	05.08 10:00	竹木载文明（一）	五二班	1	李 伟
22	湖大附小	05.08 11:00	竹木载文明（一）	五三班	1	李 伟
23	湖大附小	05.09 10:00	竹木载文明（一）	六三班	1	梁 果
24	湖大附小	05.09 11:00	竹木载文明（一）	六四班	1	梁 果
25	湖大附小	05.21 10:00	竹木载文明（二）	五一班	1	王 丽
26	湖大附小	05.21 11:00	竹木载文明（二）	五一班	1	王 丽
27	湖大附小	05.22 10:00	竹木载文明（二）	五二班	1	李 伟
28	湖大附小	05.22 11:00	竹木载文明（二）	五三班	1	李 伟
29	湖大附小	05.22 14:45	竹木载文明（二）	六三班	1	梁 果
30	湖大附小	05.22 15:40	竹木载文明（二）	六四班	1	梁 果
31	青竹湖湘一	06.05 15:30	漆器导赏	混合大课	1	李 伟
32	育英小学	06.12 15:20	漆器导赏	五一班	1	李 伟
33	育英小学	06.13 14:30	漆器导赏	五二班	1	梁 果
34	育英小学	06.13 14:30	漆器导赏	五四班	1	李 伟
35	育英小学	06.13 15:20	漆器导赏	五三班	1	梁 果

序号	学校名称	上课时间	内 容	授课年级	课时	讲课老师
36	育英小学	06.13 15:20	漆器导赏	五五班	1	李 伟
37	育才二小	06.20 15:45	简牍小课堂	五年级	1	王 丽
38	小古道巷小学	06.25 14:20	漆器导赏	四年级	1	梁 果
39	万婴鑫天园（带巡展）	10.08 10:00	简牍小课堂	大班	1	梁 果
40	万婴鑫天园（带巡展）	10.09 9:00	简牍小课堂	中大班	1	梁 果
41	万婴鑫天园（带巡展）	10.09 10:00	简牍小课堂	中小班	1	梁 果
42	万婴曙光园	10.15 9:00	简牍小课堂	大班	1	梁 果
43	万婴曙光园	10.15 9:00	简牍小课堂	大班	1	梁 果
44	万婴曙光园	10.15 9:00	简牍小课堂	大班	1	梁 果
45	高新博才	10.16 14:45	简牍小课堂	四五班	1	王姝婷
46	枫树山小学	10.24 14:50	简牍小课堂	一三班	1	李 伟
47	万婴福乐园	10.27 15:00	简牍小课堂	大班	1	梁 果
48	书院小学	10.28 9:00	竹木载文明（一）	四五班	1	梁 果
49	书院小学	10.28 9:00	竹木载文明（二）	四五班	1	李 伟
50	书院小学	10.28 9:00	竹木载文明（三）	四五班	1	李 伟
51	碧湘街小学	10.29 10:10	简牍小课堂	五甲班	1	李 伟
52	黄兴小学	10.30 10:10	简牍小课堂	五甲班	1	王姝婷
53	小古道巷小学	10.30 10:00	竹木载文明（一）		1	梁 果
54	幼幼学校	10.31 11:10	简牍小课堂	四年级	1	王姝婷
55	曙光小学	11.03 14:10	简牍小课堂	五三班	1	梁 果
56	仰天湖小学	11.04 11:00	简牍小课堂	三年级	1	王姝婷
57	黄土岭小学	11.05 10:10	简牍小课堂	六年级	1	梁 果
58	黄兴小学	11.06 10:10	简牍小课堂	五乙班	1	王姝婷
59	理工大学子弟学校	11.06 14:00	简牍小课堂	五年级	1	李 伟
60	一师一附小	11.07 14:10	简牍小课堂	四年级	1	梁 果
61	一师一附小	11.07 15:00	简牍小课堂	四年级	1	梁 果
62	南湖小学	11.07 15:10	简牍小课堂	五年级	1	李 伟
63	黄鹤小学	11.10 14:50	简牍小课堂	四五六年级	1	李 伟
64	披塘小学	11.10 10:10	简牍小课堂	四五年级	1	梁 果
65	桂井小学	11.12 10:10	简牍小课堂	四年级	1	梁 果
66	蓝天学校	11.13 10:25	简牍小课堂	六年级	1	梁 果

序号	学校名称	上课时间	内 容	授课年级	课时	讲课老师
67	黑石小学	11.14 14:10	简牍小课堂	五六年级	1	梁 果
68	金峰小学	11.17 14:10	竹木载文明（一）	四年级	1	李 伟
69	金峰小学	11.17 5:00	竹木载文明（二）	四年级	1	李 伟
70	仰天湖赤岭小学	11.18 14:10	简牍小课堂	五年级	1	王姝婷
71	南大桥小学	11.20 9:00	简牍小课堂	五甲班	1	王 丽
72	新开铺小学	11.20 10:10	简牍小课堂	四甲班	1	王 丽
73	天鸿小学	11.20 14:30	简牍小课堂	四年级	1	王姝婷
74	新港小学	11.21 14:00	简牍小课堂	五年级	1	梁 果
75	青园中信小学	11.24 10:50	简牍小课堂	四五年级	1	李 伟
76	先锋小学	11.24 14:35	简牍小课堂	五年级	1	李 伟
77	湘府英才小学	11.25 10:10	竹木载文明（一）	五一班	1	梁 果
78	湘府英才小学	11.25 11:00	竹木载文明（一）	五二班	1	梁 果
79	桂花坪小学	11.25 14:20	简牍小课堂	五年级	1	梁 果
80	井岗小学	11.26 10:50	简牍小课堂	四年级	1	王姝婷
81	新路小学	11.26 15:00	简牍小课堂	四一班	1	李 伟
82	向家坡小学	11.27 10:05	简牍小课堂	五一班	1	王姝婷
83	向家坡小学	11.27 11:00	简牍小课堂	五二班	1	王姝婷
84	青园小学	11.28 11:00	简牍小课堂	五年级	1	王 丽
85	新天小学	11.28 14:05	简牍小课堂	四年级	1	王 丽
86	中南大学第二附小	12.01 11:00	简牍小课堂	五年级	1	王 丽
87	育华小学	12.04 10:10	简牍小课堂	四一班	1	王 丽
88	育华小学	12.04 11:00	简牍小课堂	四二班	1	王 丽
89	湘府英才小学	12.15 14:10	竹木载文明（二）	五一班	1	梁 果
90	湘府英才小学	12.15 15:00	竹木载文明（二）	五二班	1	梁 果
91	湘府英才小学	12.15 14:10	竹木载文明（三）	五一班	1	梁 果
92	湘府英才小学	12.15 15:00	竹木载文明（三）	五二班	1	梁 果
93	曹家坡小学	12.24 14:10	简牍小课堂	四年级	1	王 丽
94	曹家坡小学	12.24 15:00	简牍小课堂	四年级	1	王 丽
95	东茅街小学	12.24 15:50	简牍小课堂	五年级	1	李 伟
96	东茅街小学	12.24 15:50	简牍小课堂	三年级	1	王姝婷
97	火星小学	12.26 14:50	简牍小课堂	四年级	1	王 丽

序号	学校名称	上课时间	内　容	授课年级	课时	讲课老师
98	火星小学	12.26 15:40	简牍小课堂	四年级	1	王　丽
99	火星小学	12.26 14:50	简牍小课堂	四年级	1	李　伟
100	火星小学	12.26 15:40	简牍小课堂	四年级	1	李　伟

2015年共建学校简牍小课堂情况

序号	学校名称	上课时间	内　容	授课年级	课时	讲课老师
1	朝阳小学	01.04　15:35	简牍小课堂	四年级	1	李　伟
2	井圭路小学	01.08　14:00	简牍小课堂	四一班	1	王　丽
3	井圭路小学	01.08　14:00	简牍小课堂	四二班	1	王姝婷
4	井圭路小学	01.08　14:50	简牍小课堂	四三班	1	王　丽
5	井圭路小学	01.08　14:50	简牍小课堂	四四班	1	王姝婷
6	望月湖一小	01.09　15:35	简牍小课堂	四年级	1	李　伟
7	育英小学	01.16　15:20	简牍小课堂	四年级	1	李　伟
8	滨江小学	03.04　11:00	简牍小课堂	五年级	1	李　伟
9	枫树山小学	03.27　14:45	竹木载文明（二）	一年级	1	李　伟
10	湖大附小	04.02　14:45	竹木载文明（一）	五年级	1	梁　果
11	湖大附小	04.02　14:45	竹木载文明（一）	五年级	1	梁　果
12	湖大附小	04.09　14:45	竹木载文明（一）	五年级	1	王　丽
13	湖大附小	04.09　14:45	竹木载文明（一）	五年级	1	王　丽
14	湖大附小	04.16　14:45	竹木载文明（二）	五年级	1	梁　果
15	湖大附小	04.16　15:30	竹木载文明（二）	五年级	1	梁　果
16	湖大附小	04.23　14:45	竹木载文明（二）	五年级	1	王　丽
17	湖大附小	04.23　15:30	竹木载文明（二）	五年级	1	王　丽
18	湖大附小	04.30　14:45	竹木载文明（三）	五年级	1	梁　果
19	湖大附小	04.30　15:30	竹木载文明（三）	五年级	1	梁　果
20	湖大附小	05.07　14:45	竹木载文明（三）	五年级	1	王　丽
21	湖大附小	05.07　15:30	竹木载文明（三）	五年级	1	王　丽
22	马王堆小学	05.06　14:25	竹木载文明（一）	三年级	1	李　伟
23	万婴麓山润城幼儿园	05.12　11:00	简牍小课堂	大班	1	梁　果
24	博才白鹤小学	05.13　9:50	竹木载文明（一）	五年级	1	梁　果

序号	学校名称	上课时间	内 容	授课年级	课时	讲课老师
25	博才白鹤小学	05.13　10:40	竹木载文明（一）	五年级	1	梁　果
26	育英小学	05.15　14:35	漆器导赏	四（1、2）	1	王姝婷
27	育英小学	05.15　15:30	漆器导赏	四（3、4）	1	王姝婷
28	博才白鹤小学	05.13　9:50	竹木载文明（二）	五年级	1	梁　果
29	博才白鹤小学	05.13　10:40	竹木载文明（二）	五年级	1	梁　果
30	马王堆小学	05.14　14:25	竹木载文明（二）	三（一）	1	李　伟
31	马王堆小学	05.14　15:05	竹木载文明（二）	三（二）	1	李　伟
32	马王堆小学	05.14　14:25	竹木载文明（二）	三（三）	1	王　丽
33	马王堆小学	05.14　15:05	竹木载文明（二）	三（四）	1	王　丽
34	马王堆小学	05.21　14:25	竹木载文明（三）	三（一）	1	李　伟
35	马王堆小学	05.21　15:05	竹木载文明（三）	三（二）	1	李　伟
36	马王堆小学	05.21　14:25	竹木载文明（三）	三（三）	1	王　丽
37	马王堆小学	05.21　15:05	竹木载文明（三）	三（四）	1	王　丽
38	红星小学	06.03　10:15	简牍小课堂	四年级	1	李　伟
39	湖大附小	10.08　14:45	竹木载文明（一）	五（一）	1	王　丽
40	湖大附小	10.08　15:30	竹木载文明（一）	五（二）	1	王　丽
41	湖大附小	10.15　14:45	竹木载文明（一）	五（三）	1	王　丽
42	湖大附小	10.15　15:30	竹木载文明（一）	五（四）	1	王　丽
43	湖大附小	10.22　14:45	竹木载文明（二）	五（一）	1	王　丽
44	湖大附小	10.22　15:30	竹木载文明（二）	五（二）	1	王　丽
45	赤岗冲小学	10.23　15:05	简牍小课堂	五年级	1	梁　果
46	滨江小学	10.26　14:20	简牍小课堂	五（7）	1	王姝婷
47	滨江小学	10.26　15:15	简牍小课堂	五（4）	1	王姝婷
48	滨江小学	10.29　10:15	简牍小课堂	五（2）	1	梁　果
49	滨江小学	10.29　11:10	简牍小课堂	五（6）	1	梁　果
50	湖大附小	10.29　14:45	竹木载文明（二）	五（三）	1	李　伟
51	湖大附小	10.29　15:30	竹木载文明（二）	五（四）	1	李　伟
52	滨江小学	10.30　10:15	简牍小课堂	五（3）	1	王姝婷
53	滨江小学	10.30　11:10	简牍小课堂	五（1）	1	王姝婷
54	育华小学	11.02　8:10	简牍小课堂	四年级	1	李　伟
55	育华小学	11.02　8:50	简牍小课堂	四年级	1	李　伟

序号	学校名称	上课时间	内　容	授课年级	课时	讲课老师
56	浏正街小学	11.04　14:25	简牍小课堂	四甲	1	梁　果
57	湖大附小	11.05　14:45	竹木载文明（三）	五（一）	1	王　丽
58	湖大附小	11.05　15:30	竹木载文明（三）	五（二）	1	王　丽
59	黄兴小学	11.06　15:05	简牍小课堂		1	符　琳
60	火星小学	11.11　8:30	简牍小课堂	四年级	1	李　伟
61	火星小学	11.11　8:30	简牍小课堂	四年级	1	王姝婷
62	火星小学	11.11　9:45	简牍小课堂	四年级	1	李　伟
63	火星小学	11.11　9:45	简牍小课堂	四年级	1	王姝婷
64	湖大附小	11.12　14:45	竹木载文明（三）	五（三）	1	李　伟
65	湖大附小	11.12　15:30	竹木载文明（三）	五（四）	1	李　伟
66	湘府英才	11.19 10:10	简牍小课堂	五年级	1	梁　果
67	湘府英才	11.19 11:00	简牍小课堂	五年级	1	梁　果
68	修业学校	11.23　9:00	简牍小课堂	三年级	1	王姝婷
69	楚怡小学	12.03　10:00	竹木载文明（二）	四年级	1	梁　果
70	井圭路小学	12.17　14:10	简牍小课堂	三年级	1	王姝婷
71	井圭路小学	12.17　14:10	简牍小课堂	三年级	1	符　琳
72	井圭路小学	12.17　14:55	简牍小课堂	三年级	1	王姝婷
73	井圭路小学	12.17　14:55	简牍小课堂	三年级	1	符　琳
74	育英小学	12.25　14:00	简牍小课堂	四年级	1	王姝婷
75	育英小学	12.25　14:00	简牍小课堂	四年级	1	梁　果
76	育英小学	12.25　14:50	简牍小课堂	四年级	1	王姝婷
77	育英小学	12.25　14:50	简牍小课堂	四年级	1	梁　果

附录四　长沙市民文化遗产讲堂统计表

期数	时 间	内 容	主讲人
1	2008 年 6 月 14 日 9:00 ~ 11:00	《长沙历史风云》	梁小进
2	2008 年 6 月 15 日 9:00 ~ 11:00	《近代湖湘名人与长沙》	彭平一
3	2008 年 7 月 12 日 9:00 ~ 11:00	《湖湘文化漫谈》	郑　焱
4	2008 年 7 月 26 日 9:00 ~ 11:00	《解密晚清湘军历史》	杨锡贵
5	2008 年 8 月 16 日 9:00 ~ 11:00	《宋代长沙城市休闲文化管窥》	杨建宏
6	2008 年 8 月 30 日 9:00 ~ 11:00	《近代长沙文化名人——纵横学家王闿运》	王　盾
7	2008 年 9 月 7 日 9:00 ~ 11:00	《中国传统文化之书画艺术赏析》	易衡卫
8	2008 年 10 月 11 日 9:00 ~ 11:00	《近看毛泽东，讲述领袖身边事》	梅永禄
9	2008 年 11 月 22 日 9:00 ~ 11:00	《他山之石，可以攻玉——现代中国人本主义艺术之路》	李蒲星
10	2008 年 12 月 27 日 14:30 ~ 16:30	《碧血丹心——谭嗣同》	郑　焱
11	2009 年 2 月 21 日 9:00 ~ 11:00	《碧血丹心——谭嗣同》	郑　焱
12	2009 年 2 月 28 日 9:00 ~ 11:00	《碧血丹心——谭嗣同》	郑　焱
13	2009 年 3 月 7 日 9:00 ~ 11:00	《唐代佛教地理研究》	李映辉
14	2009 年 3 月 14 日 9:00 ~ 11:00	《湖南出土简牍综述》	陈松长
15	2009 年 3 月 29 日 15:00 ~ 17:00	《走近开福寺》	惟珺法师
16	2009 年 4 月 18 日 14:30 ~ 16:30	《湖南出土青铜器艺术赏析》	王　鑫
17	2009 年 4 月 22 日 14:30 ~ 16:30	《渊源与流变——简帛书法研究展》	易衡卫
18	2009 年 4 月 25 日 10:00 ~ 11:30	《观“田野舞者”感受“茅古斯”》	李锡鹏
19	2009 年 5 月 9 日 9:00 ~ 11:00	《湖南青铜时代之神秘“符号”组合的精神世界》	熊建华
20	2009 年 5 月 16 日 9:00 ~ 11:00	《盛世收藏》	邱东联
21	2009 年 5 月 18 日 9:00 ~ 11:00	《长沙走马楼吴简专题讲座》	宋少华
22	2009 年 5 月 23 日 9:00 ~ 11:00	《瓷釉华彩——长沙窑》	丁送来
23	2009 年 6 月 13 日 9:00 ~ 11:00	《历史文化遗产——人类共同的财富》	刘叔华
24	2009 年 6 月 14 日 9:00 ~ 11:00	《张锡良教授书法专题讲座》	张锡良
25	2009 年 7 月 25 日 9:30 ~ 11:00	《火宫殿传奇》	李家华
26	2009 年 10 月 24 日 9:00 ~ 11:00	《中国传统建筑欣赏》	柳　肃
27	2009 年 10 月 31 日 9:00 ~ 11:00	《湖南传统建筑欣赏》	柳　肃
28	2009 年 11 月 14 日 10:00 ~ 11:30	《登天心古阁，忆文夕大火》	王　盾
29	2009 年 11 月 21 日 9:00 ~ 11:00	《中国四大名绣之湘绣》	方　菁
30	2009 年 11 月 24 日 18:30 ~ 21:30	《知行合一“弟子规”》（一）	胡　遂

期数	时 间	内 容	主讲人
31	2009 年 11 月 28 日 9:30 ~ 11:30	《茶祖神农与中国茶文化》	蔡镇楚
32	2009 年 12 月 3 日 19:00 ~ 21:00	《中国政党与当前政治环境》	吴家庆
33	2009 年 12 月 9 日 18:30 ~ 21:30	《知行合一“弟子规”》（二）	胡 遂
34	2009 年 12 月 12 日 9:30 ~ 11:30	《湖湘文化名人——沈从文漫谈》	周仁政
35	2009 年 12 月 16 日 18:30 ~ 21:30	《知行合一“弟子规”》（三）	胡 遂
36	2009 年 12 月 19 日 9:30 ~ 11:30	《湖湘文化纵横谈》	肖永明
37	2010 年 1 月 30 日 14:00 ~ 16:00	《西洋文化赏析》	戴 维
38	2010 年 4 月 2 日 9:00 ~ 11:00	《清明节——历史寻踪、祭扫英灵》	陈先枢
39	2010 年 4 月 10 日 9:30 ~ 11:30	《探秘马王堆汉墓》	熊传薪
40	2010 年 4 月 17 日 9:30 ~ 11:30	《百年回眸：湖南走进世博会的历程》	李长林
41	2010 年 5 月 22 日 9:30 ~ 11:30	《中国楹联的和谐之美》	余德泉
42	2010 年 5 月 29 日 14:30 ~ 16:30	《马王堆汉墓与古茶文化》	曹 进
43	2010 年 6 月 6 日 9:30 ~ 11:30	《岁时民俗与端午节》	孙文辉
44	2010 年 6 月 10 日 9:00 ~ 11:30	文化遗产日系列讲座之《探秘千年“谷山砚”遗址》	吴文峰
45	2010 年 6 月 11 日 9:00 ~ 11:30	文化遗产日系列讲座之《走近影珠山抗战遗址》	吴文峰
46	2010 年 6 月 12 日 9:00 ~ 11:30	文化遗产日系列讲座之《湘剧的历史、现在与未来》	陈义平
47	2010 年 8 月 28 日 9:00 ~ 11:30	《长沙三国吴简的发现、保护、整理与研究》	宋少华
48	2010 年 10 月 31 日 9:30 ~ 11:00	《长沙传说与长沙精神》	顾庆丰
49	2011 年 1 月 2 日 9:30 ~ 11:30	《长沙名胜楹联赏析》	胡静怡
50	2011 年 1 月 15 日 9:30 ~ 11:30	《观念与传统摄影艺术》	王 宏
51	2011 年 2 月 19 日 9:30 ~ 11:30	《长沙老街地名趣谈》	罗斯旦
52	2011 年 3 月 6 日 9:30 ~ 11:30	《湘君湘夫人形象演变与其文化意义》	杨建宏
53	2011 年 5 月 6 日 9:00 ~ 10:30	《90 年风雨，90 年辉煌——中国共产党奋斗历程》	龚永爱
54	2011 年 5 月 28 日 9:00 ~ 10:30	《党的奋斗史和青少年教育》	余 敏
55	2011 年 6 月 11 日 9:00 ~ 10:30	《解密汉长沙国王陵》	曹 凛
56	2011 年 6 月 25 日 9:00 ~ 10:30	《长沙红色大传说》	顾庆丰
57	2011 年 7 月 31 日 9:00 ~ 10:30	《秋收起义与中国特色革命道路的开辟》	姚庆武
58	2011 年 8 月 6 日 9:00 ~ 10:30	《话说毛泽东的“低碳”、简约生活》	龙剑宇
59	2011 年 9 月 25 日 9:00 ~ 11:00	《刘少奇的执政风格与廉政思想》	易凤葵
60	2011 年 10 月 30 日 9:00 ~ 11:00	《杨开慧手稿的故事》	周 英
61	2011 年 12 月 10 日 9:00 ~ 11:00	《兰亭集序》、“兰亭论辨”与长沙出土东汉三国孙吴简牍	王 素

期数	时 间	内 容	主讲人
62	2011 年 12 月 17 日 9:00 ~ 11:00	《民族文化——一个民族的生命基因》	顾庆丰
63	2012 年 1 月 14 日 9:30 ~ 11:30	《剪纸里的文化密码与我的剪纸情结》	秦石蛟
64	2012 年 2 月 18 日 9:00 ~ 11:30，14:00 ~ 16:30	《现代战争与国家安全》	陈 忞
65	2012 年 3 月 24 日 9:30 ~ 11:00	《学雷锋的行动就是爱的奉献》	雷孟宣
66	2012 年 4 月 21 日 14:30 ~ 16:00	《世界各国古城保护巡礼》	柳 肃
67	2012 年 5 月 19 日 14:30 ~ 16:00	《濒临消亡的光影艺术——纸影戏》	吴昇平
68	2012 年 6 月 9 日 14:00 ~ 15:30	《神奇的针灸》	常小荣
69	2012 年 7 月 1 日 9:30 ~ 11:00	《我党法治之路的回顾与展望》	伍贤华
70	2012 年 10 月 20 日 9:00 ~ 10:30	《历法与我们的生活》（一）	易复刚
71	2012 年 11 月 3 日 9:00 ~ 10:30	《历法与我们的生活》（二）	易复刚
72	2012 年 12 月 8 日 9:00 ~ 10:30	《加快法治进程，推进道德建设》	罗凤梅
73	2013 年 4 月 21 日 9:00 ~ 11:30	《把孩子培养成普通人》	陈 忞
74	2013 年 5 月 18 日 9:30 ~ 11:00	《写意花鸟画欣赏》	杨建五
75	2013 年 6 月 8 日 9:30 ~ 11:00	《走近古琴》	刘慧扬
76	2013 年 10 月 26 日 9:30 ~ 11:00	《中国陶瓷简史》	田 申
77	2013 年 11 月 9 日 9:30 ~ 11:00	《话说醴陵瓷》	田 申
78	2013 年 11 月 23 日 9:30 ~ 11:00	《话说铜官窑》	胡武强
79	2013 年 12 月 7 日 9:30 ~ 11:00	《湘绣：指尖下的艺术》	江再红
80	2013 年 12 月 28 日 9:30 ~ 11:00	《长沙棕编艺术》	王文定
81	2014 年 5 月 10 日 9:00	《南方商周青铜礼仪探微》	向桃初
82	2014 年 5 月 18 日 9:00	《甲骨文背后的历史与文化》	唐际根
83	2014 年 6 月 14 日 9:00	《昆曲与非物质文化遗产》	邹世毅
84	2014 年 6 月 28 日 9:30	《昆曲：文音双美的古典艺术》	徐米弟
85	2014 年 7 月 19 日 9:30	《品味商代玉器》	喻燕姣
86	2014 年 8 月 16 日 9:30	《长沙老字号的文化记忆》	陈先枢
87	2014 年 9 月 13 日 9:30	《湘菜百年老字号的故事》	江 昇
88	2014 年 10 月 18 日 9:30	《长沙“中华老字号”——火宫殿》	李家骅
89	2014 年 11 月 29 日 9:30	《和田玉的鉴定》	陈新勇
90	2014 年 12 月 13 日 9:30	《关于吐鲁番出土文献》	陈国灿
91	2015 年 5 月 16 日 9:00 ~ 11:00	《长沙文脉——以公共图书馆事业为线索》	沈小丁

期数	时 间	内 容	主讲人
92	2015 年 5 月 30 日 9:00 ~ 11:00	《没有桌椅，怎么写字——对中国古代书写姿势的再思考》	邢义田
93	2015 年 6 月 13 日 9:00 ~ 11:00	《抗战时期长沙饮食生活》	任大猛
94	2015 年 7 月 11 日 9:30 ~ 11:00	《篆刻书法艺术》	许雄志
95	2015 年 7 月 18 日 9:00 ~ 11:30	《湘雅医学教育的创办对湖湘现代医学发展的影响》	黄珊琦
96	2015 年 8 月 8 日 9:30 ~ 11:30	《马王堆古尸研究》	彭隆祥
97	2015 年 8 月 29 日 9:30 ~ 11:30	《他们说——关于抗战的“无名之辈”》	马金辉
98	2015 年 11 月 14 日 9:30 ~ 11:30	《王羲之：先世、生平与书法》	刘 涛

附录五　2014—2015 年媒体宣传报道统计表

2014 年媒体报道统计表

时　间	发表媒体	级别	标　　题
2014.03.10	长沙古玩网	市级	长沙简牍博物馆的“巡展进社区”
2014.04.28	长沙会议网	市级	长沙简牍博物馆推出“盛世殷商——甲骨·青铜·玉器珍品文物特展”
2014.04.28	新浪网	省级	殷墟国宝大展将亮相长沙简牍博物馆
2014.04.28	看看新闻网	省级	殷墟商王朝文物首次亮相长沙　近百件文物现身
2014.04.30	中新网	国家级	百件殷商国宝运抵长沙　含罕见牛肋骨所制卜骨
2014.04.30	凤凰网	省级	百件殷商国宝运抵长沙　含罕见牛肋骨所制卜骨
2014.04.30	看看新闻网	省级	百件殷商国宝运抵长沙　含罕见牛肋骨所制卜骨
2014.04.30	雅昌新闻	省级	百件殷商国宝运抵长沙　含罕见牛肋骨所制卜骨
2014.04.30	中国美术家网	国家级	百件殷商国宝运抵长沙　含罕见牛肋骨所制卜骨
2014.04.30	中国新闻网	国家级	百件殷商国宝运抵长沙　含罕见牛肋骨所制卜骨
2014.05.04	长沙市文广新局	市级	百件殷商国宝运抵长沙　含罕见牛肋骨所制卜骨
2014.05.15	凤凰资讯	省级	周末共度“简博之夜”
2014.05.15	评校网	省级	周末共度“简博之夜”
2014.05.15	天下湖南网	省级	周末共度“简博之夜”
2014.05.17	新浪新闻	省级	17 日晚去长沙简牍博物馆看甲骨青铜玉器珍品
2014.05.18	潇湘晨报网	省级	18 日起可到长沙简牍博物馆看殷商珍品文物
2014.05.18	人民网	国家级	“盛世殷商”罕见殷墟国宝首次亮相简牍博物馆
2014.05.18	凤凰网	省级	“盛世殷商”罕见殷墟国宝首次亮相简牍博物馆
2014.05.18	湖南安全网	省级	“盛世殷商”罕见殷墟国宝首次亮相简牍博物馆
2014.05.18	凤凰资讯	省级	今起可到长沙简牍博物馆看殷商珍品文物
2014.05.18	网易新闻中心	省级	今起可到长沙简牍博物馆看殷商珍品文物
2014.05.18	新华网	国家级	今起可到长沙简牍博物馆看殷商珍品文物
2014.05.18	长沙生活网	市级	今起可到长沙简牍博物馆看殷商珍品文物
2014.05.18	腾讯网	省级	罕见殷墟国宝首次亮相长沙　简牍博物馆免费开放
2014.05.18	光明网	国家级	来，一起去穿越“盛世殷商”
2014.05.18	新浪新闻	省级	来，一起去穿越“盛世殷商”
2014.05.18	西陆网	省级	来，一起去穿越“盛世殷商”
2014.05.18	中部崛起网	省级	殷墟国宝长沙首展　简牍博物馆展览开放

时 间	发表媒体	级别	标 题
2014.05.19	长沙市文广新局网	市级	长沙简牍博物馆举办“盛世殷商”特展并启动“简博之夜”活动
2014.05.19	中国政府公开信息整合服务平台	国家级	长沙简牍博物馆举办“盛世殷商”特展并启动“简博之夜”活动
2014.05.19	本地宝	市级	长沙简牍博物馆殷商博览会 免费开放到 8 月底
2014.05.19	长沙电视台新闻频道	市级	5 · 18 国际博物馆日
2014.05.20	湖南文化遗产网	省级	长沙简牍博物馆：讲座巡展进社区，文化服务送到家
2014.05.21	国家数字文化网	国家级	长沙：20 万文化志愿者在行动
2014.05.21	搜狐社区	省级	20 万文化志愿者在行动
2014.05.21	天下湖南网	省级	长沙：20 万文化志愿者在行动
2014.05.21	新浪网	省级	长沙：20 万文化志愿者在行动
2014.05.21	湖南都市频道在线直播网	省级	长沙：20 万文化志愿者在行动 已成星城新时尚
2014.05.21	红网	省级	长沙：20 万文化志愿者在行动 已成星城新时尚
2014.05.21	湖南新闻网	省级	长沙 20 万文化志愿者在行动 文化志愿服务成新时尚
2014.05.23	湖南省文化厅	省级	安阳殷墟商王朝文物首次亮相长沙
2014.06.02	网易新闻中心	省级	博物馆里“粽叶飘香 品味端午”（组图）
2014.06.02	凤凰资讯	省级	博物馆里“粽叶飘香 品味端午”（组图）
2014.06.03	浙江省文物局	省级	博物馆里“粽叶飘香 品味端午”（组图）
2014.06.13	凤凰资讯	省级	去简博听昆曲讲座
2014.06.13	网易新闻中心	省级	去简博听昆曲讲座
2014.06.26	网易新闻中心	省级	周末到简博听昆曲
2014.06.26	天下湖南网	省级	周末到简博听昆曲
2014.06.29	中国政府网	国家级	湖南省委书记强调：让文物保护成果更好地服务大众
2014.06.29	网易财经	省级	湖南省委书记强调：让文物保护成果更好地服务大众
2014.06.29	中国共产党新闻网	国家级	让文物保护成果 更好地服务大众
2014.06.29	新浪新闻	省级	让文物保护成果 更好地服务大众
2014.06.29	网易新闻中心	省级	让文物保护成果 更好地服务大众
2014.06.29	新华网	国家级	徐守盛：让文物保护成果更好地服务大众
2014.06.29	红网	省级	徐守盛：让文物保护成果更好地服务大众
2014.07.08	中国作家网	国家级	湖南省博物馆、省少儿图书馆等邀中小学生当“馆”理员
2014.07.08	星辰在线	市级	省博物馆、少儿图书馆邀中小学生当“馆”理员
2014.07.08	星沙新闻网	市级	省博物馆、少儿图书馆邀中小学生当“馆”理员
2014.07.08	红网	省级	省博物馆、少儿图书馆邀中小学生当“馆”理员

时 间	发表媒体	级别	标 题
2014.07.08	和讯网	省级	专家教你品赏商代玉器
2014.07.18	凤凰资讯	省级	专家教你品赏商代玉器
2014.08.07	网易新闻中心	省级	周六去简博听辛追故事
2014.08.11	光明网	国家级	结绳记事不靠谱，自己动手刻“甲骨”
2014.08.11	凤凰资讯	省级	结绳记事不靠谱，自己动手刻“甲骨”
2014.08.11	星辰在线	市级	结绳记事不靠谱，自己动手刻“甲骨”
2014.08.11	和讯网	省级	结绳记事不靠谱，自己动手刻“甲骨”
2014.08.13	光明网	国家级	邀你寻找老长沙的味道
2014.08.13	凤凰资讯	省级	邀你寻找老长沙的味道
2014.08.13	和讯网	省级	邀你寻找老长沙的味道
2014.08.26	网易新闻中心	省级	为全省文化提供可复制的经验
2014.08.26	星辰在线	市级	为全省文化提供可复制的经验
2014.08.26	和讯网	省级	为全省文化提供可复制的经验
2014.09.07	网易新闻中心	省级	看甲骨文的趁早了
2014.09.07	凤凰资讯	省级	看甲骨文的趁早了
2014.09.07	星辰在线	市级	看甲骨文的趁早了
2014.09.07	和讯网	省级	看甲骨文的趁早了
2014.09.11	潇湘晨报网	省级	周末到简博听“湘菜百年老字号的故事”
2014.09.12	凤凰资讯	省级	去简博听“湘菜的故事”
2014.09.12	和讯网	省级	去简博听“湘菜的故事”
2014.09.12	快乐阵线	省级	去简博听“湘菜的故事”
2014.09.26	光明网	国家级	小朋友“十一”来“简牍” 拼图做“鼎”乐趣多
2014.09.26	新民网	省级	小朋友“十一”来“简牍”拼图做“鼎”乐趣多
2014.09.26	评校网	省级	小朋友“十一”来“简牍” 拼图做“鼎”乐趣多
2014.09.26	网易荐新闻	省级	小朋友“十一”来“简牍” 拼图做“鼎”乐趣多
2014.09.26	新浪新闻	省级	小朋友“十一”来“简牍” 拼图做“鼎”乐趣多
2014.10.17	长沙旅游网	市级	10 月 18 日来简博听“老字号”火宫殿故事 ——长沙简牍博物馆火宫殿老长沙故事
2014.10.17	星辰在线	市级	长沙简牍博物馆“老字号”讲座：周六去听火宫殿的故事
2014.10.17	长沙大学生旅游网	市级	周六去长沙简博听火宫殿的故事
2014.10.17	网易新闻中心	省级	周六去简博听火宫殿的故事
2014.10.17	星辰在线	市级	周六去简博听火宫殿的故事

时 间	发表媒体	级别	标 题
2014.10.17	和讯网	省级	周六去简博听火宫殿的故事
2014.10.17	红网	省级	周六去简博听火宫殿的故事 为你解读中华老字号
2014.10.23	红网	省级	拓展阅读资源 天心区“简牍文化进校园”
2014.10.23	网易新闻中心	省级	简牍进校园（图）
2014.10.23	和讯网	省级	简牍进校园（图）
2014.10.24	中国文明网	国家级	长沙简牍文化进校园——弘扬传统文化 拓展阅读资源
2014.10.25	长沙国学网	市级	长沙简牍文化进校园——弘扬传统文化 拓展阅读资源
2014.11.25	红网	省级	本周六长沙简牍博物馆玉器专家教您鉴定和田玉
2014.11.25	网易新闻中心	省级	本周六长沙简牍博物馆玉器专家教您鉴定和田玉
2014.11.25	湖南省文化厅	省级	刘延东参观考察长沙简牍博物馆
2014.12.01	湖南文化遗产网	省级	刘延东参观考察长沙简牍博物馆
2014.12.02	湖南文化遗产网	省级	长沙简牍博物馆举办《和田玉的鉴定》讲座
2014.12.05	浙江省文物局	省级	“翰墨留香 丝路溢彩——吐鲁番出土文书精粹展”在长沙简牍博物馆展出
2014.12.06	潇湘晨报网	省级	吐鲁番长沙共建友好博物馆
2014.12.07	腾讯网	省级	128件吐鲁番文物抵长 将在长沙简牍博物馆展出
2014.12.07	腾讯网	省级	吐鲁番128件出土文书在长沙开展 诸多残本亮相
2014.12.09	火焰山网	市级	吐鲁番出土文书亮相长沙
2014.12.09	湖南文化遗产网	省级	“翰墨留香 丝路溢彩——吐鲁番出土文书精粹展”文物交接仪式在长沙简牍博物馆举行
2014.12.10	中国文化报	国家级	128件吐鲁番文物将在长沙展出
2014.12.12	中国新闻网	国家级	吐鲁番128件出土文书在长沙开展 诸多残本亮相
2014.12.12	新浪新闻	省级	吐鲁番128件出土文书在长沙开展 诸多残本亮相
2014.12.13	新华网	国家级	吐鲁番出土文书展长沙开幕 128件文物亮相
2014.12.13	星辰在线	市级	吐鲁番出土文书精粹展昨晚开幕
2014.12.13	网易新闻中心	省级	吐鲁番出土文书展长沙开幕 128件文物再现丝路文明
2014.12.13	红网	省级	吐鲁番出土文书展长沙开幕128件文物再现丝路文明
2014.12.13	长沙市文广新局	市级	吐鲁番出土文书展长沙开幕 128件文物再现丝路文明
2014.12.16	湖南作家网	省级	吐鲁番出土文书展长沙开幕128件文物再现丝路文明
2014.12.17	湖南文化遗产网	省级	“翰墨留香 丝路溢彩——吐鲁番出土文书精粹展”开幕式暨“简博之夜”活动在长沙简牍博物馆举行
2014.12.18	中国文物网	国家级	吐鲁番出土文书展长沙开幕 128件文物再现丝路文明
2014.12.18	孔夫子旧书网	省级	吐鲁番出土文书展长沙开幕 128件文物再现丝路文明

时 间	发表媒体	级别	标 题
2014.12.22	吐鲁番市文物局	市级	吐鲁番出土文书精粹展亮相湖南长沙简牍博物馆
2014.12.31	博尔塔拉新闻网	市级	《翰墨留香　丝路溢彩——吐鲁番出土文书精粹展》活动
2014.12.31	中国文物信息网	国家级	吐鲁番出土文书精粹展在长沙简牍博物馆开幕

2015 年媒体报道统计表

时 间	发表媒体	级别	标 题
2015.01.03	《湖南日报》	省级	江苏“西楚五子”携作品新年来长办展
2015.01.07	红网	省级	“西楚五子”画展在长沙举行
2015.01.07	《三湘都市报》	省级	“西楚五子”画展在长沙举行
2015.01.08	长沙文化遗产网	市级	“翰墨留香　丝路溢彩——吐鲁番出图文书精粹展”开幕式暨“简博之夜”活动在长沙简牍博物馆举行——吐鲁番出土文书首次走出新疆，亮相长沙
2015.01.08	长沙文化遗产网	市级	长沙简牍博物馆举办《关于吐鲁番出土文献》的讲座
2015.01.08	长沙文化遗产网	市级	长沙简牍博物馆代表参加湖南省博物馆学会 2014 年会
2015.01.10	中国博物馆通讯	国家级	“翰墨留香　丝路溢彩——吐鲁番出土文书精粹展”开幕式暨“简博之夜”活动在长沙简牍博物馆举行
2015.01.11	湖南经视	省级	吐鲁番文书展“墨香”犹在　家长盼孩子能写一手好字
2015.01.11	湖南经视	省级	唐朝的合同，137 匹布买一名奴隶
2015.01.14	《长沙晚报》	市级	寒假孩子去哪儿
2015.01.30	潇湘晨报网	省级	来简牍博物馆欣赏吐鲁番文书　聆听你内心感受
2015.01.31	《潇湘晨报》	省级	逛长沙简牍博物馆写留言有奖拿
2015.01.31	红网	省级	逛长沙简牍博物馆写留言有奖拿
2015.01.31	红网	省级	“和而不同”长沙画院 2015 年书画作品展开展
2015.02.01	《长沙晚报》	市级	和而不同　展湖湘意蕴
2015.02.01	红网	省级	文化进万家活动长沙举行　艺术家挥毫送春联
2015.02.02	《长沙晚报》	市级	艺术家送春联迎新岁
2015.02.02	湖南省文化厅网	省级	“简博在倾听”留言有奖活动
2015.02.03	《潇湘晨报》	省级	三国长沙郡，叫福的人还挺多
2015.02.04	潇湘晨报网	省级	潇湘晨报羊年送“福”还送微信红包
2015.02.04	潇湘晨报网	省级	长沙简牍博物馆请你争夺“汉字状元榜”
2015.02.05	《长沙晚报》	市级	简博邀你快乐寻宝
2015.02.05	星辰在线	市级	简博邀你快乐寻宝　在游戏中学到历史文化知识

时 间	发表媒体	级别	标 题
2015.02.05	潇湘晨报网	省级	简牍博物馆邀你夺“汉字状元榜”
2015.02.05	快乐阵线	省级	长沙简牍博物馆邀你快乐寻宝
2015.02.05	中国文明网	国家级	长沙简牍博物馆推出寻宝游戏 在游戏中学习知识
2015.02.05	长沙共青团	市级	长沙简牍博物馆邀你快乐寻宝
2015.02.11	《湖南日报》	省级	春节不妨逛逛博物馆
2015.02.11	红网	省级	寒假实践火爆岗位在哪里？小小“馆”理员竞相上岗
2015.02.17	《长沙晚报》	市级	老外学书法 同过中国节
2015.02.26	潇湘晨报网	省级	送红包这事 两千年前的高昌人就在做
2015.02.27	《潇湘晨报》	省级	羊年话羊 长沙简牍博物馆带来“羊”乐趣
2015.03.05	新浪网	省级	长沙简牍博物馆“简博在倾听”收官 28 名获奖名单公布
2015.03.06	《潇湘晨报》	省级	简博带给你“羊”乐趣
2015.03.10	红网	省级	长沙简牍博物馆上演文博系统“大咖秀”
2015.03.10	《潇湘晨报》	省级	长沙市举行文博系统学术汇报会
2015.03.11	红网	省级	三国长沙郡 长官惯用“草草”批示
2015.03.12	湖南省文化厅	省级	长沙市文博系统集中汇报学术研究与工作成果
2015.03.13	《湖南日报》	省级	吐鲁番出土文书展观众逾六万
2015.03.13	《长沙晚报》	市级	简博吐鲁番文书展延期至 30 日
2015.03.13	长沙文广新局网	市级	长沙市文博系统集中汇报学术研究与工作成果
2015.03.14	《潇湘晨报》	省级	吐鲁番出土文书展延至本月底
2015.03.17	《新疆日报》	省级	“翰墨留香 思路溢彩”吐鲁番文书在长沙
2015.03.20	湖南省文化厅	省级	2015 年长沙简牍博物馆志愿者招募
2015.03.24	长沙文化遗产网	市级	长沙简牍博物馆“简博在倾听”有奖留言活动完美收官
2015.03.24	《长沙晚报》	市级	趁清明小长假 深探古韵长存的长沙
2015.03.24	《潇湘晨报》	省级	长沙简牍博物馆招募志愿者 20 人，即日起报名
2015.03.25	长沙文化遗产网	市级	“吐鲁番出土文书精粹展”延期至 3 月 30 日闭幕
2015.03.29	《潇湘晨报》	省级	吐鲁番出土文书展结束 再见 18 种美妙文字
2015.03.30	潇湘晨报网	省级	再见，来自西域的 18 种美妙文字
2015.03.30	长沙市文广新局网	市级	“吐鲁番出土文书精品展”落幕
2015.04.09	红网	省级	博物馆巡展进长沙小学 小教室里挥毫做简牍
2015.04.09	长沙文化遗产网	市级	“简博在倾听”我们期待您的声音
2015.04.09	《长沙晚报》	市级	《远方的家》之《江河万里行》聚焦长沙

时　间	发表媒体	级别	标　　题
2015.04.09	长沙文化遗产网	市级	“彩绘达卜”——长沙简牍博物馆社教活动的新思维
2015.04.09	长沙文化遗产网	市级	主动开拓，平台打造——长沙简牍博物馆特别活动之“走进恐龙世界”
2015.04.09	长沙文化遗产网	市级	感受棋艺，共享知识——长沙简牍博物馆围棋公开课
2015.04.09	长沙文化遗产网	市级	“羊年话羊”主题竹简书写活动——长沙简牍博物馆社教活动提质增效的助推器
2015.04.13	中央电视台国际频道	国家级	湘江 历史信使 长沙简牍——《远方的家·江河万里行》
2015.04.13	《长沙晚报》	市级	小学生体验书写简牍
2015.04.13	长沙市芙蓉区教育信息网	市级	“小简牍 大学问”——记楚怡学校简牍知识参观体验活动
2015.04.15	湖南文化遗产网	省级	简博巡展进校园 传统文化润心田
2015.04.15	《长沙晚报》	市级	市民免费看展出
2015.04.15	红网	省级	丹珠尔文化沙龙藏品、杨贵风景油画在长展出
2015.04.22	《中国文化报》	国家级	简牍文化走进长沙小学校园
2015.04.24	长沙文化遗产网	市级	芙蓉区副区长张庆和考察长沙简牍博物馆
2015.05.06	长沙市芙蓉区教育信息网	市级	传承中华优秀传统文化——长沙简牍博物馆“竹木载文明”系列课堂在马王堆小学开讲
2015.05.06	湖南省文化厅官网	省级	“爱拼才会赢”——国宝拼图大赛
2015.05.06	长沙文化遗产网	市级	贴近群众送展览文化惠民走基层——记长沙简牍博物馆浏阳市小河乡巡展
2015.05.06	湖南省文化厅官网	省级	“妈妈我想对你说”——竹简书写体验特别活动
2015.05.07	中国文化传媒网	国家级	中国馆“麦浪”造型获好评
2015.05.07	湖南省文化厅官网	省级	市民大讲堂：长沙文脉——以公共图书馆事业为线索
2015.05.09	红网视频	省级	5·9母亲节：向妈妈大声说爱
2015.05.11	潇湘晨报网	省级	长沙简博系列公益活动等你参加
2015.05.12	长沙文化遗产网	市级	孝敬亲恩，献“礼”母亲——长沙简牍博物馆“穿越古代，书写母爱”母亲节特别活动剪影
2015.05.12	《潇湘晨报》	省级	简博系列公益活动等你参加
2015.05.12	长沙文化遗产网	市级	快来简博参加“5·18国际博物馆日”系列活动吧！
2015.05.12	湖南省文化厅官网	省级	5·18国际博物馆日主题活动
2015.05.13	《长沙晚报》	市级	简牍博物馆等你来游
2015.05.13	《湖南日报》	省级	“课后来吧”， 让孩子们快乐成长
2015.05.15	《长沙晚报》	市级	大型春拍本周日长沙开槌
2015.05.18	《长沙晚报》	市级	东汉版“以案说法” 媲美名侦探柯南
2015.05.18	《壹早报》	省级	简牍博物馆三大活动等你来

时 间	发表媒体	级别	标 题
2015.05.19	湖南省文化厅官网	省级	“中国简牍信息数据库”项目初期成果通过验收
2015.05.19	湖南文化遗产网	省级	央视《远方的家》展现长沙简牍文化魅力
2015.05.19	长沙文化遗产网	市级	讲座之后，韵味了生活——记长沙市民文化遗产讲堂第 91 期《长沙文脉——以公共图书馆事业为线索》
2015.05.19	《长沙晚报》	市级	去逛身边博物馆 与宝贝们奇妙相遇
2015.05.22	《长沙晚报》	市级	拍卖会成交率约 65% 湖南春拍呈四大新气象
2015.05.28	中国博物馆协会官网	国家级	台湾学者邢义田先生赴长沙简牍博物馆学术交流
2015.05.29	《潇湘晨报》	省级	听专家讲解“没桌椅怎么写字”
2015.05.29	潇湘晨报网	省级	听专家讲解“没桌椅怎么写字”
2015.05.29	《壹早报》	省级	来听专家解读古人无桌椅如何写字
2015.05.29	《长沙晚报》	市级	没有桌椅钢笔 古人怎么写字
2015.06.01	中国博物馆协会网站	国家级	台湾学者邢义田先生赴长沙简牍博物馆学术交流
2015.06.01	长沙文化遗产网	市级	台湾学者邢义田先生来长沙简牍博物馆学术交流
2015.06.01	红网	省级	长沙文化地理之“长沙简牍博物馆”
2015.06.09	长沙文化遗产网	市级	台湾“中研院”特聘研究员、院士邢义田先生做客长沙市民文化遗产讲堂
2015.06.09	长沙文化遗产网	市级	全国人大常委会委员、副秘书长李连宁参观长沙简牍博物馆
2015.06.10	湖南省文化厅	省级	市民文化遗产讲堂第 93 期：抗战时期长沙饮食生活
2015.06.11	《长沙晚报》	市级	周六到简牍博物馆一听究竟
2015.06.16	长沙文化遗产网	市级	中共中央政治局委员、国家副主席李源潮参观考察长沙简牍博物馆
2015.06.17	湖南省文化厅	省级	中共中央政治局委员、国家副主席李源潮参观考察长沙简牍博物馆
2015.06.17	湖南文化遗产网	省级	中共中央政治局委员、国家副主席李源潮参观考察长沙简牍博物馆
2015.06.19	长沙市文广新局	市级	中共中央政治局委员、国家副主席李源潮参观考察长沙简牍博物馆
2015.06.19	中国博物馆协会网站	国家级	中共中央政治局委员、国家副主席李源潮参观考察长沙简牍博物馆
2015.06.20	红网	省级	孙东波：让古老简牍走进千家万户
2015.06.21	《长沙晚报》	市级	感受长沙文化产业和生态文明魅力
2015.06.25	长沙市文广新局	市级	长沙简牍博物馆召开“三严三实”专题党课暨专题教育部署会
2015.06.27	《长沙晚报》	市级	简博喊你来当小小讲解员
2015.07.01	中央纪委监察部网站	国家级	“走进博物馆 传承中华文明”长沙简牍博物馆
2015.07.02	南粤清风	省级	“简牍小故事”三国时期的反腐档案
2015.07.02	长沙文化遗产网	市级	长沙简牍博物馆“画彩蛋 · 编锦囊 · 迎端午”活动
2015.07.02	长沙文化遗产网	市级	主题竹简书写——文化遗产日特别活动报道

时 间	发表媒体	级别	标 题
2015.07.02	长沙文化遗产网	市级	粽叶飘香浓，品味在简博
2015.07.03	《长沙晚报》	市级	快来报名当小小“馆”理员
2015.07.09	《长沙晚报》	市级	快来看刘忠诚抗战书画展
2015.07.09	长沙文化遗产网	市级	长沙简牍博物馆讲解员参加中国博协 2015 年讲解员培训班
2015.07.10	《长沙晚报》	市级	文体微播报 · 周六去听名家篆刻讲座
2015.07.14	《湖南日报》	省级	暑期小小“馆”理员
2015.07.14	长沙文化遗产网	市级	艺术的创作　创作的生活——长沙市民文化遗产讲堂第 94 期《篆刻书法艺术》
2015.07.15	长沙文化遗产网	市级	长沙市民文化遗产讲堂第 95 期——《湘雅医学教育的创办对湖湘现代医学发展的影响》
2015.07.17	潇湘晨报网	市级	周六去听老湘雅的故事
2015.07.18	《长沙晚报》	市级	邀你倾听“老湘雅”故事
2015.07.20	湖南文化遗产网	省级	长沙简牍博物馆组织“小小讲解员”外出参观学习
2015.07.20	湖南文化遗产网	省级	长沙简牍博物馆举办第 96 期市民文化遗产讲堂
2015.07.22	湖南文化遗产网	省级	长沙简牍博物馆党员参观湖南党史陈列馆
2015.07.23	潇湘晨报网	省级	8 月去简牍博物馆感受“漆”彩世界
2015.07.24	长沙文化遗产网	市级	“严”字当头的湘雅文化研究，“活”字为先的湘雅文化讲座——记市民讲堂《湘雅医学教育的创办对湖湘现代医学发展的影响》
2015.07.25	湖南省人民政府门户网站	省级	市民可去简牍博物馆免费观展
2015.07.25	《长沙晚报》	市级	中新文化交流区本书画展开幕
2015.07.27	长沙市文广新局网站	市级	长沙简牍博物馆举办新西兰华人书画家区本作品展
2015.07.29	长沙文化遗产网	市级	长沙简牍博物馆举办新西兰华人书画家区本作品展
2015.07.29	湖南文化遗产网	省级	来自星星的秘密——简博俱乐部星际穿越
2015.07.29	长沙文化遗产网	市级	来自星星的秘密——简博俱乐部星际穿越
2015.07.29	长沙文化遗产网	市级	长沙简牍博物馆举行第七届“小小讲解员培训班”结业典礼
2015.07.29	长沙文化遗产网	市级	长沙简牍博物馆开展“全国讲解员培训班”培训成果汇报会
2015.07.29	长沙文化遗产网	市级	长沙简牍博物馆小馆员岗位实践活动
2015.07.29	长沙文化遗产网	市级	长沙简牍博物馆组织“小小讲解员”外出参观学习
2015.07.29	长沙文化遗产网	市级	重温党史，坚定信念——长沙简牍博物馆党员参观湖南党史陈列馆
2015.07.30	中国博物馆协会网站	国家级	来自星星的秘密——简博俱乐部星际穿越
2015.07.30	中国博物馆协会网站	国家级	艺术的创作　创作的生活——长沙市民文化遗产讲堂第 94 期《篆刻书法艺术》
2015.08.03	长沙文化遗产网	市级	长沙市民文化遗产讲堂第 96 期《马王堆古尸研究》预告

时 间	发表媒体	级别	标 题
2015.08.06	星辰在线	市级	长沙简牍博物馆周六开讲座 去听辛追的秘密
2015.08.06	潇湘晨报网	省级	周六去长沙简牍博物馆听辛追的秘密
2015.08.07	《长沙晚报》	市级	周六去简博听辛追故事
2015.08.07	红网 · 湖南频道	省级	周六去长沙简牍博物馆听辛追故事
2015.08.07	湖南公共频道	省级	穿越时空之约！去简牍博物馆听辛追的故事
2015.08.10	天心区公众信息网	市级	简牍市民讲堂解读马王堆女尸之谜
2015.08.18	湖南文化遗产网	省级	长沙简牍博物馆暑期举办“小小管理员”社会实践活动
2015.08.18	湖南文化遗产网	省级	长沙简牍博物馆举办第 96 期长沙市民文化遗产讲堂——马王堆的辛追 长沙城的故事
2015.08.19	中国博物馆协会网站	国家级	马王堆的辛追，长沙城的故事——记长沙市民文化遗产讲堂 96 期《马王堆古尸研究》
2015.08.19	中国博物馆协会网站	国家级	长沙简牍博物馆暑期举办“小小管理员”社会实践活动
2015.08.24	中国博物馆协会网站	国家级	追溯传统文化，品味别样七夕——长沙简牍博物馆“七夕，我们在一起”特别活动
2015.08.26	长沙文化遗产网	市级	长沙市民文化遗产讲堂第 97 期《他们说——关于抗战的“无名之辈”》
2015.08.26	长沙文化遗产网	市级	追溯传统文化，品味别样七夕——长沙简牍博物馆“七夕，我们在一起”特别活动
2015.08.26	《潇湘晨报》	省级	周六听抗战“无名之辈”故事
2015.08.28	《长沙晚报》	市级	长沙大型秋拍即将开槌
2015.08.29	《长沙晚报》	市级	简博邀你听老兵故事
2015.09.01	《湖南日报》	省级	留住一座城的记忆
2015.09.02	长沙文化遗产网	市级	他们说——关于抗战的“无名之辈”——长沙市民文化遗产讲堂第 97 期抗战纪念日特别活动
2015.09.05	有味旅行车	省级	长沙周末带小孩去哪玩 博闻强识开心游
2015.09.07	中国博物馆协会网站	国家级	他们说——关于抗战的“无名之辈”——长沙市民文化遗产讲堂第 97 期抗战纪念日特别活动
2015.09.09	中国博物馆协会网站	国家级	长沙简牍博物馆举办“9 · 3 抗战纪念日”主题活动
2015.09.11	湖南文化遗产网	省级	长沙简牍博物馆举办“9 · 3 抗战纪念日”主题活动
2015.09.12	《长沙晚报》	市级	周末，两书画展邀你赏
2015.09.13	凤凰资讯	省级	“墨润湘皖”合肥长沙两市画院画家交流展
2015.09.13	腾讯大湘网	省级	“墨润湘皖”合肥长沙两市画院画家交流展
2015.09.16	长沙文化遗产网	市级	爱“拼”才会赢——长沙简牍博物馆举办“国宝拼图”大赛
2015.09.16	长沙文化遗产网	市级	长沙简牍博物馆举办“9 · 3 抗战纪念日”主题活动
2015.09.18	《长沙晚报》	市级	250 余件作品参展市书法展

时间	发表媒体	级别	标题
2015.09.18	湖南文化遗产网	省级	长沙简牍博物馆举办“国宝拼图”大赛
2015.09.21	本地宝	市级	来到长沙你绝对不能错过的六大博物馆
2015.09.22	中国博物馆协会网站	国家级	爱“拼”才会赢——长沙简牍博物馆举办“国宝拼图”大赛
2015.09.28	潇湘晨报网	省级	10月去简牍博物馆当“小考古家”
2015.09.28	湖南文化遗产网	省级	长沙简牍博物馆举办“月圆中秋　情满简博”中秋特别活动
2015.10.13	长沙文化遗产网	市级	简牍博物馆举办“月圆中秋·情满简博”中秋特别活动
2015.10.16	网易新闻	省级	长沙致公书画院成立10周年　160多幅作品简牍博物馆展出
2015.10.16	今日头条	省级	长沙致公书画院成立10周年　160多幅作品简牍博物馆展出
2015.10.20	中国文明网·长沙	市级	长沙：纪念中国致公党成立90周年书画展开展
2015.10.20	和网	市级	纪念中国致公党成立90周年书画展顺利举行
2015.10.20	《长沙晚报》	市级	160余幅作品描绘壮美山河　纪念中国致公党成立90周年书画展开展
2015.10.20	湖南文化遗产网	省级	九九重阳　感恩在心——长沙简牍博物馆青年文明号组织开展重阳节特别活动
2015.10.20	长沙文化遗产网	市级	九九重阳　感恩在心——长沙简牍博物馆青年文明号组织开展重阳节特别活动
2015.10.20	长沙市文化广电新闻出版局网站	市级	长沙简牍博物馆组织开展重阳节特别活动
2015.10.20	中国博物馆协会网站	国家级	九九重阳　感恩在心——长沙简牍博物馆青年文明号组织开展重阳节特别活动
2015.10.21	长沙共青团	市级	九九重阳　感恩在心——长沙简牍博物馆青年文明号组织开展重阳节特别活动
2015.10.22	中国博物馆协会网站	国家级	长沙简牍博物馆“社科普及进基层　历史文化校园行”在行动
2015.10.23	湖南文化遗产网	省级	长沙简牍博物馆“社科普及进基层　历史文化校园行”在行动
2015.10.23	长沙机关党建网	市级	九九重阳　感恩在心——长沙简牍博物馆青年文明号组织开展重阳节特别活动
2015.10.26	长沙文化遗产网	市级	长沙简牍博物馆“社科普及进基层　历史文化校园行”在行动
2015.10.29	《长沙晚报》	市级	全国名家书画展在长开幕
2015.10.29	湖南省人民政府网站	省级	全国名家书画展在长开幕　10月30日前对市民免费开放
2015.10.30	长沙共青团	市级	长沙简牍博物馆外联部“青年文明号服务”在行动——社科普及进基层　历史文化校园行
2015.10.30	长沙青年文明号在线	市级	长沙简牍博物馆外联部“青年文明号服务”在行动——社科普及进基层　历史文化校园行
2015.11.01	中国博物馆协会网站	国家级	探访铜官·玩转陶艺
2015.11.01	中国博物馆协会网站	国家级	长沙简牍博物馆参加铜铺街小学“呵护生命，红领巾在行走”德育活动启动仪式
2015.11.01	中国博物馆协会网站	国家级	长沙简牍博物馆围绕“严以律己”开展专题学习研讨
2015.11.01	《三湘都市报》	省级	身患癌症仍创作，农民长沙办画展

时 间	发表媒体	级别	标 题
2015.11.02	《潇湘晨报》	省级	农民书画家长沙办作品展
2015.11.05	《壹早报》	省级	一起去看《兰亭的故事》
2015.11.05	湖南省文化厅	省级	展览：兰亭的故事
2015.11.06	《长沙晚报》	市级	三国时期的长沙 一度“剩女”遍地
2015.11.07	中国博物馆协会网站	国家级	贾庆林同志参观长沙简牍博物馆
2015.11.09	湖南文化遗产网	省级	贾庆林参观长沙简牍博物馆
2015.11.11	《湖南日报》	省级	《兰亭序》摹本和临本来长沙展出
2015.11.11	潇湘晨报网	省级	去长沙简牍博物馆感受“兰亭故事”
2015.11.11	红网	省级	长沙简牍博物馆将举行《兰亭的故事》特展
2015.11.12	《潇湘晨报》	省级	去简博感受“兰亭故事”
2015.11.13	华声在线	省级	周末到长沙简牍博物馆免费看《兰亭的故事》
2015.11.13	湖南经视	省级	《兰亭的故事》特展在长沙简牍博物馆开展
2015.11.13	湖南卫视	省级	“兰亭的故事”全国巡展昨晚在长沙简牍博物馆开幕
2015.11.13	中国新闻网	国家级	《兰亭序》著名摹本、临本长沙展出
2015.11.13	新湖南	省级	《兰亭的故事》书法展亮相长沙
2015.11.14	长沙新闻频道	市级	告诉你兰亭的故事
2015.11.14	中国博物馆协会网站	国家级	《兰亭的故事》特展在长沙简牍博物馆隆重开幕
2015.11.14	中国博物馆协会网站	国家级	在历史的场景里解读王羲之及其书法——记长沙市民文化遗产讲堂 98 期《王羲之：先世、生平与书法》
2015.11.14	凤凰网	国家级	《兰亭的故事》特展在长沙简牍博物馆隆重开幕
2015.11.14	《长沙晚报》	市级	长沙简牍破解《兰亭集序》真伪之议
2015.11.14	《潇湘晨报》(数字报)	省级	《兰亭的故事》特展开幕，精品简牍首次公开亮相
2015.11.14	红网	省级	《兰亭的故事》特展长沙开幕 东汉简牍首次同台展出
2015.11.14	《湖南日报》	省级	《兰亭序》 来了
2015.11.15	湖南文化遗产网	省级	长沙简牍博物馆举办第 98 期长沙市民文化遗产讲堂
2015.11.15	湖南文化遗产网	省级	长沙简牍博物馆《兰亭的故事》特展预告
2015.11.15	湖南文化遗产网	省级	《兰亭的故事》特展在长沙简牍博物馆隆重开幕
2015.11.16	新华网	国家级	《兰亭的故事》特展在长沙简牍博物馆开幕
2015.11.16	湖南省文化厅	省级	《兰亭的故事》特展在长沙简牍博物馆开幕
2015.11.16	浙江文物网	省级	《兰亭的故事》全国巡展第 22 站在长沙简牍博物馆开展
2015.11.16	长沙市文广新局网站	市级	《兰亭的故事》特展在长沙简牍博物馆开幕
2015.11.16	《快乐老人报》	省级	《兰亭的故事》特展长沙开幕

时 间	发表媒体	级别	标　　题
2015.11.17	长沙文化遗产网	市级	长沙简牍博物馆《兰亭的故事》特展预告
2015.11.16	长沙文化遗产网	市级	在历史的场景里解读王羲之及其书法——记长沙市民文化遗产讲堂98期《王羲之：先世、生平与书法》
2015.11.22	中国博物馆协会网站	国家级	“简牍清洗保护”体验活动启动了
2015.11.27	长沙旅游网	市级	长沙天冷室内游 博物馆内涨知识
2015.11.27	长沙文化遗产网	市级	贾庆林同志参观长沙简牍博物馆
2015.11.27	长沙文化遗产网	市级	《兰亭的故事》特展在长沙简牍博物馆隆重开幕
2015.11.27	中国文物信息网《中国文物报》	国家级	面世二十年了，你还好吗?
2015.11.27	中国新闻网	国家级	保护整理19载 长沙三国简牍项目通过结项验收
2015.11.27	华声在线	省级	历时近20年 长沙走马楼三国吴简顺利通过结项验收
2015.11.27	湖南卫视	省级	历时近20年 7.6万多枚长沙三国吴简有字简牍被修复
2015.11.27	湖南经视	省级	20年潜心研究 数万枚三国吴简记录千年市井生活
2015.11.28	《湖南日报》	省级	10万余枚走马楼吴简完成保护整理
2015.11.28	《长沙晚报》	市级	19年清理10万余枚吴简
2015.11.28	《三湘都市报》	省级	古长沙风貌将完整展示
2015.11.28	《三湘都市报》	省级	10万余枚走马楼吴简完成保护整理
2015.11.28	中国博物馆协会	国家级	历时近20年，三国吴简保护整理取得丰硕成果——湖南组织专家对长沙吴简保护整理项目进行验收
2015.11.28	湖南文化遗产网	省级	历时近20年，三国吴简保护整理取得丰硕成果
2015.11.29	湖南省人民政府门户网站	省级	书法篆刻作品免费看
2015.11.30	潇湘晨报网	省级	长沙走马楼三国简牍保护整理项目通过验收
2015.11.30	《潇湘晨报》	省级	长沙府的“官牛”可以扶贫助残
2015.11.30	湖南省文化厅	省级	历时近20年，三国吴简保护整理取得丰硕成果
2015.11.30	国家文物局官方网站	国家级	历时近20年，三国吴简保护整理取得丰硕成果
2015.12.01	《中国文物报》	国家级	历时近20年，三国吴简保护整理取得丰硕成果
2015.12.01	中国文物信息网	国家级	历时近20年，三国吴简保护整理取得丰硕成果
2015.12.01	中国博物馆协会官网	国家级	长沙简牍博物馆荣获全国社会科学普及教育基地称号
2015.12.01	长沙市文广新局	市级	19年清理10万余枚吴简 通过专家结项验收
2015.12.01	长沙文化遗产网	市级	湖南组织专家对长沙吴简保护整理项目进行验收
2015.12.01	长沙市文广新局	市级	你家的宝贝值多少钱? 专家来帮你
2015.12.04	长沙晚报网	市级	《三国志》中的长沙
2015.12.04	《长沙晚报》	市级	简牍上的长沙“三国志”

时 间	发表媒体	级别	标 题
2015.12.04	《湖南日报》	省级	长沙走马楼三国吴简揭秘：文物中的反贪故事与作弊密码
2015.12.10	湖南教育电视台	省级	博物馆变课堂
2015.12.12	《潇湘晨报》	省级	湖湘地理专版：走马楼简牍，十九年
2015.12.12	《潇湘晨报》	省级	假如“穿越”到三国时期的长沙……
2015.12.13	湖南文化遗产网	省级	“简牍清洗保护”体验活动启动了
2015.12.15	长沙文化遗产网	市级	《中国文物报》专题报道长沙走马楼吴简保护与利用工作
2015.12.15	长沙文化遗产网	市级	“简牍清洗保护”体验活动启动了
2015.12.17	长沙文化遗产网	市级	文化部副部长杨志今参观考察长沙简牍博物馆
2015.12.17	长沙文化遗产网	市级	长沙简牍博物馆荣获全国社会科学普及教育基地称号
2015.12.23	湖南文化遗产网	省级	文化部副部长杨志今参观考察长沙简牍博物馆
2015.12.23	湖南文化遗产网	省级	长沙简牍博物馆荣获全国社会科学普及教育基地称号
2015.12.23	长沙市政府门户网站	市级	“行雷锋故里，画大美长沙”绘画大赛作品展开展
2015.12.24	中国文化传媒网	国家级	“行雷锋故里，画大美长沙”绘画作品开展

第五章　研究综述篇

长沙走马楼三国吴简自1996年10月出土，至今已有20年的时间。在各级政府以及国家文物局、湖南省文物局的大力支持下，我馆以一种学术开放的态度，与全国知名的简牍保护、研究专家共同合作，顺利完成了简牍保护与整理项目。现已公布的走马楼吴简资料共有7卷，即《长沙走马楼三国吴简·嘉禾吏民田家莂》和《长沙走马楼三国吴简·竹简》壹、贰、叁、肆、柒、捌[1]。2015年11月27日，湖南省文物局组织专家对"长沙走马楼三国简牍保护整理项目"进行结项验收。以故宫博物院研究员陆寿麟、清华大学历史系教授侯旭东、中国国家博物馆研究员周宝中等为代表的11位评审专家认为，该项目工作目标明确，重点突出，流程合理，管理创新，注重质量，成效显著，完成了项目任务书约定的任务，达到了预期目标，一致同意通过结项验收。国家文物局罗静司长对走马楼吴简保护整理项目取得的成就及整理保护中严谨、开放的态度给予了高度评价。

因为走马楼吴简保护整理工作的稳步推进，其相关的研究工作也取得了令人瞩目的成就。据不完全统计，国内外发表的吴简文章已达到600多篇。出版论文集多部，如北京吴简研讨班联合长沙简牍博物馆出版的《吴简研究》第一、二、三辑[2]，长沙市文物考古研究所主编的《长沙三国吴简暨百年来简帛发现与研究国际学术研讨会论文集》[3]。日本学者对吴简也

[1] 长沙市文物考古研究所、中国文物研究所、北京大学历史学系走马楼简牍整理组：《长沙走马楼三国吴简·嘉禾吏民田家莂》（上、下），文物出版社，1999年；长沙市文物考古研究所、中国文物研究所、北京大学历史学系走马楼简牍整理组：《长沙走马楼三国吴简·竹简（壹）》（上、中、下），文物出版社，2003年；长沙简牍博物馆、中国文物研究所、北京大学历史学系走马楼简牍整理组：《长沙走马楼三国吴简·竹简（贰）》（上、中、下），文物出版社，2007年；长沙简牍博物馆、中国文物研究所、北京大学历史学系走马楼简牍整理组：《长沙走马楼三国吴简·竹简（叁）》（上、中、下），文物出版社，2008年；长沙简牍博物馆、中国文化遗产研究院、北京大学历史学系走马楼简牍整理组：《长沙走马楼三国吴简·竹简（肆）》（上、中、下），文物出版社，2011年；长沙简牍博物馆、中国文物遗产研究院、北京大学历史学系、故宫研究院古文献研究所走马楼简牍整理组编：《长沙走马楼三国吴简·竹简（柒）》（上、中、下），文物出版社，2014年；长沙简牍博物馆、中国文物遗产研究院、北京大学历史学系、故宫研究院古文献研究所走马楼简牍整理组编：《长沙走马楼三国吴简·竹简（捌）》（上、中、下），文物出版社，2015年。

[2] 北京吴简研讨班：《吴简研究》（第一辑），崇文书局，2004年；长沙简牍博物馆、北京吴简研讨班：《吴简研究》（第二辑），崇文书局，2006年；长沙简牍博物馆、北京大学中国古代史研究中心、北京吴简研讨班：《吴简研究》（第三辑），中华书局，2011年。

[3] 长沙市文物考古研究所：《长沙三国吴简暨百年来简帛发现与研究国际学术研讨会论文集》，中华书局，2005年。

有极大的兴趣，以窪添庆文、关尾史郎等学者为代表的日本长沙吴简研究会、南北科研·西南班先后出版了《长沙吴简研究报告》等数辑[1]，另有资料整理成果2部、成果报告书1部和论文集1部[2]。此外，研究走马楼吴简的专著也纷纷面世，如于振波的《走马楼吴简初探》《走马楼吴简续探》，高敏的《长沙走马楼吴简研究》，张荣强的《汉唐籍帐制度研究》，蒋福亚的《走马楼吴简经济文书研究》，沈刚的《长沙走马楼三国竹简研究》，凌文超的《走马楼吴简采集簿书整理与研究》，等等[3]。另外，出版了数部与吴简相关的图录[4]。

---

[1] 日本长沙吴简研究班和南北科研·西南班的主要参与人员基本相同。

[2] 长沙吴简研究会编:《嘉禾吏民田家莂研究——长沙吴简研究报告》第1集，东京，2001年；长沙吴简研究会编:《长沙吴简研究报告》第2集，东京，2004年；长沙吴简研究会编:《长沙吴简研究报告》第3集，东京，2007年；南北科研·西南班编:《长沙吴简研究报告》2008年度特刊，新潟，2009年；南北科研·西南班编:《长沙吴简研究报告》2009年度特刊，新潟，2010年；南北科研·西南班编:《长沙吴简研究报告》2010年度特刊，新潟，2011年；伊藤敏雄、窪添庆文、关尾史郎编:《湖南出土簡牘とその社會》，东京：汲古书院，2015年；关尾史郎、阿部幸信、伊藤敏雄编:《嘉禾吏民田家莂数値一覧（Ⅰ）》，平成16年度科学研究费补助金[基盘研究（B）（1）]“長沙走馬樓出土呉簡に関する比較史料学的研究とそのデ—タベ—ス化”（课题番号16320096）资料丛刊，新潟，2005年；关尾史郎主编，伊藤敏雄编:《嘉禾吏民田家莂数値一覧（Ⅱ）》，平成18年度科学研究费补助金[基盘研究（B）]“長沙走馬樓出土呉簡に関する比較史料学的研究とそのデ—タベ—ス化”（课题番号16320096）资料丛刊，新潟，2007年；关尾史郎（研究代表）:《長沙走馬樓出土呉簡に関する比較史料学的研究とそのデ—タベ—ス化》，平成16年度—18年度科学研究费补助金[基盘研究（B）]研究成果报告书，新潟，2007年。该报告书所收录文章除窪添庆文的《走馬樓呉簡の庫吏関係簡について》一文外，其他文章当时已经正式发表。

[3] 于振波:《走马楼吴简初探》，台北：文津出版社，2004年；于振波:《走马楼吴简续探》，台北：文津出版社，2007年；高敏:《长沙走马楼简牍研究》，广西师范大学出版社，2008年；张荣强:《汉唐籍帐制度研究》，商务印书馆，2010年；蒋福亚:《走马楼吴简经济文书研究》，国家图书馆出版社，2012年；沈刚:《长沙走马楼三国竹简研究》，社会科学文献出版社，2013年；凌文超:《走马楼吴简采集簿书整理与研究》，广西师范大学出版社，2015年。

[4] 杨友吉、宋少华:《长沙走马楼三国吴简》（1~5册），湖南美术出版社，2001年；宋少华、张春龙、郑曙斌、黄朴华编著:《湖南出土简牍选编》，岳麓书社，2013年。

随着吴简研究的深入，研究成果的增多，不少学者及时对中外吴简的研究情况进行介绍、总结、展望和回顾，写成介绍性、综述性论文近20篇[1]。

作为发掘收藏单位，我们有必要对20年的研究成果做一次较为系统的总结。因此，我们在已有综述性文章的基础上，围绕吴简学界讨论的热点及重点，选取若干个专题，对相关研究成果予以回顾。

[1] 于振波：《长沙三国吴简暨百年来简帛发现与研究国际学术讨论会综述》，《中国史研究动态》2002年第2期，第21—25页；黎石生：《近年来长沙走马楼简牍研究综述》，《中国史研究动态》2002年第4期，第14—19页；沈颂金：《长沙走马楼三国吴简阶段性研究评述》，《二十世纪简帛学研究》，学苑出版社，2003年，第599—615页；王素：《长沙走马楼三国吴简研究的回顾与展望》，《中国历史文物》2004年第1期，第18—35页；伊藤敏雄：《地下からの贈り物——簡牘資料の価値と研究状況（10）——三国呉の地方行政をめぐる膨大な新資料（長沙走馬樓三国呉簡）》，《东方》第284号，2004年，第18—21页；王素：《日本〈长沙吴简研究报告〉第1、2集简介》，《吴简研究》（第二辑），第270—284页；于振波：《2004年以来的走马楼吴简研究》，简帛研究网，2006年10月16日； 车金花、于振波：《走马楼吴简研究综述——职业、社会身份与阶层》，《湖南大学学报》（社会科学版）2007年第1期，第25—28页；王素：《中日长沙吴简研究述评》，《故宫学刊》2006年总第三辑，紫禁城出版社，2007年，第528—560页；伊藤敏雄：《新発見三国呉簡に見る三国時代》，《アジア遊学》第96号，2007年，第50—55页；何立民：《湖南长沙走马楼三国吴简研究的回顾与反思》，《江汉考古》2009年第2期，第119—139页；孙东波：《2006—2008年走马楼吴简研究综述》，陈建明主编《湖南省博物馆馆刊》（第六辑），岳麓书社，2010年，第172—173页；高鑫：《长沙走马楼三国吴简研究的回顾》，《南京工业职业技术学院学报》2010年第1期，第16—18页；王琦：《十五年来长沙走马楼吴简研究进程综述》，《群文天地》2012年第2期下，第191—192页；周祥：《长沙走马楼三国吴简研究综述》，《学行堂文史集刊》2013年第1期，第23—30页；王素：《长沙吴简研究的新视野——中日长沙吴简学术研究会论文评述》，卜宪群、杨振红主编《简帛研究》2011，广西师范大学出版社，2013年，第219—225页；骆黄海：《长沙走马楼吴简研究的新面向——2011年走马楼吴简研究综述及思考》，陈建明主编《湖南省博物馆馆刊》（第九辑），岳麓书社，2013年，第346—353页；郭瑾：《1996年至2013年长沙走马楼三国吴简研究综述》，《文教资料》2014年第4期，第63—54页；苏俊林：《日本走马楼吴简研究综述》，《简帛研究》2013，广西师范大学出版社，2014年，第303—316页；凌文超：《长沙走马楼三国吴简采集简研究述评》，徐冲主编《中国中古史研究：中国中古史青年学者联谊会会刊》（第四卷），中华书局，2014年，第218—242页；徐畅：《走马楼吴简竹木牍的刊布及相关研究述评》，《魏晋南北朝隋唐史资料》（第31辑），上海古籍出版社，2015年，第25—47页。

第一节 年代、性质、埋藏原因

吴简发现之初，因其有明确的孙吴“嘉禾”纪年，引起学术界的广泛关注。首先引起关注的是吴简最基本的三大问题——年代、性质及其埋藏原因。

一、年代

这里的“年代”，是指走马楼吴简所属的时代。吴简出土之初，因未经整理，仅见孙权“嘉禾”年号，最晚为“嘉禾六年”（237），故有关评介文章均将吴简的年代定为“嘉禾”[1]。1998年5月至1999年5月，王素、罗新等在长沙整理竹简，始发现“嘉禾”以前的“黄龙”“黄武”“建安”等年号。此外，还发现1枚竹简记有“中平二年”纪年。但由于这枚竹简残损严重，又属孤文单证，故当时决定暂不披露，以免引起断代方面的混乱。后来，由于年代问题实在难以回避，罗新在《走马楼吴简整理工作的新进展》中公布了这枚竹简，并正式提出吴简的年代问题。罗新认为中平是汉灵帝的年号，中平二年（185）离董卓入洛（罗新按：习惯上把董卓入洛看成是三国历史的起点）还有四年时间。如果这枚“中平二年”的残简只是追述从前的事情，那么这批走马楼简牍是吴简。如果残简本身属于中平二年的文书档案，那么这批走马楼简牍中，将有一部分简不能称作“吴简”，而应称为“汉简”[2]？对于罗新提出的疑问，王素总结认为，“中平”为东汉灵帝年号，“二年”为董卓尚未入京的公元185年，这枚竹简显然应称东汉简，而不应称为三国吴简。但应该指出：这枚竹简的出土存在较多偶然因素，对整个吴简的年代的确定并无影响。吴简主要为“黄龙”“嘉禾”年号竹简。孙权于黄龙元年（229）正式称帝建国。因此，称这批简牍为“吴简”，大概是没有问题的[3]。

除了属东汉的“中平”年号，吴简中的“建安”年号也引起学者的关注。就吴简中出现的建安廿五、廿六、廿七等年号，王素、宋少华、罗新等在《长沙走马楼简牍整理的新收获》一文中指出，建安二十五年（220）十月曹丕篡汉建魏，改元黄初。学界大多认为孙权应奉黄

[1] 宋少华、黄朴华、傅星生：《长沙出土大批三国吴纪年简牍》，《中国文物报》1997年1月5日第1版；李长林：《长沙孙吴简牍考古大发现》，（台北）《历史月刊》1997年第8期，第12—16页；宋少华：《大音希声——浅谈对长沙走马楼三国吴简的初步认识》，《中国书法》1998年第1期，第10页；等等。

[2] 罗新：《走马楼吴简整理工作的新进展》，《北大史学》7，北京大学出版社，2000年，第335页。

[3] 王素：《长沙走马楼三国吴简研究的回顾与展望》，第24页。

初年号。但据竹简记载，孙权所辖长沙地区不仅未奉魏黄初年号，甚至也未奉东汉延康年号，而是奉东汉建安年号，直到二十七年[1]。此后，罗新通过综合考查湖北鄂城出土的黄初二年（221）镜铭文及传世文献记载，认为孙吴境内确曾使用过黄初年号。吴简竹简上的建安纪年实际都是后来追记的。吴简中的建安纪年反过来证明现有的长沙吴简在时间上没有逾越孙吴历史时期[2]。对于罗新的观点，连先用提出不同意见。他认为长沙走马楼吴简中“建安廿六年”“建安廿七年”的出现，揭示了曹操死后孙权未奉“延康”“黄初”年号的情况。“建安廿七年”与“黄武元年”的同时出现是由年内改元造成的，这如实地反映出孙吴境内在改元“黄武”之前使用“建安”年号的状况。“追述说”是难以成立的[3]。

现在，尽管走马楼吴简整理工作已初步完成，其时代问题的讨论还在继续。王素撰文认为，所谓三国时代，实际可分为前后两个时期：黄巾起事至曹丕篡汉为前期，即三国酝酿期；此后至西晋统一（280年）为后期，是三国实践期。三国吴简最后一卷《竹木牍》中“建安五年（200）十月庚子朔”木牍，证明了长沙走马楼吴简的时代可以向前延伸到东汉灵、献之际[4]。

二、性质

吴简的性质主要指档案归属。吴简自出土之初，未经整理时，就有评介文章多将吴简定为长沙郡的档案文书[5]。后来，《新收获》根据新整理的竹简屡见临湘县、临湘侯、临湘侯相、临湘侯丞，认为这批吴简主要应为临湘县（侯国）的档案，还包括一些长沙郡的档案。这一观点，王素在《长沙走马楼三国吴简研究的回顾和展望》一文中进一步予以重申。归纳起来，两文认为吴简中当包括长沙郡公文档案的理由如下：1. 竹简中常见长沙郡属县乃至荆州属郡名；2. 竹简中所见乡名绝非临湘一县能容纳；3. 竹简中有“府君”“府君教”这样的表述，

[1] 王素、宋少华、罗新：《长沙走马楼简牍整理的新收获》，《文物》1999年第5期，第27页。以下简称《新收获》，不再一一出注。高敏对《新收获》这一观点进行补充：《建康实录》还在建安二十五年（220）条云：“曹丕代汉称魏，号黄初元年，而（孙）权江东尤称建安。”证以长沙走马楼简牍纪年情况，《建康实录》所云是完全正确的。并进一步说明《建康实录》年号有根据，而《三国志》的纪年反而成了问题，其结论如下：曹丕改延康为黄初元年，在221年，而非220年。刘备称帝于蜀在222年，而非221年。曹丕封孙权为吴王亦在222年，而非221年。见高敏：《长沙走马楼简牍研究》，第4页。

[2] 罗新：《走马楼吴简中的建安纪年简问题》，《文物》2002年第10期，第92—95页。

[3] 连先用：《论孙权未奉“延康”“黄初”年号》，《许昌学院学报》2015年第4期，第27页。

[4] 王素：《长沙走马楼三国吴简时代特征新论》，《文物》2015年第12期，第60—70页。

[5] 胡平生、宋少华：《新发现的长沙走马楼简牍的重大意义》，《光明日报》1997年1月14日第5版；胡平生、宋少华：《长沙走马楼简牍概述》，《传统文化与现代化》1997年第3期，第79—89页；叶辉：《从长沙吴简看三国文书的特征》，《长沙大学学报》1997年第3期，第52—54页。

正是郡太守的下行文书；4. 竹简中提到了建业、武昌宫；5. 竹简中多见他县师佐[1]。关尾史郎对 2005 年以前公布的吴简资料进行全面清理，将其分为三大类十七小类，即：（Ⅰ）关于赋税的简牍：1. 田家莂，2. 赋税纳入简，3. 赋税总账木牍（木简），4. 与赋税相关的司法木牍，5. 与赋税相关的签牌；（Ⅱ）关于名籍、身份的简牍：6. 户等、户税，7. 年纪、年纪簿制作木牍，8. 年纪簿调查木牍，9. 私学木牍，10. 与年纪簿相关的签牌；（Ⅲ）其他：书信、名刺、封检、其他各种竹简、其他各种木简、其他各种木牍。认为此三大类十七小类吴简，多与临湘侯国的田户曹有关，可以初步断定 J22（长沙吴简出土地）主要是临湘侯国的田户曹废弃的各种文书[2]。吴简的性质和级别问题较为复杂，有待进一步研究。

三、埋藏原因

吴简的发现引起学术界如此轰动，一个重要原因就在于其数量巨大。发现之初，估计其数量为 14 万枚左右。经过 15 年的清理、整理之后重新统计的枚数有近 8 万。如此巨大的简牍数量为何集中出土于 J22，J22 性质如何，是学术界十分关心的问题。胡平生、宋少华认为 J22 是废弃空仓，吴简“大都是孙吴时长沙郡如田曹、户曹、仓曹与库等有关机构的档案文书，其中许多是契约合同的凭据，必须妥善保存。事隔多年之后，有目的地将它们放置在空仓里，既有到期失效、就此作废的意思，也有郑重封存、避免流失的意思”[3]。《长沙走马楼 J22 发掘简报》则分析走马楼简埋藏原因的两种可能性[4]：其一，以简牍埋放的形式看，可能与三国末年西晋灭吴的战争有关，地处偏远的长沙郡府官员有意将这批籍册瘗埋，当有政府改朝换代或伺机东山再起之意。其二，按照古代档案管理制度，对早期的、过期的一般性档案文书若干年后便要进行处理。因此，将简牍埋入井窖之中极有可能是吴国长沙郡府官员对早期文书的一种处理方式。另外，邱东联提出“吕壹事件”说，认为简牍的废弃与孙权赤乌元年吕壹被诛一事密切相关，是吕壹事件导致了这批简牍的废弃与埋藏[5]。王素则认为这一说法

[1] 王素：《长沙走马楼三国吴简研究的回顾与展望》，第 24—25 页。

[2] 关尾史郎：《史料群としての長沙呉簡・試論》，《木简研究》第 27 号，2005 年，第 250—266 页。

[3] 胡平生、宋少华：《长沙走马楼简牍概述》，第 79—89 页；相关论述还可参胡平生、宋少华：《新发现的长沙走马楼简牍的重大意义》，第 5 版；胡平生：《十万吴简重见天日》，《同舟共进》1997 年第 4 期，第 25—27 页。

[4] 长沙市文物工作队、长沙市文物考古研究所：《长沙走马楼 J22 发掘简报》（以下简称《发掘简报》），《文物》1999 年第 5 期，第 4—25 页。

[5] 邱东联：《长沙吴简和吕壹事件——试析长沙吴简的埋藏原因》，《中国文物报》1999 年 12 月 8 日第 3 版。

缺乏根据，也不能成立[1]。《新收获》和《长沙走马楼二十二号井发掘报告》中共同提出了“废弃”说，J22 是一个年久废仓。当时长沙郡府和临湘县（侯国）衙署，均应距该废仓不远。郡国的文书档案年久废弃，便都堆放在该废仓里。也正因如此，吴简中才既有长沙郡的文书档案，又有临湘县（侯国）的文书档案[2]。

[1] 王素、汪力工：《略谈走马楼孙吴“中书典校事吕壹”简的意义》，《文物》2002 年第 10 期，第 88—91 页；王素：《长沙走马楼三国吴简研究的回顾与展望》，第 25 页。

[2] 长沙市文物考古研究所、中国文物研究所、北京大学历史学系走马楼简牍整理组：《长沙走马楼二十二号井发掘报告》，《长沙走马楼三国吴简·嘉禾吏民田家莂》上册，文物出版社，1999 年，第 36—41 页。

第二节　田家莂的研究

吴简第一卷即《嘉禾吏民田家莂》，故而“田家莂”所涉及的问题，也自然成为吴简的重要问题。

一、田家莂的性质

“田家莂”内容复杂，形制特殊，堪称前所未见，故而一经披露，其性质就引起了研究者的兴趣。关于田家莂的性质，学者观点大抵可分为九种。

土地契约　胡平生、宋少华将“田家莂”定名为“佃田租税券书”，认为破为一式两份或三份，由缴纳租税的民户和征收租税的官吏分别保存[1]。这一观点，胡平生后来有所修正，认为“田家莂”是孙吴地方征收田亩租税的账目[2]。只是一种官样文书，虽然具有一年一度汇总田家缴纳租税数额的重要功能，但本质上有用的主要是它的形式，实际上并没有人真正核查其文字和数据[3]。邱东联亦认为“田家莂”是“佃田租税券”，反映了租佃土地的民户和土地的所有者国家之间的契约关系[4]。

契约与凭证二重性说　高敏认为“田家莂”实际是具有土地租佃契约和官府收受吏民租、税、钱凭证或收据的双重性质[5]。

纳税人总账　这一观点是日本学者关尾史郎提出，他认为这类大木简有可能是具有土地拥有者（或耕作者）总账、课税者总账甚至纳税者总账等多种账簿的作用[6]。关尾史郎后又

---

[1] 胡平生、宋少华：《长沙走马楼简牍概述》，第 79—89 页；胡平生、宋少华：《新发现的长沙走马楼简牍的重大意义》，第 5 版。

[2] 胡平生：《嘉禾四年吏民田家莂研究》，《长沙三国吴简暨百年来简帛发现与研究国际学术研讨会论文集》，第 43—50 页。

[3] 胡平生：《〈嘉禾四年吏民田家莂〉统计错误例解析》，李学勤、谢桂华主编《简帛研究》2001，广西师范大学出版社，2001 年，第 512 页。

[4] 邱东联：《略论长沙走马楼吴简中的佃田租税简》，《船山学刊》1998 年第 1 期，第 47 页；邱东联：《长沙走马楼佃田租税简的初步研究》，《江汉考古》1998 年第 4 期，第 76 页。

[5] 高敏：《论〈吏民田家莂〉的契约与凭证二重性及其意义——读长沙走马楼简牍札记之二》，《郑州大学学报》（社会科学版）2000 年第 4 期，第 67—70 页；收入高敏：《长沙走马楼简牍研究》，第 10—15 页。

[6] 关尾史郎：《西域文書からみた中国史》，东京：山川出版社，1998 年，第 53—55 页。

根据田家莂均以乡的名义申报，由县（侯国）的“田户（经用）曹史”等检阅验收，并比照小型纳税竹简的样式，进一步指出田家莂不是“纳税证明书”，是由乡制成，由乡和县（侯国）分别保管的纳税人总账[1]。

租税簿 张荣强认为“田家莂”的主体部分“顷亩旱熟收米钱布付受吏姓名年月”诸项是在乡级机构完成的，检核文书及主吏署名则是在县署完成的。从本质上看，它应当是一种“簿”，是经田户曹史检校的乡租税簿[2]。

户别税钞总计 李卿认为“田家莂”的性质是年度户别税钞总计，而不是租佃契约文书[3]。

年度结算单据存根 秦晖认为嘉禾吏民田家莂是孙吴嘉禾四年、五年两年长沙地区编户齐民向政府缴纳的赋税（米、钱、布等）的年度结算存根[4]。

校券、核点账簿 李均明、周自如、杨慧认为长沙走马楼田家莂是记账核校过程中产生的，其功能如《秦简·法律答问》所谓“校券”，是田户曹对仓与库收取田家租税（包括米、钱、布）账目的核对[5]。宋少华的看法类似，他认为，将嘉禾吏民田家莂看成是核点账簿可能更接近事实[6]。

缴租凭证 蒋福亚赞成高敏认为田家莂是田家缴纳地租的凭证和收据。并进一步指出，田家莂“应有两种，目前所见到的，实质上是租佃者租种国有土地的缴租凭证，并非租佃契约，但却明白无误地告诉人们，还有另一种《田家莂》存在，这才是租佃契约”[7]。

屯田登记册 孟彦弘认为田家莂是政府分配土地以及根据不同地力以征收不同租税钱布的登记册，当然也具有契约的作用[8]。

田家莂的分券是与田家莂性质关联至深的一个问题，学者关于分券的认识也往往和其所

---

[1] 关尾史郎:《吏民田家莂の性格と機能に関する一試論》,《嘉禾吏民田家莂研究——长沙吴简研究报告》第1集，第3—15页。

[2] 张荣强：《孙吴“嘉禾吏民田家莂”中的几个问题》，《中国史研究》2001年第3期，第39—48页；张荣强：《吴简〈嘉禾吏民田家莂〉“二年常限”解》，《历史研究》2003年第6期，第228—238页；收入张荣强《汉唐籍帐制度研究》，第290—328页。

[3] 李卿：《长沙走马楼三国吴简〈嘉禾吏民田家莂〉性质与内容分析》，《中国经济史研究》2002年第1期，第122—131页。

[4] 秦晖：《传统中华帝国的乡村基层控制：汉唐间的乡村组织》，《农民中国：历史反思与现实选择》，河北人民出版社，2003年，第219—252页。

[5] 李均明、周自如、杨慧：《关于长沙走马楼嘉禾田家莂的形制特征》，《简帛研究》2001，第485—491页。

[6] 宋少华：《长沙三国吴简保护整理与研究的新进展》，《长沙三国吴简暨百年来简帛发现与研究国际学术研讨会论文集》，第8—23页。

[7] 蒋福亚：《有关〈嘉禾吏民田家莂〉性质的补充意见》，《南京晓庄学院学报》2002年第1期，第17—19页。

[8] 孟彦弘：《〈吏民田家莂〉所录田地与汉晋间的民屯形式》，中国社会科学院历史研究所学刊编委会《中国社会科学院历史研究所学刊》（第2集），商务印书馆，2004年，第173—192页。

认为的田家莂的性质一致，明确提出其分券观点的有：胡平生认为田家莂可能存在两种分券方式：一种“都莂”，可能是每个田家每年完成法定租税的总结。大概是一式两份的券书形式，一份给佃租田地的田家，一份留田户曹。一种“都莂”可能是田户曹与仓、库之间的结算凭据，它可能是一式三份的券书，一份给仓吏，一份给库吏，一份留田户曹[1]。

关尾史郎认为券书左右分券，由乡和县（侯国）分别保管。但其也补充认为，因田家莂性质本有可讨论的余地，左右二分或左中右三分可以并存[2]。关尾史郎后来进一步指出，田家莂的作成主体是临湘侯国的田曹和户曹，田曹和户曹的史点校完毕后赋予其莂的功能。完成的莂被送到乡，作为保管在乡的资料在确认正确后被裁断，一片由乡保管，另一片附上标题简后返送给县。再次回到田曹和户曹的莂大概由两曹的掾共同保管[3]。

李均明、周自如、杨慧认为，田家莂涉及三方，故其当由田户曹持有，一式三份。但也不排除部分田家莂使用二联式的可能[4]。另外，考古信息为田家莂是二份或是三份提供了重要参考。宋少华执笔的《发掘简报》曾指出：“在发掘过程中，在基线深2.2米处发现一根长达1.63米的杉木条，其色泽、宽厚均与大木简相同，若截成大木简的话，恰好为3枚。”

二、“田家莂”涉及的土地的性质

“田家莂”涉及的土地，一般认为就是国家公田。其具体性质又有两种不同的观点：一种是屯田，一种是佃田。

高敏认为吴简反映了孙吴的屯田制度，并就屯田的管理机构与系统以及军屯的分配方式进行了论述[5]。孟彦弘认为属于民屯的一种形式[6]。曹砚农认为田家莂反映了孙吴政权在长沙郡境内以屯田模式组织的“营田”。孙吴的屯田组织形式是“某丘”为屯田的“编区”，“某町”为各屯田客户佃田的地段及序号[7]。其“营田”其实就是“屯田”，可以视为“屯田说”的一种。

---

[1] 胡平生：《〈嘉禾四年吏民田家莂〉统计错误例解析》，第512页。

[2] 分别是关尾史郎2001年、2005年两篇文章的观点。关尾史郎：《吏民田家莂の性格と機能に関する一試論》，第3—15页；关尾史郎：《史料群としての長沙呉簡・試論》，第250—266页。

[3] 关尾史郎：《破莂・别莂考—長沙呉簡を例として—》，藤田胜久编《東アジアの資料学と情報伝達》，东京：汲古书院，2013年，第109—132页。

[4] 李均明、周自如、杨慧：《关于长沙走马楼嘉禾田家莂的形制特征》，第485—491页。

[5] 高敏：《长沙走马楼三国吴简所见孙吴的屯田制度》，《长沙走马楼简牍研究》，第143—150页。

[6] 孟彦弘：《〈吏民田家莂〉所录田地与汉晋间的民屯形式》，第173—192页。

[7] 曹砚农：《从〈长沙走马楼三国吴简・嘉禾吏民田家莂〉看吴国在长沙郡的国家“营田”》，《中国文物报》2002年1月18日第7版，收入《长沙三国吴简暨百年来简帛发现与研究国际学术研讨会论文集》，第72—74页。

于振波认为嘉禾吏民田家莂中的“町”与“处”的意思一致，当表示“一片”或“一块”土地。每一户田家所佃种的土地往往比较分散和零碎[1]。

蒋福亚认为田家莂反映了吴国发达且已基本制度化的土地租佃关系。在吴国，只有封建政府直接控制的人户才有资格租佃零星分布的国有土地[2]。吴荣曾亦认为田家莂反映了孙吴政权以非军事手段组织的吏民佃田，与汉代的地方官农业相近，不同于屯田。佃田与屯田虽然有相似之处，但也有差别，主要表现在管理体制方面。采用军事手段而将耕种者组织在一起，称之为屯或营。莂上反映的佃田都是通过非军事形式组织而成，这种农业群体不能称之为屯或营。主管者不是将或尉，而由地方文官经管其事，佃民被编制在许多个丘之中。佃田者所种的田被置于町这种田区之内[3]。

三、“田家莂”所涉田地名称的考察

田家莂中常见常限田、余力田、火种田等不同的田地名称，学者讨论较多。现将学者的重要观点列举如下：

胡平生在整理报告中认为“常限田”非指拥有固定的田亩数，或仅为限额而已；余力田为田家“行有余力”而自行开垦的荒地。两种田按照旱熟不同的情况，有不同的租赋征收标准[4]。胡平生又撰文认为：“二年”是指嘉禾二年（233），“二年常限”应是“嘉禾二年规定的、每户每人限制租佃的最高数量的农田”和“按照嘉禾二年规定的农田每亩纳税标准征收的田亩”两种解释之一种[5]。

邱东联认为“常限田”即为官府限定的田额，“余力田”似指佃户自行开垦的田地，其所缴纳的租米低于“常限田”，“常限田”或“余力田”等所有权归国家，佃户只有使用权[6]。

高敏认为“余力田”是田家租佃国有土地中的不属于“二年常限”田的另一种纳租田地，

---

[1] 于振波：《走马楼吴简所见佃田制度考略》，《湖南大学学报》（社会科学版）2003年第6期，第23—28页；收入于振波《走马楼吴简初探》，第1—24页。

[2] 蒋福亚：《略谈吴国国有土地租佃关系制度化的原因——〈长沙走马楼三国吴简·嘉禾吏民田家莂〉的研讨》，《首都师范大学学报》（社会科学版）2003年第5期，第1—7页；收入蒋福亚《魏晋南北朝经济史探》，甘肃人民出版社，2004年，第269—284页。

[3] 吴荣曾：《孙吴佃田初探》，《长沙三国吴简暨百年来简帛发现与研究国际学术研讨会论文集》，第64—71页。

[4] 胡平生：《嘉禾四年、五年吏民田家莂解题》，《长沙走马楼三国吴简·嘉禾吏民田家莂》，文物出版社，1999年，第71—72、165页。

[5] 胡平生：《嘉禾四年吏民田家莂研究》，第43—50页。

[6] 邱东联：《略论长沙走马楼吴简中的佃田租税简》，第46页；邱东联：《长沙走马楼佃田租税简的初步研究》，第75页。

它同“常限”田一样也有旱田与熟田之分，但主要是熟田，他的地租是低于“二年常限”田亩收米一斛二斗的亩收米四斗五升六合的优惠田，即使是“斛加五斗”者，也轻于每亩收米一斛二斗。“常限”是收租税率限额，“二年常限”，实为指固定缴纳米与布的限额在两年内不变之田。所纳之米，谓之“限米”。“租田”是凡亩收米五斗八升和亩收四斗五升六合兼斛加五升收米者，其所缴米可以叫“租米”。“余力田”是在“二年常限”之外、佃田总数之内的、地租率小于“二年常限”田的土地，其租佃者是少数吏民，多为熟田；“火种田”是旱田的代名词，其命名可能与这种旱田宜于采用火耕的方法进行耕种有关[1]。高敏后又撰文表达了对余力田、火种田的看法。认为胡平生所说火种田“文书中多写作‘余力火种田’”，指出：“嘉禾吏民田家莂中称拥有‘余力田’者凡55户，而云拥有‘余力火种田’者仅5户，谓文书把‘余力田’多写作‘余力火种田’，不确。”[2]

蒋福亚认为吏民佃种“二年常限”田后，其亩租额二年不变，二年期限一过，封建政府有权调整亩租额。吏民对其佃种的土地只有二年的佃种权，时间一到，必须另行办理佃种的手续，确定其佃种权。对于同一人名下两年佃田数额不同的现象，他解释为临湘县吏民租佃零星国有土地并非只能办理一次，只要还有待租的国有土地，愿意承租者就可以办理两次，甚至三次。承租这类国有土地也绝非每二年才办理一次，而是年年都可以。“余力田”大概是租佃者“行有余力”而佃种的零星荒地或开垦不久的荒地。应是受二年常限田的制约，亩租额低于常限田，随常限田变动而变动，很可能也有租佃年限，时间也很可能只有二年[3]。

阿部幸信认为田家莂所见的常限田、余力田、火种田三种田不是并存的。火种田是用山地型火田农法耕作的土地，而常限田是每年课税的火种田，余力田是用火开垦仅数年又两年课税一次的新火种田，常限田、余力田为耕作形态不同的两种火种田[4]。

于振波认为“常限田”是政府为了督促农民生产所规定的强制性的生产定额，“余力田”则是在完成常限田生产之外有余力者申请的土地。嘉禾五年（236）减免部分佃田租税的举措，

---

[1] 高敏:《〈嘉禾吏民田家莂〉中所见"余力田""常限" 田等名称的涵义试析——读长沙走马楼简牍札记之三》,《郑州大学学报》(社会科学版)2000年第5期，第101—106页；收入高敏《长沙走马楼简牍研究》，第17—26页。

[2] 高敏：《〈长沙走马楼三国吴简·嘉禾吏民田家莂〉释文注释补正——读走马楼简牍札记之八》，《郑州大学学报》（社会科学版）2001年第4期，第102页；收入高敏《长沙走马楼简牍研究》，第67页。

[3] 蒋福亚：《也谈〈嘉禾吏民田家莂中〉 "二年常限" 田的涵义》，《首都师范大学学报》（社会科学版）2001年第5期，第7—12页；蒋福亚：《嘉禾吏民田家莂中的"余力田"》，《庆祝何兹全先生九十岁论文集》，北京师范大学出版社，2001年；蒋福亚：《走马楼吴简经济文书研究》，第21—37页。

[4] 阿部幸信:《长沙走马楼吴简所见田种初探》,《嘉禾吏民田家莂研究——长沙吴简研究报告》第1集,16—29页。

可能是在连续两年农业欠收的情况下有关部门临时变通的结果[1]。

王子今认为“余力田”与家中“余夫”有关，“火种”为“伙种”或“夥种”，“余力田”为行有余力所耕种之田，“火种田”为“伙处”的父兄子弟所共同耕种之田[2]。

孟彦弘认为“常限田”与“余力田”是孙吴民屯制度下的两种田地，“二年常限田”不是对田家承租数量的限制，而是指以二年为周期进行轮耕或休耕的田地；“余力田”则是在屯田制下对田家所领田地差别的一种补充或补偿[3]。

侯旭东认为“民田”或“民税田”应是与官田相对的百姓的“私田”，而不是“官有土地”或“屯田”。交纳额度与“民税田”基本一致的“火种田”应该也是百姓的私田，二者的区别主要在耕作方式上[4]。

雷长巍利用三国吴简中40多条与“火种田”相关的材料指出，“火种田”可以分为“旱田”“熟田”两类，其基本赋税为米、钱、布，并就“火种田”的含义进行了分析，认为吴简中大量出现的“火种田”与当地的地理条件关系密切，也和官府的政策有关[5]。

张荣强认为“常限”应作“一次标准”解释，“年”释为“稔”，“二年常限”实际是官府根据当时普遍实行的轮休耕作制而制定的一种关于官租的规定——按二年一垦的标准收租。在这一标准下，可以容纳诸如“火种田”、非“火种田”等不同形式的轮休耕作制[6]。

和嘉禾吏民田家莂相关的还有旱田与熟田的讨论，学界主要有四种观点：

一是旱田、熟田跟自然灾害、干旱引起的收成多少有关。邱东联认为“旱败田”是指因干旱而歉收的田，“熟田”是指常年耕种的有收成的田[7]。整理者认为熟田和旱田是“当年受旱和正常收获的田亩数”[8]。

---

[1] 于振波：《走马楼吴简所见佃田制度考略》，第1—24页。

[2] 王子今：《试释走马楼〈嘉禾吏民田家莂〉“余力田”与“余力火种田”》，《吴简研究》（第一辑），第114—118页。

[3] 孟彦弘：《〈吏民田家莂〉所录田地与汉晋间的民屯形式》，《中国社会科学院历史研究所学刊》（第2集），第173—192页。

[4] 侯旭东：《走马楼竹简的限米与田亩记录——从“田”的类型与纳“米”类型的关系说起》，《吴简研究》（第二辑），第157—175页。

[5] 雷长巍：《试论三国吴简中的“火种田”》，中国文化遗产研究院《出土文献研究》（第九辑），中华书局，2010年，第227—231页。

[6] 张荣强：《吴简〈嘉禾吏民田家莂〉“二年常限”解》，第228—238页；收入张荣强《汉唐籍帐制度研究》，第307—328页。

[7] 邱东联：《略论长沙走马楼吴简中的佃田租税简》，第46页；邱东联：《长沙走马楼佃田租税简的初步研究》，第75页。

[8] 长沙市文物考古研究所、中国文物研究所、北京大学历史学系走马楼简牍整理组：《长沙走马楼三国吴简·嘉禾吏民田家莂》（上），第71页。

二是认为旱田、熟田与种植作物有关。高敏认为简文中的“旱田”是能种植旱地作物如麻、麦等作物的可耕地，熟田无疑是更高产的水稻田[1]。

三是认为旱田、熟田与水旱田、耕作方式等有关。李卿认为“旱田”不是水旱之“旱”，指旱田与水田中因干旱而严重歉收者，因而免收田租，而不是旱地不收租之意。“熟田”不是生熟地之“熟”，而是指旱田与水田种有所收者，所以每年必须向官府交纳一定数量的租税[2]。吴荣曾认为熟田是指深耕细作的田，旱败田就是指耕作粗放的田[3]。张灿辉认为在南方“旱田”与“水田”相对，“熟田”与“生田”相对，嘉禾四年（235）旱田较多的原因是因为灾伤而旱者。嘉禾五年（236）所实行的“旱田不收钱，熟田收钱八十”的措施是加重了佃民的负担[4]。

四是认为旱田、熟田之所指与社会因素有关。臧知非认为“旱田”“熟田”均为可以开垦的土地，其租额不同是为了安抚流民、恢复生产，农民所租种的熟田亩数并不是实际的熟田数，而是“定”出来的应按熟田标准纳租的亩数[5]。其后又进一步明确“旱田”“熟田”不是就农民所租田地的质量而言，而是国家征收地租的专门术语：旱田为低产田，熟田为高产田。国家分别制定统一的旱田、熟田的标准亩产量，确定两种统一的田租额[6]。张荣强认为田家莂中“旱败不收”的田地与“旱田”是同一性质的田地，旱田不只是与“熟田”相对的一种土地，也是一种收成较低的土地[7]。陈荣杰、张显成认为，对“旱田”“熟田”的界定其政治因素大于自然因素，即统治者的人为因素大于自然因素。土质、地力等自然因素只是统治者规定“旱田”“熟田”的附带参考，故不能单纯从土质、地力的角度去解释“旱田”“熟田”。“旱田”是统治者根据土质、地力而行政规定的低产田，“熟田”是指统治者根据所谓土质、地力而行政规定的高产田。统治者把田地分为“旱”“熟”两类，规定不同的田租标准，统一征之于民，既简化了收租程序，又调节了因田地土质优劣而产生的矛盾，促进了生产；同时，也掩盖了对佃民的剥削程度[8]。路方鸽认为作为规定好等级和租税标准的规定田，定收田（熟田）本质上是一种优质田、高产田[9]。

---

[1] 高敏：《从嘉禾年间〈吏民田家莂〉看长沙郡一带的民情风俗与社会经济状况》，《中州学刊》2000年第5期，第129—133页；收入高敏：《长沙走马楼简牍研究》，第36—43页。

[2] 李卿：《长沙走马楼三国吴简〈嘉禾吏民田家莂〉性质与内容分析》，第122—131页。

[3] 吴荣曾：《孙吴佃田初探》，第64—71页。

[4] 张灿辉：《嘉禾吏民田家莂中的“旱田”及相关问题》，《吴简研究》（第三辑），第252—261页。

[5] 臧知非：《从〈吏民田家莂〉看汉代田税的征收方式》，《史学月刊》2002年第5期，第37—41页。

[6] 臧知非：《三国吴简“旱田”“熟田”与田租征纳方式》，《中国农史》2003年第2期，第35—37页。

[7] 张荣强：《吴简〈嘉禾吏民田家莂〉“二年常限”解》，《汉唐籍帐制度研究》，第325页。

[8] 陈荣杰、张显成：《吴简〈嘉禾吏民田家莂〉“旱田”“熟田”考辨》，《中国经济史研究》2013年第2期，第156—161页。

[9] 路方鸽：《〈嘉禾吏民田家莂〉“定收田”考》，《中国农史》2014年第2期，第46—53页。

第三节　吴简所涉赋税徭役制度的研究

走马楼吴简中有大量赋税簿籍，为孙吴的赋税制度研究提供了便利条件。吴简赋税方面的研究热点主要集中在“调”“口钱和算钱”“算和事”“赋税的征收方式”“户品出钱”，以及与赋役相关的“丁中老小”制度等方面。

一、关于“调”

最早提到“调”的是《新收获》一文，该文将吴简中出现的“调布”“调麻”等称为“户调”，但没有展开论述。

《新收获》的这一观点，立即引起了学界的讨论，首先提出质疑的是高敏。高敏根据吴简中涉及算赋征收的资料指出，既然孙权时期明确地实行了汉代的口钱、算赋制度，那么作为取代口钱、算赋制度的“户调”制就不可能实行，因为二者是同一种税，区别在于一按人口数量与年龄的不同征收现金，一按户征收绢、绵等实物而已；而且，《新收获》一文所引用的吴简，不见一枚简牍中有“户调”二字。因此，高敏认为，吴简中出现的“调”当属于用暴力巧取豪夺的“横调”与“杂调”，而非正常的户调[1]。

针对高敏的质疑，王素随即简单做出回应，认为任何新旧制度的变化，都不能在时间上绝对划线，其间不仅有一个酝酿过程，更有一个并行阶段。根据史籍记载，东汉时期，经常性的“调”已与口钱、算赋并行。吴国既然承袭汉制，仍然处于这个并行阶段。户调为按户征收实物，口钱、算赋为按人征收现金，二者存在很大的不同，不能根据后来户调取代口钱、算赋，而简单地将二者视作同一种税。至于二者合并为一种税，由于存在很大的不同，更需要一个较长的过程[2]。

高敏后来再次撰文回应，具体从竹简中六种类型的“调”分析，认为这些“调”均非“户调”之“调”；几乎所有“调”字，都是作动词用的调发、征调之意[3]。王素亦撰文将其见解重新梳理，

[1] 高敏：《读长沙走马楼简牍札记之一》，《郑州大学学报》（社会科学版）2000 年第 3 期，第 95—99 页；收入高敏《长沙走马楼简牍研究》，第 5—9 页。

[2] 王素：《吴简所见“调”应是“户调”》，《历史研究》2001 年第 4 期，第 167—168 页。

[3] 高敏：《长沙走马楼吴简中所见“调”的含义——兼与王素同志商榷》，《中华文史论丛》2007 年第 1 期，第 37—51 页；收入高敏《长沙走马楼简牍研究》，第 131—142 页。

作为对高文的正式回应，其主要观点如下：（1）不能以吴简中没有出现“户调”二字而否认“调麻”“调布”“调皮”之“调”属于“户调”。（2）不能说我们引用的这些吴简中的“调”无一例外属于动词，因为吴简中的“调麻”“调布”“调皮”都是动宾结构的词，基本都应划属名词。（3）不能认为孙吴明确实行了汉代的口钱、算赋制度就不能同时存在取代口钱、算赋制度的户调制。（4）西晋户调并非简单继承曹魏而来，而这不同就有可能包含孙吴的户调内容[1]。

于振波从“调”在两汉时期的常见含义出发，讨论了吴简中出现的“调”。他认为两汉时期与财政经济政策有关的“调”主要有四种用法：第一，表示调发、调度；第二，官府出钱采购所需物品，有时也称为“调”；第三，作为赋税的泛称，“租调”“赋调”频繁出现于史籍；第四，表示苛捐杂税。吴简资料中“调”的用法与两汉时期多有类似，由此推断，吴调也同样是汉调的延续，而与曹魏的户调不同。吴简中即使有按户或户品征收的调，也仍然属于苛捐杂税[2]。

杨际平分别考察了吴简中出现的“调布”和“调皮”。他认为，吴简所见的“调布”，仍属正常的财政调度范围，与户品无关。纳“调皮”对于吏民来说，既不是常税，也不是苛捐杂税，但官府用于市皮之钱，至少有一部分来自对诸乡吏民的加征，因而属于横调、横赋敛范围[3]。

阿部幸信认为调出纳简是县库的出纳记录，分割后被县和乡分别持有。“调”的征收程序如下：以乡为单位分配调额；以单个或几个丘为单位缴纳，单位内部根据户品分担调额；岁伍、力田等负责丘内的赋课征收和额度调整，调额分配依照累进课税的原则；征收不足时可以到市场筹措。吴简中的“调”不是临时的征发、调配，而是一种制度化赋课[4]。阿部幸信对吴简中的“市布”简进行了研究，认为百姓的纳布记录可分为入布简、入调简和入市布简三类。民的入市布简虽与入布简、入调简分开统计，但在以乡为单位合计时三者一起汇总核算。吏的入市布简有进行二次统计整理的记录，吏“市布”简与常规作成的布簿分别管理。

---

[1] 王素：《长沙吴简中的佃客与衣食客——兼谈西晋户调式中的“南朝化”问题》，《中华文史论丛》2011年第1期，第1—34页。

[2] 于振波：《从走马楼吴简看两汉与孙吴的“调”》，《湖南大学学报》（社会科学版）2005年第1期，第92—97页；收入于振波《走马楼吴简初探》，第77—104页。

[3] 杨际平：《析长沙走马楼三国吴简中的“调”——兼谈户调制的起源》，《历史研究》2006年第3期，第39—58页。

[4] 阿部幸信：《长沙走马楼吴简所见调纳入简初探》，《立正史学》第103号，2008年，第31—50页。该文后来依据新出资料修改成《长沙走马楼吴简所见的“调”——以出纳记录的检讨为中心》，收入《吴简研究》（第三辑），第226—251页。

“市布”与当时的“调”——物质调配有关[1]。

凌文超通过复原整理吴简中库布、皮账簿，发现吴简中的征调形式分为“市布”“品布”“口算皮”等方式。孙吴调布在当时已经相当频繁，并逐渐长期化。但是，孙吴不仅未将“品布”制度化，而且很可能抛弃了“品布”的征收，转而将征纳的布匹与田亩结合，使临时性的调布演变为带有常税性质的“田亩布”。孙吴虽然继承了汉代以来按户品调布的做法，但并未继续“户调—户调制”的发展轨迹，而是走上了按田亩收布的另一条道路。这似乎也是孙吴与汉魏晋相比之下的独特之处[2]。

除了从性质上讨论“调”，还有文章涉及调布、调皮的其他内容。如王子今根据吴简中的“入皮”记录，考察了皮的来源、种类、用途等。认为所“入”皮的性质，或称“调”，或标示“口算”，以“皮”为调或者以“皮”作为“口算”钱的实物替代，可以反映当时经济生活的一个侧面[3]。

二、口钱与算赋

韩树峰根据竹简所记征收口算钱的格式，对孙吴征收口算钱的制度进行了探讨，认为：当时口算钱由地方官吏代征，存在两类情况：一类为当年缴纳的正常情况，注明上缴时间即可；一类为拖欠补缴的非正常情况，不仅需要注明上缴时间，还需要注明何年拖欠[4]。

汪小烜认为吴简所见算赋缴纳时间为三月、十一月、十二月，数量不一，不是120的倍数。口赋不是每年八月一次征收，而是不定期部分交纳[5]。

高敏对孙吴实行的口钱、算赋制度的征收标准和方法进行分析，认为小口征收“口钱”5钱，成人征收算赋120钱，延续了汉代定额分多次征收的做法。他还分析了以实物折纳口算钱以及口算赋制度向户调制度转变等问题[6]。

---

[1] 阿部幸信著，付晨晨译：《长沙吴简所见的“市布”》，卜宪群、杨振红主编《简帛研究》2012，广西师范大学出版社，2013年，第151—164页。

[2] 凌文超：《走马楼吴简采集库布帐簿体系整理与研究——兼论孙吴的户调》，《文史》2012年第1辑，第53—110页；凌文超：《走马楼吴简采集库皮账簿整理与研究》，《北大史学》16，北京大学出版社，2011年，第16—45页；收入凌文超《走马楼吴简采集簿书整理与研究》，第283—423页。

[3] 王子今：《走马楼简的“入皮”记录》，《吴简研究》（第一辑），第288—308页。

[4] 韩树峰：《吴简中的口算钱》，《历史研究》2001年第4期，第171—172页。

[5] 汪小烜：《走马楼吴简户籍初论》，《吴简研究》（第一辑），第143—159页。

[6] 高敏：《从〈长沙走马楼三国吴简·竹简（壹）〉看孙权时期的口钱、算赋制度》，《史学月刊》2006年第2期，第24—27页；收入高敏《长沙走马楼简牍研究》，第109—116页。

张荣强认为吴简按“大口”“小口”收钱，征收对象应当是长沙蛮[1]。

凌文超利用吴简揭剥图，复原了三个不同格式户籍簿，探讨户籍簿征税和派役功用。在口算钱方面，他认为，孙吴大致遵循了汉代口算钱征缴的年龄格局，吴简中的“小口收钱”可能就是 7~14 岁缴纳的口钱，“算人收钱”指单独注记了“算一”编户民需要缴纳的算赋 120 钱。“大口收钱”指 15~79 岁因疾病、罢癃、给役或其他原因复算者缴纳的 28 个大口钱。“大口”“小口”收钱和“算人”收钱都属口算钱。《汉书·食货志》颜师古注引晋灼“虽老病者，皆复出口算”或有可能是三国时期存在的“大口”收钱[2]。

三、“算”与“事”

吴简中有一类简格式为“凡口○事○ 算○事○”，记载民户的“事”“算”情况。关于简中“事”“算”的含义，学界看法不同。

《新收获》认为“事”为简，即记录该户的用简数量，前“事”为该户所用的总简数，后“事”为记录家庭成员所用的简数。此后，《新收获》的作者之一罗新对这一说法又有所怀疑，他在自己的两封信中，提到怀疑“事”也许与役有关[3]。

北京大学吴简读书班上，各位学者也对“事”展开过讨论。侯旭东推测“事”是纳完口算钱的注记。王子今推论前“事”为应当服役的人数，后“事”为实际服役的人数[4]。

胡平生结合江陵凤凰山 10 号汉墓简牍进行探讨，认为“口若干、事若干”之口为口食，即吃饭的人口，事为作事，指干活的人口；“算若干、事若干”之算指口算钱份额，事指可服劳役的人数[5]。

孟彦弘则结合《汉书》的典型材料，和学界对“吏户”的新旧认识，并与晋唐“课”相联系，认为前“事”指该户服役的人数，后“事”指实际纳算的人数。并认为这类简所对应的不是普通民户，而是具有身份意义的吏户。从“事”到“课”的制度变化反映了赋税征收中民众

---

[1] 张荣强：《说孙吴户籍中的“事”》，《吴简研究》（第一辑），第 214 页；收入张荣强《汉唐籍帐制度研究》，第 144—162 页。

[2] 凌文超：《走马楼吴简采集简“户籍簿”复原整理与研究——兼论吴简“户籍簿”的类型与功能》，《吴简研究》（第三辑），第 9—64 页；收入凌文超《走马楼吴简采集簿书整理与研究》，第 96—153 页。

[3] 罗新的两封信《吴简报告之十七》《吴简报告之二十三》，象牙塔网站，2003 年 6 月 7 日。

[4] 侯旭东：《读“长沙三国吴简”札记》，北大吴简读书班讨论稿，象牙塔网站，2003 年 5 月 20 日；王子今：《走马楼“凡口若干事若干”简例试解读——以对“事”的理解为中心》，北大吴简读书班讨论稿。王子今观点转引自张荣强《孙吴户籍结句简中的“事”》，第 144—162 页。

[5] 胡平生：《〈长沙走马楼三国吴简〉第二卷释文校证》，中国文物研究所《出土文献研究》（第七辑），上海古籍出版社，2005 年，第 123—125 页。

主动性在弱化而国家强制力在增加[1]。

张荣强认为，汉代八月书户造籍，本财政年度之末所造的户籍实际是预计下一财政年度的状况，其每户家庭之下所载的赋役集计，实际也是下一财政年度预计征收的情况。孙吴延承汉制，吴简户籍中“事”不可能是纳完口算钱的注记或实际服役人数。“凡口○事○”的“事”为课役总人数。吴简中出现的“复”，只能是免役之意，“算○事复”的“事”无疑是免除徭役。“凡口○事○　算○事○”表述上分为两部分，前一“事○”与家口总数相结合，后一“事○”则与缴纳算赋的人数结合。而课役人口是在该户家口总数内划定，徭役则是从纳算赋者中征发[2]。

凌文超认为户籍簿中的“事”应与徭役、劳力皆无关。“凡口○事○　算○事○”中，“口”为“口食”，指家庭总人数，前“事”为缴纳口算钱的人数，“算”指制度上规定的纳算人数，后“事”指实际缴纳算赋的人数[3]。

杨振红通过结合讨论走马楼吴简、天长纪庄汉简、江陵凤凰山汉简等新出简牍，认为两汉三国吴时期，以“算”为单位向 15 岁至免老年龄的成年男女征发赋役和徭役。“算”不仅意味着有交纳赋税而且有服徭役的义务。“算赋”实际是“以算为单位计征赋”的意思，不是单一的税目。算赋不仅包括每年 120 钱的人头税，还包括吏俸、转输、缮兵等各种杂税。上述新出简牍中，赋役场合的“事”为动词，意为“服事”。所谓“事算”即服事“算”的义务，与“复算”即免除“算”的义务恰好相对。吴简中“凡口○事○”的“口”为户内家庭人口总数，“事”指有赋役义务的口数，包括 7~14 岁交纳口钱的口数和有“算”义务的口数，相当于后代的“课口”数。“算○事○”的“算”指有“算”义务的口数，“事”为实际服“算”义务的口数。“算”“事”簿籍按月统计[4]。

于振波认为，孙吴算赋针对15~59岁的成年人，可能对14岁以下的儿童征收一定数量的人头税。其口算的数额与征收时间，孙吴似无定制[5]。他又在总结现有研究成果的基础上，通过对吴简中注明“口若干事若干 算若干事若干”文字的竹简中顺次出现的“口”“事”“算”“事”进行数据统计，并将所得数据与吴简中人口性别、年龄结构统计数据进行比较得知，“口○事○”的“事”不仅

[1] 孟彦弘：《吴简所见“事”义臆说——从“事”到“课”》，《吴简研究》（第二辑），第 201—213 页。

[2] 张荣强：《说孙吴户籍中的“事”》，第 209、212、215—216 页；收入张荣强《汉唐籍帐制度研究》，第 144—162 页。

[3] 凌文超：《走马楼吴简采集简“户籍簿”复原整理与研究——兼论吴简“户籍簿”的类型与功能》，第 9—64 页。

[4] 杨振红：《从出土“算”“事”简看两汉三国吴简时期的服役结构——“算赋”非单一税目辨》，《中华文史论丛》2011 年第 1 期，第 35—58 页。

[5] 于振波：《“算”与“事”——走马楼户籍简所反映的算赋和徭役》，台北《汉学研究》22 卷 2 期，2004 年，第 189—209 页；收入于振波《走马楼吴简续探》，第 129—151 页。

表示有劳动能力的人口，包括成年男女及有一定劳动能力的未成年男女（或次丁），还表明有一定劳动能力的未成年男女可能也被列入“事”的范围。“算○事○”之“事”不仅表示应当服役的人口，还意味着孙吴在孙权统治时期，已经不再采用汉代的“傅籍”制度了，而是参照“傅籍”制度的年龄规定，将某个年龄段的成年男女都列为“事”，作为官府征发徭役的根据[1]。

四、与赋税相关的丁中老小制度

丁中老小制度，是指我国古代社会的劳动者为官府服役时按年龄大小而制定的始役年龄的有关规定[2]。传世文献对孙吴丁中制度记载不详。走马楼吴简为孙吴丁中制度的研究提供了新材料。吴简涉及的与丁中相关的称谓大致有“大男”“大女”“男子”“老男”“老女”“子男”“子女”等等，这些称谓及年龄分界是学者讨论的热点。

最先提及此类称谓的是邱东联，他认为“男子”并非是相对于女子而言的男性，而是指未担任政府官员的男性家长，“大女”则指满15岁以上的女性家长[3]。

其后，学者一般认为孙吴的丁中称谓大体承袭汉制，在吴简中，14岁以下称“小”，15岁以上称“大”，“大”又分为“大”和“老”[4]。至于“老”的起始年龄有两说，一说是60岁，一说是61岁。如高敏认为，61岁以上为老，被称为“老男”“老女”[5]。于振波则分析，作为普通家庭成员的“父”已经免老，不再承担算赋和徭役，其最低年龄就是当时“老”的最低年龄。此种身份的“父”，最低年龄应为60岁，缴纳算赋的最高年龄为59岁[6]。

但是吴简户籍简中却存在成年女子称为“小女”、未成年女子称为“大女”这种名实不符的状况。

---

[1] 于振波：《从“傅籍”到“丁中”——对吴简中“口、事、算、事”比例关系的考察》，《简帛研究》2010，广西师范大学出版社，2012年，第145—162页。

[2] 高敏：《吴简中所见“丁中老小”之制》，《新乡师范高等专科学校学报》2006年第3期，第10—11页；收入高敏《长沙走马楼简牍研究》，第103—108页。凌文超在文章中也提到，西晋以后，国家按照编户民的年龄征派赋役有一整套的规定，学界称之为“丁中制”。“丁中制”起源之初，不仅以赋役征派对象的身高、年龄、健康状况等自然身份作为依据，而且受到社会身份爵位的影响。秦汉时期随着国家编户民年龄的掌握，二十等爵制的废弛，年龄逐渐成为赋役征派的主要依据。参见凌文超《秦汉魏晋“丁中制”之衍生》，《历史研究》2010年第2期，第25—45页。

[3] 邱东联：《长沙走马楼佃田租税简的初步研究》，第73—77、94页。

[4] 汪小烜：《走马楼吴简户籍初论》，第143—159页；张荣强：《说孙吴户籍简中的“事”》，第203—221页，收入张荣强《汉唐籍帐制度研究》，第144—162页；于振波：《“筭”与“事”——走马楼户籍简所反映的算赋和徭役》，《走马楼吴简续探》，第129—151页；高敏：《吴简中所见“丁中老小”之制》，第10—11页，收入高敏《长沙走马楼简牍研究》，第103—108页。

[5] 高敏：《吴简中所见“丁中老小”之制》，第10—11页；收入高敏《长沙走马楼简牍研究》，第103—108页。

[6] 于振波：《走马楼吴简中的“老”》，简帛研究网，2006年6月26日；收入于振波《走马楼吴简续探》，第153—158页。

小林洋介认为除了5例“小男”外，吏民簿中原则上不对男性用年龄称谓，但是女性几乎全部都记载了年龄称呼。大女是结过婚的人，小女是未婚女子。大女和小女的区别主要在于是否有结婚经历[1]。

王子今认为吴简中“小女”和“大女”的年龄界点应当在15岁左右，并推测“小口”与“大口”的界定也是如此。大约女子一出嫁，便失去了“小女”身份[2]。徐畅亦对此进行了分析，认为是由于当时女子多在15岁左右出嫁，官方户籍登记时形成了“子（弟）小女”“妻大女”的书写格式，而不再考虑实际年龄[3]。

凌文超通过对简牍户籍的分析，认为秦汉早期“丁中制”在简牍户籍中表现为户籍身份与赋役注记的结合，户籍身份的“小”“大”等与赋役征派只是大致对应而未重合，户籍身份本身并不意味着赋役义务。随着算赋制度的退出与民爵的轻滥，新户籍制度则与新的徭役征派逐步完美结合并演进为丁中身份。从吴简户籍看，孙吴老免始年龄比汉代60岁推迟了，这在征役频仍的三国时期是普遍现象，西晋丁中制根据这种状况，设定年66岁以上为“老”；而“丁”与“老”“小”之间，分别是13~16岁和61~65岁的编户民只需部分地承担赋役。至此，丁中老小身份本身就意味着不同的赋役义务，因而，西晋以后的户籍也就不再记录户籍身份和赋役注记，而是直接记录丁中身份。三国时期实际赋役征派急剧变动，形成中的年龄分层与轻重赋役义务相结合，催生了丁中身份，为西晋创设丁中老小之制提供了条件[4]。此后他又撰文提出，吴简“小”“大”之分仍以15岁为界，“小”“大”“老”年龄不存在交叉现象。女性“小”“大”身份转变受婚姻的影响，但这对赋役征派的影响甚微。吴简中的“小”“大”并非民间概念，而是承续了秦汉以来的制度性规定[5]。

韩树峰对吴简中的“大”“小”“老”也有探讨，他认为，将60或61岁作为“老”的始龄并不妥当，吴简中“老”“小”与“大”存在年龄交叉现象，这一交叉主要表现为，“大”向上下延伸。“老”“小”与“大”并无明显的年龄衔接点。“大女”“老女”等称谓与赋税缴纳并无必然联系。就现有吴简而言，大女、小女之分与年龄无关，而是以婚姻为准，即已婚为“大”、未婚为“小”。孙吴政府征收赋税的标准不是“大”“小”，而是年龄。簿籍中“老”“小”与“大”

---

[1] 小林洋介：《正倉院籍帳と長沙走馬樓三国呉簡》，《史观》第153册，2005年，第1—21页。

[2] 王子今：《秦汉“小女子”称谓再议》，《文物》2008年第5期，第70—74页。

[3] 徐畅：《走马楼简中成年待嫁女和未成年已嫁女》，《简帛研究》2007，广西师范大学出版社，2010年，第262—276页。

[4] 凌文超：《秦汉魏晋“丁中制”之衍生》，第25—45页。

[5] 凌文超：《走马楼吴简“小”“大”“老”研究中的若干问题》，《中国国家博物馆馆刊》2013年第11期，第61—73页。

的称谓并非政府制定，而是民间习惯在簿籍中的反映。孙吴以年龄为征收赋税标准，形成了“丁”这一与民间称谓“老”“小”与“大”性质不同的称谓系统。孙吴征收赋税标准多样，既有“大口”“小口”制度，也有“丁男”制度。前者是旧制，可能是对汉制的沿袭；后者是新创，为此后的西晋所承袭。西晋户调式有关赋税的内容抛弃了汉代以“大”“小”征收算赋的标准，选择了可能萌芽或新创于孙吴的丁中制度[1]。

五、户品、故户、新户、户品出钱等问题

吴简中有按户出钱的记录，《新收获》根据户品出钱简，认为这反映了当时户分三品和九品两种形式，户税按旧标准三品收钱，户调按新标准九品收物。“故户”也就是“旧的（户等）标准”。随着资料的不断公布，对于整理者的看法，学者提出不同的看法。

高敏对整理者的意见有所延伸，他认为这是孙吴时期户分三等九级的制度[2]。张旭华亦赞同户调按九品征收的观点，并将其与“九品中正制”相联系[3]。

汪小烜注意到吴简中“目前所见户等只有上品、中品、下品、下品之下四种”，但未做具体分析[4]。

于振波认为吴简中的普通民户分为上品、中品、下品三个等级，“下品之下”不是九品户的名称，而是三品之外的贫困户。官府有意安排“下品”及“下品之下”的民户从事“给吏”“给卒”等特殊徭役，这种权宜之计起初可能有减免其部分赋税，而非有歧视之意，但是“给吏”“给卒”成为贫困户的专有义务后，其社会地位大大降低，实际负担也越来越重[5]。吴简中下品和下品之下的民户占绝大多数，上品户与下品户之间家产相差20倍甚至上百倍，上品户与下品之下户的贫富差别更加悬殊。按户品收钱所定的标准，明显打上了“优饶豪右，侵刻羸弱”的烙印[6]。

张荣强通过分析吴简中民户缴纳户赋情况，指出吴简体现了按户等纳钱的性质。他认为目前所见只有上、中、下三等，“下品之下”并非下品之中又分三等，而是指财产较少的贫

---

[1] 韩树峰：《走马楼吴简“大”“小”与“老”性质解析》，《文史》2011年第1期，第91—110页。

[2] 高敏：《吴简中所见孙权时期户等制度的探讨》，《史学月刊》2006年第5期，第31—35页；收入高敏《长沙走马楼简牍研究》，第92—102页。

[3] 张旭华：《吴简“户调分九等收物”的借鉴与创新》，《许昌师专学报》2002年第4期，第47—50页。

[4] 汪小烜：《走马楼吴简户籍初论》，第143—159页。

[5] 于振波：《略论走马楼吴简中的户品》，《史学月刊》2006年第2期，第28—32页；收入于振波《走马楼吴简续探》，第59—72页。

[6] 于振波：《从走马楼吴简看其时长沙民户的贫富差别》，《史学月刊》2008年第6期，第90—93页。

穷民户。“故户”是与“新户”相对而言；换句话说，“故户”是旧管之户。户品简中特别标出“旧户”，是新附户与其承担的赋税有别的缘故[1]。

关于户口和户品出钱简，还有其他相关论述。如王素、汪力工认为“户品出钱”由乡啬夫主持，按田产划分户品，“户品出钱”简所见吏民根据户品出的钱为全部家产[2]。

安部聪一郎对“户品出钱”简的“编缀痕”“断面的状况”“文字与编缀痕的关系”等进行分析后认为，“户品出钱”简本来单行使用，在县汇集编缀成簿，废弃时可能已经编缀[3]。对“户品出钱”简的书式和形式进行调查后，他认为“户品出钱”简有单行文书的功能，但最后还是作为账簿。他还考察了书式和形式特殊的简例[4]。安部将吴简中“户品出钱”简分为都乡型和模乡型两种，认为“户品出钱”简中都乡型共256枚，模乡型共70枚。都乡和模乡上品、中品较多，“户品出钱”简是以上品、中品为主的简。背面没有记载文字的简集中在模乡型，所以跟都乡（吏民自己交予县）不一样，模乡型简在乡收取编缀以后呈送到县的田户曹。从都乡、模乡的手续顺序看，其文书格式和簿籍的作成过程存在较大差异。都乡是在县编联，模乡在乡编联，所以模乡省略了背面的记载。乡的事务由其自己裁定，乡有一定的独立性。“户品出钱”简的制度背景是后汉的遗制[5]。对新公布的《竹简（肆）》《竹简（柒）》中的“户品出钱”简进行分析，认为“户品出钱”更可能是以乡全部的户为对象。所见都乡和中乡合一的事例暗示在行政处理上存在将两个乡的租税征收和管理一并进行的特定组合[6]。

六、赋税的征收方式及其他

吴简留下的大量赋税簿籍，为研究孙吴赋税的征收方式提供了资料。学者从这些丰富的簿籍资料中“抽丝剥茧”，试图还原当时赋税征收和管理的方式。

张荣强认为，租税的征纳制度方面，孙吴时期采取的是民户直接向仓库输税的方式。这或许与当地民户居住分散，乡级官吏难以有效开展工作有关。在租税入仓方面，可能推行了

[1] 张荣强：《吴简中的“户品”问题》，第163—176页。

[2] 王素、汪力工：《长沙吴简“户品出钱”简新探》，《中国文物报》2007年4月20日第7版。

[3] 安部聪一郎：《長沙呉簡における記載面裏側の状況—名簿簡・“戸品出銭”簡における—》，《长沙吴简研究报告》2008年特刊，第19—25页。

[4] 安部聪一郎：《実見報告：書式と形態からみた“戸品出銭”簡》，《长沙吴简研究报告》2009年度特刊，第95—105页。

[5] 安部聪一郎：《走馬樓呉簡中所見“戸品出銭”簡の基礎的考察》，藤田胜久、松原弘宣编《東アジア出土資料と情報伝達》，东京：汲古书院，2011年，第77—99页。

[6] 安部聪一郎：《典田掾・勧農掾の職掌と郷——長沙呉簡中所見“戸品出銭”簡よりみる——》，《湖南出土簡牘とその社會》，第117—141页。

专人分区负责制[1]。他还从临湘县与临湘侯国并立的角度，分析吏民向临湘侯缴纳租税的情况，认为临湘侯衣食租赋概由临湘县署拨付，实际情况可能是县指定一批民户，大概就是距侯国治所邻近乡里的民户，直接将租税缴入侯府[2]。

于振波对吴简中赋税收支记录进行考察，对不同种类赋税的征收与管理进行考察，他认为孙吴赋税的缴纳，存在自送和代输两种方式。不宜分割的物品采用合户征收或折纳的方式，如官吏对按田亩征收布类等赋税时所产生的大量畸零数目的征收，主要采取两种方法：一是合户征收；一是"准米"折纳。赋税账目管理方面，采用"莂"这种账目管理形式是为了便于监督。仓库按赋税名目支出账目的存在，更可能仅仅是为了账目管理的需要，仓库中存放的财物，仍然根据财物的实物性质而不是赋税名目进行管理。赋税进入仓库之后，各仓库之间以及仓库到其他指定地点的转运，于振波赞同韩国学者的观点，认为转运主要靠水运，由船师来完成。船师在赋税转运中发挥作用，他们有如其他师、佐，也与汉律中的船人类似，应该也是为官营船运服务的[3]。

沈刚认为兽皮缴纳途径主要有百姓自行缴纳和通过乡吏等基层吏员转交两种，具有转交职能的官吏主要有几种：一种是乡吏，还有一种是丘吏。能够代缴兽皮的乡级官吏似乎是固定于一人。所缴纳兽皮的性质可分为常税，或者用钱替代，或者折变成其他税种。而"调皮"与常税的入皮，折变为口算的入皮不同，是一种横调[4]。沈氏另文认为吴简竹简部分的布是税布，调布是横调，而冬赐布、织作布、品布是指布的品种而言；吴简中的纳布文书分为原始凭证和月度统计两类。其交纳的时间多集中在每年的下半年，特别是八月份；交纳方式是由丘中几户居民将所需交纳布的数额累加至整数，集中到某一人缴纳至库中；除交纳实物外，还可以折变成钱[5]。

苏俊林认为三国时期定额租成为社会上主要的田租制度。吴简反映出孙吴时期存在多种田租额，都是定额租。不同的田租额对应着不同的佃种者。田租额也因田地类型不同而有所差异。田租额的多样化和差异化，是孙吴对社会管理细化的体现。孙吴民屯的田租率低于曹魏民屯的田租率，军屯的田租率略低于或等于曹魏军屯的田租率[6]。

---

[1] 张荣强：《〈孙吴嘉禾吏民田家莂〉中的几个问题》，第39—48页；收入张荣强《汉唐籍帐制度研究》，第290—306页。

[2] 张荣强：《吴简中的"户品"问题》，《汉唐籍帐制度研究》，第163—176页。

[3] 于振波：《走马楼吴简赋税收支记录管窥》，《南都学坛》2009年第7期，第24—29页。

[4] 沈刚：《长沙走马楼三国竹简所见入皮簿格式复原与相关问题探讨》，《简帛研究》2007，第194—203页；收入沈刚《长沙走马楼三国竹简研究》，第93—105页。

[5] 沈刚：《长沙走马楼三国竹简纳布记录析论》，《史学月刊》2010年第10期，第28—33页；收入沈刚《长沙走马楼三国竹简研究》，第79—92页。

[6] 苏俊林：《吴简所见孙吴田租及相关问题》，《中国农史》2015年第1期，第42—48页。

第四节　关于地方组织与行政的研究

一、关于丘的性质及与乡、里关系

所谓丘的性质及其与乡、里关系，具体而言就是指丘的功能和作用，以及丘与乡、里等基层行政单位存在怎样的关系。关于丘的性质及其与乡、里的关系，争论异常激烈。总结起来主要有以下几种说法：

1．“丘”即“里”

胡平生、宋少华称：“出土简牍大量涉及当时长沙郡所属的侯国、县、乡、里、丘等地名。例如，嘉禾吏民田家莂，每一简皆明载佃农所属的乡里（丘），其他出入取予类的文书也多清楚地写明乡里（丘）。”[1]在胡平生、宋少华《长沙走马楼简牍概述》一文中观点略同。高敏见解大致相同，他在文章第一节即“称‘里’为‘丘’之制盛行”，举《田家莂》“上利丘”与“上利里”为证，又指出“刘里丘”源出“刘里”，认为：“难道不是‘丘’即‘里’之确证吗？”结论是：“汉代的乡、里组织，在三国时期吴国的长沙郡一带变成了乡、丘组织。”[2]臧知非、吴海燕也先后主张“丘”即“里”[3]。黎明钊以“聚族里居”为题，讨论的却是各丘聚族居住情况，可见也是赞同“丘”即“里”的[4]。

2．自治性质基层组织

邱东联根据先秦典籍有“四邑为丘”记载，大致认为：“丘”与“里”相同，本来都是古代（主要先秦）最基层的社会组织，但两者又有区别。“里”为秦汉以来国家行政区划的最末端单位，更具备政治性的行政区划性质。而“丘”是孙吴政权为了对应东汉末年以来的社会动乱，

[1] 胡平生、宋少华：《新发现的长沙走马楼简牍的重大意义》，第5版。

[2] 高敏：《从嘉禾年间〈吏民田家莂〉看长沙郡一带的民情风俗与社会经济状况》，第129—133页；收入高敏《走马楼简牍研究》，第36—43页。

[3] 臧知非：《从〈吏民田莂〉看汉代田税的征收方式》，《史学月刊》2002年第5期，第37—41页；吴海燕：《“丘”非“乡”而为“里”辨》，《史学月刊》2003年第6期，第123—124页。

[4] 黎明钊：《聚族里居：读三国吴简〈嘉禾吏民田家莂〉》，原为长沙三国吴简暨百年来简帛发现与研究国际学术研讨会论文，2001年8月16—19日，改名《聚族而居与聚族里居：三国吴简〈嘉禾吏民田家莂〉探讨》，《中国文化研究所学报》2002年新第11期，第1—55页。

有效地劝课农业和征收租税，而利用农村原有的自治组织设置的基层组织[1]。

3. 丘陵地区村落

王素、宋少华、罗新在《新收获》中解释“三州丘”的“丘”时曾指出：“丘一般为高地。”张荣强先根据《说文·丘部》及《尚书·禹贡》孔颖达疏，认为“丘”指丘陵，并称：“今天的长沙境内也多丘陵地带，古今地理环境相差不大。”后根据《广雅·释诂二》及《左传·僖公十五年》杜预注，认为“丘”指居邑，并称：“简牍中乡丘连称，不以里划分，当与这些地区民户居住分散，难以推行行政区划有关。”[2] 李卿首先指出：“‘丘’原为一种自然形成的地貌，即‘小山丘’，作为地域单位始于龙山文化末期，是原野中供广大民众居住的台地。”谈到吴简所见的“丘”则认为：“‘丘’作为居民点、小自然村也只是用以标示地名，不必为基层行政实体。”[3] 宋超根据传世文献解释“丘”为“自然形成的小土山”，同时又与“民众生产生活”有关，认为“既然长沙临湘县多以‘丘’作为地名，其取名原则当然要体现出‘丘’的自然特征，以及‘丘’自古就具有的聚居百姓……的作用”。因此，“丘”应为“自然村落”。又说：“‘里’更注重对民户的管理，而‘丘’则与土地的联系更为密切。”[4] 其后又撰文从“丘”的命名特点出发对“丘”与“里”加以探讨，再次强调了“丘”为自然聚落的观点，并论述了乡丘体制逐步取代乡里体制的社会基层组织的变化[5]。秦晖认为“丘”是“自然聚落”，含义相同[6]。

4. 居住地或居民点

关尾史郎根据吴简“居临湘都乡沂丘”及敦煌所出西凉户籍残卷记诸户隶籍“高昌里”而实“居赵羽坞”等资料，认为“丘”不是仅仅显示居住空间的一般名词，至少应该理解为在长沙郡一带是成为制度的乡以下的区划和单位。如果与同时存在的“里”比较，则“里”应是本籍，而“丘”应是实际居住地[7]。李均明、周自如、杨慧介绍《田家莂》中田家基本情况，

---

[1] 邱东联：《长沙走马楼吴简中的佃田租税简》，第 44—48 页；邱东联：《长沙走马楼佃田租税简的初步研究》，第 73—77 页。

[2] 张荣强：《孙吴“嘉禾吏民田家莂”中的几个问题》，第 39—48 页；收入张荣强《汉唐籍帐制度研究》，第 290—306 页。

[3] 李卿：《〈长沙走马楼三国吴简·吏民田家莂〉性质与内容分析》，第 122—131 页。

[4] 宋超：《长沙走马楼吴简中的“丘”与“里”》，《长沙三国吴简暨百年来简帛发现与研究国际学术研讨会论文集》，第 77—85 页。

[5] 宋超：《走马楼吴简中的“丘”与“里”再探讨》，《吴简研究》（第二辑），第 139—156 页。

[6] 秦晖：《传统中华帝国的乡村基层控制：汉唐间的乡村组织》，第 219—252 页。

[7] 关尾史郎：《長沙呉簡所見“丘”をめぐる諸問題》，《嘉禾吏民田家莂研究——长沙吴简研究报告》第 1 集，第 42—54 页。

括注第一项为“居处”[1]，显然是将“丘”作为居住地。侯旭东注意到赋税简记纳税人所在，并非都称“某乡某丘”或“某乡邑下”。他将相关的“乡”与“丘”的关系制成了表格进行比较，又发现：“这些丘的居民分别为两个或更多的乡交纳赋税。”遂对关尾史郎的见解表示支持，提出“居民地说”，称：“每个乡也有一个相当‘治所’的办公地点，称为‘邑下’。百姓的居住地一般称为‘某某丘’。……可知简中大量出现的‘丘’为居民点。与此相对，还有居住在如‘南乡邑下’的百姓。”[2]后又提出“丘”不是制度化的区划或单位，而是百姓实际居住的聚落[3]。“丘”不是耕作区，亦非流动性较强的人口的暂住地，就是临湘侯国一般吏民的居住地，丘中的居民隶属于特定的乡里[4]。

5. 含有田地的居住地

森本淳对《田家莂》所见各丘同姓同名人物的彼此关系进行了探讨，提出了很多有意思的见解。其中对于同一人物在不同的丘都拥有田地的情况（如嘉禾五年县吏烝循在利丘和耙丘都拥有田地），他解释为：一为现在居住的丘，一为不居住但拥有田地的丘。认为二者的区别是：前者不仅征收租税，还征收口算钱和户调；后者则仅征收租税，不征收口算钱和户调。结论是：丘既是居住地，又是田地所在地，即认为“丘”是含有田地的居住地[5]。森本淳在另一文中通过对长沙近郊的实地调查，仍然坚持这一见解[6]。阿部幸信在《小型竹簡と旱敗率よりみた“丘”》中似乎放弃自己关于人为设置的行政组织的见解（见下第7种），转而支持这一见解[7]。伊藤敏雄排比了关于“丘”的各种见解，最后根据“居在阿丘”等资料，认为：关于“丘”现在可以考虑是指含有农地所在地的居住地[8]。他后又根据前揭私学谢达“居临湘都乡沂丘”等资料，认为含有田地的居住地的见解最为妥当[9]。

---

[1] 李均明、周自如、杨慧：《关于长沙走马楼嘉禾田家莂的形制特征》，第485—491页。

[2] 侯旭东：《长沙走马楼三国吴简所见“乡”与“乡吏”》，《吴简研究》（第一辑），第87—113页。

[3] 侯旭东：《长沙走马楼三国吴简“里”“丘”关系再研究》，《魏晋南北朝隋唐史资料》（第23辑），武汉大学文科学报编辑部，2006年，第14—26页。

[4] 侯旭东：《长沙走马楼吴简·〈竹简〉（贰）“吏民人名年纪口食簿”复原的初步研究》，《中华文史论丛》2009年第1期，第87页。

[5] 森本淳：《嘉禾吏民田家莂にみえる同姓同名に関する一考察》，《嘉禾吏民田家莂研究——长沙吴简研究报告》第1集，第68—79页。该文后收入《三国軍制と長沙呉簡》，东京：汲古书院，2012年。

[6] 森本淳：《長沙における簡牘研究の現状と長沙呉簡に関する調査覚書》，《长沙吴简研究报告》第2集，第85—94页。

[7] 阿部幸信：《小型竹簡と旱敗率よりみた“丘”》，《长沙吴简研究报告》第2集，第3—23页。

[8] 伊藤敏雄：《地下からの贈り物——簡牘資料の価値と研究状況（10）——三国呉の地方行政をめぐる膨大な新資料（長沙走馬樓三国呉簡）》，《东方》第284号，2004年，第18—21页。

[9] 伊藤敏雄：《嘉禾吏民田家莂における米納入状況と郷·丘》，[日]《历史研究》第43号，2006年，第47—81页；中文稿《从嘉禾吏民田家莂看米的交纳状况与乡、丘》收入《吴简研究》（第二辑），第90—138页。

6. 人为设置的征税组织

小嶋茂稔对《田家莂》及零星披露的竹简所见“丘”的性质进行了较为专门和深入的研究。主要根据两《汉书》均记“乡”负责基层租税征收，江陵凤凰山10号汉墓出土简牍亦记“乡”负责征收算赋，“田家莂”所见“丘”各存在人为区分的迹象（如“己酉丘”应为孙权称帝的黄龙元年己酉岁设立），认为：吴简所见租税征收，均同时记有“乡”和“丘”，显示存在一个“乡”——“丘”租税征收系统，“丘”应是为了征收租税而人为设置的组织[1]。关尾史郎对5组同乡、同日的赋税纳入简的勘合符号和书体等分析后认为，同乡、同日的赋税纳入简未必是同一书手写成。确定无疑是同一书手写成的简是同乡、同日且同丘。赋税纳入简和吏民田家莂可能是各丘作成，换言之，丘可能是与征税和纳税相关的行政系统的一个基层部门[2]。

7. 人为设置的行政组织

阿部幸信对中、日关于“丘”的各种见解进行了梳理，认为：这些学者对“丘”的基本认识实际上几乎相同，那就是“丘”是官文书 所记的一种行政单位，但结论却大异。究其根本原因，不是对“丘”的理解方法有差异，而是由于对东汉末到孙吴时期的时代捕捉方法不同，导致对“丘”缺乏内在的理解。应该从具体的关于田地的存在形态着手。而通过对“町”含义的考证，一町相当的亩数的探讨，从每个“丘”的开发状况看“丘”的性质，最后认为：“丘”既不是自然聚落，也不是自治组织，而是由国家人为设置的行政组织。还特别针对前揭小嶋茂稔的见解，指出：从以“丘”为单位进行征税看，“丘”具有征税单位一面是无疑的，但似乎不能说“丘”本来就是作为征税单位而设置的[3]。

8. 耕作区域

高村武幸认为：“里与户籍、丘与耕地，似乎分别有着很深的关系。”已经将“丘”与耕地联系在一起了[4]。于振波认为：“里是民户编制单位，是居民区，而丘是土地区划单位，是

[1] 小嶋茂稔：《“丘”についての一試論》，《嘉禾吏民田家莂研究——长沙吴简研究报告》第1集，第30—41页。

[2] 关尾史郎：《長沙呉簡中の賦税納入簡について—符券としての側面を中心に—》，《“東アジアの簡牘と社會—東アジア簡牘学の検討”シンポジウム報告集》，中国政法大学法律古籍整理研究所、奈良大学简牍研究会、中国法律史学会古代法律文献专业委员会，2012年，第43—56页。

[3] 阿部幸信：《嘉禾吏民田家莂“丘”再考》，《东洋史研究》第62卷第4号，2004年，第32—59页。稍后，他似乎放弃了这一见解（见上第5种）。

[4] 高村武信：《長沙走馬樓呉簡にみえる郷》，《长沙吴简研究报告》第2集，第24—38页。

耕作区，二者分属不同的行政系统，在行政职能上明显不同。”[1]其后又指出“丘”的含义相当于“区”，而不是丘陵[2]。宋少华亦认为：“‘里’有可能指居住区，而‘丘’包含耕作区域。”[3]

9. 屯田组织、屯田编区

吴荣曾和曹砚农不约而同分别提出“屯田”说和“营田”说。吴荣曾认为：《田家莂》所见“町”“处”均为田区，“丘”则为屯田组织[4]。曹砚农根据赵秀玲《中国乡里制度》（中国科学文献出版社，1998年）探讨魏晋南北朝“村”的起源，认为：“孙吴时期长沙郡属如此之多的‘丘’名，也不是原有的，它们应是随空、荒地的垦殖及‘新地的开发’而产生的。”然后对《田家莂》所见“町”的意义进行了考证，认为：某丘可视为屯田编区，某町可视为各屯田客户佃田的地段及序号[5]。郭浩认为吴简中的“里”为虚拟的户籍单位，“丘”为临湘地区带有强烈屯田色彩的居住单位，不能视其为“聚”与“村”之间的自然聚落方式。吴简中存在的“同丘不同乡”是因为某人迁移到另一丘居住、耕种，但是户籍单位未能变更之故[6]。

10. 其他

苏卫国、岳庆平先对“丘”的部分见解进行了梳理，然后制作二表二图，二表为《乡丘对应关系表》和《乡丘多对一关系表》；二图为《吴简所见临湘侯国部分乡相对位置示意图》和《吴简所见临湘侯国部分乡相对位置直观示意图》。认为：乡丘上下隶属关系一般是一对多的模型，但吴简还存在多对一的模型。应该跳出旧有乡丘隶属关系的思维模式。怎样跳出？先据张家山汉墓竹简《二年律令》中《户律》所记：“未受田宅者，乡部以其为户先后次次编之，久为右。久等，以爵先后。有籍县官田宅，上其廷，令辄以次行之。”再受《竹简（壹）》“乡领余力田五十四亩”（965）的启发，作出如下假设：当时为了满足新立户者的田地需要，必须不断开发新田，可能存在上级给各乡分配田地指标的情况。分配到乡的配额再由乡吏依各户排队情况分配到各家。如此，陆陆续续的分配也就造成了一乡在多丘的田地，而一丘之

[1] 于振波：《走马楼吴简中的里与丘》，《走马楼吴简初探》，第43—76页；又载《文史》2005年第1期，第11—32页。

[2] 于振波：《再说吴简中的丘》，卜宪群、杨振红主编《简帛研究》2006，广西师范大学出版社，2008年，第282—292页。

[3] 宋少华：《长沙三国吴简保护整理与研究的新进展》，第8—23页。

[4] 吴荣曾：《孙吴佃田制中的租赋问题》，长沙三国吴简暨百年来简帛发现与研究国际学术研讨会论文，2001年8月16—19日。按：同年11月在北京大学吴简研讨班例会上宣讲，又增加了一些新内容。吴荣曾：《孙吴佃田初探》，第64—71页。

[5] 曹砚农：《从〈长沙走马楼三国吴简·嘉禾吏民田家莂〉看吴国在长沙郡的国家“营田”》，第72—74页。

[6] 郭浩：《从汉“里”谈长沙走马楼吴简中的“里”与“丘”》，《史学月刊》2008年第6期，第97—100页。

田地又分别为多乡之民户所耕种的情况[1]。沈刚认为，丘是一种自然形成的地块[2]。

二、乡的其他问题

高村武幸认为临湘侯国的乡规模似乎并不大。一乡平均由4~6里、200户、1000人构成。乡的职掌包括负责征税、制作和管理户籍，可能还兼管本乡司法，与汉代乡的职掌没有多大变化。“乡劝农掾”是县的诸曹掾史还是代替乡啬夫的乡的主管者，尚不清楚[3]。

侯旭东通过对吴简中所有的乡进行考察，认为乡设有“乡劝农掾”“乡吏”“乡典田掾”三类吏，乡劝农掾负责掌管本乡居民的户籍，乡吏负责督促百姓交纳钱，乡典田掾则当掌田地。乡吏本身属于县吏而被分配到各乡工作，任职也有期限[4]。他还认为在临湘地区可能存在着与负责户口的乡劝农掾并行的乡典田掾—县（侯国）田曹史—郡典田掾的管理田地的官吏系统[5]。

王子今也指出，侯旭东以乡吏为专称，与乡劝农掾并列，值得商榷，乡吏可能是乡一级机构吏人的通称[6]。

孙闻博对“乡”进行了研究，认为对于在地方社会中发挥界域限制作用的“乡界”的“隐核”是公开的实地审查，县派往乡的吏员如劝农掾、典田掾、市掾等，依各自职能在乡政中扮演着不同的角色，其职名是“部吏”“乡吏”的具体化表述。“乡吏”可能并非一种专称[7]。后对吴简中出现的乡官里吏进行了探讨[8]。

沈刚通过对吴简中的劝农掾、典田掾、市掾三种乡吏的考察，认为乡里事务只是其职能之一，就其身份而言属于县之属吏[9]。

杨振红认为吴简中出现较少的24个乡绝大多数都是因为误写或误释而臆造出来的，并非真正存在的乡。三国吴的临湘侯国统辖12个乡，分别是都乡、东乡、西乡、南乡、北乡、中乡、

[1] 苏卫国、岳庆平：《走马楼吴简乡丘关系初探》，《湖南大学学报》（社会科学版）2005年第5期，第33—38页。
[2] 沈刚：《长沙走马楼竹简研究》，第40—52页。
[3] 高村武信：《長沙走馬樓呉簡にみえる郷》，《长沙吴简研究报告》第2集，第24—38页。
[4] 侯旭东：《长沙走马楼三国吴简所见“乡”与“乡吏”》，第87—113页。
[5] 侯旭东：《走马楼竹简的限米与田亩记录——从“田”的类型与纳“米”类型的关系说起》，第157—175页。
[6] 王子今：《走马楼简牍所见“吏”在城乡联系中的特殊作用》，《浙江社会科学》2005年第5期，第155—160页。
[7] 孙闻博：《走马楼吴简所见“乡”的再研究》，《江汉考古》2009年第2期，第112、113—118页。
[8] 孙闻博：《走马楼所见乡官里吏》，《吴简研究》（第三辑），第272—286页。
[9] 沈刚：《试论长沙走马楼吴简中的乡吏》，陈建明主编《湖南省博物馆馆刊》（第七辑），岳麓书社，2011年，第383—353页；收入沈刚《长沙走马楼竹简研究》，第158—169页。

广成乡、乐乡、模乡、平乡、桑乡、小武陵乡，其中，北乡尚待进一步考实[1]。

关尾史郎依据纳入者居住的丘和纳入者的姓名，对《竹简（肆）》中Ib①、Ib②、Ic1②、Ic2①、Ic2②、Ic2③等六坨竹简中乡名不详（乡名残缺或释读困难）的赋税纳入简的乡名进行推测。临湘侯国的20多个乡中，赋税纳入简较多的是广成乡、西乡、小武陵乡、桑乡、中乡、都乡、东乡、南乡、平乡、模乡、乐乡共11个乡。其中与中乡、都乡、南乡和模乡这4个乡相关的嘉禾元年（232）简（赋课年份为嘉禾元年，纳入年月是嘉禾元年十一月，收纳者是三州仓吏谷汉的简）几乎没有收录（仅模乡有2枚）。参考乡名推定的结果，再加上（壹）、（贰）、（叁）的内容，这4个乡中除去南乡的其他3个乡，与三州仓相比恐怕向州中仓纳米的情况更为显著。虽然乡与仓的对应关系未必严格，但应有某种倾向性[2]。

安部聪一郎认为典田掾和劝农掾负责的职务、身份、作为乡吏的地位等都有共同之处。典田掾、劝农掾和屯田掾是以县吏身份负责某乡，确认吏、私学、叛士的下落，有时也进行"隐核"的职务。有人兼任、历任这些官职。典田掾和劝农掾都有因事临时设置的性质，但是同一时间设置多个相似官职还无法解释。嘉禾四年和五年之交劝农掾向典田掾转换的可能性也值得注意[3]。

三、关邸阁与仓、库体系

1．邸阁的性质与作用

吴简中大量出现一种"邸阁"，还有"三州邸阁"和"州中邸阁"等称谓。关于邸阁的性质和作用，分析起来主要有六说：

（1）邸阁为官修屯积场所，具有征收、储藏、转运等多种功能。《新收获》虽然将"关邸阁"作为专有名词使用，但实际对该名词能否成立持有怀疑的态度。认为"邸阁"为征收、储藏、转运物资的官修屯积场所，应兼具征收、储藏、转运等多种功能，吴简"关邸阁"的性质与作用应与之相同。

（2）邸阁设在关下仓内，有两个系统，功用应与调拨及储存军粮有关。刘聪认为，史籍及

---

[1] 杨振红：《长沙吴简所见临湘侯国属乡的数量与名称》，《简帛研究》2010，广西师范大学出版社，2011年，第139—144页。

[2] 关尾史郎：《長沙出土郷名不詳賦税納入簡に関する一試論—〈長沙走馬樓三国呉簡・竹簡（肆）〉所収簡を中心として—》，《资料学研究》第10号，2013年，横25—横39页。

[3] 安部聡一郎：《典田掾・勧農掾の職掌と郷—長沙呉簡中所見"戸品出銭"簡よりみる—》，《湖南出土簡牘とその社會》，第117—141页。

吴简分别记湘江、长沙有“湘关”“下关”。“关邸阁”应该设于“关”下“仓”内。该地有三州仓、州中仓两个仓，因而也应出现两个“关邸阁”系统。“关邸阁”职责既然与“仓”直接相关，则其功用也应与调拨及储存军粮有关[1]。

（3）邸阁是一种职衔。黎石生认为：“关”通“管”，“关邸阁”为“管邸阁”，“管邸阁”为一种职衔。邸阁设在仓中，邸阁级别低于三州仓、州中仓[2]。黎石生还对“邸阁”的源流演变进行论述，认为产生于汉魏之间的“邸阁”，是由“邸”演变而来的军需仓库，它的出现是社会动荡、军事频仍的结果[3]。王素也认同邸阁为职衔（详见第4条）。孙正军认同“邸阁”为主管邸阁官职的意见，并解释“邸阁”与“郎中”两种官职并列，是一种复合官衔，“邸阁”是职掌，“郎中”是标示个人身份等级的位阶[4]。

（4）关邸阁之关为动词，邸阁带有监督机构的性质，主管者以邸阁为职衔。关尾史郎认为“关邸阁”的“关”与“由”一类动词相同[5]。伊藤敏雄支持此说，也认为“关邸阁”的“关”应为动词，还指出：邸阁作为军用仓库，负责当时的军粮调度、确保、贮藏、转运等重要任务[6]。后来他认为吴简中的“邸阁”为职务名称，负责监督米的纳入和移动[7]。（与三州仓对应的）邸阁按照县书指示从三州仓向州中仓转运，吴简中存在“州中邸阁”“三州邸阁”的用语，州中仓、三州仓与邸阁存在对应关系，对应的仓明确的时候在手续上可以省略“州中”或“三州”而只记录“邸阁”[8]。“邸阁”如“邸阁左郎中”“邸阁右郎中”“邸阁郎中”三者为州派遣（或由州任命），米的纳入和移动受其监督，州中仓对应的二名“邸阁左郎中”、“邸阁右郎中”、三州仓对应的一名“邸阁郎中”，可以略称为“邸阁”[9]。王素认为“关”为“关白”，即“通知”的意思，“关”和“付”两个动词是可以并存的[10]。其后他利用新材料认为邸阁设在仓内，

[1] 刘聪：《吴简中所见“关邸阁”试解》，《历史研究》2001 年第 4 期，第 174—175 页。

[2] 黎石生：《试论三国时期的邸阁与关邸阁》，《郑州大学学报》（社会科学版）2001 年第 6 期，第 113—116 页。

[3] 黎石生：《邸阁源流初论》，《简帛研究》2001，第 538—545 页。

[4] 孙正军：《走马楼吴简中的左、右郎中》，《吴简研究》（第三辑），第 262—271 页。

[5] 关尾史郎：《吏民田家莂の性格と機能に関する一試論》，《嘉禾吏民田家莂研究——长沙吴简研究报告》第 1 集，第 3—15 页。

[6] 伊藤敏雄：《关于长沙走马楼简牍中的邸阁、州中仓、三州仓》，《长沙三国吴简暨百年来简帛发现与研究国际学术研讨会论文集》，第 113—123 页。

[7] 伊藤敏雄：《長沙走馬樓吳簡中の“邸閣”再檢討—米納入簡の書式と併せて—》，太田幸男、多田狷介编《中国前近代史论集》，东京：汲古书院，2007 年，第 301—326 页。

[8] 伊藤敏雄：《邸閣・穀物移送関係簡と水利関係簡について》，《长沙吴简研究报告》第 2 集，第 47—52 页。

[9] 伊藤敏雄：《長沙呉簡中の邸閣・倉吏とその関係》，［日］《历史研究》第 49 号，2012 年，第 21—45 页。

[10] 王素：《关于长沙吴简“关”字解读及标点问题——〈长沙走马楼三国吴简〉释文探讨之三》，中国魏晋南北朝史学会、武汉大学中国三至九世纪研究所、魏晋南北朝史研究所《回顾与探索——中国魏晋南北朝史学会第九届年会论文集》，湖北教育出版社，2009 年，第 712—716 页。

有三州邸阁和州中邸阁两个邸阁，带有监督机构的性质，都是郡级，主管者以邸阁为职衔[1]。谷口建速认为，邸阁可能是在仓的机构（仓曹——各个仓）外部监督粮谷物流的“州级”官[2]，其不是地方谷仓的长官，可能是郡县以上的机构派遣的、担任确保和调整各仓内军粮的官员[3]。

（5）关邸阁应设于离仓较远的关处，分别为三州仓、州中仓下设机构。何佳认为“关邸阁”仅知征收吏民租税，具有征收、储藏及转运功能，是否有军用功能有待证明。关邸阁设在离仓较远的“关”处，分别为三州仓、州中仓的下设机构。三州仓、州中仓及各自所辖之关邸阁，分为湘水西岸和湘水东岸二区进行管理[4]。

（6）“邸阁”为仓库的代称。湛玉书认为“关邸阁”中的“邸阁”为仓库的代称，“关邸阁”本为“官邸阁”，是主管仓库事务的仓长[5]。

2．仓与库

关于“仓”，《新收获》提供了两种观点：一种认为州中仓、三州仓均为设在洲上的转运仓，另一种观点认为州中仓为荆州派出的正仓，三州仓为吴国中央派出的在临湘的转运仓。

安部聪一郎根据三州仓郑黑、州中仓仓吏黄讳分别为县吏资料，认为管理三州仓、州中仓的官吏都是县吏，说明三州仓、州中仓都应是临湘侯国的仓；此二仓并存，可能各有不同的任务[6]。伊藤敏雄虽然认为嘉禾吏民田家莂中田户曹史、三州仓吏、州中仓吏都是县吏，但仍很谨慎地认为，三州仓、州中仓是否县仓以及郡治里不存在县仓的认识是否正确，在现在还很难作出最后的判断。但不管如何，与走马楼吴简相关的部分是县，在运营上作为县仓来认识是不会有问题的[7]。后来，他认为三州仓为县仓，州中仓为郡仓但也兼有县仓的功能。三州仓的邸阁为董基，州中仓对应的邸阁是郭据和李嵩，邸阁和仓存在对应关系[8]。

[1] 王素、宋少华：《长沙走马楼三国吴简的新材料与旧问题——以邸阁、许迪案、私学身份为中心》，《中华文史论丛》2009年第1辑，第1—26页。

[2] 谷口建速：《长沙走马楼吴简所见孙吴政权的地方财政机构》，武汉大学简帛研究中心编《简帛》（第五辑），上海古籍出版社，2010年，第497—510页。

[3] 谷口建速：《長沙走馬樓呉簡にみえる穀物財政システム》，工藤元男、李成市编《東アジア古代出土文字資料の研究》，东京：雄山阁，2009年，第182—206页。

[4] 何佳：《长沙走马楼吴简所见仓、库及仓库、库吏的研究》，甘肃省文物考古研究所、西北师范大学文学院历史系编《简牍学研究》（第四辑），甘肃人民出版社，2004年，第119—131页。

[5] 湛玉书：《三国吴简“关邸阁”之再认识》，《重庆工学院学报》2006年第7期，第117—119页。

[6] 安部聪一郎：《嘉禾四年・五年吏民田家莂にみえる倉吏と丘》，《嘉禾吏民田家莂研究——长沙吴简研究报告》第1集，第55—67页。

[7] 伊藤敏雄：《关于长沙走马楼简牍中的邸阁、州中仓、三州仓》，第113—123页。

[8] 伊藤敏雄：《長沙走馬樓呉簡中の“邸閣”再検討—米納入簡の書式と併せて—》，《中国前近代史论集》，第301—326页。

何佳认为州中仓、三州仓及库均为县仓及县库。他认为临湘县依据其特殊地理位置分设三州仓与州中仓于湘水两岸，依地形分仓分丘进行管理。他认同整理者提出三州仓为正仓，称：州中仓处于正仓位置，应置于湘水东岸县治所在地或其附近，而三州仓作为州中仓的从属仓（转运仓），相应则位于湘水西岸。至于库，则称就现在的材料推知，临湘县只设一个库，在临湘城内[1]。

汪力工认为仓、库在一起，库附属于仓[2]。侯旭东认为州中仓为郡仓，三州仓为县仓，两者存在统属关系[3]。魏斌认同侯旭东对州中仓、三州仓级别的判定，但是不认同两仓存在统属关系的说法，认为三州仓行政上属临湘右仓曹史管辖[4]。沈刚认为吴简中的“西库”为郡库，向其输送钱物的为县库[5]。

谷口建速认为吴简中的赋税先纳入到“库”这一具有县级功能的地方，“库”的物资支出受郡府的指示。长沙郡所置“西库”、临湘县的“库”接受和移送钱以及钱纳入谷仓之际，都受到“邸阁”的监督。“库”收藏的钱主要用于以下用途——兽皮、布等物资的购入、支付给军队、借贷、向郡府移送等[6]。

中林隆之认为“贷米”的对象为贫民的时候以乡为单位还纳给三州仓，州中仓的“贷米”交给三州仓（仓吏或屯田司马）。三州仓分月统计，按所贷米的类别进行收纳和管理，再对一年或几年的“贷米”分类别进行总计，然后向上级报告[7]。

戴卫红对走马楼吴简所见孙吴时期的仓进行了探讨，认为吴简中可见的仓储体系为：中央的太仓，地方的郡仓和冠以县名的县仓，还有冠以具体地名的仓及目前性质比较模糊的三州仓和州中仓。这些仓均向郡右仓曹汇报月旦簿，并在黄龙至嘉禾年间攻打武陵蛮时发挥着作用[8]。

邓玮光通过对走马楼吴简“出米简”进行复原，认为邸阁可能是一仓之长的官方名称，所以州中仓的长官就是“州中邸阁”，三州仓的长官就是“三州邸阁”。州中仓下辖郡仓、

---

[1] 何佳：《长沙走马楼吴简所见仓、库及仓库、库吏的研究》，第 119—131 页。

[2] 汪力工：《关于吴简注记中的“中”字》，《故宫博物院院刊》2004 年第 5 期，第 53—61 页。

[3] 侯旭东：《吴简所见“折咸米”补释——兼论仓米的转运与吏的职务行为过失补偿》，《吴简研究》（第二辑），第 176—191 页。

[4] 魏斌：《走马楼所处孙吴贷食简初探》，《魏晋南北朝隋唐史资料》（第 23 辑），武汉大学文科学报编辑部，2006 年，第 27—57 页。

[5] 沈刚：《长沙走马楼竹简所见库资管理问题探讨》，吴荣曾、汪桂海《简牍与古代史研究》，北京大学出版社，2012 年，第 214—229 页；收入沈刚《长沙走马楼竹简研究》，第 106—119 页。

[6] 谷口建速：《走馬樓呉簡にみえる庫関係簿と財政系統》，《社会·经济·观念史视野中的古代中国——国际青年学术会议暨第二届清华青年史学论坛论文集》下，清华大学，2010 年，第 765—781 页。

[7] 中林隆之：《“貸米”·“貸食米”簡をめぐる予備的考察》，《长沙吴简研究报告》2008 年度特刊，第 61—65 页。

[8] 戴卫红：《长沙走马楼吴简所见孙吴时期的仓》，《史学月刊》2014 年第 11 期，第 93—106 页。

临湘县仓，并由郡仓吏与县仓吏分别管理[1]。

3．物资的运转

戴卫红认为出米简是三州仓吏在大男将米运到州中仓返回三州仓后制作的，记录了出米的性质、支出凭证、运送人、运送目的地、交付时间和州中仓收受情况等。运送米的差事只是随机分配，并没有指定某人必须运送某种性质的米。三州仓出米、州中仓入米所做的账都是以米的性质为本，既非米的数目和支出凭证，也非运送米的人和交付时间[2]。

邓玮光采用“横向比较复原法”，即从出米简所提供的信息出发，多方寻找与之对应的信息。如找出与出米简对应的入米简，出米简中缺失的出米仓信息，或在入米简中有所保留。利用同天同人接受不同任务必然同时到达的原则，参考运输程限、语气与人名对应，对“三州仓出米简”进行了复原，共复原出43组完整的出米简。由此梳理了三州仓与州中仓之间的转运流程：先由县向三州仓发出转运指示；在收到指示后，三州仓负责召集运输者以不同名目的米分配任务；转运到达州中仓后，仓吏按米名分开接收，并制作对应的入米简；当任务完成后，船师可能会拿州中仓的某种回执，回到三州仓交给仓吏，完成三州仓的出米简[3]。之后他又利用“纵向比较复原法”，即从纵向，也就是历时性的角度，去还原某个事件的动态过程，从而寻找复原可能性的方法。对吴简中三州仓“月旦簿”进行了尝试，并对“月旦簿”有了更具体的认识。认为“某月旦簿”统计的是“某月”前一月的情况，在前月的月底写毕，于“某月”月旦提交；同时“月旦簿”采用了先转写上月余额，再记录本月变化情况，最后进行总计的“其”“入”“其”的记账方法[4]。接着，他又利用这两种研究方法，复原了“中仓黄龙三年十月旦簿”和“中仓黄龙三年十一月旦簿”，继续探讨了吴简的记账方法[5]。

沈刚论述了吴简所见的库资管理问题，认为县库收纳的钱物是孙吴政权维持运转的重要经济基础，由专人负责进行管理。库吏的身份比较稳定，库资的交纳收受都要遵守严格的程序。

---

[1] 邓玮光：《走马楼吴简“出米简”的复原与研究》，杨振红、邬文玲主编《简帛研究》2015（春夏卷），广西师范大学出版社，2015年，第201—217页。

[2] 戴卫红：《长沙走马楼所见三州仓出米简初探》，《吴简研究》（第三辑），第197—210页。

[3] 邓玮光：《走马楼吴简三州仓出米简的复原与研究——兼论“横向比较复原法”的可行性》，《文史》2013年第1期，第231—254页。

[4] 邓玮光：《对三州仓“月旦簿”的复原尝试——兼论“纵向比较复原法”的可行性》，《文史》2014年第2期，第5—35页。

[5] 邓玮光：《对中仓黄龙三年十月旦簿的复原尝试》，“魏晋南北朝史研究的新探索国际学术研讨会暨中国魏晋南北朝史学会第十一届年会”会议论文，中国社会科学院，2014年10月12日至15日。后收入杨振红、邬文玲主编《简帛研究》2015（秋冬卷），广西师范大学出版社，2015年，第182—214页。

缴纳和收受税赋通过莂书进行，库吏将其整理为日账和月账。库吏负责记录库资情况，并对账目进行必要的校验。向郡库输送库资是县库的主要途径。在钱物折变时候存在尽可能将损耗转嫁到吏民身上的情况，说明吴简中的物资缴纳将政府经济利益置于首位。国家对库资有绝对控制权，这反映了国家对地方财政控制的一个环节[1]。

罗新通过对吴简中的“督军粮都尉”简的考察，认为孙权仿效曹魏建立了“节度”系统。“节度”典军粮，“督军粮都尉”为“节度”系统的属官[2]。侯旭东复原出孙吴的节度系统为：右节度—督军粮都尉—仓曹（掾、史）—（郡）州中仓（吏）—（县）三州仓（吏）[3]。

谷口建速以书写格式为基础对谷物搬出简的整体面貌进行了复原，通过对竹简的整理，认为谷物搬出简是“月旦簿”的一部分，在嘉禾元年作成。谷物搬出简或“月旦簿”的作成主体是州中仓，就《竹简（壹）》所收录简的内容看，州中仓有郡仓的功能。州中仓的谷物主要用作军队成员的粮谷，这些军队中一部分是驻扎在临湘县外的军队。“监运”官吏负有运送谷物的中介的作用。就谷物搬出简中出现的“督军粮都尉”“节度”来看，当时孙吴政权中存在针对地方和军队粮谷的中央政府的监查机关[4]。谷口建速认为州中仓是邸阁依据督军粮都尉的指示搬出谷物。已公布（按：论文完稿时）的三州仓的搬出记录全是以向州中仓移送为目的，没有见到州中仓向三州仓移送的事例。三州仓、州中仓都对贫民贷与谷物。在谷物的管理上，返还的被贷与的谷物，与作为通常的赋税所征收的谷物在账簿上区别记录。三州仓附属于州中仓的关系已经明确。三州仓向州中仓移送的、填补三州仓的谷物的多数，最终以军粮形式消费[5]。谷口建速认为三州仓具有州中仓的下属性质。三州仓由于县和“邸阁”（可能为“州级”）的指示转移谷物到州中仓，州中仓由于“督军粮都尉”（可能为“郡级”）或者“节度”（中央官）的指示支出谷物作为军粮。“邸阁”的参与是为了确保军粮不出差错[6]。谷口建速认为“楼船”可能是官职的略称，吴简中冠以“楼船”的将领负责临湘侯国周边谷物的运输。吴简中存在“右节度府—督军粮都尉—邸阁（仓吏）”的指示系统[7]。戴卫红认

[1] 沈刚：《长沙走马楼竹简所见库资管理问题探讨》，《长沙走马楼竹简研究》，第 106—119 页。

[2] 罗新：《吴简中的“督军粮都尉”简》，《历史研究》2001 年第 4 期，第 168—170 页。

[3] 侯旭东：《吴简所见“折咸米”补释——兼论仓米的转运与吏的职务行为过失补偿》，第 176—191 页。

[4] 谷口建速：《長沙走馬樓呉簡よりみた孫呉政権の穀物搬出システム》，《中国出土资料研究》第 10 号，2006 年，第 17—41 页。

[5] 谷口建速：《長沙走馬樓呉簡にみえる穀物財政システム》，第 182—206 页。

[6] 谷口建速：《长沙走马楼吴简所见孙吴政权的地方财政机构》，第 497—510 页。

[7] 谷口建速：《穀物搬出記録の個別事例—“塩賈米”を中心として—》，《长沙吴简研究报告》2010 年度特刊，第 18—32 页。

为三国吴简中的“督军粮都尉”应隶属节度府，孙吴战时的节度系统当为“节度府—督军粮都尉—州中邸阁左、右郎中—三州邸阁郎中”；军粮的调配有三种类型：一是作为军粮直接发放给各级军士，二是作为俸、廪、直，发放给朝廷官员或各类吏士、师士，三是将军粮付与监运掾等转运到指定的军队集结地。并分析了黄龙三年（231）讨伐武陵蛮夷一役军粮的转运线路[1]。

[1] 戴卫红：《长沙走马楼吴简中军粮调配问题初探》，《简帛研究》2007，第204—224页。

第五节　户籍简相关研究

一、户籍简相关问题讨论

吴简中有大量记录户口、人名的简牍，但是因为没有明确的“户籍”题名，学术界对这些记有户口、人名的简牍的性质不能明确判定，有学者将大多数户口、人名简视作户籍简，有学者则谨慎地将这些简视为广义上的名籍。

国内大部分学者认为吴简中存在户籍简和户籍类文书，并以此为基础展开相关研究。

王素等在《新收获》一文中，最先提出一个宽泛的概念“户口簿籍”，可以容纳各类与户口有关的户口账簿，如民籍、吏籍、师佐籍。

罗新认为，不仅应对户籍和名籍严格区别，即使明显属于普通户籍，也不能简单归为一类。他主要根据结计简将户籍分为两类，一类强调“事”和“算”，另一类强调“口食”，并指出，功能不同是深入观察户籍名簿的依据[1]。

汪小烜认为吴简户籍的种类应该很多，其中有一份作根本凭证的户籍外，而根据不同的需要又编制不同的名籍。走马楼简提供我们目前最早的严格意义上的户籍原件。他通过册书复原的方式，把吴简户籍简分为三种不同的书式。通过复原，他注意到吴简中记录的纳算赋为120钱，所见缴纳时间为三月、十一月、十二月，数量不一，不是120的倍数。口赋不是每年八月一次征收，而是不定期部分交纳。吴简户籍上有户赋的登录，“户赋”为财产税，一般作“訾若干”，大致有四种额度：五十、一百、二百、一千。孙吴应该存在如汉代一样“平赀”计户赋的户等制度[2]。

宋少华将简文自名的“户口人名年纪簿”视作“户口簿”，他主要以户人简的格式为依据进行分类[3]。

[1] 罗新：《走马楼吴简整理工作的新进展》，第335—337页。

[2] 汪小烜：《走马楼吴简户籍初论》，第143—159页。

[3] 宋少华：《长沙三国吴简保护整理与研究的新进展》，第8—23页。

张荣强从汉、吴、前秦户籍对比分析，认为户籍有广义、狭义之分，狭义的户籍就是指张家山汉简《二年律令》中的“宅园户籍”；广义的户籍，则还应包括“年细籍”在内。狭义的户籍必须著录田宅、牛马、奴婢等财产，亦有承担口算及徭役的记注。吴简中“右某家口食”类简更具有基础台账的作用，是户籍无疑；“凡口若干”类简又被称作“黄簿”，属于广义上的户籍[1]。

沈刚通过分析户籍簿文书的结尾简、合计简以及文书内容，探讨吴简户籍文书的编制方式与格式，认为吴简户籍簿中结尾简以“右”开头的是由里编制，结尾简以“凡”开头的是由乡编制[2]。

杨际平通过组合家庭简考察其格式，将吴简户口籍书分为三种类型（另有匠籍），认为其中记录有“訾”和“算、事”的两类户籍（广义）是在第一类登录“口食”户籍（狭义）的基础上编制的[3]。

胡平生认为，吴简户籍仅记户主及妻子、子女、姓名、年龄、疾病、伤残等情况，奴婢附于户下，记名字、身高，每户有一简作户口合计。其他各种专项的赋税统计登记的簿籍，都不应当列入户籍中[4]。

于振波对原来“户籍简”“户籍文书”的看法有所改变，转而统称之为“名籍”，并根据标题简、注算有无、户人身份以及简文格式等对名籍进行了分类。指出不仅人口与田地、赋税等不是完全记录在一个簿籍中，即使专门登记人口的名籍也呈现出多样化的特征，而其中以“户人”为中心所编制的名籍，包含了吏、民、卒等多种身份，应该是最基本的户籍类文书[5]。

凌文超根据吴简揭剥图及相关因素综合考虑，复原整理了嘉禾四年（235）南乡“吏民户数口食人名年纪簿”，并将该簿书定名为户籍[6]；又整理了“嘉禾四年小武陵乡吏民人名妻

[1] 张荣强：《〈前秦建元二十年籍〉与汉唐间籍帐制度的变化》，《汉唐籍帐制度研究》，第257、231、233、264页；张荣强：《孙吴简中的户籍文书》，《历史研究》2006年第4期，第3—20页，收入张荣强《汉唐籍帐制度研究》，第97—100、120页；张荣强：《再论孙吴简中的户籍文书——以结计简为中心的讨论》，《北京师范大学学报》（社会科学版）2014年第5期，第75—89页。

[2] 沈刚：《吴简户籍文书的编制方式与格式复原新解》，《人文杂志》2010年第2期，第129—137页；收入沈刚《长沙走马楼竹简研究》，第3—15页。

[3] 杨际平：《秦汉户籍管理制度研究》，《中华文史论丛》2007年第1期，第19—30页。

[4] 胡平生：《从走马楼简“𠛬（创）”字的解释谈到户籍的认定》，《中国历史文物》2002年第2期，第33—37页。

[5] 于振波：《略说走马楼吴简之名籍》，卜宪群、杨振红主编《简帛研究》2008，广西师范大学出版社，2010年，第224—250页。

[6] 凌文超：《孙吴户籍之确认——以嘉禾四年南乡户籍为中心》，杨振红、邬文玲主编《简帛研究》2014，广西师范大学出版社，2014年，第265—325页；收入凌文超《走马楼吴简采集簿书整理与研究》，第12—95页。

子年纪簿”“嘉禾六年广成乡吏民人名年纪口食簿”“小武陵乡、南乡等吏民人名年纪口食簿”等三个户口簿籍[1]，以及“诸郡生子授居比郡县者及方远客人”的新占民簿[2]。他将吴简户籍簿大致分为两大类，一类为征赋而制作，一类为派役而制作。并认为户人简、户计简以及简以“凡”“右”等开头的格式差异，不能区分簿籍的功能。他从隐核新占民簿推测当时的户籍应当是仅仅记录户主户人人名年纪的最简单形式。凌文超还发现吴简中不少诸里户口簿籍和户籍，最初由各里“里魁”分别负责书写，导致各里户口简之间书写格式、内容出现不同。而嘉禾四年（235）南乡吏民户数口食人名年纪簿的笔迹同一，说明是在诸里里魁制作的户口簿籍的基础上，由专人抄写而成的。并据此总结出孙吴户籍的基本要素：（1）全面登记乡里家户人口，并有人口结计；（2）具体登记编户民的身份、姓名、年龄以及身体状况等；（3）户籍并无直接的赋役征派功能，户籍简无需赋役注记，不过，因里魁的个人书写习惯，或者是转抄征赋、派役户籍簿的缘故，有的户籍简可能也有赋役注记；（4）孙吴此时已大规模的征调，户訾也已经登入户籍。上述南乡诸里户计简上的“户訾”注记，应当是当时户籍的必备项目。户籍与征赋、派役户籍簿相比，最大的区别之一就是在于有无赋役之类的注记。秦汉魏晋时期，简本“户籍”分为两种形式：一类是县、乡收藏的具体登录户口人名年纪口食等的“籍”书，另一类是郡及中央掌握的记录与户口有关各项统计数据的“簿”书。

日本学界一开始就将吴简中的户口簿籍泛称为“名籍”。安部聪一郎根据格式将名籍分为户主简、家族简、物故师佐家族简和吏家族叛走人名简口数简四类[3]。

小林洋介详细分析了吴简名籍的记载内容与格式等问题，认为訾产额和人口数不成比例。吴简吏民簿中奴婢的所有与訾产额的多少有关，有奴婢的户訾产额一定高于标准的“五十”。有奴婢的优势户是官吏。奴婢不记载年龄而记载身高，大概是秦代名籍的遗制。依据基本账簿“吏民簿”对特定官吏及家族以“貌定”形式当面调查。依据乡劝农掾的调查确认官吏存在后作成“吏籍”，叛走事实确定者则作成“吏家族叛走人名簿”[4]。

鹭尾祐子认为“限佃”名籍与一般的名籍在里、爵、年龄、姓名等基本事项的记录上相同，但其他的记录事项不一样。“限佃”名籍倾向见在民户，是记载“限佃”这些特殊民户的名籍。

---

[1] 凌文超：《走马楼吴简采集简“户籍簿”复原整理与研究——兼论吴简“户籍簿”的类型与功能》，第9—64页。

[2] 凌文超：《走马楼吴简隐核新占民簿整理与研究——兼论孙吴户籍的基本体例》，《田余庆先生九十华诞颂寿论文集》，中华书局，2014年，第174—201页。

[3] 安部聡一郎：《長沙呉簡にみえる名籍の初步的検討》，《长沙吴简研究报告》第2集，第39—53页。

[4] 小林洋介：《正倉院籍帳と長沙走馬樓三国呉簡》，第1—21页。

吴简中同时存在限佃人户和限佃客，“佃”是耕作者特别是佃农的名称，“客”是国家机关和私人役使的人。限佃人户、限佃客为耕种他人土地的人[1]。她以连记简（记载两个以上人名的简）为对象，将《竹简（贰）》附录的“竹简揭剥位置示意图”中208枚竹简按长度不同分为“比较短的简”和“比较长的简”两类，分别对其格式进行分析，认为示意图和在其前后相连的简号码的连记简构成的竹简群，是嘉禾六年（237）对广成乡等多数乡的成员进行姓名、年龄等基础性调查而制作的簿。构成同一简册的形式被编缀而保存下来的名籍简群，可以分为两种格式，格式的差异可能是因为由不同的里造成。广成乡的里的户数全都为50或50的倍数，有官方为方便管理而将一定数量的户机械地分配为一里的可能。《竹简（贰）》中50岁以上的人不记载算，是因为嘉禾六年（237）对这些人做出了免除算的特殊规定。嘉禾六年（237）的名籍具有不同于吴简中其他名籍的特色，脱离了秦汉时代的名籍标准[2]。她还指出同一人书写的同一户的简存在文字差异。根据编缀痕的位置可以确定同册中相邻的简。“竹简贰”示意图类的简可能是里、乡向县上计的以里为单位、男女有别的户口统计簿。“竹简叁”示意图2·4有与“竹简贰”相似的以户为单位的人口统计，可能是乡作成的与上计簿相关的簿，“竹简壹”示意图1·2周边同一书式简群是以户为单位的总计简。根据示意图推测，“竹简壹”与“竹简贰”“竹简叁”可能不是同一个机关做成[3]。

关尾史郎认为“吏民年纪簿”是乡的责任人以乡为单位做成，必须记录姓名和年纪，身体状况则按需要记载。乡的明细简和标题简没有严格的样式，各乡判断的余地很大。在里的小计简的基础上，由乡合计里的户数和口数作成吏民簿，然后提交给县。乡与里的标题简和明细简中的“吏民”不是安部聪一郎所说的“吏籍”和“民籍”。“叛走人名簿”记录吏的身份和姓名，即便没有户主简也具有单独名籍的功能。吏民簿的家族简附属户主简，叛走簿在“吏籍”的户主简和家族简之外另外作成。由乡编制的户主简和家族简的名籍可称为“诸吏簿”，县将其中的“叛走”者抽出做成“叛走簿”。“师佐年纪簿”登载师、佐籍贯所在县，明细简按其籍贯县统计师佐数、家族人数以及两者的合计人数。从明细简可知，师佐簿极有可能分别统计现住临湘县的师佐及家族和死亡的师佐及家族。现住的师佐及家族的简和物故

---

[1] 鷲尾祐子：《長沙走馬樓呉簡にみえる“限佃”名籍について》，《立命馆文学》第619号，2010年，第368—387页。

[2] 鷲尾祐子：《長沙走馬樓呉簡連記式名籍簡の検討—家族の記録について—》，立命馆东洋史学会《中国古代史论丛》第7集，2010年，第53—95页。该文中译稿《长沙走马楼吴简连式名籍简的探讨——关于家族的记录》收入《吴简研究》（第三辑），第65—87页。此以中译稿为据。

[3] 鷲尾祐子：《示意図簡冊構成簡の検討と戸人の制度》，《长沙吴简研究报告》2010年度特刊，第33—46页。

的师佐的家族简合在一起按籍贯县编制，可能是按现住的师佐特定的职业种类或师和佐分开编制[1]。关尾史郎又以明细简为中心考察了吴简中的名籍，认为师佐簿和吏民簿的集计简带有明细简（“其”字后面的内容），叛走簿的集计简可能没有做成对应的明细简。师佐簿可能不重视师、佐的等级和职业，而是重视管理主体。参照西魏的记账文书，其对吏民簿的明细简的性质和排列进行了推测[2]。关尾史郎对广成乡平乐里户人简的格式和记载内容进行比较分析，认为广成乡平乐里存在四种以吏、民为对象的吏民簿。同一年中可能制作了多份吏民簿。明确记载纪年和里名的吏民簿可能是当时最正式的名籍，不记载纪年和里名的吏民簿可能在里内做成并保管。吏民簿兼具后代户籍、差科簿、赀簿的功能，但因为当时没有明确区分，所以每年都要制作多份吏民簿。吏民簿之外独立做成的与吏相关的“吏关系簿”，可能是因某种需要从吏民簿摘录做成。依据长沙郡的指示，临湘侯国内各乡对乡内诸吏及家族进行详细的动向调查，调查结果以文书形式送达。临湘侯国抄写调查结果并做成新的账尾简，连带文书送达到长沙郡。各乡送达的调查结果的底稿，书写标题简和账尾简，附上文书等保管在临湘侯国的负责部门（可能是户曹）。方远授居民簿极可能是依据太常潘濬的命令做成的特殊名籍。通常的吏民簿不能完全实现对户口的把握，所以依据上级机关的指示做成了特殊的诸吏父兄子弟簿和方远授居民簿。诸吏父兄子弟簿和方远授居民簿由乡的劝农掾汇总然后送达县里，但后者的实际工作是由劝农掾的下级岁伍进行[3]。在最近一篇文章中，关尾史郎分标题简、结算简、户人简来研究嘉禾六年（237）广成乡吏民簿，认为第16盆中存在6种不同格式的户人简，意即对应着6个里。广成乡下辖的7个里中至少有6个包含在第16盆中。吏民簿由各里分别编联，在县里可能也是各里分别保管。通过对户人简书法风格的分析，认为嘉禾六年（237）广成乡吏民簿的书手至少有3人，可能1个书手与多个里的户人简作成有关。该吏民簿在各里作成。该文借鉴中国学者侯旭东和凌文超的研究方法和成果，并在此基础上予以发挥，综合运用简牍遗存信息和考古学信息、依据书写格式的文书集成、书法风格的比较等，对该吏民簿进行细致考察，并将吏民簿与田家莂进行对比研究[4]。

---

[1] 关尾史郎：《長沙呉簡中の名籍について—資料群としての長沙呉簡・試論（2）—》，《唐代史研究》第9号，2006年，第73—87页。

[2] 关尾史郎：《長沙呉簡中の名籍について・補論—内訳簡の問題を中心として—》，《人文科学研究》第119辑，2006年，第1—29页。

[3] 关尾史郎：《簿籍の作成と管理からみた臨湘侯国—名籍を中心として—》，《湖南出土簡牘とその社會》，第95—116页。

[4] 关尾史郎：《長沙呉簡吏民簿の研究（上）—“嘉禾六年（237）广成鄉吏民簿”の复元と分析—》，《人文科学研究》第137辑，2015年，第27—98页。

石原辽平对吴简名籍中的书式和出土状况进行考察，认为小计简和户主简的书式较为统一，二者存在某种对应关系。吴简存在“凡”“右”两种名籍，二者的制作单位、地点、时间、目的、用途等都不相同。在乡做成的名籍的小计简用“凡”类，需要记载算、訾；在里做成的各类名籍，大多省略算、訾。二者都要送到县里，由县长期保存[1]。

国内也有部分学者认为吴简“户籍”不能确认，不建议使用“户籍”名词，代表学者有侯旭东和邓玮光。

侯旭东对广成乡广成里“吏民人名口食簿”进行了复原，并对册书的构成、形制及其他相关问题进行了讨论。文章认为“吏民簿”为吏民合籍，同里居民排列的顺序大致是民在前、吏在后，身份相同的居民按照“丘”集中排列，同丘的编排在一起[2]。后侯旭东又集成了广成乡弦里“吏民人名年纪口食簿”，并明确表示，已刊吴简中尚未见到户籍[3]。

邓玮光将吴简各类记录人名年纪等信息的簿籍皆称为“名籍”，又将“名籍”分为“户籍”和“一般名籍”。并认为，由于吴简中没有明确的户籍标题简，吴简“户籍”无法得到确认，因此，应尽量避免在命名中使用“户籍”这个名词，而应使用吴简时代的自名来命名簿籍[4]。

二、孙吴户籍制度研究

贺双峰、罗威从吴简出发，分析了汉、吴户籍制度的异同。认为孙吴继承了两汉的户籍制度，但是在户籍的分类、财产的品等、疾病的复免、检核户籍的程序等又有新的发展[5]。

汪小烜认为吏在其户籍上有特殊的标记，如“真吏”“给县吏”等，以示与一般民户不同，从这个角度理解可以说吏民是分籍的，但具体编排仍然是混编的[6]。

王素通过考察长沙东牌楼东汉简牍的户籍残简，指出东汉户籍格式与孙吴虽然不尽相同，但孙吴户籍制度确系含有承袭东汉的成分[7]。

张燕蕊则强调了孙吴户籍与秦汉户籍的区别。她认为继承了秦汉户籍制度的孙吴户籍制

---

[1] 石原辽平：《長沙呉簡名籍考—書式と出土状況を中心に—》，《中国出土资料研究》第14号，2010年，第59—85页。

[2] 侯旭东：《长沙走马楼吴简·〈竹简〉（贰）“吏民人名年纪口食簿”复原的初步研究》，第66—79页。

[3] 侯旭东：《长沙走马楼吴简“嘉禾六年（广成乡）弦里吏民人名年纪口食簿”集成研究：三世纪初江南乡里管理一瞥》，第四届国际汉学会议论文集《古代庶民社会》，台北“中央研究院”，2013年，第103—147页。

[4] 邓玮光：《试论吴简名籍的制作周期及相关问题》，《简帛研究》2012，第165—174页。

[5] 贺双峰、罗威：《从走马楼吴简看汉、吴户籍制度的异同》，《湖南城市学院学报》2003年第5期，第85—88页。

[6] 汪小烜：《走马楼简“吏民簿”研究》，北京大学硕士学位论文，2001年。

[7] 王素：《长沙东牌楼东汉简牍选释》，《文物》2005年第12期，第69—75页。

度，但在书式和具体内容上与秦汉户籍制度存在明显差异，主要体现在对户主的记录规则的简化上[1]。

韩树峰对以吴简为中心的汉魏户籍的著录内容有详细论述，他从秦汉魏晋户籍的演变历程、历史背景特别是简牍作为书写材料对户籍著录内容形式的限制等角度分析，认为著录民众最基本信息的簿籍就是户籍，秦汉乃至曹魏西晋的户籍是不著录财产和赋役的，百姓承担的事役另有各类簿籍著录。土地、财产、赋役以及其他事项的重要性是在“民数”基础上的延伸。简牍作为书写材料，相当程度上限制了户籍著录的内容。户籍只能著录人口的基本信息，政府要了解百姓拥有土地的状况、征赋派役，就是要尽量建立篇幅小、方便使用、存档的多种单一簿籍[2]。

三、户籍简所见注记

吴简户籍简中，有一些注记，如“见”“单身”“复”等等，对这些注记的讨论也有利于对孙吴户籍制度的理解。

其中对“复”的讨论较多。《新收获》认为户籍简中的“复”，是免役的意思。高敏却有不同的说法，他认为“不是免役，而是免除算赋”[3]。侯旭东推测，“复”是免除算赋，意见与高敏一致[4]。张荣强认为，孙吴户籍简中的“复”要具体分析，有几种情况：（1）残疾注“复”，汉代癃病部分轻重，仅涉及免役问题。但残疾既要出更赋，自然要纳口算。（2）充吏者注“复”，吴简中吏本身就是职役，自然也不需再负徭役。（3）给侍者“复”，仅谓“不收役事”。上举三种情况下的“复”，只能是免役之意。吴简中“算若干事复”，这里的“事复”无疑是免除徭役[5]。

蒋非非认为吴简师佐及家属籍注记的“见”为“见食”之意，并从管理角度对两类师佐名籍注记“见”的原因进行了分析[6]。她对师佐家属籍进行分析，认为注记的“屯将行”是为了防止师佐亡叛而强制家属随行以作为人质的连坐制度，这可能与三国时期普遍实行的扣

[1] 张燕蕊：《从走马楼吴简户籍书式看孙吴对秦汉户籍制度的继承和发展》，《中国人民大学学报》2011年第1期，第20—27页。

[2] 韩树峰：《论汉魏时期户籍文书的著录内容》，《简帛研究》2014，第248—264页。

[3] 高敏：《读长沙走马楼简牍札记之一》，第95—99页；收入高敏《长沙走马楼简牍研究》，第7页。

[4] 侯旭东：《读“长沙三国吴简”札记》，象牙塔网站，2003年5月20日。

[5] 张荣强：《说孙吴户籍中的“事”》，第207—208页；收入张荣强《汉唐籍帐制度研究》，第144—162页。

[6] 蒋非非：《走马楼吴简师佐及家属籍注记“见”考》，《吴简研究》（第三辑），第109—122页。

押家属作为人质的军法有关。师佐籍中的"单身"与户籍中"单身"意义不同，师佐籍中的"单身"是为了说明该师佐只有本人在孙吴控制之下或者确实没有父母妻子兄弟等家属可作为人质[1]。

王子今认为"单身"通常指与亲属即所谓"妻息""妻子"分离，吴简户籍中标识"单身"体现出管理形式的专门化和特殊性[2]。

四、与名籍相关的爵制

王子今认为士伍与公乘为秦汉爵制的遗留，吴简中未成年"士伍"与秦汉"小爵"有关[3]。沈刚认为此时大多数成年男子都有公乘爵位，说明公乘已经失去了激励机制的初衷，此时孙吴政权可能将列侯以外的其他爵称都整齐统一到公乘爵中。爵制功能已经弱化，公乘只是一种身份的象征。沈氏以孙吴起役不低于10岁为依据，认为吴简中士伍年龄基本在10岁以下，从而认为士伍为不需要服役的儿童。虽然公乘徒具形式，但是在论证政权合法性方面有着重要作用[4]。黎石生认为吴简中存在士伍籍，士伍具有世袭性，限于家庭中的男性，且可通过赐爵或立功等途径改变身份[5]。凌文超认为吴简户籍簿中士伍与公乘并没有身份的差异，士伍既无爵制等级的身份性意义，也与户主身份无关，户籍簿中10岁是由注记士伍开始转向注记公乘转换的年龄，并推测士伍约在10~12岁的有两个流向：一是仍为国家编户民，以吏民身份承担国家租税和郡县力役；二是在外服役。男子"士伍"称号的有无，可以窥探孙吴事役的繁重和特殊时期派役的实际始龄[6]。高敏通过对吴简所记"公乘"爵位的民户情况的分析，认为当时仍然在实行"赐民爵"的制度，并总结出未成年人和妇女也拥有"公乘"爵的爵制特征，并指出吴国滥赐民爵说明当时民爵已经毫无价值[7]。

永田拓治引用西嶋定生的"爵位构建国家秩序"的理论，认为公乘在乡里社会的身份秩

---

[1] 蒋非非：《走马楼吴简师佐家属籍注记"屯将行"及"单身"与孙吴军法》，《简帛研究》2011，第164—183页。

[2] 王子今：《说走马楼名籍"单身"身份》，《简帛》（第六辑），上海古籍出版社，2011年，第457—463页。

[3] 王子今：《走马楼简所见未成年"公乘""士伍"》，陈建明主编《湖南省博物馆馆刊》（第四辑），岳麓书社，2007年，第318—323页。

[4] 沈刚：《走马楼吴简所见公乘、士伍述论》，中国魏晋南北朝史学会、武汉大学中国三至九世纪研究所编《魏晋南北朝史研究：回顾与探索——中国魏晋南北朝史学会第九届年会论文集》，湖北教育出版社，2009年，第717—723页；收入沈刚《长沙走马楼竹简研究》，第188—195页。

[5] 黎石生：《走马楼吴简所见"士伍""岁伍""月伍"考》，《史学月刊》2008年第6期，第94—96页。

[6] 凌文超：《走马楼吴简所见"士伍"辨析》，《吴简研究》（第三辑），第153—166页。

[7] 高敏：《从〈长沙走马楼三国吴简·竹简（壹）〉看孙权时期的赐爵制度实况——读〈长沙走马楼三国吴简·竹简（壹）〉札记之二》，《长沙走马楼简牍研究》，第86—91页。

序构建中发挥作用。公乘从 3~99 岁的年龄分布和户人女子拥有公乘爵位等的情况，是考察三国吴简中的“公乘”“士伍”是先前“二十等爵制”的延续，还是名称与二十等爵制相同，但在孙吴时期独自发挥功能的体系这一问题的关键。鹰取佑司“关于士伍处于爵制身份秩序第 0 级的位置”的意见有助于了解吴简的相关情况[1]。其后又认为吴简中存在对女子赐爵的情况，孙吴前期可能存在民爵继承制度[2]。

鹫尾祐子认为吴简所见爵位只有公乘和士伍两种等级，爵位制度发生了很大变化。没有记载爵位的除了可能属于士伍外，还可能属于公卒、庶人[3]。

[1] 永田拓治：《長沙呉簡研究にみえる公乘・士伍について》，《长沙吴简研究报告》2008 年度特刊，第 26—33 页。

[2] 永田拓治：《長沙呉簡にみえる“公乘”・“士伍”簡研究の現状と課題》，《长沙吴简研究报告》2009 年度特刊，第 13—17 页。

[3] 鹫尾祐子：《长沙走马楼吴简连式名籍简的探讨——关于家族的记录》，《吴简研究》（第三辑），第 65—87 页。

第六节 吴简所见的职业、身份与社会阶层

一、士

高敏通过分析《吏民田家莂》中“士”所交租税的情况以及“依书不收钱布”的规定认为，这种享有特殊优待的“士”有可能是北方的南徙之士（读书人）及其后代[1]。黎虎认为是基层组织——乡里的“学士”[2]。蒋福亚认为吴简中的“士”只能是士兵，其租种的熟田“依书不收钱布”可能是政府安置丧失战斗力但仍有一定劳动力的士兵和死亡士兵家属的措施之一[3]。孙闻博认为在“波田”“唐田”耕种者有“士”的妻子，“士”应该是指孙吴军队中的一种士兵[4]。

二、邮卒

王子今认为吴简中“邮卒”是由乡管理的专门负责邮递事务的人员，邮卒需要交纳“邮卒限米”[5]。赵宠亮在王子今观点的基础上，通过对秦汉简牍中“邮人”“邮卒”“邮吏”“邮佐”等称谓意义的考察，对吴简“邮卒”“驿兵”进行补充论述[6]。侯旭东赞成王子今的观点，并补充认为这些邮卒负责长沙地区与周边州郡县及孙吴政权的文书上行下达，长沙郡设有“督邮”统领邮卒[7]。沈刚认为吴简中的邮卒为国家控制的特殊人口，他们有集中居住管理的倾向，并有专有土地[8]。

---

[1] 高敏：《〈嘉禾吏民田家莂〉中的“士”与“复民”质疑——读长沙走马楼简牍札记之四》，《长沙走马楼简牍研究》，第 27—35 页。

[2] 黎虎：《“吏户”献疑——从长沙走马楼吴简谈起》，《历史研究》2005 年第 3 期，第 53—68 页。

[3] 蒋福亚：《吴简中的”士“和军屯》，《许昌学院学报》2007 年第 3 期，第 19—25 页

[4] 孙闻博：《走马楼吴简“枯兼波簿”初探》，《简帛研究》2008，第 274—285 页。

[5] 王子今：《走马楼简所见“邮卒”与“驿兵”》，《吴简研究》（第一辑），第 317—326 页。

[6] 赵宠亮：《吴简邮驿人员称谓补议》，《吴简研究》（第二辑），第 83—89 页。

[7] 侯旭东：《走马楼竹简的限米与田亩记录——从“田”的类型与纳“米”类型的关系说起》，第 157—175 页。

[8] 沈刚：《试论走马楼吴简中的邮卒》，《吉林师范大学学报》（人文社科版）2011 年第 4 期，第 5—8 页；收入沈刚《长沙走马楼竹简研究》，第 178—187 页。

三、民

复民 《新收获》认为吴简中的“复民”为免役阶层，是当时专门配给功臣的依附人口，非国家正户。对“田家莂”所见“己酉丘复民”进行分析，认为“复民”为免役的“复人”，为临湘侯、醴陵侯、刘阳侯三家的依附人口。胡平生认为吴简中称“复民”而《吴书》称“复人”是唐代避李世民名讳之故[1]。王素则认为古代“民”“人”本就通用，“田家莂”的“复民”即为《吴书》中的“复人”，并进一步明确“己酉丘复民”为刘阳侯潘濬的依附人口[2]。高敏认为“复民”不是“复客”，指出临湘侯国内存在“复民”阶层，并再次强调了“复民”不是“复客”的观点[3]。蒋福亚认为“复民”不是复客赐客制中的“复人”，而是吴简中所说的“尪羸老顿贫穷女户”和“老顿穷独女户”，他们是得到优复或复除待遇的平民，不是依附民[4]。王伟雄则认为“复民”集中的丘名“己酉”与孙权称帝的己酉年相同，推测“复民”为从军士兵的家属在己酉年被政府集中居住于己酉丘并被免除徭役[5]。张文杰认为“复民”或即“复为平民”义，即参与叛乱的民众在平定叛乱后重新恢复平民身份。复民主要是针对逋逃、新户而言的[6]。

还民 《新收获》将“还民”与“限米”连起来，认为是归还居民的限米。孟彦弘认为“还民”似指过去曾一度脱籍而现在重新归附的百姓，“还民”身份具有特殊性[7]。黎石生指出“步侯还民”强调的是“还民”现籍属于步侯的临湘侯国，“还民”除了原本归步侯所领者外，还有原籍在临湘侯国周边地区者以及其他被步骘非法占有的人口。简中的“还民”为非国家正户，且籍属临湘侯国。这些“步侯还民”应与临湘侯步骘存在某种人身依附关系，甚或就是步骘的依附人口[8]。作为吴简整理者之一的王素，后来也改变了原先的看法，改为同意孟氏、

[1] 胡平生：《嘉禾四年吏民田家莂研究》，第 34—50 页。

[2] 王素：《说“吏民”——读长沙走马楼三国吴简札记（一）》，《中国文物报》2002 年 9 月 27 日第 7 版；收入王素《汉唐历史与出土文献》，故宫出版社，2011 年，第 173—175 页。

[3] 高敏：《〈嘉禾吏民田家莂〉中的“士”与“复民”质疑——读长沙走马楼简牍札记之四》《再论长沙走马楼简牍中的“复民”问题——读〈长沙走马楼三国吴简·竹简（壹）〉札记之一》，《长沙走马楼简牍研究》，第 27—35、81—85 页。

[4] 蒋福亚：《走马楼吴简中的“复民”》，《许昌学院学报》2011 年第 6 期，第 1—6 页。

[5] 王伟雄：《长沙走马楼吴简中的“复民”与“复”》，台湾简牍学会《简牍学报》（第十八期），2002 年，第 287—308 页。

[6] 张文杰《长沙走马楼三国吴简〈嘉禾吏民田家莂〉中的“复民”》，台中《兴大历史学报》，第 16 期，2005 年，第 73—95 页。

[7] 孟彦弘：《释“还民”》，《历史研究》2001 年第 4 期，第 170—171 页。

[8] 黎石生：《长沙走马楼所见“步侯还民”简探讨》，《长沙三国吴简暨百年来简帛发现与研究国际学术研讨会论文集》，第 107—112 页。

黎氏的观点[1]。于振波在孟氏、黎氏二位观点的基础上，进一步深化“还民”的内容，认为其包括返乡的流民、为逃避战乱而南下的北方移民、东吴通过战争掠夺的北方人口以及讨伐山越过程中“补户”的山民[2]。胡平生认为“步侯”应是“步兵”，“步侯还民”指复员回乡的陆军兵士，他们享有一定的优待[3]。苏俊林赞同将“步侯还民”作为身份性名词的观点，并认为“还民”是已经登录在户籍之中的民户，不同于那些虽然从其他地方返乡但是并未有登录户籍的“游民”“流民”，或者是其他“遗脱之民”，它是一种特殊身份，且有新、旧之别[4]。陈荣杰认为吴简“还民”应为归还、返回的百姓，“新还民”为刚刚归还的百姓，“步侯还民”为归还的百姓中投奔到步侯步骘的百姓[5]。近来，王素又进一步补充，吴简中所见被步骘招抚后成为“步侯还民”，被地方政府招抚后成为“还民”“新还民”，都不可能重新成为国家统一的正户民。三国实践期的长沙，诸将私人既有“还民”，又有“部曲”，“还民”和“部曲”可以并存。“还民”“新还民”是举家为役的[6]。

吏民 王素对“吏民簿”的源流及意义进行了探讨。他认为“吏民”造籍合簿至迟始于秦，至三国永安元年（258）已分别造籍了[7]。黎虎发表多篇文章讨论“吏民”问题，认为吴简中的“吏”和“民”是一起编制于基层乡里，同为国家编户齐民，其政治经济等方面的权力与义务相同，而吏稍优于普通编户，并不存在独立的“吏户”[8]。同为编户齐民的“吏民”，在理论上的身份是平等的，但是实际上存在着经济、政治、文化等方面的悬殊，编户齐民并非以贫户和阶级为区分[9]。“下吏”即主要是地方各级长吏在当地所辟用的属吏，与普通农民为主构成的“吏民”是一个不可分割的整体。并分析了“吏民”一体性的社会基层结构，形成这种社会基层结构在于中国古代社会特点是长期保持地缘关系与血缘宗族结合及相互为用，而地缘性的编户制度是“吏民”一体的政治保障，血缘性的关系是“吏民”一体的社会温床。

---

[1] 王素：《关于长沙吴简几个专门词汇的考释——〈长沙走马楼三国吴简〉释文探讨之二》，《吴简研究》（第二辑），第258—269页。

[2] 于振波：《走马楼吴简中的限米与屯田》，《南都学坛》2004年第1期，第120—125页；收入于振波《走马楼吴简初探》，第25—42页。

[3] 胡平生：《说“步兵还民”》，《简帛研究》2005，广西师范大学出版社，2008年，第244—252页。

[4] 苏俊林：《吴简中“还民”问题再讨论》，简帛网，2013年11月13日；苏俊林：《还民问题补论》，简帛网，2014年4月9日。

[5] 陈荣杰：《走马楼吴简“还民”“新还民”及“步侯还民”的涵义试释》，简帛网，2015年1月19日。

[6] 王素：《长沙走马楼三国吴简时代特征新论》，第60—70页。

[7] 王素：《说“吏民”——读长沙走马楼三国吴简札记（一）》，第7版；收入王素《汉唐历史与出土文献》，第173—175页。

[8] 黎虎：《“吏户”献疑——从长沙走马楼吴简谈起》，《历史研究》2005年第3期，第53—68页。

[9] 黎虎：《论“吏民”即编户齐民——原“吏民”之三》，《中华文史论丛》2007年第2期，第53—96页。

这些经济的、政治的、社会的特点没有改变，则这种“吏民”一体性结构也不可能根本改变[1]。对于学界关于“吏户”具有世袭性、“吏户”必须解除“吏名”或“吏籍”才能成为平民、“吏”身份卑贱以及吏户数量众多等观点，黎氏进行了驳斥，进而论证了吏户并不存在的观点[2]。

其他 王素认为吴简所见的“夷民”与兵有关，至少应是官府控制的一种特殊依附人口。据《吴书·陆逊附子抗传》透露的信息：所谓“夷民”“夷兵”，有可能是孙吴地方官府或私人控制的一种少数民族的“民兵”。正因为是少数民族“民兵”，所以既可以称为“夷民”，又可以称为“夷兵”[3]。魏斌认为夷民“有别于官府编户，应当视作孙吴初期仍然存在的一种土著族群”[4]。罗新则以为吴简中的夷民是已华夏化的南方土著编户[5]。熊曲认为指的是南方少数民族人民[6]。

四、吏

高敏认为“诸吏”是“在都”之吏与“给郡县”之吏的总称，是一种特殊的服役者，并有专门的吏籍[7]。韩树峰认为吴简中的“真吏”是正式的“吏”，是“州吏”“郡吏”“县吏”等的总称，无需交纳口算钱，赋役没有期限，是国家吏役的正式承担者，对国家有很强的依附性；“给吏”不是“吏”，只是在官府临时服吏役的普通百姓，按正常年龄赋役，要交纳口算钱，与普通百姓没有什么不同。吴简反映了“吏”身份低于普通百姓，正在逐渐走向卑微化[8]。在《论吴简所见的州郡县吏》一文中，韩氏推测了“给吏”成为身份性“真吏”的可能性，并通过对州、郡、县吏的来源及其在缴纳赋税方面变化的考察，论述了吏在孙吴嘉禾年间地位的逐渐下降[9]。韩氏还分析了“给吏”与“吏”的区别，认为“给吏”置于姓名后、“吏”置于姓名前，“给吏”要负担口算，“吏”不负担口算（至于吏是本没有口算义务还是因为

[1] 黎虎：《原“吏民”之四——略论“吏民”的一体性》，《中国经济史研究》2007 年第 3 期，第 115—120 页。

[2] 黎虎：《魏晋南北朝“吏户”问题三献疑》，《史学集刊》2006 年第 4 期，第 13—21 页。

[3] 王素：《说“夷民”——读长沙走马楼三国吴简札记》，《故宫博物院院刊》2004 年第 5 期，第 49—52 页。收入王素《汉唐历史与出土文献》，第 176—179 页。

[4] 魏斌：《吴简释姓——早期长沙编户与族群问题》，《魏晋南北朝隋唐史资料》（第 24 辑），武汉大学文科学报编辑部，2008 年，第 28 页。

[5] 罗新：《王化与山险——中古早期南方诸蛮历史命运之概观》附论《吴简中的“部伍夷民”问题》，《历史研究》2009 年第 2 期，第 17 页。

[6] 熊曲：《也说吴简夷民问题》，《简帛研究》2015（春夏卷），第 229—236 页。

[7] 高敏：《从〈嘉禾吏民田家莂〉中的“诸吏”状况看吏役制的形成与演变——读〈嘉禾吏民田家莂〉札记》，《郑州大学学报》2001 年第 1 期，第 206—210 页；收入高敏《长沙走马楼简牍研究》，第 44—53 页。

[8] 韩树峰：《走马楼吴简中的“真吏”与“给吏”》，《吴简研究》（第二辑），第 25—40 页。

[9] 韩树峰：《论吴简所见的州郡县吏》，《吴简研究》（第二辑），第 41—55 页。

后来得到免除则不确定）。推测承担“给役”的老弱病残的下户，并非政府的救济弱势群体的惠政，而是其自谋生路的手段，“给役”的身份化即产生了“给户”，它不仅反映了“给吏”卑微化的走向，而且是贱民阶层萌芽阶段的特征[1]。

黎虎认为“州吏”“郡吏”“县吏”等与“给州吏”“给郡吏”“给县吏”等身份基本一致。“给吏”大体上有两种不同的类型：一是在本州郡县服役的“给州郡县吏”者，即为“州郡县吏”；二是被派遣到其他单位或部门的“给州郡县吏”者，虽然其身份为“州郡县吏”，但未必均称为“州郡县吏”。第二种类型的吏员，对于所给单位或部门来说他们是“给吏”；对于本州郡县来说，他们是在为本州郡县承担法定“给吏”义务，在他们“给吏”期间有可能就不完全称为“州吏”“郡吏”“县吏”而称为“给吏”。其来源有民与吏子弟两种[2]。于振波指出“给吏”“给卒”等基本是由户品为下品或下品之下的最贫穷的民户承担，具体工作是特殊徭役，可能因此减免其部分赋税，身份上则依然是普通民户[3]。张荣强认为“给吏”是民户在官府服行的各种杂役，也就是唐代的色役[4]。王素、宋少华认为“给私学”与各种“给吏”中的“给”字含义一致，表示这些人、户被政府征召、征发去为吏、为卒、为佐，实际上是去服役，或许可统称为“吏役”[5]。蒋福亚认为吴简证实吴国确实存在吏户。这是孙权在建国前就承认地主依附民合法化，激化劳动人手争夺的结果。为确保奴役对象，官府针对诸吏制定了各类专门簿籍，强化控制。诸吏或供官府各部门奔走驱使，或耕种限田，承受残酷的剥削。他们服役期超过平民，并祸及其共居的父兄子弟，被征发为“子弟佃客”，乃至空户从役。若有逃亡，必须征发“下户民”替代，在户籍中给予“子弟”的身份。凡此，皆表明诸吏实质上已是官府依附民[6]。

侯旭东考述了汉代的给事制度，认为“给事”是秦汉以来官、民为官府工作的一种方式，即临时脱离本职、本机构到其他机构承担某种工作。西汉时基本不占编制，除非新机构官吏有空缺，并因此获得任命，否则继续保持原有的职位与身份。东汉时期部分开始拥有编制。给事者从事的多属各机构少吏所负责的事务性任务。承担给事者因工作不同而获得不同的称呼，东汉后则统称“给吏”。给吏有时是制度性的安排，有时是编制内人手不足所致，背后

---

[1] 韩树峰、王贵永：《孙吴时期的“给吏”与“给户”——以走马楼吴简为中心》，《吴简研究》（第三辑），第88—108页。

[2] 黎虎：《说“给吏”——从长沙走马楼吴简谈起》，《社会科学战线》2008年第11期，第88—95页。

[3] 于振波：《略论走马楼吴简中的户品》，第67—71页。

[4] 张荣强：《孙吴简中的户籍文书》，第3—20页；收入张荣强《汉唐籍帐制度研究》，第89—122页。

[5] 王素、宋少华：《长沙走马楼三国吴简的新材料与旧问题——以邸阁、许迪案、私学身份为中心》，第17页。

[6] 蒋福亚：《再论走马楼吴简中的诸吏》，《史学学刊》2013年第1期，第22—41页。

则是长期存在的官吏编制有限与事务膨胀的矛盾。吴简所见孙吴初年临湘地区的“给吏”是这一传统做法的延续与发展。发展之处在于担任给吏者开始向吏家父兄子弟集中，吏子弟带有一定的世袭性与身份性，吏子弟成年后，离家赴官府给吏前，主要耕种子弟限田，向官府交纳子弟限米。吏子弟充当给吏后与汉代一样也有成为正式吏员的可能。一旦吏子弟不足，则从本乡下户民中征发补充，并负责交纳子弟限米。吏子弟充当给吏不足时，也要从民户征发人员补充[1]。蒋福亚认为《嘉禾吏民田家莂》中诸吏需要佃田，缴纳“限米”或租米，正是诸吏身份低下的体现[2]。

黎虎认为“真吏”为真除实授的官员和吏员，非“真吏”包括冗散无职事者但有官称吏名者和虽有职事但未真除实授者两类。“真吏”与非“真吏”广泛存在于各级政权中[3]。罗新认为“真吏”的“真”并非真假之真，而是睡虎地秦简中“臣邦真戎君长”之“真”，吴简中的“真吏”是指那些出自土著族群而且在已经成为编户的非华夏族群社区中担任基层行政管理人员的人[4]。杨振红认为吴简中的真吏是正式的吏，给吏是公乘以下庶民服吏役者，二者均可简称为“吏”。吏的社会身份是公乘，是国家法定的赋役对象，有算事义务。汉魏时期吏已经出现身份世袭化，出现了专门的“吏户”即真吏。吏与公乘以下庶民合称为“吏民”。三国时期的官与吏的区别源于汉代长吏与少吏，亦即士与庶民的分野[5]。

孟彦弘认为户籍简中的“子弟”指吏户中具备一定条件的需要服吏役的家庭成员，“给子弟”指征派服吏役。孟氏以身份性和世袭性为标准，认为孙吴存在吏户，吏户内的成员都具有吏的身份，标为“真吏”者承担的是官府的行政工作，未标“真吏”的承担的是近似力役的工作[6]。凌文超将“真吏”置于所在的簿书中进行解读，认为它是“应役民”的注记，蕴含了经过核查确定编户民任吏或服役情况之义。它涵括了任吏职、服吏役乃至杂役者，它与“○吏”“○卒”“给○吏”“给○卒”“给子弟”“给驿兵”“给困父”等相比，只是一个比

---

[1] 侯旭东：《长沙走马楼三国吴简所见给吏与吏子弟——从汉代的“给事”说起》，《中国史研究》2011 年第 3 期，第 19—43 页。

[2] 蒋福亚：《〈嘉禾吏民田家莂〉中的诸吏》，《文史哲》2002 年第 2 期，第 130—134 页。

[3] 黎虎：《说“真吏”——从长沙走马楼吴简谈起》，《史学月刊》2009 年第 5 期，第 50—61 页。

[4] 罗新：《“真吏”新解》，《中华文史论丛》2009 年第 1 期，第 121—131 页。

[5] 杨振红：《吴简中的吏、吏民与汉魏时期官、吏的分野——中国古代官僚政治社会构造研究之二》，《史学月刊》2012 年第 1 期，第 23—34 页。

[6] 孟彦弘：《吴简所见“子弟”与孙吴的吏户制——兼论魏晋的以户为役之制》，《魏晋南北朝隋唐史资料》（第 24 辑），第 1—22 页。

较笼统的注记[1]。

黎石生认为"岁伍""月伍"与更赋有关。"岁伍"为戍边"一岁一更"者，戍边完毕返乡仍以"岁伍"著籍"月伍"为"给郡县一月而更者"[2]。李均明认为"伍"为源自汉代更赋的一种服役组织形式，"岁""月"为服役期限[3]。沈刚认为吴简中的"岁伍""月伍"是新出现的丘的管理者，"岁伍"管理丘的民户，"月伍"负责土地管理，有时还负责代缴本丘居民的赋税[4]。侯旭东认为吴简中的乡吏可以分为"乡劝农掾""乡吏""乡典田掾"三类，并对其各自的职责和前途进行了考察[5]。孙闻博对吴简中的里魁、闾长、力田、比伍、亭伍等乡里管理者进行了探讨[6]。王子今认为"县吏"和"乡吏"居住于城镇，任职于城镇。走马楼简牍的簿籍记录体现了城镇对乡村的领导。"吏"起着链接城镇和乡村的特殊作用[7]。

黎虎考证了先秦秦汉"军吏"的含义，认为吴简中的"军吏"属于军中下层吏员，他们编入基层户籍，与编户民一样有"名田"、赐爵的权利和赋徭的义务，其地位、待遇等同或略高于普通民户和卒，而低于士、复民和吏[8]。

五、职官

罗新认为吴简中的监池司马是负责管理湖泊捕鱼以及相关事务的官员[9]。他认为督邮为"督邮书掾"的省称，身为郡吏的督邮有督查邮书和劝农的双重职责。并将督邮与都尉联系起来，认为孙吴时期已经具备了督邮监察区向都尉行政区转变的条件[10]。小嶋茂稔认为孙吴时期长沙郡存在多个督邮监察区，临湘县（侯国）当在中部督邮的监察之下。督邮指挥下的县的邮书掾与临湘侯国的租税征收存在联系。郡吏督邮统辖下的录事掾、核事吏为县吏的事例说明当时具有监督职务的督邮起到了长沙郡和临湘侯国之间媒介的作用，郡的机构可能包括县的属吏。从走马楼吴简反映的国家统治机构和方式看，孙吴国家统治的基本组织继承了汉制，

[1] 凌文超：《"真吏"别解》，中国文化遗产研究院《出土文献研究》（第十二辑），中西书局，2014年，第347—366页。

[2] 黎石生：《走马楼吴简所见"士伍""岁伍""月伍"考》，第94—96页。

[3] 李均明：《长沙走马楼吴简所反映的户类与户等》，《华学》（第9、10辑合刊），上海古籍出版社，2008年，第265—278页。

[4] 沈刚：《走马楼吴简所见"岁伍""月伍"新解》，《鲁东大学学报》（哲社科版）2011年第5期，第78—81页；收入沈刚《长沙走马楼竹简研究》，第170—177页。

[5] 侯旭东：《长沙走马楼三国吴简所见"乡"与"乡吏"》，第87—113页。

[6] 孙闻博：《走马楼吴简所见乡官里吏》，《吴简研究》（第三辑），第272—286页。

[7] 王子今：《走马楼简牍所见"吏"在城乡联系中的特殊作用》，《浙江社会科学》2005年第5期，第121、155—160页。

[8] 黎虎：《说"军吏"——从长沙走马楼吴简谈起》，《文史哲》2005年第2期，第98—104页。

[9] 罗新：《监池司马简及相关问题》，《吴简研究》（第一辑），第119—130页。

[10] 罗新：《吴简所见之督邮制度》，《吴简研究》（第一辑），第309—316页。

二者并没有太大的差别。孙吴在吏员设置和机制运作等方面与后汉存在继承关系。诸现象表明孙吴政权与后汉存在继承性，但也有自己的独特性，其在继承后汉的基础上在支配的组织等方面进行了适合江南地区的脱胎换骨的改变[1]。

王素认为吴简所见“大常”为时任太常的刘阳侯潘濬[2]。王素、汪力工对“校事”进行了分析，认为其全称应为“中书典校事”，本职为校核尚书文书，其危害在于干扰尚书工作[3]。徐畅则对临湘县列曹及曹史进行了分类研究，认为孙吴出现了综合两曹名称和有固定职掌的曹，以及如“船曹”等具有孙吴地方特色的曹[4]。王振华对临湘侯国的属吏有过专门研究[5]。

森本淳认为“督”本为“监军”，吴简体现了孙吴“都督制”向下层组织浸透的现象，简3–3936“领”前所缺为“督军”，结合“督军”和“郡太守”并列的史实分析，“督军”有为本官的可能性[6]。

谷口建速对谷物支出记录进行考察，认为吴简中的“督军粮都尉”与“督军粮御史”为同一系统的官，还是同一官在不同场合的不同称呼，现在还不明白。为“督军粮都尉”配置军吏的情况暗示其是带有军事性质的官[7]。

伊藤敏雄认为市吏具体负责“地僦钱”“酒租（钱）”等的征收和布等物品的购入和贩卖。“部会”可能是县管辖下的官方的担当中介职务的吏[8]。

六、客

陈爽将“吏帅客”与孙吴讨伐山越的背景联系起来，认为“吏帅客”是管理屯田事务的低级官吏“屯吏”所统领的屯田客，身份不是国家正户，其主要成员是孙吴在征伐山越中所俘获的山越民[9]。蒋福亚对《竹简（壹）》中的“客”进行研究，认为“食客”“限佃客”具有依附民性质，至迟嘉禾六年（237）就可注家籍了，吴国充当了依附民合法化的急先锋。“吏

[1] 小嶋茂稔：《後漢孫呉交替期における臨湘県の統治機構と在地社會—走馬樓簡牘と東牌樓簡牘の記述の比較を通して—》，《长沙吴简研究报告》第3集，第12—26页。

[2] 王素：《关于长沙吴简几个专门词汇的考释——〈长沙走马楼三国吴简〉释文探讨之二》，第258—269页。

[3] 王素、汪力工：《略谈走马楼孙吴“中书典校事吕壹”简的意义》，第88—91页。

[4] 徐畅：《走马楼吴简所见孙吴临湘县廷列曹设置及曹史》，《吴简研究》（第三辑），第287—352页。

[5] 王振华：《走马楼吴简所见临湘侯国属吏管窥》，西南大学出土文献综合研究中心、西南大学汉语言文献研究所《出土文献综合研究集刊》（第2辑），巴蜀书社，2015年，第223—237页。

[6] 森本淳：《長沙呉簡からみる孫呉の下級軍事制度考初編》，《长沙吴简研究报告》2008年度特刊，第70—74页。该文后收入森本淳《三国軍制と長沙呉簡》，东京：汲古书院，2012年。

[7] 谷口建速：《穀物搬出記録とその周辺》，《长沙吴简研究报告》2008年度特刊，第53—60页。

[8] 伊藤敏雄：《長沙呉簡中の生口売買と“估銭”をめぐって—“白”文書木牘の一例として—》，［日］《历史研究》第50号，2013年，第97—128页。

[9] 陈爽：《走马楼吴简所见“吏帅客”试解》，《吴简研究》（第二辑），第56—66页。

帅客”是封建政府授予郡县吏们统率或管理的客，是政府控制的官府依附民。文章还探讨了政府控制依附民的历史原因[1]。王素从吴简中“佃客”“衣食客”入手讨论了西晋户调式中的“南朝化”问题，认为西晋户调式中的荫客制度源自孙吴固有的“复客”与“赐客”制度，而“客”的称谓则可能取自孙吴“佃客”与“衣食客”[2]。沈刚利用《竹简（贰）》《竹简（叁）》对“客”进行分类研究，认为“限田客”或为专门从事耕作的依附人口，“僮客”为国家控制的依附人口，“给客”为被征调的服役的客。沈氏认同吏帅客为国家管理的非正户民观点，并指出吴简存在以乡丘为单位缴纳吏帅客限米的现象，吏帅客是分散居住且身份相对自由。吴简户籍文书中出现的衣食客为私客性质，并已经得到政权承认，说明私门养客已经合法化。太常客为太常职官私人所有的客，也是私客属性[3]。

谷口建速认为吴简中存在两种“客”：一种是登记于主家户籍、与主家有很强从属性的客；一种是自己拥有独立户籍的客。后一种虽有“客”的身份，但是以给役名目从事劳役的佃客，自身作为独立的编户民登录到吏民簿。没有迹象表明他们是私人的依附民或隶属民。吏的家族具有以限佃客身份耕作限田、负担限米的义务。实际上从事限田耕作的子弟很少，官府为了确保田地耕作的劳动力把民也编入其中。耕作子弟限田的并不全是子弟本人，还有以给子弟限佃客名义进行劳作的一般民。这些民在吏民簿中注有“给子弟”“子弟限客”“子弟佃客”等。他们都属于广义的佃客。佃客负责缴纳限米，谷仓将吏帅的子弟和子弟承担者纳入的限米合为吏帅客限米进行管理。官府将那些负担佃客的民编成耕作田地的劳动力，同时也维持其编户民的身份[4]。

七、私学

胡平生认为“私学”与官学相对，为非官办之学。“举”为“举荐”，即为私学者需要有人举荐[5]。王素认为“举”为“没入”意，“私学”非“国家正户”，由逃亡人口产生，私学似为地方豪强的依附人口[6]。后来王素在坚持原有观点的基础上，进一步提出私学为“吏役”的一种，服私学之役者皆有本主，依附性似甚过“诸吏”[7]。侯旭东认为“私学”需要举

---

[1] 蒋福亚：《走马楼三国吴简中的“客”》，《中国经济史研究》2006年第3期，第66—73页。

[2] 王素：《长沙吴简中的佃客与衣食客——兼谈西晋户调式中的“南朝化”问题》，第1—34页。

[3] 沈刚：《试论吴简中的客》，《吴简研究》（第三辑），第141—152页；收入沈刚《长沙走马楼竹简研究》，第200—211页。

[4] 谷口建速：《長沙呉簡にみえる佃客と限米》，《湖南出土簡牘とその社會》，第143—165页。

[5] 胡平生：《长沙走马楼三国孙吴简牍三文书考证》，《文物》1999年第5期，第45—52页。

[6] 王素：《长沙走马楼三国孙吴简牍三文书新探》，《文物》1999年第9期，第43—50页。

[7] 王素、宋少华：《长沙走马楼三国吴简的新材料与旧问题——以邸阁、许迪案、私学身份为中心》，第1—26页。

荐，由不在籍的“遗脱”充当。“私学”享有免役待遇，身份具有特殊性。“私学”与“举主”存在官府承认的带有依附倾向的私人关系，孙吴长期实行的“占募”以及至少嘉禾年间存在的“举私学”可能是官宦豪强合法获取私属的主要途径[1]。秦晖认为私学为“遗脱”，“举”为“检举”“举报”之意[2]。

于振波通过对两汉魏晋有关私学的记录的考察，认为吴简中的私学是在外求学的书生，他们受现居住地官府的管理，虽然不服徭役，却向官府缴纳很重的租税，他们既不是逃亡者，也不是高门大族的依附人口[3]。王子今、张荣强认为“举”为“登录”之意，“私学”称谓指代的社会身份，是民间儒学教育体制下的受教育者[4]。

李迎春认为吴简中的“私学”其实就是“吏”的一种，其产生与秦汉时期的学吏制度有密切联系，在东汉时期其主要是作为一种低级吏员而存在，担负一定的行政责任，到三国时期地位急剧下降，其生活境遇肯定已在普通编户齐民之下[5]。邓玮光认为“举”是“举荐”，其目的是举“私学”某某为吏。“私学”是秦汉“学吏制度”的延续，被记录在“黄簿”中，表示“学吏者”身份，具有被推荐为吏的资格。在未被举荐前，以“白衣”的身份居住于丘，在被推荐为吏后可能会迁居住处，但是仍然保留“私学”身份，并可以被进一步举荐[6]。李恒全认为吴简中的“私学”有两种含义：一为私学弟子，即民间私立教育机构的学生，他们属于国家正户民，是政府官吏后备军；一指私立教育机构[7]。

凌文超利用考古学整理信息和简牍遗存信息整理出了“举私学簿”，并以此为基础，认为孙吴要求郡县选举遗脱为私学。临湘侯国功曹等根据政令要求，通知官吏按官秩选举私学，并制作“举状”。功曹等依据“举状”，制作私学名籍。相关责任官吏对所举私学的遗脱或正户民身份进行审查和期会。最后将符合规定的私学遣送诣官。孙吴“举私学”反映了皇权与将权围绕占募进行的博弈。孙权试图通过此举追夺将吏、官属的部曲、私客，削弱其势力，然而，其成效十分有限，推举出来的私学多为临湘侯国的依附人口。私学是为国家所承认的，在服役的同时，跟随私人学习知识技能，将来可能被选任为吏。私学本身还不是严格意义上的“吏”，

---

[1] 侯旭东：《长沙三国吴简所见“私学”考——兼论孙吴的占募与领客制》，《简帛研究》2001，第514—522页。

[2] 秦晖：《传统中华帝国的乡村基层控制：汉唐间的乡村组织》，第219—252页。

[3] 于振波：《汉晋私学考述》，《走马楼吴简初探》，第175—223页。

[4] 王子今、张荣强：《走马楼简牍“私学”考议》，《吴简研究》（第二辑），第67—82页。

[5] 李迎春：《走马楼简牍所见“私学”身份探析》，《考古与文物》2010年第4期，第52—55、58页。

[6] 邓玮光：《走马楼吴简所见“私学”考》，《东南文化》2010年第3期，第66—72页。

[7] 李恒全：《走马楼三国孙吴简牍“私学”考论》，《南京师范大学学报》（社会科学版）2012年第4期，第48—54页。

而是正户民，遗脱成为正式吏过程中的过渡身份[1]。

王素进一步补充说明，文献中的“私学弟子”与吴简中作为依附身份的“私学”相比，待遇有若天壤。且吴简中的“私学”绝大部分年龄都早已过了古代学生学习的年龄，甚至早已给吏服役。所谓“私学户”，也是举家为役的。所谓“举私学”，实际上是从已有的“私学户”的成员中“举”，应该是另有发遣任务[2]。

八、叛走

黎石生以“叛走”简为核心，探讨了孙吴时期的叛逃情况，认为叛逃者的身份包括普通吏民、带兵将领、士卒、部曲以及少数民族的叛乱和叛逃。他还论述了不同身份者叛逃的原因，并注意到叛逃主要发生在边郡地区和蛮夷深地的地域特征[3]。李均明认为“叛走”指非法脱离居住地户籍，并非尽指背叛国家[4]。沈刚对吴简中的“叛走”简进行研究，指出叛走者主要包括限佃客、吏及其家属，以及普通民户。叛走者家产要被没籍充公，而被捕获者，要充当依附于国家的屯田民，称为叛士或叛吏。叛士限米的缴纳分为两途。叛士简表明孙吴政权在征战背景下对人口控制的强化[5]。黎石生认为“叛士”是有叛逃图谋或行为而被孙吴政府掌控的士卒。叛逃前他们属于“士伍”籍，“叛士”是官府对其户籍身份的重新界定。叛士及其家属缴纳限米，已不是国家正户。黄龙年间叛士较多可能与“武陵蛮”叛乱有关[6]。

凌文超对“郡县吏兄弟叛走人名簿”进行整理与分析，认为随着吏身份不断卑微化乃至世袭，逃避沉重的赋役和摆脱吏家的束缚成为孙吴郡县吏父兄子弟在始役年龄和征役时叛走的直接原因。叛走者包括“叛民”“叛士”“叛走”“叛吏”，来源身份有别。叛走者会被审判、籍没家产，有的会被送去屯田。叛走者要交纳限米。嘉禾年间诸吏及其家属的叛走并不严重，应比士卒及其家属叛走少得多[7]。

九、奴婢

陈爽探讨了吴简中奴婢的户籍问题，认为孙吴时期奴婢附于良人户口之下，奴婢纳入户

[1] 凌文超：《走马楼吴简私学簿整理与研究——兼论孙吴的占募》，《文史》2014年第2辑，第37—72页。

[2] 王素：《长沙走马楼三国吴简时代特征新论》，第60—70页。

[3] 黎石生：《长沙市走马楼出土“叛走”简探讨》，《考古》2003年第5期，第86—91页。

[4] 李均明：《走马楼吴简人口管理初探》，《简帛研究》2006，第263—273页。

[5] 沈刚：《走马楼三国吴简所见“叛走”简剩义》，《江汉考古》2009年第1期，第134—138页；收入沈刚《长沙走马楼竹简研究》，第31—39页。

[6] 黎石生：《走马楼吴简所见“叛士”探讨》，陈建明主编《湖南省博物馆馆刊》（第六辑），第299—305页。

[7] 凌文超：《走马楼吴简采集簿书整理与研究》，第154—169页。

籍管理，多与良人分简造籍，奴婢人数统计包含于良人户口之中。简文中的“户下奴婢”为两汉至孙吴时期私奴婢在官方或正式文书中的称谓。并从户籍登录情况出发，对奴与客的法律地位进行了区别[1]。于振波专文研究了吴简中的“户下奴婢”问题，文章讨论了孙吴奴婢的来源，分析得出吴简中未成年奴婢中男性占绝对多数，成年奴婢中女性占明显优势。并对造成这种年龄和性别结构的原因进行了分析。通过对吴简中奴婢数量的分析，参照三国前后各朝比例数字，推测三国时期长沙地区私奴婢占总人口的比例为5%[2]。蒋福亚通过对吴简中有关奴婢资料的分析，认为吴国存在很盛的蓄奴之风，奴婢是要从事生产的，且奴婢要入户籍[3]。王子今认为“户下奴”“户下婢”中的“户下”与“灶下”含义相近，为其劳动场所，说明其生存空间的位置。并结合秦简等资料对吴简“户下奴”“户下婢”中不记年龄、只登记身高的情况进行分析，对当时社会下层未成年人被奴役者的生存状况和生活质量予以讨论[4]。沈刚认为奴婢至少是奴（男奴隶）不能单独立户，他们的家庭附在主人的户籍中。私家奴婢记载身高的意义在于标志他们的健康状况。吴简中身高记录和年龄无多少关涉，身高记录也和法律责任无关[5]。熊曲对吴简中吏民私买卖生口的籍簿进行了整理复原，认为生口的社会身份是奴隶，孙吴允许生口的买卖，但要收估税，且税率较东晋南朝高出很多。吴简中户下奴婢是吏民所买生口在其户籍上登记。因此，户下奴婢的情况可以从侧面反映生口的情况。孙吴户下奴婢入籍，且纳算，反映孙吴对人口的严格控制，也是奴婢社会地位改变的表现[6]。凌文超认为吴简所记官、私生口的实际价值较低，可能与征讨武陵蛮俘获大量的夷生口有关。吴简以奴代役、奴客共同附籍、僮客连称，说明孙吴时期吏民亦开始有了向依附民（客）转化的趋势[7]。

伊藤敏雄认为吴简中的生口有大、小之别。成年生口价格约3万到8万。生口价格的一成作为交易税以“中外估具钱”的名义征收。不能将生口限定为官奴婢。生口与名籍中“户下奴”“户下婢”的具体关系还不完全清楚[8]。

---

[1] 陈爽：《走马楼吴简所见奴婢问题及相关问题》，《吴简研究》（第一辑），第160—166页。

[2] 于振波：《略论走马楼吴简中的“户下奴婢”》，《走马楼吴简续探》，第111—128页。

[3] 蒋福亚：《长沙走马楼吴简所见奴婢杂议》，《首都师范大学学报》（社会科学版）2006年第6期，第1—6页。

[4] 王子今：《走马楼简所见未成年“户下奴”“户下婢”》，《吴简研究》（第三辑），第123—131页。

[5] 沈刚：《走马楼吴简所见私奴婢剩义》，中国文化遗产研究院《出土文献研究》（第十辑），中华书局，2011年，第291—297页；收入沈刚《长沙走马楼竹简研究》，第212—220页。

[6] 熊曲：《论长沙走马楼吴简中“生口”及相关问题》，《出土文献研究》（第十二辑），第327—339页。

[7] 凌文超：《走马楼吴简中所见的生口买卖——兼谈魏晋封建之奴客相混》，《史学集刊》2014年第4期，第73—81页。

[8] 伊藤敏雄：《長沙呉簡中の生口売買と“估銭”をめぐって—“白”文書木牘の一例として—》，第97—128页。

十、其他

苏俊林统计了嘉禾四年、五年间田家莂的错误率，多收租税和少收租税的错误简例。通过对租税交纳的国家标准、租税交纳错误简例的件数、具体数额等的统计分析得知，租税交纳倾向于对诸吏、诸卒、士和复民等身份特殊人员。田家莂中的租税交纳，整体上呈现出一定的身份性和等级性。租税交纳上的身份性差别和等级性差别，反映出孙吴存在从诸吏、诸卒、士、复民到普通田家的、从高到低的身份等级体系[1]。

[1] 苏俊林：《嘉禾吏民田家莂与孙吴身份等级体系》，《文史》2015年第3辑，第25—45页。

第七节　家庭、姓名、残病及对弱势群体的救助

一、家庭

（一）家庭的规模和结构

于振波对吴简所见的户与里的规模进行分析之后认为吴简户均人口为4.8人，与传世文献所说的“五口之家”相符。吴简中里的规模不是整齐划一的，多在20~50户之间[1]。他还以性别和年龄为视角研究走马楼户籍简所反映的基层社会情况，认为走马楼户籍简的年龄结构总体上属于成年型，但也存在未成年男性和老年男性比例失衡，男性劳动力（15~59岁）比例过低及未成年女性（14岁以下）比例过低的年龄结构扭曲现象。在对“江南卑湿，丈夫早夭”和“暑气多夭，寒气多寿”的传统观点进行驳斥的同时，其将造成这种年龄结构状况的原因归结于沉重的赋税徭役以及由于男尊女卑思想而产生的弃婴（主要是弃女婴）等社会因素[2]。后其依据吴简中户人与家长之间的关系，认为不能将户人简单理解为家长，家长体现的是血缘和礼制关系，而户人则主要体现官府与民户之间役使与被役使的关系，二者并不完全一致。户人必须是直系家庭中的重要成员，但是户人本身并没有专门的法律保障。文章认为吴简中的户人多为男性，这与“男尊女卑”的观念和官府的徭役征发有关[3]。他通过对户籍简进行数据统计来分析吴简中户的结构。通过数据分析认为，走马楼户籍简中主干家庭和复合家庭所占比例较高，核心家庭在数量上并不占绝对优势，但是户的规模仍以小家庭为主。家庭结构与户的规模看似矛盾的现象，主要与战乱频仍、赋役繁重、苛政凶猛等造成大量的残缺家庭有关。并就亲属间自发的社会保障功能等进行论述[4]。

孙闻博认为孙吴初年临湘地区的民户平均人口数约为4.99人，算人占家口比重47.4%，平均每户2.36人算，与汉代家庭的情况大体接近。家庭规模主要以3~5人的小规模家庭为主，

---

[1] 于振波：《走马楼吴简所见户与里的规模》，《走马楼吴简初探》，第143—152页。

[2] 于振波：《走马楼户籍简性别与年龄结构分析》，《走马楼吴简初探》，第105—142页。

[3] 于振波：《户人与家长——以走马楼户籍简为中心》，《走马楼吴简续探》，第1—23页。

[4] 于振波：《吴简所见户的结构小议》，《走马楼吴简续探》，第25—38页。

也有10人、20人的较大规模家庭，大规模家庭多以残缺的主干家庭、联合家庭或扩大家庭的形式出现。孙吴社会呈现出“小家庭—大宗族”间的活跃互动[1]。

贾丽英在系统统计吴简户籍类资料的基础上，依据每户“口食”数，按1~2口、3~6口、7~8口、9~12口、13口以上，将当时的家庭规模形式划分为五类，并对其中“兄弟同为一户”“亲属与户主同为一户”“赘婿”“户下奴婢”等特殊现象进行了分析[2]。

町田隆吉用“同居”的概念将“户”界定为“同居”的多种亲族，包括同姓亲族、母族、妻族以及异姓亲族，认为“同居”为当时长沙地区“户”的特征。户有向口数为3~5人集中的倾向，当时家族不是以平均5人的家族为主。名籍中的“户”可以分为单纯家族世代（核家族世代）、扩大家族世代、多核家族世代和非家族世代四类。孙吴政权按“世代”编成的“户”具有相互扶助的功能，以保障同居的贫弱者的生活[3]。

鹫尾祐子认为限佃户一户的口数非常少，多在2人以下。经济因素左右构成户的人数的多寡，经济条件与家族的规模相关连。当时长沙郡临湘国存在多样的家族构成，但是从夫妻2人为户的情况可以得知，夫妻家庭是当时的基层单位，同时也是生产的核心组织[4]。鹫尾祐子统计了《竹简（壹）》《竹简（贰）》《竹简（叁）》中258件名籍的夫妻年龄差，认为夫妻年龄差0~5岁约占40%，相差10岁以上约占28%。以丈夫年龄段为基准计算的年龄差则更为明显，丈夫为10~19岁者有妻为高龄的倾向；20~29岁平均年龄差为1.76，夫妻间没有明显的年龄差；50~59岁的年龄差约是30~39岁或40~49岁的2倍；40~49岁与50~59岁之间的平均年龄差变化显著。随着丈夫的高龄化，夫妻的年龄差有扩大化的倾向。相对50~59岁以后，50~59岁以前夫妻的平均年龄差不是太明显。根据丈夫的年龄、年龄差的倾向认为当时的人多在50~59岁死亡，在妻子死后丈夫又迎娶了年少的后妻。走马楼吴简中的多种名籍，可能是在不同时期和场合作成[5]。她对嘉禾四年（235）小武陵乡吏民簿和嘉禾六年（237）广成乡吏民簿中年龄、性别等人口构成特征进行分析，认为人口的四成为未成年人，出生人数很多，但是至少出生者的半数在20岁之前就去世。当时存在多产多死的倾向。30多岁到

[1] 孙闻博：《走马楼简“吏民簿”所见孙吴家庭结构研究》，《简帛研究》2007，第246—261页。

[2] 贾丽英：《〈从长沙走马楼三国吴简〉看三国吴的家庭结构》，《中国史研究》2010年第3期，第171—174页。

[3] 町田隆吉：《長沙呉簡よりみた“戸”について—三国呉の家族構成に関する初歩的考察—》，《长沙吴简研究报告》第3集，第27—47页。

[4] 鹫尾祐子：《長沙走馬樓呉簡にみえる“限佃”名籍について》，第368—387页。

[5] 鹫尾祐子：《走馬樓呉簡から見える家族の情況について—夫婦間の年齢差などから—》，《长沙吴简研究报告》2009年度特刊，第35—55页。

40多岁的人口减了一半。小·年少者（未满15岁）中绝大多数是男性，大·成丁（15岁以上）以上则是女性很多。成年人中女性占压倒性多数，可能与将男性登记为女性以逃避徭役的虚假记载有关。14岁以下多为男性，15岁以上女性很多，这种性别逆差表示当时因为受徭役、兵役等征发的影响，壮年男性比女性更接近死亡[1]。

鹫尾祐子分年龄段对男性中户人的比率进行统计后认为，虽然15岁就达到成年年龄，但是立即分家的人很少。60岁以后到了老年不再是户人的人有所增加。男性即便成年后也暂时作为家庭成员，25岁以后成为户人，到老年后让他人担任户人而自己成为家庭成员。30~49岁中户人比率最高，只有两成的成年男子不是户人。10~29岁的大多数男性即便结婚也不分家。60岁以上者至少有六成是被成年的晚辈、年轻者所赡养。30~59岁的有妻男性中至少四成没有分家而是留在生育他的家庭中生活。这个年龄段的有妻者的五成属于核家族之外其他形态的家族。多数人年轻时经历了三族制家族（此为父亲在世时父子同居共财、父亲死后兄弟均分家产形成独立家庭的形态），30岁以后分为分家者和不分家者，到老年后半数属于直系家庭或复合家庭。可能有四成的人终生没有分家。虽然核家族是主体，但也应考虑存在一般不分家的家庭。25~39岁中户人比率增高的原因之一可能是父亲在40岁左右死亡[2]。

苏俊林认为吴简中的家庭简是孙吴家庭结构的真实反映。其以家庭简中连记简为依据，对家庭成员的位次关系进行考察，总结出孙吴家庭结构的建构原则：辈分次序原则、血缘亲疏次序原则、同身份成员间的长幼次序原则、合户家庭的“完全登录”原则和非亲属成员间的依附程度次序原则。这些原则有助于复原与家庭相关的簿籍[3]。

（二）婚姻状态与亲属称谓

黎石生对孙吴时期长沙郡吏民婚育情况进行了考察，认为此时长沙郡存在早婚迟育现象。这与孙吴苛政密切相关。文章还对“小妻”现象的原因以及“小妻”的生育状况进行了分析[4]。彭卫认为吴简所见“中妻”即正妻而非妾，“中妻”可能是三国时期长沙地区对正妻的称谓[5]。赵宠亮则认为“中妻”非正妻，而是正妻之外的配偶妾。并结合当时多妻现象，从正妻、中妻、

---

[1] 鹫尾祐子：《走馬樓呉簡吏民簿と郷の状況：家族研究のための予備的検討》，《立命馆东洋史学》第35号，2012年，第35—74页。

[2] 鹫尾祐子：《分異の時期と家族構成の変化について——長沙呉簡による検討》，《湖南出土簡牘とその社會》，第167—196页。

[3] 苏俊林：《吴简所见孙吴家庭结构的建构原则》，《简帛研究》2015（春夏卷），第218—228页。

[4] 黎石生：《孙吴时期长沙郡吏民婚育状况考察》，《吴简研究》（第二辑），第2321—231页。

[5] 彭卫：《传世文献与出土简牍中的“下妻”“偏妻”和“中妻”》，《中国社会科学报》2009年9月10日第5版。

小妻之间存在的年龄递减情况，认为中妻产生与男子结婚三次以上有关[1]。王子今认为吴简中的“小妻”与“妾”确有差异，为“大妻”或“正妻”之外的配偶，吴地“小妻”具有较强的独立性和自主性。“小妻”记录体现了多妻现象涉及社会层面的普遍[2]。

王子今认为吴简 3–3069 的“邪”通“耶”，即“父”，这是目前所见“邪”“耶”用作亲属称谓最早的文物实证[3]。王氏还考察了孙吴家族中的“寡嫂”和“孤兄子”的含义，探讨了当时乡村家庭的年龄构成和社会救助现象[4]。韩树峰认为吴简中的“侄”主要与伯、叔对称，但是也保留了“侄”与“兄子”称谓并存的情况。颜之推“晋世以来，始呼叔侄”的说法不成立，叔侄对称至少在孙吴时期就已经出现[5]。

高敏指出长沙郡存在男女比例失调的状况，妇女多以“妾”命名，并对单名与姓氏特征进行了分析[6]。

于振波指出 15 岁应是当时女子结婚的基本年龄，不满 15 岁已经结婚或 20 岁以上未婚女子并不多。在驳斥恶劣的自然环境造成男女比例失调观点的同时，再次强调了战争、赋税徭役等社会因素对男女比例和年龄结构的影响[7]。

高凯分析了长沙郡的人口性别失衡问题，认为长沙郡存在的女多男少的人口性比例失调问题分两种形式，一是丈夫死亡造成已婚妇女过剩，一是成年女子多于成年男子造成未婚妇女过剩。已婚妇女过剩与当时社会频繁战争和徭役所带来的长沙郡男子大量死亡或残疾有关，未婚妇女过剩则主要与生产力水平低下和高热高湿的自然条件下临湘侯国女多男少的性比例失调有关。这种女多男少的现象有日益严重的趋势，并会抑制人口的繁衍[8]。徐畅认为吴简中成年待嫁女和未成年已嫁女的大量存在，以及在籍人口中 15 岁以上的女性多于男性，或许和长沙地区卑湿的自然环境、频繁的战事和徭役导致青壮年男子死亡有关[9]。

鹫尾祐子对嘉禾四年（235）到嘉禾六年（237）长沙地区女子的婚姻年龄进行分析，认

[1] 赵宠亮：《试论走马楼吴简所见“中妻”》，《吴简研究》（第三辑），第 132—140 页。

[2] 王子今：《论走马楼简所见“小妻”——兼说两汉三国社会的多妻现象》，《学术月刊》2004 年第 10 期，第 79—84 页。

[3] 王子今：《走马楼竹简“邪”“耶”称谓使用的早期实证》，《文物》2010 年第 5 期，第 58—62 页。

[4] 王子今：《三国孙吴乡村家族中的“寡嫂”和“孤兄子”——以走马楼竹简为中心的考察》，《简牍学研究》（第四辑），甘肃人民出版社，2004 年，第 107—118 页。

[5] 韩树峰：《中古时期的“侄”与“兄子”“弟子”》，《历史研究》2010 年第 1 期，第 44—65 页。

[6] 高敏：《从嘉禾年间〈吏民田家莂〉看长沙郡一带的民情风俗与社会经济状况》，第 129—133 页；收入高敏《走马楼简牍研究》，第 36—43 页。

[7] 于振波：《吴简户籍文书所见女子的婚龄》，《走马楼吴简续探》，第 39—48、49—58 页。

[8] 高凯：《从走马楼吴简看孙吴时期长沙郡的人口性比例问题》，《史学月刊》2003 年第 8 期，第 25—29 页。

[9] 徐畅：《走马楼简中成年待嫁女和未成年已嫁女》，第 262—276 页。

为临湘侯国（当时隶属长沙郡）内虽有 13 岁就已婚的女性，但女性的初婚年龄一般在 15 岁到 19 岁之间，多数女性在 20 多岁就已经结婚。丈夫死后女子再婚的情况很普遍。再婚的年龄可能高于标准的女子婚姻上限年龄 49 岁。结婚的目的除了生子之外，还与生产、家计等家事有关。初婚年龄与能生育的年龄相关，高龄结婚则与妻子在生产、生活上的重要作用有关[1]。

二、姓名

森本淳对嘉禾吏民田家莂近 2000 个人名中同名同姓情况进行考察，认为同丘、同身份、同姓同名者为同一人，同丘、同姓同名、不同身份也极可能是同一人。考虑到临湘侯国内两人以上同姓名存在的可能性极低，不同丘但同姓同名的吏也应为同一人。不同身份或者不同丘，是因为身份或居住地发生了变化[2]。满田刚认为田家莂中诸如龚、胡、石、张、田、鲁、向、文、梅（包括与其通用的“梅”）、秦、陈、李、潭、郑、雷、赵、潘（包括与其通用的“番”）、黄、桓、孙、区、范、仇、楚等都可能是蛮姓，其中出现次数较多的前 10 姓为烝、黄、谢、邓、潘、李、陈、张、唐、吴[3]。嘉禾四年、五年田家莂中登场的人物有 39.9% 可能为蛮族（嘉禾四年 44.5%，嘉禾五年 37.6%）。长沙地区一定数量的蛮族的存在，对探讨汉族的支配程度、蛮族的汉化等都极为重要[4]。

王子今、王心一对走马楼竹简中的女子姓名用字情况进行了分析，认为吴简妇女用字反映了妇女地位低下的社会事实，认为基层女子除了进行纺织之外，还参与田间农作。并对妇女用字特征及所反映的社会信息进行了分析，注意到对妇女的道德要求。文章以附论的形式对“男女同名”“女子男名、男子女名”等现象进行讨论。所做《走马楼竹简女子人名用字频度表》，也为研究走马楼吴简妇女的相关情况提供了便利[5]。高凯认为吴简反映了孙吴时期长沙郡吏民有将两姓合并表示婚姻的取名风俗。这透视出土著民与移民之间的联姻关系，也反映出在江南农业开发过程中土著民与移民的融合特征[6]。高凯认为长沙郡吏民的取名用字

---

[1] 鹫尾祐子：《嘉禾四年～六年（235—237）長沙の婚姻慣行：婚姻と年齢》，《东洋学报》第 97 卷第 1 号，2015 年，第 1—24 页。

[2] 森本淳：《嘉禾吏民田家莂にみえる同姓同名に関する一考察》，《嘉禾吏民田家莂研究——长沙吴简研究报告》第 1 集，第 68—79 页；该文后收入森本淳《三国軍制と長沙呉簡》。

[3] 原文中前 10 姓中“潘”姓出现两次，现将后一次去掉。

[4] 满田刚:《長沙走馬樓吏民田家莂に見える姓について》,《嘉禾吏民田家莂研究——长沙吴简研究报告》第 1 集，第 80—93 页。

[5] 王子今：《走马楼吴简女子姓名分析》，《吴简研究》（第一辑），第 261—287 页。

[6] 高凯：《从走马楼吴简看孙吴时期长沙郡吏民的联姻》，《史学月刊》2002 年第 9 期，第 25—28 页。

反映了当时人口迁徙和思念亲人，用贱字取名，用吉祥字来祈求富贵、平安，以及将两姓合并起名的习俗。吴简折射出当时长沙郡吏民存在成年男性单身未婚问题、妻大夫少现象（即后世的“童养媳”婚俗）以及娶二房等婚姻习俗和特点[1]。黎石生认为田家多单名与“二名难讳”有关。对于同名同姓问题，同丘、同身份、同姓同名者应存在不属同一人的情况，同丘、同姓同名、同性别但不同身份者也可能不是同一人。长沙郡民起名还有反映历史时代特征、社会生活状况以及周围生态环境的取向[2]。

魏斌认为吴简反映了临湘周边具有特殊的地域大姓结构，其形成与土著民进行编户化的同时推广汉式姓名有关。吴简反映的土著族群编户化是朝廷权力向南方渗透的结果。在编户化的过程中，土著族群的自我身份认同产生分化，而土著族群的编户化和汉化也就成为华夏族与南方族群接触的主要趋势[3]。黎明钊认为临湘县四乡没有一族聚居独占一丘的情况，但是聚族里居不一定排斥异姓居住，烝、黄、谢、潘（含“番”姓）、邓、李、陈、张、唐和周等十大族姓就是聚族而居于环、乐等四乡的主要宗族族群[4]。

胡苏姝论述了《嘉禾吏民田家莂》中与思想信仰、社会生活习俗、军事、社会经济等相关的人名，并总结分析了《嘉禾吏民田家莂》人名特征及起名规律[5]。

苏俊林注意到吴简中的“步侯”“吕侯”等在封爵称谓中使用姓氏的现象，认为这种情况在秦汉时期还极为少见，但是到了魏晋南北朝时期有逐渐普遍化的倾向。王爵、公爵、侯爵甚至男爵的封爵称谓中都有使用受封者姓氏的现象。此现象在南、北政权中都有存在。这种现象既是此时期世家大族强大、家族姓氏受到重视的社会现实的反映，也会进一步推动姓氏在社会等级识别中所发挥的作用。与家族相关的、带有私有属性的姓氏，其使用范围从官职扩展到封爵等国家公器上，说明家族等私人势力对国家事务影响的增强[6]。

三、残病

学界对吴简所见疾病研究很多，存在争论的主要有：

---

[1] 高凯：《从吴简看孙吴初期长沙郡吏民的生活习俗》，《光明日报》2004 年 5 月 18 日第 B3 版。

[2] 黎石生：《〈嘉禾吏民田家莂〉中的田家姓名问题》，《故宫博物院院刊》2004 年第 1 期，第 92—98 页。

[3] 魏斌：《吴简释姓——早期长沙编户与族群问题》，第 23—45 页。

[4] 黎明钊：《聚族里居：读三国吴简〈嘉禾吏民田家莂〉》，《长沙三国吴简暨百年来简帛发现与研究国际学术研讨会论文集》，第 86—98 页。

[5] 胡苏姝：《〈嘉禾吏民田家莂〉人名研究》，西南大学硕士学位论文， 2009 年。

[6] 苏俊林：《魏晋南北朝时期的姓氏与封爵称谓——从吴简中的“步侯”“吕侯”说起》，《湖南大学学报》（社会科学版）2014 年第 2 期，第 30—35 页。

（一）肿病、肿足

《新收获》谓“肿”或又作“踵”，认为：竹简户口簿籍颇多肿足记录，似乎肿病为两湖地区常见病。汪小烜认为肿病可能是营养不良引起的全身水肿，肿足病可能就是现代医学中所称的血丝虫病橡皮腿肿[1]。于振波认为肿足与水田劳作有关[2]。杨小亮推测：吴简中有大量“肿足”的记录，其中一部分转化为“疮足”，亦极有可能[3]。高凯对吴简中的疾病进行研究，认为“肿两足”“腹心病”“苦腹心病”“雀两足”等疾病与血吸虫病有关，“风病”“苦风病”“盲两目”“盲左右目”“踵左足”“踵右足”等与麻风病密切相关。吴简中还存在心脏病、精神系统疾病等恶性疾病。通过对基本情况的数据统计，认为 15 岁以上成年男性疾病率、死亡率远远高于同龄女性，这印证了《史记・货殖列传》中所说江南地区存在“丈夫早夭”的情况；0~15 岁未成年男性疾病率高，有助于了解中国古代儿童高死亡率的现象[4]。侯旭东认为“肿足”是因“跣足”习俗而引发的严重的“冻疮”[5]。曲柄睿则认为肿两足与脚气病有关[6]。

（二）刑

谢桂华认为“刑手”“刑足”为“残疾病症”[7]。徐世虹对吴简中“刑”字进行分析，认为“刑”可作肉刑解[8]。胡平生认为“刑”字应读为“刱（创）”，“创”手足者可能是在对敌作战中受伤致残并获得爵位的退伍士兵，而不是受刑的罪徒[9]。杨小亮赞同“刑”作“创”及作战致残[10]。于振波则认为吴简中的刑手、刑足除部分为作战致残外，主要是不堪忍受官府剥削压迫的贫苦百姓为了逃避徭役的自残行为，苛政是自残的根本原因[11]。福原启郎认为“刑”与“雀”是程度不同的外伤[12]。其对吴简所见的疾病进行数量统计后指出，吴简名籍

---

[1] 汪小烜：《走马楼简“吏民簿”研究》，北京大学硕士学位论文，2001 年；汪小烜：《吴简所见“肿足”解》，《历史研究》2001 年第 4 期，第 174—175 页。

[2] 于振波：《走马楼户籍简性别与年龄结构分析》，《走马楼吴简初探》，第 105—142 页。

[3] 杨小亮：《走马楼户籍简“刑（创）”字性质与成因简析》，《出土文献研究》（第七辑），第 146—151 页。

[4] 高凯：《从走马楼吴简蠡测孙吴初期临湘侯国的疾病人口问题》，《史学月刊》2005 年第 12 期，第 24—30 页。

[5] 侯旭东：《长沙走马楼吴简“肿足”别解》，《吴简研究》（第二辑），第 214—220 页。

[6] 曲柄睿：《肿足新解——长沙走马楼吴简所见的一种病症考述》，《吴简研究》（第三辑），第 353—371 页。

[7] 谢桂华：《中国出土魏晋以后汉文简纸文书概述》，《简帛研究》2001，第 546—559 页。

[8] 徐世虹：《走马楼三国吴简户籍所见刑事制裁记录》，《简帛研究》2001，第 523—529 页。

[9] 胡平生：《从走马楼简“刱（创）”字的解释谈到户籍的认定》，第 33—37 页。

[10] 杨小亮：《走马楼户籍简“刑（创）”字性质与成因简析》，第 146—151 页。

[11] 于振波：《苛政与自残》，《走马楼吴简初探》，第 153—174 页。

[12] 福原启郎：《長沙吳簡に見える“刑”に関する初步的考察》，《长沙吴简研究报告》第 2 集，第 69—84 页。

简的重要特征是将身体的状况作为是否承担劳役的判断标准[1]。曹旅宁则认为“肉刑”说和“自残避役”说不能成立，而赞同“刑手”“刑足”为“残疾病症”，并部分认同作战残疾说[2]。张荣强认为“罚估”就是“废痼”，指身体有严重残疾，丧失或部分丧失劳动甚至生活能力。“刑手足”为断手、断足的意思。并对“复”的注记与否以及其他免役情况进行了分析[3]。郭聪敏从法律史的角度认为，吴简所见刑手、刑足、断足、肿足、雀手、雀足皆为肉刑。儿童、妇女受刑现象，是因集体叛逃或家庭连坐而受肉刑处罚的结果[4]。

（三）其他

猪饲祥夫认为《竹简（壹）》中的病名不是医生的诊断，而是官吏外在观察的疾病和伤害的记录，严格意义上不能说是病名[5]。吴简中的疾病除了“腹心病”相当于“心腹痛”外，其他疾病都还不能被确认[6]。福原启郎将吴简中近百种伤病分为踵足类、刑类、（苦）腹心病、盲目类、聋耳类、雀类、（苦）风病、（苦）狂病、（苦）寋病、（苦）喉病、（苦）痈（通“雍”）病、其他等共11类，认为“症状+部位”型是残疾，是免役的判断标准；“苦某病”型是慢性疾患，是能否承担劳役的判断标准。吴简登记具体的伤病不能仅归咎于是免役的确定标准，可能还有其他的重要原因[7]。

四、吴简所见对弱势群体的救助

王子今认为吴简中“细小”指瘦弱，它体现了对以未成年人为主的社会弱势群体的关注[8]。施胜僖认为孙吴弱势群体主要由灾民、鳏寡孤独残疾、不幸妇女及其他贫苦者组成，孙吴主要采取了复免和贷食两种救助措施。孙吴时期的仓库在救助弱势群体时发挥重要作用[9]。

---

[1] 福原启郎：《長沙呉簡に見える疾病の表記に関する若干の検討》，《长沙吴简研究报告》2008年度特刊，第34—40页。

[2] 曹旅宁：《长沙走马楼三国吴简“刑手”“刑足”考释》，《广东社会科学》2006年第1期，第122—125页。

[3] 张荣强：《说“罚估”——吴简所见免役资料试释》，《文物》2004年第12期，第57—65页；收入张荣强《汉唐籍帐制度研究》，第123—128页。

[4] 郭聪敏：《对长沙走马楼三国吴简所见刑手、刑足、踵（肿）足、雀（截）手、雀（截）足的思考》，简帛网，2014年3月23日；后发表在《新路集》（第四集），中国政法大学出版社，2014年，第128—153页。

[5] 猪饲祥夫：《〈長沙走馬樓三国呉簡·竹簡〉にみる病名について》，《医谭》（复刊第81号），2004年，第4821—4823页。

[6] 猪饲祥夫：《〈長沙走馬樓三国呉簡·竹簡〉と〈傷寒論〉》，《日本医学史杂志》（第51卷第2号），2005年，第312-313页。

[7] 福原启郎：《長沙呉簡の傷病表記の特徴》，《湖南出土簡牘とその社會》，第197—216页。

[8] 王子今：《说走马楼简文“细小”》，《江汉考古》2009年第2期，第108—112页。

[9] 施胜僖：《三国时期孙吴的弱势群体救助》，《湖北广播电视大学学报》2007年第2期，第74—75页。

何佳认为吴简反映了当时临湘地区遭受了旱灾，造成旱灾的原因有气候异常和地理位置的自然原因，也有水利条件落后、森林植被破坏、围湖造田的影响、战争的遗患等人为因素。并论述了孙吴政府的蠲免和放贷的救灾措施[1]。

谷口建速认为谷物纳入记录簿与“贷食”米的纳入记录簿在简的形制、书写格式、簿的性质等方面相似，但纳入谷物的性质不同。谷物贷与对象是一般的民众。乡“贷食”总计在数斛至10斛的程度，当时平均一人（一户）贷与3~5斛，乡的大部分人都贷与了“贷食”米，可能官府对多数吏民小额贷与。贷与以乡为单位办理手续。返还时间集中在九月至十二月，在粮食不足的夏季以后借贷，跟赋税的谷物一起返还、纳入。“贷食”米要缴纳利息，但利息率现在还不明确。生产目的的“种粮”贷与是与消费目的的“贷食”并行的贷与业务，它是在郡太守的指示下进行的对贫民的政策。“出禾”簿以乡为单位制作，“禾”的贷与、返还有乡的存在。集计简是以乡的下级行政单位——“丘”为单位统计，集计记录只在“取禾”簿看到。“禾”的贷与对象大部分是一般民众，少部分是户主为新吏、县吏的户，跟“贷食”对象一样为吏民。“禾”的贷与额度与“夫”的人数不对应，夫的人数的增减不与贷与额度相对应说明其不是以食料为目的而是以生产为目的。基本贷与额度是一户一斛。从“贷”禾、“取”禾一户一斛的基本贷与额与返还额的记录看，极有可能是不收利息的。为了避免民贷出的“贷米”在返还的时候重复收取，在账户上有严格的区别和管理[2]。

关尾史郎认为如同赋税纳入简一样，向县仓还纳所借贷的米时作成的“还纳简”也是一式两份，由收税者和还纳者分别持有和保管。官仓按照纳税者所属的乡，分别将还纳简中的入简编联保管。还纳简是还纳的证据，格式与一般的赋税纳入简相同，且都与邸阁郎中及三州仓的官吏相关。官仓可能以一年为期限，将谷物贷与民户作为粮食。这类谷物的贷与和还纳行为是相当广泛的日常事务。县仓将米贷与民户时作成的“贷与简”，贷方和借方各执一份，以资证明。这些附有签牌的贷与简原本可能就是出简，是负责管理三州仓和州中仓的仓曹之吏，以被贷与者所属乡为对象集中管理而制作并使用的出简。入简或是由乡的劝农掾保管。各乡民户自己或经由所属“伍”的代表向乡的劝农掾提出谷物贷与的申请，劝农掾以集中处理的方式对仓曹提出借贷要求。然后再由仓曹从三州仓所藏的、各乡缴纳的税赋中挑选合适的谷

---

[1] 何佳：《长沙走马楼吴简中旱灾资料述略》，陈建明主编《湖南省博物馆馆刊》（第三辑），岳麓书社，2006年，第350—355页。

[2] 谷口建速：《長沙走馬樓吳簡にみえる“貸米”と“種粻”—孫吳政権初期における穀物貸与—》，《史观》第162册，2010年，第43—60页。

物借贷给申请者。民户还纳时，贷与简的入简可能由各乡的劝农掾转交给仓曹，将另外写成的还纳简的出简交给劝农掾。交还给仓曹的贷与简的入简和勘合过的出简可能在此时一起丢弃。谷物贷与本身的用途不限于食用，还包括以播种为目的的借贷。“种粮”与食用谷物的贷与都与县仓有关。种粮贷与并非广泛实行的日常事务。兼具种子和粮食功能的谷物贷与在实际运作上，不仅与县仓及负责管理的仓曹有关，可能还涉及更上级的官僚。种粮的贷与与之前说到的食用谷物的借贷，是沿着不同渠道进行的。贷禾简和取禾简等可能是由各乡内部，或是由对各乡事务知之甚详的官吏编成或保管。这种零利率消费型借贷或许仅局限于乡的内部，对上级只报告结果而已 [1]。

[1] 关尾史郎：《穀物の貸與と還納をめぐる文書行政システム—斑—東アジア古文書学の起点としての長沙呉簡—》，角谷常子编《東アジア木簡学のために》，东京：汲古书院，2014年，第99—123页。

第八节　语言文字研究

一、词汇

李丰娟[1]和何丽敏[2]分别对《嘉禾吏民田家莂》中的数量词和《长沙走马楼三国吴简·竹简（壹）》中的数量词进行了初步的梳理。胡苏珠、赵国华从名量词的角度对《长沙走马楼三国吴简·竹简（贰）》中的个体量词（枚、人）、集体量词（户、算）、度量衡词（鼓、匹、丈、尺、斛、斗、升、合、撮、勺、亩、顷、步、钱）进行了探讨。他们对吴简中的称数法进行了分析，认为《长沙走马楼三国吴简·竹简（贰）》中的量词运用比较广泛，数词与名词直接结合的情况日趋减少。数词或量词单独使用的情况所占比例较少。"名·数·量"结构使用广泛，在"名·数"结构中，"年·数"词占很大优势[3]。

陈顺成从横向的宗亲、血亲、姻亲，纵向的长辈、平辈、晚辈，综合分析了吴简属称谓系统、亲属称谓语及部分相关词语的结构和意义[4]。贾利青将吴简中的称谓词分为单音节词和复音节词，分别介绍直系亲属和旁系亲属称谓词；从造词理据的角度，用归类、释义的方法说明吴简亲属称谓词的特点：亲属称谓众多，形式多样，亲疏关系复杂；其即袭古又有新的变式；从现有材料看，亲属称谓语有些是两两对应的词，有的则没有，并且出现对举现象；有的词内部有词义蜕变和减弱的现象[5]。

李丰娟、张显成对《长沙走马楼三国吴简·竹简》（壹）、（贰）、（叁）中的量词进行了全面考察，共得到量词40个[6]。周祖亮对《长沙走马楼三国吴简·竹简》（壹）、（贰）、

---

[1] 李丰娟：《吴简〈嘉禾吏民田家莂〉中的数量词》，《简帛语言文字研究》（第二辑），巴蜀书社，2006年，第471—483页。

[2] 何丽敏：《〈长沙走马楼三国吴简·竹简（壹）〉中的数量词》，《简帛语言文字研究》（第二辑），巴蜀书社，2006年，第484—497页。

[3] 胡苏姝、赵国华：《〈长沙走马楼三国吴简·竹简（贰）〉中的量词》《〈长沙走马楼三国吴简·竹简（贰）〉中的称数法》，《简帛语言文字研究》（第三辑），巴蜀书社，2008年，第209—216、217—225页。

[4] 陈顺成：《〈长沙走马楼三国吴简·竹简〉亲属称谓语简析》，《当代学术论坛》，2008年。

[5] 贾利青：《走马楼三国吴简亲属称谓语研究》，《学行堂文史集刊》，2014年，第25—33页。

[6] 李丰娟、张显成：《吴简量词研究》，《古汉语研究》2011年第1期，第52—57页。

（叁）所记录的疾病资讯进行全面资料统计和综合考察，并对“肿”“风”“雀”等疑难疾病名称进行了辨证和考释[1]。陈顺成从系统内部词语颁布、部分亲属称谓词语后世现存等六个方面分析了吴简中亲属称谓词语的特点[2]。谭翠从汉语史的角度对吴简中的“口食”“大女”“老女”“户人”等字词进行了考察[3]。此外，还有一些关于词汇方面的学位论文，李明龙的《〈长沙走马楼三国吴简〉账户词语研究》从词汇学的角度对《长沙走马楼三国吴简·竹简》（壹）中账户词进行了初步研究[4]。再如，黄晓菲的《长沙走马楼三国吴简·嘉禾吏民田家莂词语通释》[5]、赵国华的《〈长沙走马楼三国吴简·竹简〉称谓语研究》[6]、陈顺成的《走马楼吴简词语研究》[7]、何立民的《湖南长沙走马楼三国吴简复音词研究》[8]等。

二、文字

郑蓓《走马楼吴简用字调查》对《嘉禾吏民田家莂》和《长沙走马楼三国吴简·竹简（壹）》的用字情况进行了考察[9]。郑婕从字体和构形分析了从西汉到魏晋南北朝这一历史时期的简牍文字的情况，其中包括了走马楼三国吴简的材料[10]。李莉对《嘉禾吏民田家莂》中文字构形进行了整理和研究[11]。覃继红对《长沙走马楼三国吴简·竹简》（壹）、（贰）中的俗字进行了分类研究，并探讨其产生的原因[12]。郭小东从文字编的角度整理了《长沙走马楼三国吴简·竹简（贰）》中的文字[13]。朱灵芝利用汉字构形学理论和方法解释了《长沙走马楼三国吴简·竹简（叁）》中的异体字，分析了异体字的类型、产生原因和研究意义，为汉字形体演变和发展提供了断代依据[14]。李明龙、黄敏从讹变字的角度入手，以吴简中的“即”和“梗”

[1] 周祖亮：《长沙走马楼三国吴简疾病词略考》，《广西社会科学》2011年第3期，第139—142页。
[2] 陈顺成：《走马楼吴简亲属称谓词语的特点》，《淮海工学院学报》2012年9月，第70—72页。
[3] 谭翠：《走马楼吴简字词札记》，《西南交通大学学报》2013年第3期，第5—9页。
[4] 李明龙：《〈长沙走马楼三国吴简〉账户词语研究》，西南大学硕士学位论文，2006年。
[5] 黄晓菲：《〈长沙走马楼三国吴简·嘉禾吏民田家莂〉词语通释》，华东师范大学硕士学位论文，2009年。
[6] 赵国华：《〈长沙走马楼三国吴简·竹简〉称谓语研究》，西南大学硕士学位论文，2009年。
[7] 陈顺成：《走马楼吴简词语研究》，北京语言大学博士学位论文，2010年。
[8] 何立民：《湖南长沙走马楼三国吴简复音词研究》，复旦大学博士学位论文，2012年。
[9] 郑蓓：《走马楼吴简用字调查》，华东师范大学硕士学位论文，2007年。
[10] 郑婕：《魏晋南北朝简牍文字研究》，华东师范大学博士学位论文，2007年。
[11] 李莉：《〈嘉禾吏民田家莂〉文字构形系统研究》，西南大学硕士学位论文，2008年。
[12] 覃继红：《〈长沙走马楼三国吴简·竹简〉俗字研究》，西南大学硕士学位论文，2009年。
[13] 郭小东：《〈长沙走马楼三国吴简·竹简（贰）〉文字编》，西南大学硕士学位论文，2011年。
[14] 朱灵芝：《〈长沙走马楼三国吴简·竹简（叁）〉异体字研究》，西南大学硕士学位论文，2011年。

为例，分析了吴简中的讹变现象，并得出了吴简中文字讹变的一般性规律：一是偏旁的不确定性；二是讹变的类推性[1]。此外还有李莉的《〈嘉禾吏民田家莂〉文字构形系统研究》[2]、孙慧慧的《〈长沙走马楼三国吴简·竹简（叁）〉形声字及字体研究》[3]、张翔的《走马楼三国吴简文字编及相关问题研究》[4]、王保成的《三国吴简文字研究》[5]、潘克锋的《〈长沙走马楼三国吴简〉一见字研究》[6]、周祥的《走马楼吴简所见〈说文〉未收录新见字形整理与研究》[7]、王飒的《嘉禾吏民田家莂字迹及相关问题研究》[8]等。

[1] 李明龙、黄敏：《三国吴简中的两个讹变字》，《南昌航空航天大学学报》（社会科学版）2007 年第 4 期，第 52—54 页。

[2] 李莉：《〈嘉禾吏民田家莂〉文字构形系统研究》，西南大学硕士学位论文，2009 年。

[3] 孙慧慧：《〈长沙走马楼三国吴简·竹简（叁）〉形声字及字体研究》，西南大学硕士学位论文，2011 年。

[4] 张翔：《走马楼三国吴简文字编及相关问题研究》，中国人民大学硕士学位论文，2012 年。

[5] 王保成：《三国吴简文字研究》，安徽大学博士学位论文，2013 年。

[6] 潘克锋：《〈长沙走马楼三国吴简〉一见字研究》，西南大学硕士学位论文，2014 年。

[7] 周祥：《走马楼吴简所见〈说文〉未收录新见字形整理与研究》，西南大学硕士学位论文，2014 年。

[8] 王飒：《嘉禾吏民田家莂字迹及相关问题研究》，吉林大学硕士学位论文，2014 年。

第九节　释文订正与词汇考证

释文是简牍研究的基础工作，走马楼简牍资料公布以后，研究者对其中的误释、漏释之文进行了考释和补正。这些文章在释文订正的同时也会对相关制度或名物进行考证。这类文章如国内学者侯旭东：《长沙走马楼吴简释文补正》《三国吴简两文书初探》；高敏：《〈长沙走马楼三国吴简·嘉禾吏民田家莂〉释文注释补正——读走马楼简牍札记之八》；胡平生：《读长沙走马楼简牍札记》（一）（二）（三）、《〈长沙走马楼三国吴简〉第二卷〈竹简（壹）〉地名、人名释文校正》、《〈长沙走马楼三国吴简〉第二卷释文校证》、《〈嘉禾四年吏民田家莂〉统计错误例解析》；李均明、王昕：《〈长沙走马楼三国吴简·竹简（壹）〉释文校记》（一）；陈荣杰、张显成：《〈嘉禾吏民田家莂〉释文注释的数值问题》；凌文超：《〈长沙走马楼吴简·嘉禾吏民田家莂〉数值释文订补》；黎石生：《〈长沙走马楼三国吴简·竹简（肆）〉释文、注释补正》等等[1]。日本学者如日本长沙吴简研究会所编（伊藤敏雄、阿部幸信主编）的《〈长沙走马楼三国吴简·嘉禾吏民田家莂〉释文补正》和《〈长沙走马楼三国吴简·嘉禾吏民田家莂〉释文补注》，分别对《嘉禾吏民田家莂》中的311枚简和435枚简的释文进行了补正、补注[2]。

---

[1] 侯旭东：《长沙走马楼三国吴简释文补正》，《中国文物报》1999年7月21日第3版；侯旭东：《三国吴简两文书初探》，《历史研究》2001年第4期，第172—174页；高敏：《〈长沙走马楼三国吴简·嘉禾吏民田家莂〉释文注释补正——读走马楼简牍札记之八》，第102—108页，收入高敏《走马楼简牍研究》，第67—80页；胡平生：《读长沙走马楼简牍札记》（一）、（二）、（三），分别载《光明日报》2000年3月31日、4月7日、4月21日第3版；黎石生：《〈嘉禾吏民田家莂〉释文补正》，《中国文物报》2002年10月28日第7版；胡平生：《〈长沙走马楼三国吴简〉第二卷〈竹简（壹）〉地名、人名释文校正》，卜宪群、杨振红主编《简帛研究》2004，广西师范大学出版社，2006年，第329—346页；胡平生：《〈长沙走马楼三国吴简〉第二卷释文校证》，第112—133页；胡平生：《〈嘉禾四年吏民田家莂〉统计错误例解析》，第492—513页；李均明、王昕：《〈长沙走马楼三国吴简·竹简（壹）〉释文校记》（一），中国文物研究所编《出土文献研究》（第八辑），上海古籍出版社，2007年，第155—181页；凌文超：《〈长沙走马楼吴简·嘉禾吏民田家莂〉数值释文订补》，《简帛研究》2008，第286—295页；陈荣杰、张显成：《〈嘉禾吏民田家莂〉释文注释的数值问题》，《古籍整理研究学刊》2012年第2期，第26—29页；黎石生：《长沙走马楼三国吴简·竹简（肆）》释文、注释补正》，《简帛研究》2015（春夏卷），第237—242页。

[2] ［日］长沙吴简研究会编：《〈长沙走马楼三国吴简·嘉禾吏民田家莂〉释文补正》，《长沙吴简研究报告》第2集，第95—106页；［日］长沙吴简研究会编：《〈长沙走马楼三国吴简·嘉禾吏民田家莂〉释文补注》，《长沙吴简研究报告》第3集，第111—124页。二文所补正、补注的简有重复。

伊藤敏雄还对《竹简（壹）》中152枚简的释文进行了补充、校正[1]。

除了以上释文订正的文章之外，还有不少文章是对吴简中出现字词的考证，为我们进一步解读吴简内容提供了便利。

一、文书用语

（一）画诺

在吴简整理之初，有若干木牍上有浓墨草书的一个大字，涉及官府文书程序等问题，学术界讨论较多。最初，整理者之一的胡平生将“录事掾潘琬白吏许迪割米事”这一文书木牍最后的浓墨草书释作“曹”[2]。王素则认为该字为“若”，认为是长沙太守“画”的“诺”[3]。

（二）草刺

李均明认为“草刺”是撰写文件草稿的记录，兼具发文登记的功能。一般公文流程是，所撰写的草稿被认可后，当另简抄成正式的文稿发出，草稿则存档备查[4]。徐畅认为“草”在这里是“起草”“撰写”之意。“草言……事，某年某月某曹史白”应是呈太守府，正式公文发出后，县廷保留的起草公文的记录，书明公文撰写日期、撰写人，有的撰写人姓名为本人签署，以备县廷核查[5]。

（三）“中”字注记

走马楼吴简中经常可以见到用朱笔（偶尔也见墨笔）单独书写的“中”字。这一注记主要集中在户口簿籍和仓库出纳钱米布的账簿上。有关“中”的具体含义，主要有三种意见：

《新收获》最初基于“州中仓”可以简称“中仓”的记载，推论“缴纳赋税简的中部或下部，常见用朱笔或墨笔单写一‘中’字，亦指中仓”。

受这种印象的影响，汪力工利用《长沙走马楼三国吴简·竹简（壹）》的资料，分别论述了“入粮食钱布简”“领付受粮食简”“户口簿籍简”及“其他特殊简”所见的“中”字注记，进一步肯定整理者的推测，认为“吴简所见‘中’字注记是‘州中仓’的简称，这是完全可以成立的”[6]。

---

[1] 伊藤敏雄：《〈长沙走马楼三国吴简·竹简（壹）〉释文补注（稿）》，［日］《历史研究》第43号，2006年，第83—101页。

[2] 胡平生：《长沙走马楼三国孙吴简牍三文书考证》，第45—52页。

[3] 王素：《长沙走马楼三国孙吴简牍三文书新探》，第43—50页。

[4] 李均明：《走马楼吴简“草刺”考校》，《史学月刊》2008年第6期，第86—89页。

[5] 徐畅：《走马楼简所见孙吴临湘县廷列曹设置及曹吏》，《吴简研究》（第三辑），第295—300页。

[6] 汪力工：《关于吴简注记中的“中”字》，第53—61页。

张荣强则认为走马楼出土的孙吴户籍简是临湘县(侯国)保存的户籍副本,通过分析其"中"字标注的具体位置，根据汉代编造户籍尤其是平时检核的程序，可以认定朱笔书“中”和红笔涂改都是县廷所为。其“中”字所标的位置皆在户赀、残疾症状及特定年龄的附近，这些都是县廷平时需要重点审核的内容。孙吴户籍简中无论是其户主、家庭成员简还是赋役结计简，朱笔书“中”和红笔涂改显然都是县廷勾校的结果，只不过前者代表记载属实，后者则是发现错误后的改正。不仅户籍简，仓库出纳钱物账簿上的“中”字及涂改痕迹性质也是如此[1]。

伊藤敏雄认为施加在具体数值上的朱笔为校阅后追加部分的记录，朱笔的“中”“已”字为对赋税缴纳情况校阅后确认的印记。也有不少使用墨笔的情况，其作用相同[2]。其后再次确认了上述观点，但对“中”字有所细化[3]。

（四）莂毕

吴简中有许多缴纳租税的记录,这些记录中,经常见到"莂毕""就毕""僦毕""莂米毕""就米毕”“毕”等词语。这些词语的用法相同，受到学界关注。

胡平生认为，“莂”通“僦”，“僦毕”，即指粮食已从租米或税米的缴纳者及关邸阁官吏的手中转运到了三州仓吏处[4]。于振波亦认为“就”“莂”“僦”三字互为通假，“僦”可能是本字。“僦”理解为运送的意思，则“僦毕”表示运送完毕，“僦米毕”表示将米运送完毕。“莂毕”等词未在所有的租税缴纳记录中出现，可能一种租税分多次缴纳，每次缴纳都有记录，但只有缴纳完毕，才注明“莂毕”“就（僦）毕”[5]。

孙东波、姜望来认为“莂毕”是指缴纳租赁费用完毕，并具体分析了“莂毕”记录产生的原因。他们比较了吴简中入租税米与入杂米简的基本格式，发现入租税米简普遍注明“莂（米）毕”“僦/就（米）毕”，而入杂米简则没有。入租税限米，多先入付三州仓再运至州中仓，需缴纳赁船的费用，所以注明“莂毕”。入杂米多直接入付州中仓，无需缴纳赁船费用，所以不书“莂毕”[6]。

---

[1] 张荣强：《走马楼户籍简的“中”字注记》，《中国历史文物》2009年第5期，第72—76页；收入张荣强《汉唐籍帐制度研究》，第177—186页。

[2] 伊藤敏雄：《長沙呉簡中の朱痕・朱筆・“中”字について》，《长沙吴简研究报告》2009年度特刊，第87—94页。

[3] 伊藤敏雄：《長沙呉簡中の朱痕・朱筆・“中”字について（その2）—2011年3月の調査結果をもとに—》，《长沙吴简研究报告》2010年度特刊，第11—17页。

[4] 胡平生：《〈长沙走马楼三国吴简〉第二卷释文校证》，第128页。

[5] 于振波：《走马楼吴简习语考释》，《考古》2006年第11期，第66—73页；收入于振波《走马楼吴简初探》，第225—236页。

[6] 孙东波、姜望来：《走马楼吴简所见“莂毕”及相关用语试释》，《船山学刊》2008年第2期，第63—66页。

邓玮光认为“胄毕”等词语最完整的写法应是“僦米毕”，表示“僦米”缴纳完毕的意思。“僦米”是用于仓储系统内部转运米而由仓预先收取的费用，其收取比例为正式缴纳量的十分之一[1]。

二、经济用语

（一）“平斛”与“廪斛”

于振波认为“廪斛”为官府配给粮食时所专用的量制，“平斛”可能是当时通行的量制，平斛与廪斛的比率为24 ∶ 25，廪斛略小于平斛。官府使用廪斛的目的在于将部分损耗转嫁到接受粮食配给的头上[2]。

罗新进一步认为吴平斛是新推行的、来自三吴地区的量制。推行吴平斛的原因是为了将仓米储存、转运过程中可能发生的损耗转嫁到粮食生产者和赋税承担者身上，为当时政府解决财政困难的手段之一[3]。

（二）“行钱”与“具钱”

高敏认为“具钱”是官府储藏的具有完备性、合法性的钱币，“行钱”是不具有完备性和合法性的钱币[4]。于振波认为“具钱”似指官府认可的标准币（或法钱），而“行钱”似指市面上流通的货币[5]。吴荣曾认为秦汉时期的行钱不是“现行”或“通行”钱币，而是质次的铜钱[6]。沈刚认为行钱为质次的流通之钱，只与士伍发生关系，或用在政府支出方面；具钱指形制完好、分量充足的钱，为缴纳货币以及统计收入之用，吴简中具钱、行钱并行现象为东汉中后期币值混乱所产生的后果[7]。

（三）诸“钱”

吴简中出现的各种不同名目的钱，如“何黑钱”“僦钱”“锞钱”“财用钱”“酒租钱”等等。对各种钱名进行考证，也是学者关注的热点之一。

---

[1] 邓玮光：《试论吴简中“胄毕”及相关问题》，《简帛研究》2013，第228—235页。

[2] 于振波：《走马楼吴简习语考释》，《走马楼吴简初探》，第225—236页。

[3] 罗新：《也说吴平斛》，《吴简研究》（第二辑），第192—200页。

[4] 高敏：《从长沙走马楼三国吴简看孙权时期的商品经济状况——读〈长沙走马楼三国吴简·竹简（壹）〉札记之六》，《长沙走马楼简牍研究》，第117—130页。

[5] 于振波：《走马楼吴简习语考释》，第225—236页。

[6] 吴荣曾：《秦汉时期的行钱》，《中国钱币》2003年第3期，第24—26、43页。

[7] 沈刚：《走马楼吴简所见“具钱”“行钱”试解》，《中国历史文物》2008年第6期，第52—55页；收入沈刚《长沙走马楼竹简研究》，第134—139页。

何黑钱 秦晖认为，“何黑钱”可能为乡吏的津贴或奉钱[1]。宋超认为“何黑钱”可否认定是乡吏向县库交纳的、用以支付负责“呵夜行者谁”的、维护地方治安的专类税钱[2]。

僦钱、地僦钱 关于地僦钱的讨论较多，主要有如下：

《新收获》认为“僦”的本义是租赁，“地僦”意为租赁土地。由于直接征收地僦钱的是“市吏”，因此推测地僦钱是临湘城内集市商贾租赁摊位钱，且此钱是按月征收的。邑下居民拖欠租赁临湘侯封地钱，临湘侯国应催收。

宋超认为“僦钱”应当是“地僦钱”的简称。长沙郡曾督促“市吏”行文临湘“收责地僦钱”，标明“地僦钱”的征收与“市”有极大的关联。交纳“地僦钱”者，是居住于临湘“邑下”即临湘侯国与临湘治所的居民。所谓“地僦钱”或“僦钱”租赁之“地”，应是用于某种商业经营活动之“地”。“地僦钱”应是临湘侯步骘“衣食税租”的一个组成部分[3]。就定义而言，蒋福亚、罗威、李明龙的意见大致与宋超的意见一致[4]。

李均明对“地僦钱”也有专文论述。他认为“地僦钱”是指租赁土地的款项，传世文献多写作“僦地钱”。所租土地当用作宅基地，所以一旦房屋毁坏、无人居住，征收的前提条件就不复存在，有关官员便须为之乞请免征“地僦钱”。“地僦钱”平均摊派，户月五百钱，当与城区房屋密度较大，各户占地差异不大有关[5]。

胡平生认为地僦钱就是“雇佣费、租赁费、转运费”的意思[6]。

王子今在认同他人成果的基础上，赞同“就钱”“僦钱”，也就是“地就钱”“地僦钱”，并比较了“市租钱”和“地僦钱”的不同，认为“市租钱”应是在“市”从事经济活动向政府缴纳的商业经营税。“地僦钱”可能原本全称应为“食地僦钱”，应是以临湘侯步骘“食地”的“僦税”为名义征收的[7]。

朱德贵认为吴简中的“僦钱”不是商业性之“租赁费”，而是政府定期征收的财政税目，

---

[1] 秦晖：《传统中华帝国的乡村基层控制：汉唐间的乡村组织》，第 219—252 页。

[2][3] 宋超：《吴简所见“何黑钱”“僦钱”与“地僦钱”考》，《吴简研究》（第一辑），第 236—248 页。

[4] 蒋福亚：《略谈吴国国有土地租佃关系制度化的原因——〈长沙走马楼三国吴简·嘉禾吏民田家莂〉研讨》，第 269—284 页；蒋福亚：《吴简中的“士”和军屯》，《许昌学院学报》2007 年第 3 期，第 19—25 页。后来蒋又进一步发挥了这一结论，认为是摊位税、市场中土地房舍的租金，以及市租和商品通关税的总称。蒋福亚：《吴简所见长沙的市场》，《庆祝宁可先生八十华诞论文集》，中国社会科学出版社，2008 年，第 182—194；罗威：《走马楼吴简所见孙吴在长沙地区的赋税剥削》，《湖南城市学院学报》2004 年第 5 期，第 29—32 页；李明龙：《〈长沙走马楼三国吴简〉账户词语研究》，西南大学硕士学位论文，2006 年。

[5] 李均明：《走马楼吴简“地僦钱”考》，《简帛研究》2004，第 347—353 页。

[6] 胡平生：《〈长沙走马楼三国吴简〉第二卷释文校证》，第 126—129 页。

[7] 王子今：《长沙走马楼吴简“地僦钱”的市场史考察》，《吴简研究》（第二辑），第 232—244 页。

是转运税。“地僦钱”账簿表示的就是一种记录临湘侯封地征收转运税的总账簿[1]。

沈刚认为地僦钱是临湘侯国面向全体封户征收的定额税，是列侯常规收入的一部分。其征收方式，是由郡县政府分片征收后，再通过一定的程序分流给侯国[2]。

财用钱 孟彦弘认为，所谓“财用钱”，最初是征收上来专门用于尚书购置纸、笔、墨、封泥等“行政办公”之物，后来则变成政府一项固定的财税项目，是为弥补口算钱的不足而征收并使用的。“财用钱”的出现，是“以支定收”或“专款专用”这种收支方式的体现。“财用钱”的征收大致以丘为单位，分春、秋两次缴纳[3]。赵宠亮根据西北汉简，对“财用钱”进行分析，他赞成与“财用钱”相关的“财用”，不是指一般的财和物，而是指政府各级部门日常办公所需的办公用品。财用还应包括“研”，但封泥似乎不必使用财用钱购置。他认为，根据“财用”的使用分配，似乎也有某种规定。以烽燧为例，似乎一个烽燧每月分配的“财用”数量为：绳十丈、两行五十、札百或二百及檄若干。当上级部门未能发放“财用”时，下级就用钱来购买，而这笔费用即为“财用钱”；另一种可能是上级部门根据“财用”的使用和需求情况，给下级发放的即为“财用钱”，而非“财用”实物[4]。

刍钱 “刍钱”或释作“芻钱”。高敏认为“芻钱”（或“租芻钱”）为当地土特产税[5]。胡平生认为“芻钱”应释为“刍钱”。“刍”也就是历代政府都要向农民征收的“刍稾”，乃是喂养牲畜的饲草与秸秆。“刍钱”似乎说明临湘地方已经将应缴纳之刍稾，换算为钱来征收。换算的标准大概要比汉律规定的数额要高[6]。珠玛赞同“芻”应当释作“刍”的观点，认为“芻钱”可能是秦汉时期常见的刍稿税[7]。

八亿钱 王素认为“八亿钱”与米有固定比值，在嘉禾五年（236），一斛米值八亿钱一千三百。嘉禾五年（236）春，“孙吴铸大钱，一当五百”。八亿钱的出现，在铸“大钱”之后。八亿钱与孙吴铸大钱有关[8]。

受王素观点的启发，杨晓亮通过计算八亿钱与米、通行钱与米的比值，其值相近，得出

---

[1] 朱德贵：《长沙走马楼吴简商业税献疑》，《商业研究》2008 年第 12 期，第 192—194 页。

[2] 沈刚：《长沙走马楼竹简所见“地僦钱”拾遗》，《中国历史文物》2010 年第 4 期，第 78—84 页；收入沈刚《长沙走马楼三国竹简研究》，第 121—133 页。

[3] 孟彦弘：《释“财用钱”》，《吴简研究》（第一辑），第 222—229 页。

[4] 赵宠亮：《说“财用钱”》，《历史研究》2006 年第 2 期，第 181—183 页。

[5] 高敏：《从长沙走马楼三国吴简看孙权时期的商品经济状况——读〈长沙走马楼三国吴简·竹简（壹）〉札记之六》，《走马楼简牍研究》，第 117—130 页。

[6] 胡平生：《〈长沙走马楼三国吴简〉第二卷释文校证》，第 112—114 页。

[7] 珠玛：《走马楼简“芻钱”考》，《四川文物》2006 年第 4 期，第 71—74 页。

[8] 王素：《关于长沙吴简几个专门词汇的考释——〈长沙走马楼三国吴简〉释文探讨之二》，第 258—269 页。

结论认为“八亿钱”可能是临时征收的一种杂项，也可能是一种“罚金”。并进一步提出假设，认为“亿”可能指“意钱”，即赌博，“八亿钱”可能与赌博有关，是违法禁赌法令之吏民交纳的罚金[1]。

酒租钱 王素认为“酒租钱”是中古中国常见税种，属于折色、折纳，也就是以钱代租[2]。后王素又补充说，“酒租”应该指酒的产销税，政府向百姓征收“酒租”，也就是酒的产销税，实际始于孙吴。这与政府垄断酒的产销，实行酒的专卖制度，并不是一回事[3]。高敏则认为“酒租钱”符合孙吴政府专卖酒类商品的情况[4]。

除了以上讨论较多的钱名之外，还有学者对其他钱名也有讨论。高敏对多种不同名目的钱均进行了探讨，他认为“陶租钱”是对制陶手工业者所课的租税；“绚租钱”是对制绳手工业者所课的租税；“市租钱”是征收于市场内部的商贾营业税；“柚租钱”是土特产税；“租具钱”是对民户向官府借用农具征收的税目；“复民租钱”是政府专向“复民”征收的，属于政府向部分特殊的居民征收租税；“锞钱”（或“锞买钱”“官锞钱”）是农民向官府缴纳的用以购买农具的钱。并进一步认为孙权统治时期的长沙地区的官府所需物品除来源于赋税征收外，亦多以钱币购置，实开南朝与隋唐时期“和市”之制的先河[5]。

侯旭东认为“锞钱”（或“锞买钱”“官锞钱”）是官营盐铁体制下百姓交纳给官府的购买农具的钱[6]。

庄小霞认为，孙吴“奉鲑钱”的“鲑”指鱼菜。“奉鲑钱”的本意是政府不能直接向每一位官员提供鱼菜，所以发放相当的钱币供其使用。可能是孙吴官员正俸之外的一种杂俸，用现代观念来解释可能就是一种“食物补贴”，是一种“鱼菜金补贴”。其得名与汉代的“奉钱”密切相关，这一称呼不但体现了浓郁的吴地特色，也反映了孙吴官俸制度在汉制基础上因地制宜的创造[7]。

---

[1] 杨小亮：《“八亿钱”臆说》，《出土文献研究》（第十辑），第298—304页。

[2]《关于长沙吴简几个专门词汇的考释——〈长沙走马楼三国吴简〉释文探讨之二》，第258—269页。

[3] 王素：《长沙走马楼三国吴简时代特征新论》，第60—70页。

[4] 高敏：《从长沙走马楼三国吴简看孙权时期的商品经济状况——读〈长沙走马楼三国吴简·竹简（壹）〉札记之六》，《走马楼简牍研究》，第117—130页。

[5] 高敏：《从长沙走马楼三国吴简看孙权时期的商品经济状况——读〈长沙走马楼三国吴简·竹简（壹）〉札记之六》，《长沙走马楼简牍研究》，第117—130页。

[6] 侯旭东：《三国吴简中的“锞钱”》，《吴简研究》（第一辑），第230—235页。

[7] 庄小霞：《走马楼吴简所见“奉鲑钱”试解——兼论走马楼吴简所反映的孙吴官俸制度》，《简帛研究》2008，第268—273页。

（五）诸“米”

走马楼吴简中出现的入米名目非常多，如限米、税米、租米、酱贾米、池米、折咸米、盐米、加臧米等等，这些不同名目的入米，引起学界的广泛关注。

限米 “限米”是吴简中出现的常见入米名目之一，吴简初发现时，“限米”就引起了学界的诸多讨论。《新收获》认为“限米”是吏、兵一类非国家“正户”缴纳之米，他们缴纳限米，是为了免役，但实际上，即使缴纳限米也未能免役。高敏认为，“限米”指“二年常限”田的地租[1]。于振波则认为“限米”与“常限田”无关，是从事军屯或民屯的各类人所交纳的米。缴纳限米者如金民、私学、佃吏、邮卒、卫士、传卒等，他们的户籍和普通民籍不同，有的属常备兵种，有的没有土地，或只有很少的土地，有的因原没有土地又重新附籍。他们被政府组织起来从事军屯或民屯，并在缴纳限米之后，减免其他的赋税徭役[2]。刘家军认为“限米”属于地租，私学限米、还民限米、叛士限米、佃卒限米是依附于户人之下的各种身份的地租，而屯田限米是政府有组织的屯田地租[3]。侯旭东将“米”的性质与“田”的性质联系起来，认为田家所纳的不同名目的“米”来源于他们所耕种的不同类型或性质的“田”，出自“税田”的米为税米，出自“租田”的米为租米，限米也与对应的“田”的性质有关[4]。谷口建速认为与对一般吏民的田课以“税米”“租米”相对，“限米”是对屯田、特定身份职役者所拥有的田课以地租。其纳入者受到了某种赋役优待。被冠以身份·职役名的“限米”的纳入者，不是“非‘正户民’”或“依附民”，而是与一般吏民一样编入户籍，居住在乡里。被课以“限米”的“限田”，不仅可以自己耕种，也有“佃客”耕种。这里的“佃客”由国家编成，不是私客[5]。后王素对《新收获》观点进行补充，认为“限米”的意思就是按某种规定需要缴纳米，“米限”的意思则是缴纳米的某种规定。“诸吏”给郡县吏，属于本职工作，与是否缴纳限米无关，缴纳限米具有免除从军的作用[6]。

折咸米 吴简中出现的“折咸米”这一入米名目，也引起了学界的关注。王子今认为“折

---

[1] 高敏：《〈嘉禾吏民田家莂〉中所见“余力田”“常限”田等名称的涵义试析——读长沙走马楼简牍札记之三》，第101—106页；收入高敏《长沙走马楼简牍研究》，第17—26页。

[2] 于振波：《走马楼吴简中的限米与屯田》，第120—125页；收入于振波《走马楼吴简初探》，第25—42页。

[3] 刘家军：《论〈走马楼吴简·竹简〉中“限米”的性质》，《中国社会经济史研究》2005年第2期，第83—87页。

[4] 侯旭东：《走马楼竹简的限米与田亩记录——从“田”的类型与纳“米”类型的关系说起》，第157—175页。

[5] 谷口建速：《長沙走馬樓呉簡にみえる“限米”—孫呉政権の财政に関する一考察》，《三国志研究》第3号，2008年，第49—65页。

[6] 王素：《长沙走马楼三国吴简时代特征新论》，第60—70页。

咸米”就是“折减米”，是与储量损耗有关的纳米名目[1]。侯旭东进一步认为折咸米是为了弥补船师工作中出现损耗而形成的，并不是船师必须交纳，而是由造成损耗的人来交纳。与其相关的“备”作“偿还”解，体现了孙吴政权对官吏的过失追究制度[2]。熊曲对吴简的折咸米、渍米和没溺米的性质、交纳对象、产生原因进行分析，认为折咸米和渍米都是因为客观损耗而交的米，船师交折咸米，监运掾交渍米；“没溺米”是运输者主观疏忽造成米被水浸渍或沉没而交的米，由运输的人交纳。这些米的交纳反映了孙吴时期的职务过失追究制度[3]。

加臧米　魏斌认为吴简中的“加臧米”很可能是挪用或中饱仓米被发现后，在刑事责任以外还需要赔偿的米，这反映了古代权力体制下官吏贪赃现象以及追责制度[4]。

贾米　吴简中还有诸多“贾米”，如“池贾米”“盐贾米”“种贾米”“酱贾米”。侯旭东认为吴简中的“盐贾米”就是“盐价米”，即出售盐所得的米。“酱贾米”也是由官府贩卖“酱”所得。通过对租米与盐米统计与交纳者的不同，他进一步认为盐米由关邸阁的吏交与仓吏，而不由吏或男子直接交与仓吏[5]。

罗新从吴简中的“监池司马”简入手，认为酱贾米是卖酱的收入折合成米；卖盐得米，就是盐贾米；卖种籽得米，曰种贾米；以等值的鱼产、盐酱和种籽所交换得来的米，分别称为池贾米、酱贾米、盐贾米和种贾米。吴简中表示折算的有“贾”和“准”，两词在用法上有区别。直接用米作为代用货币而交换商品，用“贾”；应交某物而折算为米来代替，用“准”。孙吴的“池贾米”暗示着池泽开发的深入变化。从秦汉少府领有山泽，到东汉把国有山泽租借给私家并由地方政府代管，到两晋州郡领有山泽，再到刘宋私家占领山泽得到法律保障，这个过程中，孙吴池监和监池司马正处在过渡阶段，州郡的领有权还没有制度化[6]。

谷口建速认为贩卖官盐后，作为代价从吏民那里得到谷物（“盐米”“盐贾米”）和钱（“盐贾钱”）。官盐贩卖是按照管辖者的指示由个别的吏民进行，时间先是春季，后改在能确保

---

[1] 王子今：《走马楼简“折咸米”释义》，《国际简牍学会刊》（第 3 号），台北：兰台出版社，2001 年，第 75—80 期。

[2] 侯旭东：《吴简所见“折咸米”补释——兼论仓米的转运与吏的职务行为过失补偿》，第 176—191 页。

[3] 熊曲：《吴简折咸米、渍米、没溺米及相关问题》，《吴简研究》（第三辑），第 211—225 页。

[4] 魏斌：《走马楼孙吴“加臧米”简试论》，《魏晋南北朝隋唐史资料》（第 25 辑），武汉大学文科学报编辑部，2009 年，第 19—31 页。

[5] 侯旭东：《三国吴简所见盐米初探》，《吴简研究》（第一辑），第 249—260 页。

[6] 罗新：《监池司马简及相关问题》，《吴简研究》（第一辑），第 119—130 页。

购入谷物的秋冬以后进行。“盐米”是从官有物资而来的收入这一点，与“税米”“租米”等是赋税收入有性质上的差别，纳入谷仓后到搬出为止，账簿上要冠以盐的管理责任人的名来进行管理。吴简中同样是从官有物资而来的收入还有“池贾米”“酱贾米”等名目。“锞贾钱”是直接向吏民贩卖金属农具的收入[1]。

还有一些其他米的名目，也有学者加以探讨。如李明龙认为，“湎”的本义是“沉迷于酒”，“盈”和“过”都有过度的意思，因此“过湎米”和“盈湎米”就是因为饮酒过度而被罚没的米[2]。

[1] 谷口建速：《長沙走馬樓呉簡に見える“塩米”：孫呉政権の財政に関する一考察（その2）》，《早稲田大学大学院文学研究纪要》第4分册第57号，2011年，第111—129页。

[2] 李明龙：《〈长沙走马楼三国吴简〉账户词语研究》，第27—28页。

第十节　文书学研究

一、簿名及文书相关讨论

吴简中大量的簿籍，为我们提供了当时的会计制度、文书学研究的实物。首先是对各类簿籍本身的研究。

魏斌通过对吴简中“贷食”简进行分析，认为《竹简（壹）》中的200余枚贷食简分属“莂簿”和“要簿”两种簿册，“日帐”和“月帐”由大量的“莂”编连而成为“莂簿”，“要簿”则是由原始会计记录择要编制而成。并就贷食者的身份和贷食的数额、贷食利息以及贷米的目的等进行了分析，并探讨了仓米管理上严格的会计制度[1]。

谷口建速总结了“月旦簿”的基本构成元素，认为“月旦簿”是按谷物种类对每月纳入数的总计记录，是向上级机构的报告。谷仓记录文书分三种：一件一件的纳入记录为纳入简Ⅰ型，在谷物纳入之际作成，记录纳入谷物的种类和数量、纳入时间、交纳人和接受吏的姓名等；数日的纳入记录为“赋税总账木牍”，记录其间纳入谷物的总数、种类，并向上级报告；按谷物种类对每月纳入数的总计记录为“月旦簿”，是谷仓向上级机关（仓曹）的报告。通过对移送谷物簿、明细简、“已入”简与“未毕”简、“领”简等格式、性质的分析，谷口氏考察了吴简账簿的多样性，认为谷仓业务复杂，谷仓管理制度严密[2]。

陈明光认为孙吴官府仓库的账簿包括收支分类账簿、作为会计凭证的账簿、与常规会计结算有关的账簿三大部分。收支分类账簿以各种钱物的入仓入库为起点，设置了米、钱、布、皮四种收入总分类账，其下统驭若干级内容详略不同的明细分类账。作为会计凭证的各种账簿，可提供相当完整的关于组织财政收入的会计信息。孙吴官府的会计常规结算形式为月结、季结和年结三种，并设置了与之相应的账簿[3]。

[1] 魏斌：《走马楼所处孙吴贷食简初探》，第27—57页。

[2] 谷口建速：《長沙走馬樓吳簡における穀倉関係簿初探》，《民众史研究》第72号，2006年，第45—61页。

[3] 陈明光：《走马楼吴简所见孙吴官府仓库账簿体系试探》，《中华文史论丛》2009年第1期，第27—56页。

王素认为长沙吴简中的“月旦簿”和“四时簿”，与居延汉简所见西汉“月旦见簿”、东汉“月言簿”“四时簿”存在明显的渊源关系，这反映了“吴承汉制”的特点。这种账簿的正式名称应为“月旦见簿”，简称“旦簿”，常见的有按月、按季、按年三种结算方式，按月结算可称为“月言簿”或“月旦簿”，按季、按年结算则称为“四时簿”。其特点是无论按哪种结算方式，结算日期都不在本月、本季度、本年，而应分别在下月一日、下季度第三个月的第一日、来年正月一日，即都在旦日或旦月[1]。“要簿”有按年结算、按月结算和按旬结算三种，结算时间分别为当年的十二月、当月的月末和当旬的旬末[2]。

伊藤敏雄依据书写格式和具有特征性的用语，将公开发表的文书木牍分为以“白”结尾的“白”文书木牍，以“破莂保据”结尾的“破莂保据”文书木牍，末尾记有“举”字样的“举”文书木牍，冒头记有“君教”、下端记有“校”字样的“君教”文书木牍，以及以“料”开头、“白”结尾的“料白”文书木牍五类[3]。后又将其修正为“叩头死罪白”文书木牍、“君教”文书木牍和“料白”文书木牍、“白”文书木牍 。并对具有“叩头死罪白”用语的“叩头死罪白”文书木牍进行分析，认为“叩头死罪白”文书木牍一般和前面（右）的标题简、账簿内容简、集计简一起编缀，木牍具有报告业务内容、账簿和记录概要的上行文书性质[4]。《竹简（肆）》中与生口买卖、种粮贷出、方远授居民和私学等相关的“叩头死罪白”木牍，都与相关的簿籍或调查记录一起编联。与许迪割米案、私学出廷讯问案相关的“叩头死罪白”木牍，同样与其簿籍、调查记录一起编联[5]。

关尾史郎对《吴嘉禾六年四月都市史唐玉白收送中外估具钱事》木牍（肆・1763）（1）进行分析，认为该木牍可能是与肆・1758 至肆・1763 六枚竹简一起编联的，由都市史唐玉送达临湘侯国的金曹。该木牍是带有报告书意味的上行文书。在金曹保管的该木牍，作为送状的标题简与正文简一起转送给户曹，修订名籍时使用[6]。

关尾史郎还对吴简中的赋税纳入简进行了一系列文书学的探讨。他认为赋税纳入简是左

---

[1] 王素：《长沙吴简中的“月旦簿”与“四时簿”》，《文物》2010 年第 2 期，第 63—68、95 页。

[2] 王素：《长沙吴简中的“要簿”》，《吴简研究》（第三辑），第 176—183 页。

[3] 伊藤敏雄：《長沙呉簡中の生口売買と“估銭”をめぐって—“白”文書木牘の一例として—》，第 97—128 页。

[4] 伊藤敏雄：《長沙呉簡中の“叩頭死罪白”文書木牘小考——文書木牘と竹簡との編綴を中心に》，[日]《历史研究》第 51 号，2014 年，第 29—48 页。

[5] 伊藤敏雄：《長沙呉簡中の“叩頭死罪白”文書木牘》，《湖南出土簡牘とその社會》，第 35—59 页。

[6] 关尾史郎：《“呉嘉禾六年（237）四月都市史唐玉白収送中外估具錢事”試釈》，《东洋学报》第 95 卷第 1 号，第 33—57 页。

右分券作成，由征税方和交纳方分别保管。由实物所见，赋税纳入简记录税额、勘合符号、收税吏员名字、纳税人，乡的吏员将竹简和税物带去交予县的主管单位。库吏或邸阁计量税物，确认后将竹简切开为左右两半。出简为交纳人的缴纳证明，返还给乡的吏员；入简由库或邸阁保管，并编制成纳税者总账[1]。赋税纳入简既有符券的功能，又可以归为簿籍类，具有综合的功能。包括多种具有综合功能的简牍是长沙吴简的特点之一[2]。通过对勘合符号的形状、正文的书写格式和记载事项的探讨，来分析西乡龙穴丘和桑乡租下丘的赋税纳入简的作成者。龙穴丘虽然是同日交纳但作成者未必相同；与之相反的是，租下丘虽然交纳日期不同但作成者相同。因为在这两丘之外将此类事情一般化存在危险，所以将龙穴丘和租下丘一般化的事情必须慎重[3]。赋税纳入简是民户在向临湘侯国所管辖的仓或库交纳米、钱、布、皮革等各种税物时作成，左右两行写有相同的文语，然后将竹简裁断，由收纳方和交纳者（交纳者籍贯所在的乡的劝农掾）分别保管[4]。关尾史郎分坨对《竹简（肆）》中的租税纳入简的保管到废弃的过程进行分析，认为在纳入简较多的六坨竹简中，都是与米相关的租税纳入简，且都是向三州仓交纳。其中仅 Ic2 ②是邸阁郎中董基自署、嘉禾二年（233）的租税纳入简外，其他五坨除一枚例外，其他都是嘉禾元年（232）的租税纳入简。作为税种的税米比限米、租米压倒性的数量，税米是最普遍的税种。除去税种不明的简，Ib ②和 Ic2 ③全部由税米的租税纳入简构成，Ib ①和 Ic1 ①大致是税米→限米的排列，Ic2 ①大致是税米→租米的排列。正因为租税纳入简不是按照纳入者所属的乡或纳入时间而是按各税种汇总保管，所以像坨那样被废弃。除 Ib ②以外，每坨中都有多个乡。依据 Ib ①东乡的租税纳入简连续的情况可以推测，乡可能是税种之下发挥作用的单位。五坨中含有三种 22 枚合计简。最简便的是同乡同税种同日的合计简，还有以半月为单位进行合计、以“某乡”开头的合计简，还有超越乡以“诸乡”开头的合计简。合计的顺序是：同乡同税种的日合计→半月为单位汇总时全乡合计、以月为顺序合计时按税种汇总[5]。

---

[1] 关尾史郎：《賦税納入簡の形式と機能をめぐって—2009 年 12 月の調査から—》，《长沙吴简研究报告》2009 年度特刊，第 81—85 页。

[2] 关尾史郎：《从功能角度看长沙吴简》，《“东亚的简牍与社会——东亚简牍学探讨”学术讨论会论文集》，北京，2011 年，第 109—112 页。

[3] 关尾史郎：《長沙呉簡中の賦税納入簡について：作成者の問題を中心に》，《资料学研究》第 9 号，2012 年，第 1—11 页。

[4] 关尾史郎：《“最後の簡牘群”—長沙呉簡を例として—》，爱媛大学“资料学”研究会《資料学の方法を探る—情報発信と受容の視点から—》（第 11 集），2012 年，第 37—44 页。

[5] 关尾史郎：《出土状況よりみた長沙呉簡—〈長沙走馬樓三国呉簡・竹簡（肆）〉所収の賦税納入簡を中心として—》，《中国出土资料研究》第 17 号，2013 年，第 29—51 页。

二、文书集成研究方法的应用

吴简文书学的研究一开始采用的是过去边塞简分类集成的方法，先归纳简文的格式，或根据简文内容进行分类、集成，再在此基础上研究相关问题。如汪小烜以简文内容为依据，对吴简中的户籍文书进行复原。把吴简户籍简分为三种不同的书式[1]。韩树峰对师佐籍格式进行了总结[2]。侯旭东对三州仓“入米簿”进行初步复原整理[3]。于振波对《竹简（壹）》户籍簿、师佐籍按性别、年龄等进行集成统计[4]。沈刚对吴简中多种簿籍的格式进行了归纳[5]。

日本学者在文书分类集成研究方面，成果丰富。安部聪一郎利用竹简背面的反文和连记简为线索探讨了名籍的册书体式，认为吴简中存在以“户主Ⅰ型α）”—“家族α）”（·β））—“口数Ⅰ型α）”的体式制作的名籍；各户名籍以里为单位汇集整理，末尾有各里的总计简；名籍末尾有乡的总计简，其后附有兼具标题简功能的上行文书；名籍整体是由前头的简朝向后头编缀的。背面反文是竹简在编缀前顺向堆栈造成的转印[6]。在对名籍简背面的反文进行分析后，安部聪一郎认为名籍简背面的反文可能在制作时已经转印，竹简埋没后转印的可能性很低[7]。

中村威也将82件兽皮纳入简按书写格式分为两类（Ⅰ式和Ⅱ式），缴纳人的丘名和姓名写在前节为Ⅰ式，写在后节为Ⅱ式。“皮贾钱”是官方售皮所得的收入，与官方向民间出让兽皮有关。兽皮可以代替布匹或口算钱向官府缴纳，此反映了当时长沙地区存在过疏落的森林丘陵、小山和野草繁茂草丛[8]。

---

[1] 汪小烜：《走马楼吴简户籍初论》，第143—159页。

[2] 韩树峰：《长沙走马楼三国吴简所见师佐籍考》，《吴简研究》（第二辑），第167—176页。

[3] 侯旭东《长沙三国吴简三州仓吏“入米簿”复原的初步研究》，《吴简研究》（第二辑），第1—13页。

[4] 于振波：《走马楼户籍简性别与年龄结构分析》，《走马楼吴简研究初探》，第105—142页；于振波：《走马楼吴简师佐籍蠡测》，收入《走马楼吴简续探》及附录二“本书所用户籍资料一览”，第73—110、167—227页。

[5] 分别为沈刚：《长沙走马楼三国竹简所见入皮簿格式复原与相关问题探讨》，第194—203页；沈刚：《长沙走马楼三国吴简·竹简（壹）》所见师佐籍格式复原及相关问题探讨》，《人文杂志》2008年第6期，第152—157页；沈刚：《吴简户籍文书的编制方式与格式复原新解》，第129—137页；收入沈刚：《长沙走马楼三国竹简研究》，第3—30、65—78页。

[6] 安部聪一郎：《试论走马楼吴简所见名籍之体式》，《吴简研究》（第二辑），第14—24页。

[7] 安部聪一郎：《長沙呉簡における記載面裏側の状況—名簿簡・“戸品出銭”簡における—》，《长沙吴简研究报告》2008年度特刊，第19—25页。

[8] 中村威也：《獸皮納入簡から見た長沙の環境》，《长沙吴简研究报告》第2集，第54—68页。该文中译稿《从兽皮纳入简看古代长沙之环境》收入《吴简研究》（第二辑），第245—257页。

伊藤敏雄先后撰文，根据米纳入简的不同书式分析了邸阁、仓、仓吏的关系。他认为米纳入简的书式存在“A形式”（基本的米纳入的书式）和“B形式”（特殊的米纳入的书式）两种类型，“C形式”是记录纳入米的种类和数量的简，与“邸阁”关系不明的简作为“D形式”（广义上它也包含在“A形式”中）。“丞”“主记”极可能为“县丞”“县主记”。三州仓为县仓，州中仓为郡仓但也兼有县仓的功能。三州仓的邸阁为董基，州中仓对应的邸阁是郭据和李嵩，邸阁和仓存在对应关系[1]。东乡、乐乡向三州仓纳米，都乡、南乡、中乡、西乡向州中仓纳米为主，桑乡、平乡在嘉禾四年向三州仓纳米为主，广成乡、小武陵乡向两仓纳米[2]。州中仓的邸阁为郭据和李嵩，郭据主要负责黄龙二年至嘉禾二年三月谷物的纳入，李嵩主要负责嘉禾二年四月以后。“D形式”主要在嘉禾元年至嘉禾二年正月使用；“A形式”主要在嘉禾二年正月以后使用，“D形式”和“A形式”的使用时间有重合。三州仓仓吏基本一名，嘉禾二年九月到十月为谷汉、郑黑二人同时存在的时期，可能是二人的交替期[3]。

佐川英治将“入米簿”中“右”开始的集计简分为“右诸乡入”“右某乡入”“右入”三类，认为“入米簿”是由长短不一的竹简构成。集计简上端空白长短存在差异，“右诸乡入”上端空白在2厘米以内，“右某乡入”为3厘米强，“右入”在5厘米以上。按照这种书式位置的高下可以确认集计简的顺次为“右入……”—“右某乡入……”—“右诸乡入……”—“·集凡……”。混杂的“其……”开始的明细简可能是“入米簿”之外别的账簿的集计简[4]。

阿部幸信认为波（陂）塘关连简是先书写后编联，写的时候留了一定的空白[5]。其后又对5枚“枯兼波簿”形制和编连信息进行了分析[6]。还有如前已提到谷口建速对仓米账簿按内容及财政运作程序进行了集成研究[7]。

[1] 伊藤敏雄：《長沙走馬樓呉簡中の“邸閣”再検討—米納入簡の書式と併せて—》，第301—326页。

[2] 伊藤敏雄：《長沙呉簡における米納入状況再考》，［日］《历史研究》第47号，2010年，第69—97页。

[3] 伊藤敏雄：《長沙呉簡中の邸閣·倉吏とその関係》，［日］《历史研究》第49号，2012年，第21—45页。

[4] 佐川英治：《長沙走馬樓三国呉簡中の租税納入簡に関する基礎的調査（1）—“入米簿”中の“右”で始まる集計簡—》，《长沙吴简研究报告》2009年度特刊，第64—80页。

[5] 阿部幸信：《長沙呉簡を実見して—調関連簡·波塘関連簡を中心に—》，《长沙吴简研究报告》2008年度特刊，第41—46页。

[6] 阿部幸信：《波塘关连简续探》，《长沙吴简研究报告》2009年度特刊，第18—22页。

[7] 谷口建速：《長沙走馬樓呉簡よりみる孫呉政権の穀物搬出システム》，《中国出土资料研究》第10号，2006年，第17—41页；《長沙走馬樓呉簡における穀倉関係簿初探》，第45—61页；《長沙走馬樓呉簡にみえる穀物財政システム》，第182—206页；《长沙走马楼吴简所见孙吴政权的地方财政机构》，《简帛》第5辑，上海古籍出版社，2010年，第497—510页。

从简牍文书学的角度出发，基于揭剥图、利用原始留存信息等进行的籍书复原，是近年来吴简研究应该努力的方向。侯旭东对广成乡广成里、弦里“吏民人名口食簿”、广成乡“吏民人名年纪口食簿”进行了文书学意义上的复原[1]。利用这种新的研究方法，取得丰富成果是年轻学者凌文超。他对采集简中的应赋与应役户籍簿、库钱账簿体系（含“杂钱入受簿”“杂钱承余新入簿”“杂钱领出用余见簿”）、两套作部工师簿、杂皮入受簿、库布账簿体系（含“库布入受簿”“库布承余新入簿”）、隐核波田簿等进行了较为全面的复原、整理，大致明确了采集吴简中簿书的种类及其构成。采集吴简按材质和形制可粗分为嘉禾吏民田家莂和竹简两大类。竹简簿书大致可分为五类：户籍和户籍簿、名籍簿、库账簿、仓账簿、特殊簿书。这五类簿书又分别由各种具有特定功能的简册构成，如户籍簿涵括具有征赋、派役等功能的户籍簿；名籍簿含两套兵曹徙作部工师和妻子簿、户出钱人名簿、举私学簿、隐核州军吏父兄子弟簿、郡县吏兄弟叛走簿等；库账簿含库钱账簿（杂钱入受簿、杂钱承余新入簿、杂钱领出用余见簿）、库布账簿（库布入受簿、库布承余新入簿、库布领出用余见簿）、库皮账簿（杂皮入受簿）等；仓账簿含租税限杂米账簿（杂米入受簿、杂米承余新入簿、杂米领出用余见簿等）、贷食簿、取禾簿等；特殊账簿如隐核波田簿、上中下品户数簿等[2]。（对吴简进行复原研究的学者还有邓玮光与鹫尾祐子，他们的相关研究参看本书第257—263页。）

---

[1] 侯旭东：《长沙走马楼吴简·〈竹简〉（贰）“吏民人名年纪口食簿”复原的初步研究》，第57—93页；侯旭东：《长沙走马楼吴简“嘉禾六年（广成乡）弦里吏民人名年纪口食簿”集成研究：三世纪初江南乡里管理一瞥》，第103—147页。

[2] 相关文章如凌文超：《走马楼吴简采集简“户籍簿”复原整理与研究——兼论吴简“户籍簿”的类型与功能》，第9—64页；凌文超：《走马楼吴简两套作部工师簿比对复原整理与研究》，卜宪群、杨振红主编《简帛研究》2009，广西师范大学出版社，2011年，第162—237页；凌文超：《孙吴户籍之确认——以嘉禾四年南乡户籍为中心》，第265—325页；凌文超：《走马楼吴简采集库皮账簿整理与研究》，第16—45页；凌文超：《走马楼吴简采集库布帐簿体系整理与研究——兼论孙吴的户调》，第53—110页；凌文超：《走马楼吴简“隐核波田簿”复原整理与研究》，《中华文史论丛》2012年第1期，第107—145页；凌文超：《走马楼吴简私学簿整理与研究——兼论孙吴的占募》，第37—72页；凌文超：《汉、吴简官牛簿整理与研究》，《简帛研究》2011，第184—202页；凌文超：《走马楼吴简库钱账簿体系复原整理与研究》，《考古学报》2015年第2期，第187—228页。以上大部分内容收入其专著《走马楼吴简采集簿书整理与研究》。

第十一节　书法及理论研究

宋少华最早注意走马楼吴简的书法价值，他认为长沙吴简有隶书、楷书、章草、行书、草书等，虽然这些出自刀笔吏、墨客之手的墨迹较之钟、王大师的艺术尚有天壤之别，然而却是代表了这一时期一般通行的书写风格和水平[1]。王元军称长沙吴简为“吏阶层的书法”，对其在书法史研究上的意义进行了阐述[2]。刘正成认为吴简书体楷书有些字与钟繇的《荐季直表》完全相同，不仅可以用来证实当时钟繇之书已经传到吴国，而且可以用来论证钟繇的真实存在，以及《荐季直表》《宣示表》的真实性[3]。

李潺对走马楼吴简中的草书、行书、楷书等的笔法、结体作了探讨，认为被考古界和书法界认定的我国第一件书家墨迹的西晋陆机《平复帖》，在走马楼吴简的今草作品中，可以找到与其从外貌到内质血肉相连的紧密关系。由此，东汉末张芝变章草为今草，在三国普及到民间，至两晋而成熟，亦是可信的。并指出《嘉禾吏民田家莂》是“隶变下的楷书”[4]。

刘涛认为长沙吴简中的楷、行、草等新书体，都是江南孙吴下层社会从东汉沿袭的书风，并对长沙吴简各种书体作了专门介绍和精要评价[5]。白谦慎谈到了三国时期书法研究的困难、吴国书法与魏国书法的区别、长沙吴简书法的价值与意义[6]。

洪娟根据裘锡圭《文字学概要》的相关理论对《嘉禾吏民田家莂》中的篆、隶、楷、草四种书体分别进行了分析，认为《嘉禾吏民田家莂》书体是当时楷法已在民间普遍流行的明证。然而，纵使吴简墨迹能证实楷书结体、用笔在三国已极为普遍，甚至出于身份卑贱的书吏之手，

---

[1] 宋少华：《大音希声——浅谈对长沙走马楼三国吴简的初步认识》，第10页。

[2] 王元军：《新出土三国吴纪年简牍所反映的吏阶层的书法》，（台北）《故宫文物月刊》1999年第17卷第5期（总第197期），第110—119页；王元军：《三国吴纪年简牍的发现在书法史研究上的意义》，《书法导报》2000年12月26日。

[3] 刘正成：《钟繇与长沙吴简说》，原载《中国书法全集》第20卷《三国两晋南北朝编·魏晋南朝名家》，荣宝斋出版社，1997年，第27—29页；再刊《中国书法》1998年第1期，第11—14页。

[4] 李潺：《走马楼吴简书法三题》，《湖南书画》创刊号，2000年10月，第12页。

[5] 刘涛：《中国书法史（魏晋南北朝卷）》，江苏教育出版社，2002年，第5、44—45页。

[6] ［美］白谦慎：《关于长沙走马楼三国吴简书法及其相关问题的一些初步考察》，《汉唐之间的视觉文化与物质文化》，文物出版社，2003年，第596页。

但钟繇作为“正书之祖”的地位却丝毫并未因此而动摇[1]。她还对楷书字形的形成进行了研究。认为吴简的书体仍以隶书、楷书为宗，同时旁杂了其他书体的结体、用笔。这是由于两汉、三国正是新旧书体交替的过渡时期，当时流行的书体不止一种，是故书手在运笔之时，往往掺杂数种书体之笔法。此外，吴简书手为了赴急疾书，在文字构形结体上舍难取易，又较多使用连笔，简化字体。但相对于汉代碑刻的异体，吴简已呈现了较高的稳定性，这也是隶书向楷书迈进的指标[2]。

鹤田一雄通过对5件田家莂、15件竹简文字的分析，认为点画有省略、带有行意的文字在吴简中较多，部分字带有波势，一部分有草书，楷书也开始萌芽，书体在隶书、行书、草书、楷书上有多种选择[3]。

渡边明认为就吴简的字形特征来看，整体而言字以“容易书写”优先。从“其”字中“ス”“八”的连续和口的竖画角度变化的字例来看，吴简先于东晋时代在“容易书写”和“造型美”的平衡之外，字体、字形也发生了某些变化。如果强调连笔是东晋以后新变化的方向，作为通行书体的走马楼吴简就是产生新字体、新字形和用笔的萌芽期的简牍[4]。

郭世娴认为走马楼吴简书体有着过渡的特点，各种书体的特征并不十分显著，无法明确地区分出隶书简和楷书简等。针对这种情况，她在传统的以笔画外在形态分析书体的方法之外，又从动力形式的角度提出了一种新方法，对长沙吴简中的篆、隶、楷、行、草五种书体分别进行了探讨[5]。

王素、宋少华对走马楼吴简书法研究情况进行了全面的梳理，从吴简的综合研究到分别从篆、隶、草、行、楷五种书体进行分析和评价[6]。张永强《长沙吴简考察记》中对其在长沙简牍博物馆所见吴简选择性地进行了分析，并将长沙吴简与湖南其他地区出土的东汉、孙吴和西晋简牍并观，清晰地勾勒出了当时文字和书法演变的轨迹。长沙吴简在魏晋南北朝书法史上发挥了承前启后的纽带作用[7]。

---

[1] 洪娟：《从走马楼吴简再辨钟繇书艺》，《第五届中国书法史论国际研讨会论文集》，文物出版社，2002年，第214—235页。

[2] 洪娟：《嘉禾吏民田家莂书体举隅》，《长沙三国吴简暨百年来简帛发现与研究国际学术研讨会论文集》，第133—165页。

[3] 鶴田一雄：《長沙走馬樓呉簡の書風雜感》，《长沙吴简研究报告》2009年度特刊，第107—114页。

[4] 渡边明：《走馬樓出土三国呉簡における字形上の特徴とその位置づけ》，《上越教育大学国语研究》第23号，2009年，第80—88页。

[5] 郭世娴：《论长沙走马楼三国吴简的书法形态》，《中国国家博物馆馆刊》2012年第5期，第93—94页。

[6] 王素、宋少华：《长沙走马楼吴简书法综论》，《中国书法》2014年第5期，第50—83页。

[7] 张永强：《长沙吴简考察记》，《中国书法》2014年第5期，第106—116页。

杨芬专门对走马楼吴简的隶书进行了研究，她通过分类和比较得出：典型隶书已从东汉的高峰上跌落下来，带有隶书遗韵的早期楷书已是当时文字书写的流行书体。无论是传世的法帖和碑刻拓本，还是出土的简牍和纸本文书，都说明三国时期楷书已经孕育出来，三国时期是楷书开始形成的重要时期[1]。蒋维对吴简楷书的特点作了探讨，认为吴简楷书作为早期楷书可以分成三大类型，即含有较多隶意的、带有行书笔调的和楷化笔画最多的，由此总结了早期楷书的演变特点[2]。熊曲对吴简的行书作了专门研究，她从吴简行书发展背景入手，分析了吴简中不同形制和内容的行书，认为吴简行书属于早期形态，并通过与长沙东牌楼汉简、郴州苏仙桥吴简及魏晋楼兰残简纸比较，指出吴简行书有承上启下的特点，并探讨了其书法史上的价值[3]。骆黄海通过个案研究了吴简草书，他认为吴简草书无论从书体交错混杂来看，还是从书写者均为下层胥吏来看，都是一种由章草向今草发展演变的民间草书。这种草书给了王洽与王羲之等书家灵感，他们在这个基础上，对这种民间草书进行了规范化的改革，使之成为了后世所谓的今草[4]。

此外，还有周一竹的《三国时期吴国书法研究》[5]、王广瑞的《三国两晋真书研究》[6]等学位论文有涉及走马楼吴简书法研究。

---

[1] 杨芬：《长沙走马楼吴简中的隶书遗韵》，《中国书法》2014年第5期，第84—105页。

[2] 蒋维：《从长沙走马楼吴简看楷书的发展源流——兼谈三国孙吴地区早期楷书的演变特点》，《中国书法》2014年第10期，第57—77页。

[3] 熊曲：《长沙走马楼吴简行书探析》，《中国书法》2014年第10期，第84—107页。

[4] 骆黄海：《长沙走马楼吴简草书形态初探》，《中国书法》2014年第10期，第110—123页。

[5] 周一竹：《三国时期吴国书法研究》，南大师范大学硕士学位论文，2007年。

[6] 王广瑞：《三国两晋真书研究》，吉林大学硕士学位论文，2012年。

第十二节　其他

吴简各角度涉及的文章内容丰富，我们在综述中并不能穷尽。除了以上学术界讨论的重点、热点，还有一些基本问题，我们举例如下：

吴简的科技保护及展示是吴简研究的重要课题之一。长沙简牍博物馆与荆州文保中心在吴简科技保护方面作出了重要贡献，发表了以下从文物保护与研究的角度讨论吴简的文章：宋少华《长沙三国吴简保护整理与研究的新进展》，萧静华《从实物所见三国吴简的制作方法》、《长沙走马楼三国吴简木简保护复原纪实》[1]。另外，方北松、金平等通过对走马楼三国吴简与天然竹的微结构、形态结构进行对比研究，采用十六醇作为脱水填充试剂，并分析了脱水前后的种种变化。结果表明：1. 十六醇填充脱水法对走马楼吴简具有良好的使用效果；2. 十六醇填充脱水与其他方法比较，具有明显优点[2]。汪利艳、王绪本、金平、蒋维以长沙简牍博物馆所收藏的简牍文物为研究模型，提出了将虚拟现实技术与简牍文物展览相结合的新方法。结合简牍文物自身特点和长沙简牍博物馆的实际情况，阐述了简牍文物三维虚拟展示模型的实现原理和过程，以及简牍文物三维虚拟展示平台的实现逻辑流程、系统结构和数据交换方式等[3]。金平还探讨了吴简中饱水小木简的保护处理[4]。

长沙吴简中记录了一宗刑事诉讼，一般称“许迪割米案”，这是长沙吴简中最早受学者关注的简牍内容之一。胡平生、宋少华、王素、王子今、徐世虹、王彬等先后对许迪案相关简文释文、标点及文字的考释进行了讨论[5]。上揭王素、宋少华两篇文章还梳理了许迪案的参与官吏，考实、

---

[1] 此三篇文章分别见《长沙三国吴简暨百年来简帛发现与研究国际学术研讨会论文集》，第8—23、24—27、28—33页。

[2] 方北松、金平等：《走马楼吴简十六醇法脱水研究》，“中国第八届科技考古学术讨论会暨全国第九届考古与文物保护化学学术研讨会”论文，2006年。

[3] 汪利艳、王绪本、金平、蒋维：《简牍文物三维虚拟展示平台的研究与实现》，《东南文化》2008年第5期，第54—57页。

[4] 金平：《走马楼吴简中饱水小木简的保护处理》，陈建明主编《湖南省博物馆馆刊》（第十辑），岳麓书社，2014年，第552—557页。

[5] 胡平生：《长沙走马楼三国孙吴简牍三文书考证》，第45—52页；王素：《长沙走马楼三国孙吴简牍三文书新探》，第43—50页；侯旭东：《长沙走马楼三国吴简释文补正》，第3版；王子今：《走马楼许迪雕米事文牍释读商榷》，《郑州大学学报》2001年第4期，第109—111页；徐世虹：《对两件简牍法律文书的补考》，《中国古代法律文献研究》第2辑，中国政法大学出版社，2004年，第86—104页；王素、宋少华：《长沙走马楼三国吴简的新材料与旧问题——以邸阁、许迪案、私学身份为中心》，第1—26页；王彬：《吴简许迪割米案相关文书所见孙吴临湘侯国的司法运作》，原为“第一届中史前沿论坛”会议论文，陕西师范大学2013年8月24日，后发表在《文史》2014年第2辑，第74—79页。王素、宋少华：《长沙吴简〈录事掾潘琬白为考实吏许迪割用余米事〉释文补正》，《文史》2015年第1辑，第279—282、218页。

审结时间，涉案人员，许迪的家庭情况，给吏经历等。王彬文章对许迪相关的四件木牍进行了时间排序，结合已刊的11枚与案情相关的竹简，梳理了案件审理流程、文书运作及上下传递关系。王子今分析了许迪案揭示的孙吴嘉禾五年（236）盐米比价，以及长沙地区盐的运输、消费、储存情况[1]。另外，徐世虹、日本学者籾山明等从法制史的角度解析了许迪案的考实过程、司法程序以及所涉及的法律术语的含义等[2]。徐畅撰文指出了许迪案相关木牍之误释，重新排列了四件木牍揭示的考实时间，提出许迪案未在嘉禾五年（236）审结，而是跨越了嘉禾四年、五年、六年三个年头[3]。她又以新发布的《竹简（捌）》许迪案相关简文残留信息为主线，结合揭剥图、外在形制等相关信息，编联了若干个竹简群，讨论了许迪的家庭与仕宦、许迪割米的经过，并对案件的司法程序进行复原[4]。

其他还有如王素《汉末吴初长沙郡纪年》一文以传世文献为主、以出土文献为辅，为汉末吴初长沙郡历史进行编年，其中既有简要的历史事件介绍，也有详细的考证，作为吴简研究的辅助材料，方便学界同好[5]。此外，还有李进对吴简中农作物的考察[6]；王素、汪力工对“桓王庙”简的讨论[7]；王子今对烝口仓、舟船属具简与中国帆船史的考证[8]；戴卫红探讨了吴简中的“直”“廪”简，认为吴简中的“直”和“廪”都属于政府按月发放的口粮，与西北简中的“月食”在性质上大体相同，“直”的发放对象为各类吏士、师士以及各级官吏，“廪”的发放对象包括士、诸将吏士、作柏船匠师、吏民、乡吏等，两者的标准因人而异，实物均为米。“直”“廪”这种称呼、性质来源于秦汉时期的廪给制，但在发放对象、粮食等方面有所区别[9]。还有如日本学者漥添庆文对吴简《竹简（壹）》《竹简（贰）》中与库吏相关的简进行分析，总结出库吏收纳简的三种形式。其分月对收纳次数进行统计分析，认为殷连可能在嘉禾二年（232）

[1] 王子今：《走马楼许迪割米案文牍所见盐米比价及相关问题研究》，《长沙三国吴简暨百年来简帛发现与研究国际学术研讨会论文集》，第99—100页。

[2] 徐世虹：《对两件简牍法律文书的补考》，第86—104页；籾山明：《中国古代訴訟制度の研究》（《东洋史研究丛刊》之68），京都大学学术出版会，2006年。另有李力译本《中国古代诉讼制度研究》（早期中国研究丛书，第2辑），上海古籍出版社2009年，第88—91页。

[3] 徐畅：《走马楼吴简竹木牍的刊布及相关研究述评》，第25—47页。

[4] 徐畅：《新刊长沙走马楼吴简与许迪割米案司法程序的复原》，《文物》2015年第12期，第71—83页。

[5] 王素：《汉末吴初长沙郡纪年》，《吴简研究》（第一辑），第40—86页。

[6] 李进：《走马楼吴简中的农作物》，《吴简研究》（第一辑），第334—343页。

[7] 王素、汪力工：《走马楼孙吴“桓王庙”简与长沙“孙坚庙”》，《吴简研究》（第一辑），第131—142页。

[8] 王子今：《“烝口仓”考》，《吴简研究》（第一辑），第327—333页；王子今：《走马楼舟船属具简与中国帆船史的新认识》，《文物》2005年第1期，第72—75页。

[9] 戴卫红：《长沙走马楼吴简所见“直”“廪”简及相关问题初探》，《简帛研究》2008，第251—267页。

十一月末或十二月初从库吏离任，潘珛接替库吏职务。潘珛可能从嘉禾二年（232）十二月后期成为库吏。殷连有连续58天的署名记录，认为很难要求吏这样连续上班，可能纳入日期没有必要与库吏署名的日期必须一致。烝弁可能将皮、钱、布收集后交给库吏。可能每县设立了一人来辅助库吏的业务。钱、布、皮的纳入简的制作者可能是库吏即主库掾下的书记，他们书写之后由库吏署名。交纳布的纳入简可能每月都要汇总，然后附上集合简[1]。

目前，走马楼吴简所涉许多问题的讨论虽取得一定进展，但能够成为定论的不多，需要更多资料的验证，也需要研究方法的创新。三国时期时间虽短，但处在秦汉和两晋南北朝之间，一方面承袭汉制，另一方面又孕育着新制。走马楼吴简基本上属于三国时期吴国的地方行政文书，因此，研究这些资料，需要将其置于从秦汉到魏晋南北朝这一大的历史背景中，从各种制度沿革嬗变的历史脉络中仔细梳理，才能取得预期的效果。

[1] 窪添庆文：《走馬樓呉簡の庫吏関係簡について》，关尾史郎（研究代表）《長沙走馬樓出土呉簡に関する比較史料学的研究とそのデータベース化》，平成16年度—18年度科学研究费补助金［基盘研究（B）］研究成果报告书，新潟，2007年，第41—52页。

后记

寒来暑往，春华秋实，倏忽之间二十年的光阴如流水般逝去。当年曾经参加走马楼三国吴简发掘、保护和整理的人们如今多已走入退休的行列。满额的皱纹、斑白的鬓角、苍老的面容，便是岁月划过的留痕。然而，那二十年所曾经历的多少个不眠的昼夜，多少回艰辛地跋涉，多少次收获的喜悦，至今仍历历在目，深深地铭记在每一位为之默默奉献的人们心中。

2013 年，长沙简牍博物馆主要领导根据新时期对博物馆事业发展的要求，不失时机地提出了创建“四个中心”（全国简牍收藏保护中心、展示中心、简牍研究与学术交流中心、中国南方简牍资料数据中心）的发展愿景及实施规划，编撰本书便是其中规划的工作之一。

孔子曰：“告诸往而知来者。”编撰本书的目的是如实地记述二十年来长沙三国吴简发掘、保护、整理、利用、研究等工作前行的历程：从蹒跚而行到步履踏实，从懵懂无知到从容驾驭，从虚心求学到精益求精……。一路走来更知学无止境，思无所穷，固本开新，任重道远。其中的经验、方法、收获、感悟、缺憾等等值得认真的总结与回顾。由是温故知新，继往开来，方能更好地推动简牍博物馆事业的进步与发展，为传承历史文化，滋养文明沃土，厚培精神根基作出我们应有的贡献。在馆领导的精心组织下，本馆专业人员分工协作，历时三年，终于完成本书的编撰工作，兹将参与编撰各篇章的相关人员分列如下：

前　言	李鄂权
第一章　发现篇	宋少华
第二章　科技保护篇	金　平
第三章　整理篇	雷长巍　宋少华
第四章　利用篇	骆黄海
第五章　研究综述篇	杨　芬　熊　曲
后　记	宋少华

本书的编撰是本馆全体人员通力合作的成果。原副馆长马代忠同志为本书编撰的组织协调、提纲讨论、人员分工等付出良多。新任副馆长毛志平、杨亚峰两同志一如既往地给予热情积极的支持。万婧、管震、孙东波等同志亦有重要的贡献。故宫博物院研究员王素先生、北京师范大学历史学院博士后徐畅女士、湖南大学岳麓书院博士苏俊林先生给予了热心的指导与帮助。长沙市文广新局、市文物局领导对本书的编写工作十分重视，给予了大力的支持。湖南岳麓书社的管巧灵、邱建明编辑为本书的顺利出版付出了辛勤的劳动。在此谨向帮助、指导、支持的各位专家、领导表示诚挚的谢忱！向每一位曾参加过三国吴简保护整理的专家、学者、同仁、领导致以崇高的敬意！

由于编者学识浅薄，错漏疏失在所难免，尚祈读者不吝指正。

宋少华

2016年7月

图书在版编目(CIP)数据

嘉禾一井传天下:走马楼吴简的发现保护整理研究与利用
/长沙简牍博物馆编. —长沙:岳麓书社,2016.8
ISBN 978-7-5538-0653-2
Ⅰ.①嘉... Ⅱ.①长... Ⅲ.①竹简—长沙市—三国时代
—文集 Ⅳ.①K877.54-53
中国版本图书馆 CIP 数据核字(2016)第 162959 号

JIAHE YIJING CHUANTIANXIA ZOUMALOU WUJIAN DE FAXIAN
BAOHU ZHENGLI YANJIU YU LIYONG
嘉禾一井传天下:走马楼吴简的发现保护整理研究与利用

长沙简牍博物馆 编
责任编辑:管巧灵 邱建明
责任校对:舒 舍
封面设计:吴颖辉

岳麓书社出版发行
地址:湖南省长沙市爱民路 47 号
直销电话:0731—88804152 88885616
邮编:410006
岳麓书社网址:www.yueluhistory.com

2016 年 8 月第 1 版第 1 次印刷
开本:889×1194 1/16
印张:20.75
字数:404 千字
ISBN 978-7-5538-0653-2
定价:260.00 元

承印:湖南新华精品印务有限公司

如有印装质量问题,请与本社印务部联系
电话:0731—88884129